황선명 선생 추모학술논집

민중종교와 한국종교사

13
종교문화비평총서

황선명 선생 추모학술논집

민중종교와 한국종교사

한국종교문화연구소 · 한국신종교학회 기획

종교문화비평총서13

민중종교와 한국종교사

등록 1994.7.1 제1-1071
초판 1쇄 발행 2026년 2월 10일

기   획   한국종교문화연구소, 한국신종교학회
엮은이   윤승용
펴낸이   박길수
편집장   소경희
편집·디자인   조영준
관   리   위현정
펴낸곳   도서출판 모시는사람들
          03147 서울시 종로구 삼일대로 457(경운동 수운회관) 1306호
전   화   02-735-7173 / 팩스 02-730-7173
홈페이지   http://www.mosinsaram.com/

인   쇄   피오디북(031-955-8100)
배   본   문화유통북스(031-937-6100)

값은 뒤표지에 있습니다.
ISBN   979-11-6629-256-9   94100
ISBN 세트   978-89-97472-32-1   94100

* 잘못된 책은 바꿔 드립니다.
* 이 책의 전부 또는 일부 내용을 재사용하려면 사전에 저작권자와
   도서출판 모시는사람들의 동의를 받아야 합니다.

　이 책은 2024년 2월 작고한 황선명 선생님(이하 황선명)의 학문적 여정을 되새기고, 그가 한국 종교학계에 남긴 학문적 성과를 기리고자 기획되었습니다. 그분은 종교학자이기 이전에 시대의 아픔을 껴안고 인간과 신앙, 사회와 역사 사이의 관계를 깊이 성찰한 '사유의 구도자(求道者)'였습니다. 그의 종교연구 업적 중 가장 빛나는 부분이라고 할 수 있는 '민중종교'와 '한국 종교사'를 이 책의 제목으로 선택해, 그의 학문적 업적을 되짚어보려고 합니다. 그가 쓴 글들이 민중의 주체적 사회개혁을 지향하는 민중종교(혹은 신종교)의 형성과 그 전개 과정을 '한국 종교사'의 맥락에서 깊이 있게 성찰하고 있다는 점에서 책 제목은 그의 학문 세계를 가장 적절하게 담아내는 명칭이라고 편찬위원들이 함께 의견을 모았습니다.

　한 학자의 학문 세계를 조망하는 방법에는 여러 가지가 있을 수 있습니다. 우선 해당 학자가 영향을 받은 사상가, 이론가, 학파 등을 조사할 수도 있고, 동시대 학자들과의 협업이나 논쟁을 통해 드러나는 지적 맥락을 파악하는 방법이 있습니다. 다음은 해당 학자의 대표적인 저서 및 논문을 중심으로 사상적 핵심을 추출하고, 그 속에 반복적으로 등장하는 개념, 문제의식, 방법론을 분석해서 그 학자의 학문적 정체성을 찾는 방법도 있습니다. 그다음은 특정 시대적, 사회적 배경이 한 학자의 사상에 어떤 영향을 미쳤는지를 분석해서 그의 학문적 키워드와 개념망을 분석하는 방법도 있습니다. 그런 개념의 연결망을 통해 문제의식의 구조와 이론적 지형도를 그릴 수도 있습니다. 마지막으로 해당 학자의 영향을 받은 제자나 후속 학자들의 연구를 통해 사상의 확장과 변형을 파악하는 것입니다. 이에 해당 학자에 대한 비판적 논의나 반론을 통해 그의 사상적 한계와 논쟁점을 분석해 볼 수도 있습니다. 특히, 후학들에게 해당 학자의 학문적 유산이 어떻게 계승되었는지를 살펴보면 그 학자의 학문적 위치가 좀 더 명확해질 것입니다. 이 같은 방법들을 종합적으로 활용하면, 우리는 해당 학자에 대한 단순한 평가가 아닌, 보다 더 균형 잡힌 이해를 할 수 있을 것이며, 해당 학자의 지적 세계관과 학문적 존재 의미를 깊이 있게 조망할 수 있을 것입니다.

황선명의 학문 세계를 파악하는 방법도 이와 크게 다르지 않을 것입니다. 예를 들어 은사였던 장병길 선생님의 종교학을 계승하면서도 자신만의 학문 세계를 어떻게 구축했는지, 혹은 장병길 선생님의 종교학을 이어받은 다른 학자들과는 어떠한 학문적 차이를 나타내고 있는지 등을 살펴보는 것입니다. 이는 해방 이후 한국 종교학의 전승과 발전이라는 측면에서 황선명의 위상을 분명하게 평가하는 중요한 계기가 될 것입니다. 또한 그의 저술에서 인용된 논저들을 추적하여 어떠한 학적 흐름에 큰 영향을 받았는지를 밝히는 것도 필요합니다. 예컨대, 사회학자 에밀 뒤르켐과 막스 베버, 인류학자 말리노프스키와 래드클리프-브라운 등 서구 학자들의 저술을 다채롭게 응용하는 모습을 포착해 정리해 내는 것도 중요합니다. 그리고 1960년대와 1970년대 한국의 종교학자들이 어떤 주제에 관심을 두었는지, 그 시대의 학문적 화두가 무엇이었는지를 탐구해 보는 것도 그의 학문 세계를 이해하는 좋은 방법입니다. 이 책에서는 필자마다 논하는 방법에 분명 차이가 있지만 대체로 이와 같은 방식으로 그의 학문 세계를 조망하고 있습니다.

이 책은 황선명의 방대한 학문 세계를 조망하기 위해 주요 저술들과 평론, 그리고 각종 학술 잡지와 단행본에 게재된 47편의 글들을 소개하고 있습니다. 이는 한국 종교학이 걸어온 길을 되짚어보고 향후 미래의 방향을 모색하는 데 중요한 자료가 될 수 있을 것입니다. 특히, 그의 글을 통해 드러난 학제간 융합 시도는 오늘날 한국 종교학 연구에 시사하는 바가 적지 않으며, 민중의 궁극적인 소망을 담은 민중종교에 대한 이해는 현대 사회의 다양한 종교 현상을 분석하는 데 깊은 통찰력을 제공할 것입니다.

이 추모학술논집이 황선명의 학문적 유산을 온전히 보존하고 계승하는 데 기여하며, 후학들이 새로운 시대의 종교학을 열어가는 영감의 원천이 되기를 간절히 바랍니다. 그리고 그분의 학문과 삶을 기억하는 작은 다리가 되어, 그분의 뜻을 이어 가고자하는 후학들에게 깊은 성찰의 계기가 되기를 진심으로 바랍니다. 독자 여러분께서도 이 책을 통해 인간과 종교, 사회와 역사 사이의 깊은 대화를 경험하고, 그분의 학문적 지혜와 따뜻한 인문주의 정신을 마음 깊이 느낄 수 있기를 기대합니다.

편찬위원장 윤승용

제3부 기억과 회고

부록

민중의 신앙, 한국 종교사에서 다시 읽기

이 책은 크게 세 부분으로 구성되었습니다. 제1부는 황선명의 주요 저작들의 핵심 주제를 중심으로 한국의 종교학과 종교사의 평면을 고려해 논평한 글들을 담고 있습니다. 이 작업은 신광철, 조현범, 한승훈, 박규태가 담당했습니다. 그의 주요 저서인 『종교학개론』, 『조선조종교사회사연구』, 『민중종교운동사』 그리고 두 편의 장편소설에 대한 소개와 주제 논평을 하고 있습니다. 그의 이같은 주요 저작들은 한국 종교학의 초기 학문적 지형을 형성, 확장하는 데 큰 역할을 하였습니다. 이에 대한 집중적인 조명은 과거 한국 종교학 흐름을 이해하고 나이가 오늘날의 한국 종교학을 이해하는 데도 중요한 참고 자료가 될 것입니다.

제2부는 각종 학술지나 전문지에 게재한 학술 논문과 기행문 등 전체 47편의 논지를 각기 간단하게 소개하고, 아직 단행본으로 출판되지 않은, 분야별 대표적인 논문 두세 편을 선별하여 재수록하였습니다. 이 책을 읽는 독자들이 쉽게 접근할 수 있도록, 종교연구탐색편(11편), 한국종교연구편(11편), 민중종교와 신종교편(18편), 종교문화기행편(7편) 등 네 가지 주제로 분류해 정리하고 있습니다. 1974년 석사논문인 「종교의 사회통제에 관한

소고: 미개사회에서의 Magic Witchcraft를 중심으로」부터 2015년『종교문화비평』에 개재된 「설림(說林), 황제가 동쪽으로 간 까닭은?」에 이르기까지 황선명의 학문적 여정을 시간의 흐름에 따라 조망할 수 있도록 정리해 놓고 있습니다. 필자의 논문 편수가 적지 않고, 글 내용이 중복되거나 영역이 중첩되는 논문도 적지 않아서 영역별로 분류하는 과정에 많은 어려움이 있었습니다. 하여튼 이들 논문의 연도별 정리는 황선명의 학문적 궤적과 방법론적 변화, 그리고 다양한 주제에 대한 깊은 통찰력을 일목요연하게 보여줄 수 있는 자료가 될 것입니다.

제3부는 고인을 기억하는 선후배들의 추모 글을 통해 그분의 인격과 삶의 흔적을 되새기며, 인간 황선명을 기리고자 했습니다. 이 글들을 통해 학자를 넘어선 인간 황선명의 따뜻함과 자유로운 사유 정신, 그리고 지인들에게 미친 영향을 살펴볼 수 있을 것입니다.

황선명은 '종교'를 사회구조의 그물망에서 벗어나 있는, 단순한 신앙체계로만 보지 않았습니다. 종교는 인간의 삶을 관통하는 가장 깊은 층위의 언어이며, 사회의 구조와 민중의 염원(念願)이 교차하는 지점에서 새로운 의미를 창조하는 강력한 힘이라고 믿었습니다. 나아가 종교 현상에 대한 단순한 기술을 넘어, 종교와 역사, 종교와 사회 간에 일어나는 상호 작용에 중점을 둔 새로운 종교 연구를 시도한 선구자입니다. 이 책은 그러한 황선명의 모습을 가감 없이 그리고자 노력했습니다. 그의 학문적 궤적은 1970년대부터 지금까지 한국 종교학의 발전사와 궤를 같이하며, 당시 한국 종교학 지형을 형성하고 확장하는 데도 적지 않은 공헌을 하였습니다. 그의 종교학 연구는 1단계 이론(종교학), 2단계 역사(종교사), 3단계 주제(신종교)로 심화되어 갔으며, 조선시대의 종교사, 민중종교운동, 그리고 종교학의 이론 정립에 이르기까지 한국 종교학 발전에 큰 디딤돌이 되었습니다.

황선명은 '한국종교연구회'(1987년 창립, 현 '한국종교문화연구소'의 전신)와 '한국신종교학회' 창립(1999년 창립)에 적극 참여하였고, 그들 기관지인 『한국종교연구회보』(현 『종교문화비평』의 전신)와 『신종교연구』를 통해 활발한 학문 활동을 펼쳐 한국 종교와 신종교 연구의 영역에도 크게 기여했습니다. 이같은 활동은 그가 과거 종교 현상을 조명하는 것에 머무르지 않고 당대의 학문적 요구에 민감하게 반응하며 새로운 연구 지평을 개척한 선구자임을 보여주는 대목입니다. 학위 논문에서부터 종교인류학, 종교사회사, 종교문화사 등의 다양한 방법론을 구체적으로 제시하고, 그것을 실제 적용했으며, 이는 종교 현상을 단순한 신앙의 차원을 넘어 복합적인 사회·문화적 현상으로 이해하려는 그의 문제의식에서 비롯된 것입니다.

실제로 황선명은 종교학자이면서도 다른 학문의 새로운 업적을 수용하는 데 주저하지 않았습니다. 학제 간 융합연구에 대한 그의 개방적인 태도는 종교 현상을 다른 사회문화현상으로 환원하지 않으면서도 인류학과 사회학 같은 사회과학적 방법을 융합하는 연구 방법을 활용하고 있습니다. 즉, 종교학, 사회학, 인류학, 철학, 역사학 등 다양한 학문 분야의 이론과 개념을 활용하여 단순한 종교적인 현상을 넘어 다차원적 시각에서 종교 현상을 분석한 것입니다. 특히 막스 베버(Max Weber), 탈콧 파슨스(Talcott Parsons), 에밀 뒤르켐(Emile Durkheim) 등 사회학 이론과 레비스트로스(Lévi-Strauss), 에반스-프리차드(Evans-Pritchard), 말리노프스키(Malinowski) 등 종교사회학 혹은 종교인류학 이론을 종교 현상의 해석에 적극적으로 활용했습니다. 그리고 특정 종교 현상(예: 마술, 주술, 제도화, 갈등)을 다양한 문화권(서구, 아프리카 부족, 동양, 한국)의 사례와 비교 분석함으로써 한국 종교의 보편성과 특수성을 도출하는 데도 크게 기여하였습니다. 아울러, 종교 현상의 발생과 전개 과정을 역사적 맥락 속에서 추적하고, 특정 시기(예: 종교개혁, 한국 개화기, 산업화 시기)의 사회경제적 변화와 종교의 상호 작용을 통해 시대별로 고유한 종교 지형을 파악하려고 노력하였습니다. 그의 이 같은 노력은 한국 종교학의 정체성 확립에 중요한 이정표가 되었습니다.

황선명의 학문적 깊이와 넓이는 그의 주요 저작들을 통해 가장 잘 드러납니다. 그 저작들은 한국 종교학의 관련 영역에서 기념비적인 업적으로 평가받으며, 학문적 영감을 후학들에게 지속적으로 주고 있습니다.

1982년에 저술된 『종교학개론』은 한국 종교학의 정체성 위기를 극복하고자 했던 학문적 시도였습니다. 이는 종교학을 신학이나 교학의 틀에서 벗어나 과학적이고 객관적인 학문으로 자리매김하려는 치열한 노력의 결정체였습니다. 그의 종교학 개론서는 은사였던 장병길의 『종교학개론』[1]과 학문 선배였던 정진홍의 『종교학서설』[2]을 종합하는 지점에 위치하고 있으며, 이 개론서는 비록 서구의 종교학 이론을 소개하는 경향을 띠고 있었지만, 교학적 연구나 현상학적 연구를 넘어 종교 연구의 한국적 시야와 대상을 크게 확장시켰습니다. 이후 한국 종교학의 이론·역사·주제 연

---

1   장병길의 『종교학개론』은 1960~70년대 종교학계에서 수용된 서구 종교학 이론들을 체계적으로 소개하고 국내 종교학이 독립 학문으로 자리 잡기 이전에 종교학의 학문적 틀을 마련한 선구적 저작입니다. 특히, 이 책에서는 한국의 민속 종교와 민간신앙에 대한 분석을 하고 있으며, 서울대 종교학과의 학부과정에서 오랫동안 교재로 활용된 책입니다.
2   정진홍의 『종교학서설』은 한국 종교학의 '문법'을 모색하고 있으며, 종교현상학과 문화적 접근을 통해 종교를 이해하려는 책입니다. 이 책에서 저자는 종교를 규범적으로 판단하기보다 있는 그대로의 종교 현상(Religion as it is)을 이해해야 한다며, 멀치아 엘리아데의 성(聖)과 속(俗), 상징 이론 등을 바탕으로 종교의 구조와 의미를 탐구하고 있습니다. 그리고 종교문화 일반에 대한 인문학적 관심을 구체화하고 있습니다.

구를 심화시키는 데 중요한 연결고리가 되었습니다. 그의 이러한 노력은 한국에서 종교학의 '개론서' 작업의 중요성과 필요성을 제기하고 한국 종교학의 학문적 토대를 굳건히 다지는 데 큰 역할을 했습니다.

『민중종교운동사』(1980)는 황선명의 지적 사유가 가장 뜨겁게 타오르던 시기의 저작입니다. 이 책은 1980년대 한국 학계의 '민중론'이 절정이었던 시기에 발간된 것으로서 종교와 민중을 연결한 종교학계 대표적인 저서로 평가받았습니다. 이 책에서 민중의 삶 속에서 피어난 신앙의 언어를 통해, 종교가 어떻게 억압과 고통을 넘어 해방의 가능성을 품을 수 있는지를 잘 보여주고 있습니다. 필자는 미륵신앙, 정감록, 무속, 근대 신종교 등 민간신앙을 '민중종교'의 범주로 포괄하고 있습니다. 근대 지식인의 눈에는 잘 보이지 않았던 『정감록』의 예언, 미륵신앙의 희망, 무속의 치유, 그리고 근대 민중종교의 저항 등의 신앙 현상들을 민중의 종교적 상상력이자 역사적 주체성의 표현으로 보고 있습니다. 그 속에서 '종교적 민중'과 '사회적 민중'을 '종교운동'이라는 고리를 통해 걸림 없이 연결하고 있으며, 이런 연결을 통해 종교가 단순한 사회 유지 기능을 넘어, 새로운 가치를 창조하고 사회를 해체하는 역동적 기능을 수행할 수 있음을 강조하였습니다. 여기서 필자는 민중종교운동이 종교사회사인 동시에 정치사회사의 접점이 될 수 있다는 것을 잘 보여주고 있습니다. 또한 연구 초기에는 민중운동의 광조성(狂躁性)과 지도자의 비윤리성을 다소 비판적으로 성찰하였으나, 후기에는 종교 자체의 논리에 집중하며 민중종교의 존재 정당성을 '종교생태론'[3]을 근거로 하여 관점의 전환을 시도했습니다.

---

3 '종교생태론'은 종교를 살아있는 문화 생명체로 이해하는 것으로, 종교문화의 다양성과 상호작용, 지속가능성, 변화 적응력 등을 포괄하는 개념으로 사용됩니다. 종교를

조선조의 종교사 흐름을 거시적으로 정리한 『조선조종교사회사연구』 (1985)는 사회구조, 계급, 가치체계 등을 종합적으로 고려하는 총체적 사회사를 전제로 조선시대 종교 지형을 고찰한 역작입니다. 필자는 종교 현상을 사회구조의 부수적인 산물로 취급하지 않으면서도, 종교를 사회의 다양한 영역들과 연결해서 이해해야 한다는 입장을 줄곧 견지합니다. 이는 1980년대에 널리 유행하던 '토대와 상부구조' 관계로서 종교를 이해하는 경직된 역사주의적 시각과는 거리를 두려는 시도이며, 나아가 총체적 사회사 기반으로 한 종교를 다차원적으로 이해하려는 것입니다. 특히 유교의 종교성을 훈구파의 신비성(국가 의례를 통해)과 사림파의 합리성(문중의 조상 의례를 통해) 사이의 긴장 관계로 설명하는 그의 시각은, 종교와 이념, 권력과 사유 형태 사이의 복잡한 관계를 한 번에 관통하는 종교사적 통찰(洞察)이었습니다. 그리고 조선 후기 민중종교의 태동 원인을 조상숭배 전통의 사회 통합력의 취약성에서 찾고 있으며, 또 민중종교의 태동을 생활 기반을 박탈당한 농민층의 출현과 연결시켜 설명합니다. 이는 조선조 종교사 연구에 있어서 후학들이 계승·발전시킬 필요가 있는 탁견으로 평가되고 있습니다.

또한, 천주교 신앙공동체에 대한 해석 역시 주목받을 만합니다. 천주교가 정감록이나 남조선 신앙과 같은 공상적 미래 국토 혹은 내세 희구적 사상과 연결되어 있으며, 초기에는 족적(族的) 연대를 바탕으로 한 비밀결사 형태를 띠었기에 교단 종교로 발전하지는 못했다고 분석하고 있습니다.

고정된 교리나 제도보다, 시대와 사회에 따라 진화하는 문화적 생명체로 봅니다. 종교를 하나의 생태계처럼 바라보며, 민간신앙 → 신종교 → 제도종교 → 문화종교로 이어지는 종교문화의 진화 과정을 탐구합니다. 이 과정에서 각 종교 유형은 서로 영향을 주고받으며, 특정 시대와 사회의 요구에 따라 공존·경쟁·변형을 겪습니다.

이러한 그의 분석은 교단 종교 형성의 필요조건에 횡적 연대의 중요성을 강조한 독창적 해석을 낳았습니다. 더불어 조선시대 종교 지형에서 불교는 도교의 일부 요소를 흡수했으나, 무속과는 강한 종교성으로 말미암아 경합적 관계가 되었다는 설명 또한 종교 간 상호 작용에 대한 깊은 통찰을 잘 보여줍니다. 그리고 불교 재가 신도들의 망자 천도재 의뢰를 주술적 애니미즘적 요구로 보고, 이를 민중종교 현상으로 이해할 수 있다는 시각도 아주 독특합니다. 이러한 불교, 도교, 무속 간의 관계에 대한 재해석 역시 조선시대 종교 지형에 대한 이해를 심화하는 데 많은 기여를 했습니다.

더불어 필자는 동학을 농민 봉기의 단순한 도구적 존재로 보지 않고, 종교운동 자체의 본질과 민중의 원망(願望)을 중심으로 해석하였습니다. 동학 농민봉기에 종교성이 분명히 존재하지만, 종교운동으로 단정하지 않은 다소 모호한 입장을 취했습니다. 하지만, 이는 종교와 정치의 범주적 구획을 넘어선 사태의 복잡성을 담으려는 시도였으며, 이러한 시도는 개별 종교사의 나열을 넘어 종교 중심의 포괄적인 사회문화사적 접근을 지향하는 '한국 종교사'의 서술에 새로운 지평을 열었습니다.

무엇보다도 황선명은 학문에만 머물지 않았습니다. 또한 언제나 시대와 민중과 함께 호흡했습니다. 한국 사회 1980년대의 민중론, 1990년대의 탈이념적 사유, 2000년대 이후의 문화적 전환 속에서도 그는 종교학도의 본분을 잃지 않았습니다. 더불어 그는 문학을 통해 종교학적 사유를 확장하는 시도도 하였습니다.

두 편의 장편소설 『달과 전쟁』(2004)과 『평양에서 만나요』(2007)는 황선명의 사유가 문학이라는 형식을 통해 인간의 내면과 역사적 갈등을 성찰하는 새로운 방식으로 확장되었음을 잘 보여줍니다. 『달과 전쟁』에서는 달 상징의 양가성(생명과 죽음, 창조와 파괴)을 통해 전쟁의 비극성과 이념 대립

속 인간의 악마적 속성을 폭로하고자 했습니다. 『평양에서 만나요』에서
는 월북 주인공의 이야기를 통해 이념과 무관한 '탈이데올로기적 휴머니
즘'을 보여주었으며, '은방울꽃' 상징과 레오노래의 동화를 통해 '이야기 구
원론' 혹은 '이야기의 휴머니즘'이라는 새로운 장르를 제시했습니다. 이야
기 속에서 구원을 찾고, 이야기 자체가 인간을 구원할 수 있다는 '이야기
구원론'은 종교학적 경계를 넘나드는 황선명의 인문학적 사유의 폭을 잘
보여주고 있습니다. 그는 인간 본성에 내재한 악마적 속성을 깊이 인지했
기에, 휴머니즘에 대한 절망을 이야기하면서도 종교적 해방을 추구하는
태도를 잘 보여줍니다. 이러한 그의 태도는 완성된 이념이 아닌 인간을 탐
구하려는 자기성찰적인 정신과 자세를 의미합니다.

한국종교사에서의 민중종교론

황선명의 학문적 업적 중 다른 한 축은 한국의 민중종교에 대한 심층적
인 이해에 있습니다. 그는 한국의 민중종교가 내면적이고 지적이기보다
는 실천적이며 정서적인 분위기에 좌우되기 쉽다고 보았습니다. 이는 지
극히 일상적인 생활세계에서 피할 수 없는 압박과 죽음이라는 한계성 때
문에 삶의 궁극적인 의미에 대한 성급한 해결을 바라는 절박한 현실에서
비롯된다는 것입니다. 이러한 특성 때문에 민중종교는 현세적이고 주술
지향적이며 소박한 종말관을 표방하는 경향이 있습니다. 특히 내면화된
성찰이나 합리성이 결여된 상태에서 삶의 의미 문제에 즉각적으로 대처하
려 하기 때문에 주술적인 요소가 강하게 나타나게 됩니다. 이것이 특정 인
격적 권능이나 비인격적 제도나 가치에 쉽사리 복종하는 권위 신앙과 밀
착되기 쉽다고 분석하였습니다. 이에 때로는 광조적(orgiastic, chiliastic) 운동

의 양상으로 발전하기도 한다고 보았습니다.

그는 민중종교운동의 역사적 배경을 살펴보는 가운데, 조선 후기 전통 질서의 붕괴에 따른 사회 혼란에 주목하였습니다. 전통적 가치체계의 상실, 공동체의 해체, 그리고 급속한 공업화와 도시화로 인한 낯선 환경 경험이 민중으로 하여금 자아 상실과 정체성 위기에 부딪히게 하며, 이러한 불안정한 상황은 민중으로 하여금 피난처를 모색하게 하고 카리스마적 종교 지도자의 메시지에 흡수되게 하는 새로운 권위주의 지배 형태를 낳게 했다는 분석입니다.

조선 사회의 중심 문화였던 유교 문화가 민중의 생활을 개선하는 강력한 실천적 동기를 이끌어 내지도, 민중문화 속에 깊숙이 내면화되지도 못했다고 지적합니다. 그래서 조선 유교는 국가 의례의 단계에서 제도 종교로서 실효를 거두지 못하고 그저 형식주의에 머물렀다고 보았습니다. 이에 조선 유교는 백성들의 근로에 기생하며 도리어 노동 의욕을 저해하는 결과를 초래하였다는 진단입니다. 그리하여 민중의 종교적 관심사는 고통, 불운, 부정의와 같이 이성으로 해결할 수 없는 세계의 모순에 대한 의미의 물음에 집중하게 되었고, 이러한 문제에 적절한 해답을 민간에서는 음양오행설, 운세설, 참위설, 풍수사상, 종말론적 개벽사상 등 민중적 사상이 지하수처럼 흘러 들어가 민중의 저항 이데올로기를 제공하고, 나아가 사회 변혁의 동기가 되었다고 진단합니다. 특히, 『정감록』과 같은 비결류는 이러한 민중의 잠재적 소망과 결부되어 널리 유포되었고, 이 같은 상황에서 유교 문화의 전통적 권위는 퇴색해 가는 대신 카리스마적인 권위의 지배 구조가 새롭게 등장한다고 보았습니다. 황선명은 이러한 역사적 과정에서 등장한 민중종교운동을 민중의 염원과 해방이라는 차원에서 심층적으로 분석하고 있습니다.

우선, 동학은 조선 말 봉건 체제의 해체기 성리학 유일사상이 사회 변혁의 흐름을 제어할 수 없게 되면서 천주교와 대항적으로 성립하게 되었으며, 더불어 정통 유교 문화의 획일주의와 권위주의에 대한 반작용으로 등장했다고 보았습니다. 특히 최제우의 현세주의적 종교유토피아 사상, 즉 음양오행의 상생·상극 원리에 따른 후천개벽의 지상천국을 실현하려는 메시지가 민중 동원에 성공요인이 되었다고 분석했습니다.

다음 증산계 교단(보천교와 대순진리회 등)은 동학운동 이후 '후천개벽 사상'이 민간에 정감록 신앙과 종말론적 말세관에 젖어 있던 민중 층에 급속도로 확산이 되었습니다. 그 결과 증산계 종교들은 민중의 생활고와 궁핍화 현상에 대한 시위적 성격을 띠면서 주술적 광기로 유도되는 경향이 있었다고 분석했습니다. 특히 차경석이 설립한 보천교는 막대한 신도 수와 재력을 갖춘 교세를 과시했으나, 이 같은 합리성의 결여와 운영 미숙으로 자신의 종교 기반을 지속적으로 보존하지 못했다고 보았습니다. 또 대순진리회에 대해서는 증산 사상을 계승하며 '상극(相克)'으로 세상의 혼란을 설명하고 '상생(相生)'을 궁극적인 목표로 제시하며, 증산 상제를 주재신이자 혁세주로서의 하느님으로 보고 '천·지·인 삼재(三才)'와 '음양합덕' 원리를 통해 신인조화(神人調和)를 강조한다고 설명합니다. 특히 '인존시대(人尊時代)'의 개시를 선언하며 기존의 천존지비(天尊地卑) 논리를 넘어 인권 존중과 평등을 지향하는 미래 사회를 제시하고, 한국을 후천선경이 이룩될 세계의 중심지로 보는 '한국 중심 사상'을 표방한다고 평가하였습니다.

단군 신화를 바탕으로 한 민족종교 대종교(大倧敎)는 일제 강점기 항일 투쟁의 이념적 기반이 되었으며 민족 정체성 확립에 크게 기여하였으나, 일제의 탄압으로 인해 교단를 존속하는 데는 많은 어려움을 겪었다고 분석하였습니다. 그리고 박중빈(朴重彬, 1891~1943)이 창시한 원불교(圓佛敎)는 후천개벽 사상을 가장 합리적으로 수용하여 신비주의나 운명론에 사로잡히지 않고 시대가 요청하는 실학의 요체를 제시했으며, 역사와 신화를 혼동하지 않고 합리적이고 실천적인 노동을 통한 자력 기반 확충을 강조했다고 평가하였습니다.

한편, 황선명은 민중종교의 발생에 종교적 카리스마의 등장뿐 아니라 지역 문화와의 상호 작용도 큰 변수가 된다는 점에 주목했습니다. 예를 들어, 호남 지역은 조선 후기 농민층의 궁핍화, 부재지주의 수탈, 상업적 작물 재배로 인한 농민층 분해, 중앙 정부의 수탈 등으로 인해 상대적 박탈감이 심화되었다며, 이는 호남 민중의 의식 선진화를 도모하는 효과를 가져왔다고 지적합니다. 그리고 상대적으로 유교적 규범 문화의 구속력이 느슨하여 주술-종교적 에너지가 사회 운동으로 폭발할 여건이 형성되었고, 이러한 서민 문화의 역동성이 민중종교 발생의 주요 배경이 되었다고 분석하였습니다. 반면 영남 지역은 전통적인 유교 문화가 뿌리 깊게 정착된 반촌 문화를 중심으로 사회적 안정을 유지했으며, 강한 유교적 정통성과 규범 문화로 인해 대규모의 민중 봉기나 이단적 종교 성향이 발붙이기 어려웠다고 보았습니다. 관서 지역은 상업적 기풍이 강하고 외래 문화에 대한 개방성이 높아, 한말(韓末)에 개신교를 일찍 받아들이고 반일 투쟁 결사를 조직하는 등 진취적인 기질을 보였다고 분석하였습니다.

마지막으로 한국의 민중종교들은 합리성의 결여와 종교 조직 운영의 미숙성으로 인해 민중적 기반을 지속적으로 획득하지 못하는 한계를 보였다며, 이들의 주술성에 의존하는 경향은 윤리적 메시지나 지속 가능한 사회 변혁으로 이어지지 못하는 원인이 되기도 했다고 지적합니다. 그리고 전통적 가치체계의 상실은 민중에게 도피 본능과 무력감을 낳았고, 카리스마적 종교 지도자의 메시지에 비이성적으로 흡수되는 형태도 보였다고 하였습니다. 하지만 이러한 종교운동들이 민중의 잠재된 에너지를 표출하고 새로운 질서 요구를 구체화하는 역동적인 역할을 하기도 했다는 점을 부인하지는 않았습니다.

학문 후속 세대에 남긴 과제

황선명은 폭넓은 연구와 빛나는 업적에도 불구하고, 여느 학자들의 학문이 그러하듯 연구에 한계점이 없는 것은 아닙니다. 그의 한계점을 지적해 보면, 첫째, 1980년대 학계 성과에 대한 과도한 의존이 지적되기도 합니다. 그의 '종교사회사연구'는 당시 역사학계의 주된 연구 경향이었던 경제사와 민중사의 연구 성과에 지나치게 의존했다는 지적이 있었는데, 이는 특정 역사학계의 주장이 변화하면 황선명의 해석도 시대착오적으로 전락할 위험이 있다는 우려로 이어질 수 있습니다. 다음으로, 1차 자료에 대한 심층 검토의 한계가 언급되고 있습니다. 종교 관련 1차 자료들에 대한 심층적인 검토보다는 역사학계의 성과를 재배치하는 수준에 머물렀다는 평가도 있습니다. 그리고 그가 사용하고 있는 중심 용어의 개념적 모호성이 지적되기도 합니다. 이는 '민중종교'와 '종교사회사'라는 용어 자체의 모호성에 대한 지적입니다. 그와 함께, 동학과 농민 봉기의 관계에 대한 황선명의 설명이 때로는 불명료한 느낌을 준다는 지적도 있습니다.

이 같은 부정적 지적에도 불구하고, 황선명의 학문은 초기 한국 종교학의 정체성을 확립하고, 그 연구 대상을 확장시키며, 사회과학적 방법론을 종교사 연구에 접목시키는 데에 지대한 영향을 미쳤습니다. 때로는 시대의 한계와 마주했고, 때로는 자료의 부족과 개념의 모호함에서 외로운 투쟁을 하였지만, 그러한 과정은 한국 종교학의 정체성을 확립하고, 학문 후속 세대에게 새로운 질문을 던지는 귀중한 유산이 되었습니다. 종교사에 대한 그의 독특한 관점과 시도는 후학들에게 '한국 종교사' 연구의 깊이와 폭을 넓히는 데 중요한 디딤돌이 되었습니다.

황선명은 학문을 통해 인간을 이해하고, 인간을 통해 종교를 성찰하려 했던 진정한 인문주의자였습니다. 한 사람의 학문은 그 시대의 정신을 담고, 한 사람의 사유는 다음 세대의 길을 밝힌다는 것을 황선명의 삶과 학문에서 잘 보여줍니다. 우리는 그를 단지 학자로만 기억하지 않습니다. 살아 있는 백과사전이자 동시에 인문학적 자유인으로서, 지식의 경계를 넘나들며 언제나 우리에게 새로운 질문을 던졌습니다. 현실을 거부하지 않는 진정한 인문학자란 무엇인가를 묻는다면, 우리는 그것이 무엇이라고 말하기 이전에 황선명이라는 이름을 조용히 떠올릴 수밖에 없습니다. 그는 언제나 인간에 대한 따뜻한 이해를 품으면서 항시 겸손하고 소탈한 인간의 모습을 보여주었기 때문입니다.

제1부

종교연구에 대한 주제 논평

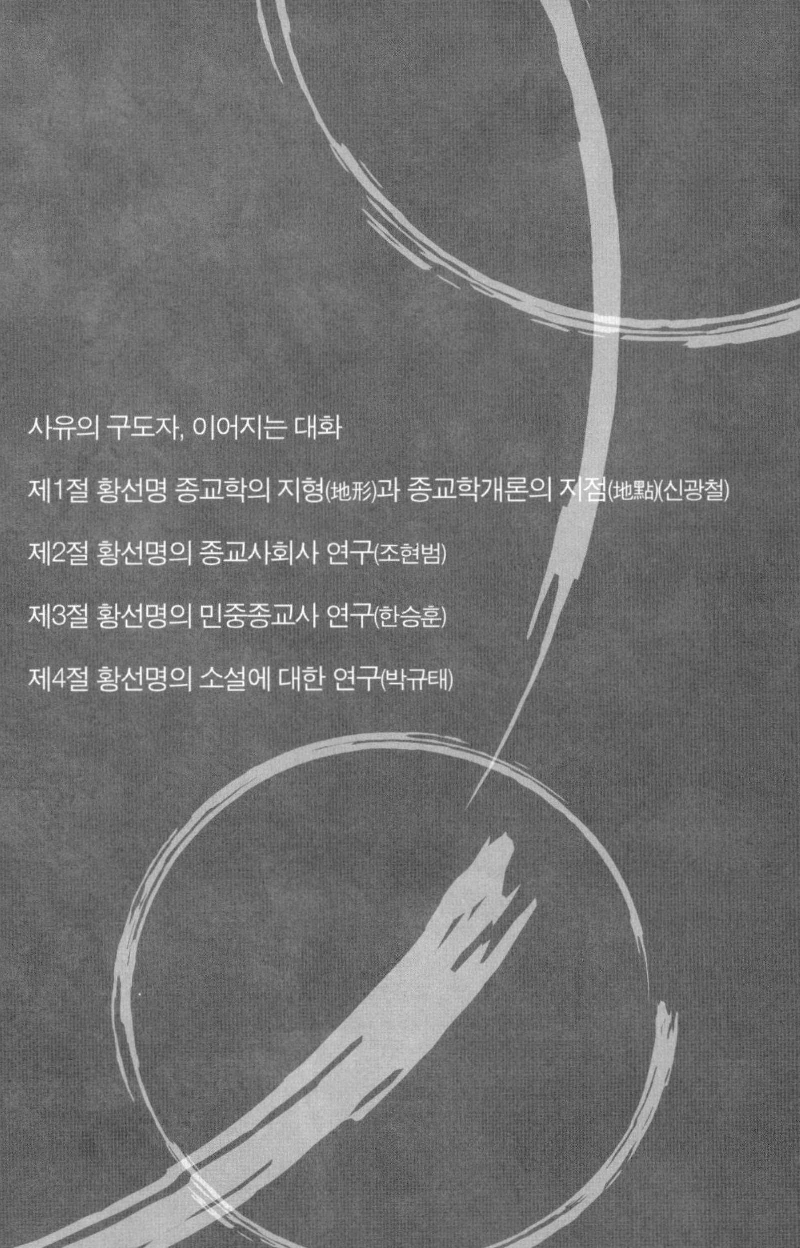

사유의 구도자, 이어지는 대화[*]

* 이 글은 황선명 선생 추모논집 집담회 결과 내용을 근간으로 쓴 것이다. 동 집담회는 2025년 2월 20일 서울대학교 호암교수회관 메이플홀에서 황선명 선생 추모논집 발간 추진위원회 주관으로 개최되었다. 박규태, 조현범, 한승훈, 신광철 교수 등 14명의 학자와 유족 및 지인 3명을 포함한 총 17명이 참석하여 선생의 학문적 업적과 그 의미에 대해 깊이 있는 논의가 진행되었다.

이 글은 황선명의 학문적 업적과 한국 종교학에 대한 그의 기여를 심도 있게 분석하고, 이를 바탕으로 향후 미래 한국 종교연구의 방향성을 모색해 보는 기획 마당의 개설 글입니다. 황선명의 연구는 종교학 이론, 한국 종교(사회)사, 민중종교와 신종교 연구라는 세 가지 핵심 분야에 걸쳐 있으며, 이 기획은 그 세 분야와 더불어 황선명의 장편소설까지를 포함한 그의 학문과 소설의 세계를 주제별로 조명하고자 합니다.

본 기획 마당은 황선명의 주요 저술들을 소개하고 논평하는 과정을 통해, 그의 학문적 내용을 면밀히 검토하고 그가 남긴 업적을 조명하여, 궁극적으로 미래 종교 연구의 방향성을 모색하려고 합니다. 그의 대표 저서인 『민중종교운동사』와 『조선조종교사회사연구』는 민중종교, 종교사회사, 종교운동를 핵심 키워드로 삼아 한국 종교의 특수성을 깊이 탐구했습니다. 특히 후천개벽사상과 정감록 등 한국의 고유사상들을 종교(사회)사 연구의 주요 논제로 삼으면서 한국적 종교현상에 대한 폭넓은 시각을 제시했습니다. 또한, 황선명의 사유와 인식은 학문으로만 그치지 않고 소설 창작으로까지 확장됩니다. 그의 장편소설 『달과 전쟁』과 『평양에서 만나요』는 분단 문학 속 휴머니즘을 다시 성찰하는 중요한 작품으로 평가됩니다. 이 두 소설은 각각 종교적 휴머니즘과 탈이데올로기적 휴머니즘을 드높이며, 한국 현대사의 주요 주제인 전쟁과 분단을 종교적 구원과 연결하는 독특한 문학적 접근 방식을 탐구하고 있습니다.

　　신광철 선생의 논문은 황선명의 학문 세계, 특히 그의 연구 영역을 회고하면서 그의 저서 『종교학개론』이 차지하는 의미 있는 지점을 포착하고자 합니다. 황선명 종교학의 학문적 지형은 이론(종교학) 정립, 역사(종교사) 연구, 주제(민중종교 혹은 신종교) 연구의 세 단계 흐름으로 전개되었다고 설명합니다. 그의 종교학 연구는 『민중종교운동사』(1980)와 『종교학개론』(1982)으로 시작되었는데, 『민중종교운동사』가 황선명 종교학의 관점을 표출한 것이라면, 『종교학개론』은 그의 종교학적 관점이 펼쳐질 영역과 관련 방법론을 설정하는 중요한 역할을 수행했다고 합니다.

　　황선명은 종교학이 과학적이고 객관적인 태도로 "종교는 어떻게 있어 왔으며 어떻게 있는가?"를 탐구해야 함을 강조했습니다. 또한, 한국 문화사의 문맥을 엮어나간 한국 종교의 특질을 이해하기 위해 사회학 심리학, 인류학은 물론 한국사학, 고고학, 민속학 등 인접 학문과의 제휴(학제간 연구)가 필수적임을 역설했습니다. 그는 '한국적인 성(聖)'의 조형 과정을 추적하기 위해 특정 시대의 편협성을 극복할 수 있는 종단적(diachronical) 방법과 횡단적(synchronical) 방법을 겸하여 모색해야 하며, 종교사가 이러한 전체성을 파악하는 데 유용한 방법이라고 여겼습니다. 그는 이러한 통찰을 바탕으로 초기 한국 종교학의 정체성을 확립하고 한국 종교사의 역사적 과제를 명확히 제시하며, 한국 종교사 서술의 방향성을 제시하는 데 중요한 발자취를 남겼습니다. 결론적으로 신광철 선생은 황선명의 『종교학개론』을 장병길의 『종교학개론』과 정진홍의 『종교학서설』을 종합하는 지점에 위치한다고 지적하고 있습니다.

　　조현범 선생은 황선명의 『조선조종교사회사연구』(1985)가 조선시대 종교현상을 정치, 경제, 문화 등 사회 구조와의 유기적인 관계 속에서 이해하려는 독특한 종교사회사적 접근을 시도했다고 지적합니다. 이 연구는 유교, 불교, 무속, 천주교, 신종교 운동 등 개별 종교들을 병렬적으로 나열하는 대신, 이들 간의 상호작용과 사회 변동에 따른 종교적 변화를 심층적으로 탐구하며, 종교가 단순한 사회의 반영물이 아닌 능동적인 힘임을 보여주었습니다. 황선명은 종교가 '인간의 실존의 장에 임하고자 하는 이룰 수 없는 원망(願望)'이라는 본질적 특성을 가진다고 보았습니다.

『조선조종교사회사연구』는 한국 종교사 서술에 새로운 관점을 제시했습니다. 이 연구는 종교학뿐만 아니라 역사학, 민속학, 인류학, 정치학 등 인접 학문 분야의 조선시대 종교 연구와도 밀접한 관련을 맺고 있습니다. 그는 종교현상을 단순히 교단이나 민간신앙을 나열하는 방식이 아니라 해당 시대의 정치, 경제, 문화와 연관 지어 구조적으로 이해해야 한다고 역설했습니다. 이는 개별 종교사 중심에서 벗어나 종교를 통한 포괄적인 사회문화사를 지향하는 틀을 제공한다는 점에 의의가 있습니다.

그는 조선시대 유교를 지배 세력의 권익을 위한 인위적인 국가유교로 분석하면서도, 중앙 훈구 세력의 주술적 신비성과 지방 사림 세력의 탈종교적 합리성을 대비시켜 유교 내부의 다층적 성격을 잘 조명하고 있습니다. 불교에 대해서는 망자 천도를 중심으로 한 대타의례의 중요성을 강조하고, 도교 및 무속과의 흡수 및 경합 관계로 조선 후기 불교의 존재 방식을 설명합니다. 그리고 천주교 확산의 요인으로는 공상적인 미래 희구, 강력한 천주 개념, 그리고 혈연과 학연에 기반한 족적(族的) 연대를 들었으며, 19세기 천주교를 천년왕국적 종말관을 지닌 집단으로 해석합니다.

특히 그는 조선 후기 민중종교운동이 조상숭배의 통합력 약화와 사회 해체에서 비롯되었음을 밝히고, 민중의 파토스적인 열광과 감성공동체 형성 과정을 강조했습니다. 동학 역시 농민 봉기의 단순한 도구가 아닌, 종교 운동 자체의 내재율을 가진 것으로 파악하려 했습니다. 이 연구는 당시 역사학계 성과에 과도하게 의존하고 1차 자료 검토가 부족했다는 비판을 받기도 하지만, 종교와 사회의 상호 관계를 구조적으로 탐구하려는 그의 문제의식은 여전히 유효하며, 향후 한국 종교사 연구를 위한 중요한 출발점이자 발전시켜야 할 과제를 제시하고 있습니다.

한승훈 선생이 담당한 『민중종교운동사』(1980)는 1980년대 한국 지성사의 '민중론'이 절정이던 시기에 종교학계의 대표적 성과입니다. 이 연구는 당시 민중 개념이 정치적 저항의 주체이자 사회 변혁의 동력으로 간주되었던 시기에 등장하였으며, 황선명은 종교를 민중의 실천적 주체성과 연결하며 사회 변혁의 동력으로 해석합니다. 이런 시각을 종교사의 해석 틀에 도입하여 기존 종교 전통이나 신앙 형태를 '민중종교'라는 개념으로 재구성하였습니다. 또한 이 책은 종교현상을 사회적 구조와 연결하여 해석하고, 이상 세계에 대한 대망과 카리스마적 지도자에 대한 분석을 통해 종교의 사회적 기능을 조명했습니다. 특히 종교가 기존 질서에 대한 비판과 대안을 제시하는 역할을 한다는 점을 강조하며, 이를 통해 종교사와 사회사, 민중사의 결합 가능성을 탐색하였습니다. 그는 종교가 기존 질서를 비판하고 새로운 가치를 창조하는 '세계를 뒤흔드는 힘'을 가질 수 있음을 강조하면서도, 민중운동의 광조적(狂躁的) 성격이나 일부 지도자의 비윤리적 카리스마를 비판적으로 조명하는 독특한 시각을 제시했습니다. 훗날 그는 '종교 자체의 논리'를 규명하며 종교적 상징과 실존의 관계를 탐구하는 연구의 깊이를 더했습니다.

황선명은 이상 세계에 대한 민중의 대망이 종교 운동의 근본 동기이며, 이는 기존 질서 비판과 대안 제시로 이어진다고 분석했습니다. 특히 동학 농민 전쟁을 종교 상징이 결합된 성전(聖戰)으로 해석하며, 동학이 후대 민중종교운동의 모태가 되었음을 밝혔습니다. 천주교 확산 또한 민중의 이상 세계 갈망과 연결했습니다. 비록 서구 이론 의존 및 원자료 분석 부족 등의 한계가 있었으나, 황선명은 후속 연구에서 '종교 자체의 논리'에 주목, 종교의 사회 해체 및 재구축 기능에 대한 이해를 심화시켰습니다. 그의 연구는 한국 종교사를 권력, 상징, 실천이 교차하는 지점에서 서술할 방향을 제시하며, 향후 문헌학, 사회과학, 비교종교학적 접근의 필요성을 강조합니다. 단순히 시대적 산물을 넘어, 종교사를 사회사적 관점에서 재구성하려는 시도로서 현재적 가치가 있다고 평가됩니다. 이를 계승하기 위해서는 문헌학적 기반 강화, 사회과학적 분석틀 도입, 비교종교학적 시야 확장 등이 필요합니다. 민중이라는 집단 범주에 의존하지 않고도 권력과 상징, 실천이 교차하는 지점에서 종교사를 서술할 수 있는 방법론을 마련하는 것이 앞으로의 과제입니다.

박규태 선생의 논문은 종교학자 황선명의 장편소설 『달과 전쟁』과 『평양에서 만나요』를 인간학적 및 종교학적 관점에서 분석한 것입니다.

『달과 전쟁』은 6.25 전쟁을 배경으로 달 상징의 양가성을 통해 전쟁의 비극성을 형상화합니다. 특히 달을 파괴와 죽음을 암시하는 '저주의 달'로 묘사하는데, 이는 가족주의에 기반한 이데올로기적 편향성을 보이면서도 궁극적으로 인간 존재의 숙명적 취약함을 인정하고 우주적 차원의 절대 해방을 추구하는 '종교적 휴머니즘'을 드러냅니다.

반면 『평양에서 만나요』는 분단 시대의 사랑을 다루며 탈이데올로기적인 감성적 휴머니즘에 호소하는 경향이 짙습니다. 주인공의 월북 동기가 이데올로기와 무관하다는 점이 특징이며, 은방울꽃은 남북의 이념 대립을 초월한 사랑과 화해의 가능성을 은유합니다. 이 작품은 '레오노레'의 동화를 통해 '이야기의 휴머니즘'이라는 개념을 제시하며, 인간 탐구의 정신이자 구원론적 의미로서 이야기의 힘을 강조합니다.

이 논문은 휴머니즘을 완성된 이론 체계가 아닌, 인간을 탐구하려는 자기성찰적인 태도로 이해하며, 작가가 소설을 통해 탐색한 인간 본성의 '악마적 속성'에 대한 질문과 그 답으로서 '이야기의 휴머니즘'의 의미를 조명합니다. 나아가 증오의 이야기를 생산할 수 있는 새로운 형태의 분단 시대에 직면하여 이야기의 구원론적 의미를 다시 물어야 할 필요성을 제기하며 글을 마무리합니다.

황선명의 연구는 한국 종교학이 나아가야 할 방향을 제시하는 중요한 디딤돌이 되었습니다. 후학들은 그의 문제의식을 계승하여 '종교사'와 '사회사'의 연결망을 더욱 정교하게 하고, 원자료에 기반한 실증적 연구와 다양한 사회과학적 방법론을 적극적으로 도입해야 할 것입니다. 또한 좁은 의미의 종교에 머물지 말고, 한 사회의 종교적 지형을 먼저 살펴보고 그 상호 관계에 관심을 가져야 하며, 좀 더 넓은 비교종교학적 시야를 확장하고, '민중' 개념을 넘어서는 다층적인 종교현상 분석을 통해 정치사회사로서의 종교사라는 그의 지향을 심화·발전시켜야 할 것입니다. 황선명의 학적 통찰은 오늘날 복잡다단한 한국 사회의 종교적 현상을 이해하는 데 여전히 유효한 길잡이가 될 것입니다.

황선명 종교학의 지형(地形)과 '종교학개론'의 지점(地點)

신광철 _한신대 교수

1. 머리말

한 학자의 학문 세계를 회고하는 길로 여러 가지 방법을 고려할 수 있을 것이다. 크게 보아서 교육 영역에 초점을 맞추어 그가 무엇을 가르쳤는가를 살피는 방법이 있을 수 있고, 연구 영역에 초점을 맞추어 그가 어떠한 연구를 수행했는가를 살피는 방법이 있을 것이다. 여기에 어떠한 사회적 활동을 하였는지에 대해 이야기할 수도 있을 것이다. 교육 영역에 초점을 맞출 때, 그의 명지전문대학에서의 강의의 핵심 분야는 '직업윤리'였다. 직업윤리 교육과 관련해서, 황선명은 『직업윤리』,[1] 『직업의 세계』,[2] 『인간과 직업』(공저),[3] 『장인(匠人)의 세계』[4] 등의 교재를 저술하였다. 황선명의 주된 강의 영역이 직업윤리를 중심으로 한 직업교육 관련 교양교육이었던 점을 염두에 둘 때, 황선명의 종교학의 성과와 기여의 지점을 논함에 있어서 교육보다는 연구 영역에 초점을 맞추어 그의 학문 세계를 회고하는 것이 보다 더 설득력을 지닐 것으로 여겨진다.

본 논문의 목적은 고(故) 황선명 교수(이하, '황선명'으로 표기)의 『종교학개론』의 종교학사적 의의를 밝히는 데에 있다. 연구 영역에 초점을 맞추어

---

1   황선명, 『직업윤리』, 일문사, 1987. 황선명, 『직업윤리』, 지구문화사, 1995.
2   황선명, 『직업의 세계』, 正宇社, 1991.
3   최조웅 · 황선명, 『인간과 직업』, 지구문화사, 1990.
4   황선명, 『장인(匠人)의 세계: 40人의 산업장인들의 이야기』, 지구문화사, 2001.

한 학자의 학문 세계를 회고하는 데에는 여러 가지 방법을 적용할 수 있을 것이다. 연구 저서에 대한 논의, 연구 논문에 대한 논의, 기고문에 대한 논의 등 다양한 방법을 고려할 수 있겠지만, 본 논문에서는 연구 저서 중에서도 '개론'에 초점을 맞추되, 연구 논문 분석을 통한 연구 지형도 그리기와 '개론'에 대한 논의를 고리 지워 보고자 한다. 결론적으로, 이 글에서는 황선명 종교학의 '지형'(地形)에 대한 논의를 토대로 황선명『종교학개론』의 지점(地點)을 포착하고자 한다.[5] 구체적으로, 연구 논문들에서 보이는 그의 종교학의 지향과 특징을 중심으로 그의 종교학의 '지형'을 추출하는 한편, 그러한 종교학의 지향과 특징이 그의『종교학개론』에 어떻게 반영되었는지 그 '지점'을 포착하고 그 의미를 탐색하고자 한다.

2. 황선명 종교학의 지형

어느 학자의 학문 세계의 지형도를 그릴 때, 우선적으로 고려할 수 있는 것이 연구 저서일 것이다. 여기에, 학위논문을 포함해서 함께 논의할 수도 있을 것이다. 황선명의 직업윤리 관련 저서는 앞서 머리말에서 언급하였으므로, 여기에서는 종교학 관련 저서와 학위논문에 논의의 초점을 맞추고자 한다.(참고문헌'의 '황선명 종교학 저서 목록' 및 '황선명 학위논문 목록' 참조)

5　'지형(地形)'은 'terrain', 'landscape', 'topography' 등의 함의를 지닌다. 일반적으로, 이 데올로기 지형·종교 지형 등의 용법에서 '지형'은 'landscape'의 의미를 지시하며, 정치-경제적 맥락이 강조될 경우 'terrain'의 의미를 지시하기도 한다. 본 발표에서는 '지형도 그리기'의 방향성을 고려하여 "(물체 등의) 형상적인 제 특징과 그 구조적인 관계, 형태학"의 개념에 해당하는 'topography'의 뜻을 지시하는 차원에서 '지형' 개념을 사용하고자 한다.

종교학에 대한 총괄적 논의이자 개설의 성격을 띠는『종교학개론』을 제외하면, 저서를 통해 살필 수 있는 황선명 종교학의 핵심 키워드로 민중종교, 민족종교, 종교사회사, 종교운동사 등을 꼽을 수 있다. 흥미로운 사실은『민중종교운동사』와『종교학개론』이 황선명의 연구서 저술의 서장을 점하고 있다는 점이다.『민중종교운동사』가 황선명 종교학의 '관점'을 표출한 것이었다면,『종교학개론』은 그의 그러한 종교학적 관점이 펼쳐지는 영역과 범주를 설정하고 관련되는 방법론적 논의를 소개한 것이었다고 할 수 있다. 황선명 종교학의 관점은『한국근대민중종교사상』과『조선조종교사회사연구』를 통해 좀 더 날카롭게 벼려졌다. 기왕의 운동사적 관점에 더해 사상사와 사회사의 관점의 전개를 통해 그의 종교학이 더욱 구체성을 나타냈다고 하겠다. 이러한 그의 종교학의 관점과 관심사는 학위논문을 통해서도 포착된다. 학위논문에서는 연구 방법론이 두드러지게 포착되는 바, 종교인류학, 종교사회사, 종교문화사 등의 방법론이 구체적으로 제시되었다.

연구서 및 학위논문을 통한 회고는 황선명 종교학의 큰 틀을 보여주는 데 유용하지만, 그러한 큰 틀로부터 확산되는 황선명 종교학의 지형도를 그려내기에는 충분하지 않다. 황선명 종교학의 지형도를 그리기 위해서는 연구 논문에 대한 회고 작업이 수반되어야 한다. 직업윤리 관련 논문[6]을 제외한 황선명의 연구 논문 목록을 '황선명 종교학 연구 논문 목록'에 정리·소개하였다. 황선명은 연구 논문 외에도 '설림'[7]과 '답사기'[8] 형태의 글

6　황선명,「직업윤리와 가능의식」,『職業 敎育 硏究』7(1), 한국직업교육학회, 1988.
7　황선명,「설림(說林): 황제가 동쪽으로 간 까닭은?」,『종교문화비평』28, 한국종교문화연구소, 2015.
8　[1] 황선명,「민중의 성지 십승지지(1)」,『종교문화비평』2, 한국종교문화연구소, 2002.

을 통해서도 그의 종교학의 면모를 확장적으로 보여주기도 하였지만, 여기에서는 연구 논문('참고문헌'의 '황선명 종교학 연구 논문 목록' 참조)에 한정하여 그의 종교학의 지형도를 그려보고자 한다.

황선명의 연구 논문을 발표 공간(지면) 별로 살펴보면, 2건 이상 발표한 공간으로는『신종교연구』11건,『종교학연구』4건,『종교연구』2건,『종교와 문화』2건으로 한국신종교학회, 한국 종교학회, 서울대 종교학과(종교학연구회, 종교문제연구소)를 중심으로 학문 활동을 펼쳤음을 확인할 수 있다. 황선명이 한국신종교학회 창립에 적극 참여하여 초대부터 3대까지 학회장으로서 소임을 맡았던 점을 염두에 두면, 그의 학문 활동의 가장 활발한 공간이『신종교연구』였음은 당연한 귀결이었다고 할 수 있다.

황선명의 연구 논문의 연구 분야를 종교(학)이론·개념, 종교운동론, 한국종교(사회)사, 신종교의 넷으로 정리할 수 있다. 각 분야에 해당되는 논문을 배치하면 아래의 〈표 1〉과 같으며, 종교(학)이론·개념 7건, 종교운동론 3건, 한국종교(사회)사 9건, 신종교 8건임을 알 수 있다. 종교운동론을 넓은 의미의 종교(학)이론·개념에 포함시키면 10건으로 종교(학)이론·개념, 한국종교(사회)사, 신종교 연구가 10 : 9 : 8로 거의 균형을 이루고 있음을 확인할 수 있다.

[2] 황선명,「민중의 성지 십승지지(2): 가활만인지지(可活萬人之地) 유구(維鳩)」,『종교문화비평』3, 한국종교문화연구소, 2003. [3] 황선명,「민중의 성지 십승지지(3): 계룡산1 계룡산의 기억」,『종교문화비평』4, 한국종교문화연구소, 2003. [4] 황선명,「민중의 성지 십승지지(4): 계룡산2 360도의 비밀」,『종교문화비평』6, 한국종교문화연구소, 2004. [5] 황선명,「민중의 성지 십승지지(5): 계룡산3 점과 꿈」,『종교문화비평』6, 한국종교문화연구소, 2004. [6] 황선명,「민중의 성지 십승지지(6): 풍기 금계촌 이야기」,『종교문화비평』7, 한국종교문화연구소, 2005. [7] 황선명,「민중의 성지 십승지지(7): 단양-영춘」,『종교문화비평』8, 한국종교문화연구소, 2005.

〈표1〉 연구 논문을 통해 본 황선명 종교학의 분야

연구 분야	해당 논문
종교(학)이론·개념 (7건)	「상징과 은유: Levi-Strauss 의 종교관에 대한 소고」(1978) 「종교의 제도화에 대한 한 고찰」(1981) 「종교간 갈등의 내외적 요인」(1988) 「종교와 권력」(1989) 「종교에 있어서 역사주의 문제」(1990) 「종교인류학의 의례 연구」(1999) 「간방고(艮方考)」(2007)
종교운동론(3건)	「민중운동과 종교: 종교운동의 본질에 관한 고찰」(1979) 「고통, 구원 그리고 광기 광조적(orgiastic) 종교운동의 발생과 전개」(1980) 「메시아니즘과 민중운동」(1982)
한국종교(사회)사(9건)	「한국 신앙의 원형」(1994) 「복전(福田) 사상을 통해서 본 한국 종교문화의 특질」(1997) 「후천개벽과 정감록」(1998) 「십승지 고(考)」(1999) 「한국 선사상의 맥」(1999) 「종말론과 후천개벽」(1999) 「역과 현대사회」(2001) 「운세와 운명관의 시대적 추이: 비결과 예언의 현대적 의의」(2002) 「유교와 한국인의 종교심성」(2002)
신종교(8건)	「민족종교사상 연구의 몇 가지 쟁점」(1990) 「보천교, 잃어버린 코뮨 보천교 성립의 역사적 성격」(2000) 「무극도에 있어서 노동의 개념에 관하여: 태극교의 희망과 좌절」(2000) 「신종교 발생배경으로서의 호남지방 서민문화」(2003) 「전통적 병치료 요법이 신종교에 미친 영향」(2004) 「한국 신종교의 특질에 관한 일 고찰」(2005) 「동아시아의 사회변혁과 신종교: 동아시아 신종교 운동의 역사적 성격과 그 변용」(2006) 「한국 종교사에 있어서 대순진리 종교사상의 의의」(2007)

위의 〈표 1〉을 통해서 확인할 수 있는 또 한 가지 사실은 황선명의 연구가 종교(학)이론·개념 → 한국종교(사회)사 → 신종교 연구로 순차적으로 확산되었다는 점이다. 이를 통해 황선명 종교학이 1단계 이론(종교학), 2단계 역사(종교사), 3단계 주제(신종교) 연구로 심화되었음을 알 수 있다. 또한, 한국종교(사회)사 분야 논문 중에서 [11], [12], [13], [15], [19], [20]은 '종교운동론'

과 함께 황선명 종교학의 핵심 논제를 이루었던 '후천개벽사상' 관련 연구라는 점에서 그의 종교(사회)사 연구의 방향성을 구체적으로 보여주는 단서이다.(해당 논문 번호는 '참고문헌'의 '황선명 종교학 연구 논문 목록' 참조)

3. 황선명 종교학개론의 지점

하나의 학문이 스스로의 정체성을 구축함에 있어 개론 작업은 중요한 의미를 점한다. 그러한 점에서 한국의 종교학계가 개론·개설·서설·입문·원론 작업의 성과를 풍성하게 보유하지 못하고 있는 점은 절체절명의 숙제 가운데 하나를 말해준다고 하겠다. 하나의 분과학문이 스스로의 개론 편찬 작업을 충실하게 구비하지 못하였다는 사실은 그 학문의 입지를 여실히 보여주는 사안이기도 하다. 어떠한 의미에서는 개론 편찬 작업의 필요성을 느낄 만한 조건이 충분하게 조성되지 않았음을 의미하는 것이기도 하다. 그러한 조건을 양적 측면과 질적 측면에서 분석할 수 있을 것이다. 양적 측면이 해당 학문의 규모와 관련되는 것이기에 어느 정도 상황에 대한 이해가 가능하다면, 질적 측면에서는 해당 학문 커뮤니티의 연구자 스스로가 자신의 연구 지형에서 개론 작업의 필요성에 대해 느끼는 절실함의 문제로 인지할 수 있을 것이다. 이러한 상황에 비추어볼 때, 황선명이 일찍이 1982년에 『종교학개론』을 저술한 사실에 담긴 의미를 높이 평가해야 할 것이다.

앞서 II장에서 살펴보았듯이, 황선명의 『종교학개론』 저술이 그의 종교학의 1단계 이론(종교학), 2단계 역사(종교사), 3단계 주제(신종교) 연구의 서장인 1단계 이론(종교학) 정립의 과업과 맞물려 이루어진 것이라는 점 또한 주목할 만하다. 황선명 『종교학개론』은 황선명 종교학의 2~3단계(특히 2단계) 전개의 예고편적 성격을 보여주는 것이며, 황선명 종교학 지형 형성의 서장을 이루는 것이라고 하겠다.

위의 서술을 통해 황선명 종교학에서『종교학개론』이 차지하는 지점을 포착하였다. 이하에서는 황선명『종교학개론』이 한국 종교학계에서 차지하는 지점을 다른 '종교학개론/서설'과의 비교를 통해 살펴보고자 한다. 문화체육관광부 국가전자도서관의 데이터 검색을 통해 얻은 종교학 개론·개설·서설·입문·원론서 목록은 다음과 같다. 아래 목록 중 [라]는 특정 종교 전통의 관점이 투영된 것이라고 할 수 있다.

〈종교학 개론·개설·입문·원론서 목록〉(발행 연도순으로 정리)

[가] 장병길, 1975,『종교학개론』, 박영사.

[나] 정진홍, 1980,『종교학서설』, 전망사.

[다] 황선명, 1982,『종교학개론』, 종로서적.

[라] 박영지, 1990,『종교학개설』, 기독교문서선교회.

[마] 정용두·류성민, 1994,『종교학 10강』, 성광문화사.

[바] 정진홍, 2002,『종교학서설』, 한국학술정보.

[사] 이길용, 2007,『종교학의 이해 : 쉽게 풀어 쓴 종교학 입문서』, 한들출판사.

한국 종교학계, 특히 개론 영역에서 황선명『종교학개론』의 지점을 천착하기 위한 비교-텍스트로 무엇을 설정할 것인가? 황선명『종교학개론』을 기준으로 이전-동세대 텍스트를 비교의 준거로 삼을 수 있을 것이다. 이전-텍스트로는 [가]를, 동세대-텍스트로는 [나]를 선택하여 대목차 중심으로 비교·정리한 것이 아래의 〈표 2〉이다.

〈표2〉 종교학 개론·서설의 대목차 비교

[가-장병길-종교학개론]	[나-정진홍-종교학서설]	[다-황선명-종교학개론]
제1장 종교학의 성립과 전개	1. 종교학 서설	제1장 종교학에의 접근
제2장 종교사유(思惟)	2. 신화·제의·상징	제2장 문화와 종교
제3장 종교경험	3. 종교와 문화	제3장 종교현상의 제 형태
제4장 종교행동	4. 멀치아 엘리아데론	제4장 종교 경험과 인격 형성
제5장 종교사회	5. 현대의 종교적 상황	제5장 종교와 사회

장병길의『종교학개론』은 종교민족학과 비교종교학이라는 두 개의 날을 지닌바, 종교민족학이 그의 종교학의 대상을 확보하고 구체화하는 지향을 지녔다면, 비교종교학은 그의 종교학의 관점을 형성하는 동인을 구성했다고 할 수 있다.[9] 장병길은『종교학개론』서언에서 종교학의 학적 정체성을 "종교 일반이 공유하고 있는 종교적인 사상·체험·행위·조직·문화 등의 제현상을 구명(究明)"함에서 찾고, 개론 집필의 방향을 "종교들을 미개종교·민족종교·세계종교로 분류하였다. 장병길은 이러한 분류의 전제하에 종교현상을 개관하면서, 그 제현상이 대체로 전이자(前二者)의 사상(事象)에 중점을 둔 것"으로 제시하였다.[10]

정진홍의『종교학서설』은 이론적으로는 종교현상학의 방향성을 지녔고, 실천적으로는 종교문화 비평의 지향성을 지녔다. 정진홍의 종교연구에서 '종교문화'라는 개념이 핵심적 지위를 점한다.[11] 정진홍의『종교학서설』에서 종교현상학은 '서설' 작업의 주된 이론적 정초(定礎)를 이룬다. '멀

---

9   신광철,「장병길의 비교종교학적 관점과 한국종교 연구」,『종교문화비평』12, 한국종교문화연구소, 2007, 107-108쪽.

10   장병길,『종교학개론』, 박영사, 1975, 3쪽.

11   장석만,「종교문화 개념의 등장과 그 배경: 소전 정진홍의 종교문화 개념의 의미」,『종교문화비평』24, 한국종교문화연구소, 2013, 17쪽.

치아 엘리아데론(論)'이라는 별도의 장이 설정되어 있기도 하다. 정진홍 『종교학서설』에서 하나의 장 제목으로 제시되어 있는 '종교와 문화'에는 '서설' 작업의 실천적 지향이 내재되어 있으며, 그 지향이 다다르는 지점은 '현대의 종교적 상황'에 대한 종교학적 해명이다.

앞서 II장에서 황선명 종교학이 종교학, 종교(사회)사, 신종교 연구의 흐름으로 전개되었음을 살펴보았다. 황선명의 『종교학개론』은 종교학의 학문적 토대 체계화라는 목표를 지니고 있으며, 그러한 목표를 '과학적' 입장으로 해명하고자 하였다. 황선명은 다음과 같이 종교학의 입장과 방향을 제시하였다.

> 종교학은 과학적일 수밖에 없다. 따라서, 과학적 입장에 선 종교학은, 막스 뮐러(Max Müller)가 주장하듯이, "종교는 어떻게 있어야 하는가?"라는 명제를 배격할 수밖에 없다. (중략) 이러한 규범적인 질문보다는 "종교는 어떻게 있어 왔으며" 또 "어떻게 있는가?" 하는, 가치관이 배제되고 객관적인 입장에서 종교학을 서술하는 것이 올바른 방향이라고 본다.[12]

위의 언설에서 보듯이, 황선명의 『종교학개론』은 '과학'의 태도와 '객관'의 지향으로 짜여져 있다. 이는 황선명이 "종교학의 과제는 수양이나 믿음과 같은 실천의 문제와 관련이 있다기보다는 냉철한 지식(knowledge)의 문제일 뿐"[13]이라고 말하는 데에서도, "협의의 종교학이 과학적인 연구의 방

12 황선명, 『종교학개론』, 종로서적, 1989(초판 9쇄, 초판 발간은 1982년), 14쪽.
13 위의 책, 16쪽.

법을 채택"[14]한다고 강조하는 점에서도 확인되는 것이다.

황선명은 『종교학개론』 서론 격에 해당하는 '제1장 종교학에의 접근'에서 종교학의 분과를 종교현상학, 종교사학, 종교인류학, 종교사회학, 종교심리학의 다섯으로 제시하고 있다.[15] 황선명의 이러한 종교학 분과 제시는 그의 『종교학개론』 세부 내용 구성에도 일정하게 반영되어 있다. 이 점에서 볼 때, 황선명의 『종교학개론』은 '총체적' 종교학의 구축을 지향하였다고 할 수 있다. 이는 장병길의 『종교학개론』이 종교민족학적 관점에 주안점을 두었고, 정진홍의 『종교학서설』이 종교현상학적 관점에 주안점을 두었던 점과 변별점을 지닌다. 황선명의 『종교학개론』은 특정한 종교학적 관점에 국한되지 않고 다양한 관점을 아우르고 있다는 점에서 '개론'으로서의 정체성을 보다 선명하게 드러냈다고 평가할 수 있다. 이러한 황선명 『종교학개론』의 총체성은 그가 학제간 연구를 강조하는 맥락을 설명해 준다.

황선명은 『종교학개론』을 집필하면서 학제간 연구의 중요성을 강조하였다. 아래 언설에서 볼 수 있는 것처럼, 황선명은 종교학의 과제 해명의 과정에서 다양한 학문과의 제휴가 필요함을 역설한다.

> 종교학이 갖는 문제가 "인간에게 있어서 종교란 무엇인가?"라 하면 한국에서의 종교학은 "한국 문화사의 문맥을 엮어나간 한국 종교의 특질은 무엇인가?"라는 주제 의식과 병행하지 않으면 안 되고 이 문제를 통틀어 개념화하는 데 있어서 사회학, 심리학, 인류학은 물론 한국사학, 한국 고고학,

---

14 위의 책, 26쪽.
15 위의 책, 22-26쪽.

한국 민속학과 같은 우리 문화의 지역적 특수성에 착목해서 전개하는 인접 학문과의 제휴가 필요한 것이다.[16]

황선명은 『종교학개론』의 결론부(맺음말)에서 학제간 연구의 중요성을 재차 강조한다. 이는 종교학의 정체성 위기 극복에 대한 언설과 이어지는 논의이기도 하다.

오늘날 제 학문의 연대성(interdisciplinary)이 제고되고 있는 추세에서 볼 때, 종교학의 정체성의 위기는 반드시 부정적인 조건으로만 생각할 수는 없다. 왜냐하면, 모든 학문은 질적으로 그리고 양적으로 통섭한다는 점에서 종교학은 일종의 학문 사이의 가교 역할을 할 수도 있으며, 각 분과별 학문의 깊이를 더하고 풍부하게 할 수 있기 때문이다.[17]

황선명은 『종교학개론』의 결론부에서 종교학이 해결해야 할 과제가 방법론상의 모호성이라는 점을 강조한다. 이러한 강조점은 『종교학개론』의 본론이 종교(학) 이론의 정리·소개로 이루어져 있음의 근기(根基)를 이루는 것이기도 하다. 황선명은 종교학의 정체 위기를 "방법론상의 극복해야 할 난관과 분리해서 생각할 수 없는 2인 3각의 문제"라고 지적한다. 그럼에도 불구하고, 황선명은 특유의 '필터론'을 주창하면서 미래의 종교학에 대한 기대를 표하고 있다. 황선명은 또한 종교학의 정체성을 갈무리하면서 '종교학-신학' 내지 '교학-종교철학'의 관계를 '해부학-의학-생리학'의 관

16 위의 책, 31쪽.
17 위의 책, 231쪽.

계에 빗대어 논하기도 했다.[18]

황선명의『종교학개론』의 결론부는 종교학의 과제에 대한 재성찰, 종교학의 유용성, 한국 종교학의 정립의 세 부분으로 이루어져 있는데, 이 중 '한국 종교학의 정립'은 II장에서 살펴본 황선명 종교학의 두 번째 흐름인 한국종교(사회)사 서술의 단초를 보여준다. 황선명은 한국 종교학이 "한국 문화의 추진 세력인 에네르기의 종교적 현현(顯現)인 '한국적인 성(聖)'의 구조와 본질을 이해하고자 하는 특수한 요청에서 비롯"되었음을 명시한다.[19]

황선명은 "한국적인 성'의 조형 과정을 추적"하기 위한 방법으로 "우리의 문화사적인 맥락을 하나의 개성적이고 독자적인 것으로 전제하는 종단적인(diachronical) 방법"과 함께 한국인의 종교적 표상이 "단순히 우리의 개성적인 문화 환경의 조건에 의해 조형된 형태에 불과하며, 문제는 그 형태에 내장하는 구조가, 또 성성(聖性)의 구조가 보편성을 띠는 것"이라는 점에서 "횡단적(synchronical) 방법"을 겸하여 모색해야 함을 강조한다. 황선명은 횡단적 방법이 동시대적 조건만을 검토하는 것이어서는 안 된다는 점 또한 강조한다.[20] 황선명이 '종단/횡단'을 아우르는 방법론으로 제안하는 것이 '종교사'이다.

황선명은 그의『종교학개론』을 매듭짓는 자리에서 본인을 포함한 종교학자들의 과제를 선명하게 제시한다. 이러한 과제가 '종교학'의 나아갈 방향을 지시한다는 점에서, 그의『종교학개론』은 한국 종교학의 장도(壯途)

18 위의 책, 233쪽.
19 위의 책, 235쪽.
20 위의 책, 235쪽.

에 대한 예비서로서의 지향성을 담지하였다고 평가할 수 있을 것이다.

> 종교사는 흔히 생각하는 종단적 방법이 갖는 편협성을 횡단적 방법에서
> 극복함으로써 종교현상의 역사적 전개를 전체성의 국면에서 파악할 수 있
> 고, 한국 종교학의 역사적 과제는 이러한 문제 의식을 투철하게 인식하는
> 데 있다. 그러한 토대를 획득한 연후에 현대 산업화 사회에서 한국 종교의
> 역할이 검토되어야만 하겠다. 특히 근대화 초기의 성립 종교나 조직 종교
> 의 출현이 어떤 의미를 가지며, 그것이 오늘날의 종교적 양상을 현출하게
> 하는 데 어떠한 역할을 했는가 하는 물음에서 비롯해서 현대 한국 종교의
> 성격이 규명되어져야 할 것이다.[21]

위의 언설을 통해서 황선명의 종교학이 '종교사'의 서술과 매우 밀접한 연관구조를 지니고 있음을 다시금 확인할 수 있다. 그가 말하는 종교사의 서술이 종교의 역사를 단순히 집술(輯述)하는 데 그치는 것이 아니라, '전체성의 국면'에서 해석되어야 한다는 점에 대해 주목할 필요가 있다. 황선명의 종교사 서술 및 해명이 실제로 '종교사회사'와 '종교운동사'라는 '전체성의 국면'과 밀접하게 연관 서술되었던 점에서, 그의 이러한 주장은 실천적 지향을 지닌 것이었다.

위의 언설에서 황선명이 궁극적으로 종교학이 '현대 한국 종교'의 성격을 논하는 데로 나아가야 한다고 언급하고 있는 점 또한 의미심장하다. 이 지점에서도 황선명은 종교(사회)사적 접근의 선행(先行)을 강조한다. 현대 한국 종교의 특성을 해명하려면 먼저 "근대화 초기의 성립 종교나 조직 종

---

21 위의 책, 237쪽.

교의 출현이 어떤 의미를 가지며, 그것이 오늘날의 종교적 양상을 현출하게 하는 데 어떠한 역할을 했는가 하는 물음"에 대한 해답을 강구해야 한다는 것이다. 황선명의 이러한 주장은 실제로 후학들에게 상당한 영향을 미쳤다. 그의 다음 세대 종교학자들이 종교(사회)사, 특히 근대 종교(사회)사 연구에 집중한 점을 통해서 이러한 영향의 실제를 목도할 수 있다.

4. 맺음말

필자는 한국 종교학계의 기인(畸人) 황선명 선생을 만나게 된 것을 행운으로 여겨 왔다. 금번의 논고를 준비하는 과정에서 새삼스럽게 깨달은 점이 있다. 그것은 다름 아니라 황선명 종교학이 매우 체계적으로 조직된 것이었으며, 그의 『종교학개론』이 앞선 저서 『민중종교운동사』와 함께 그의 종교학 직조의 유발점(trigger point)을 이루었다는 것이다. 황선명의 『종교학개론』은 '종교학-종교(사회)사-신종교'로 이루어진 그의 종교학의 3단계 지형의 서장을 점하면서 두 번째 단계인 종교(사회)사 서술의 과제를 예견하게 만드는 텍스트로서의 지점을 구축한다.

황선명은 『종교학개론』 편찬 작업을 통해 그의 종교학의 장도(壯途)를 예비하는 한편, 당대의 종교학이 지닌 시각과 방법론을 두루 섭렵하여 '한국 종교학의 안테나'를 자처하였다. 황선명의 『종교학개론』에는 종교학의 다양한 세부 분야와 그 이론에 대한 논의가 압축적으로 제시되어 있어서, 종교학 학도(學徒)들에게 해당 분야에 대한 밑그림을 그릴 수 있는 가이드를 제공해주었다.

황선명의 『종교학개론』은 또한 장병길과 정진홍의 '개론/서설' 작업을 창조적으로 계승하는 연계점으로서의 지점을 구축한다. 이번 논고에서 황선명이 연결 지은 그 '지점'이 또 다른 연계의 지점을 예비했으되, 한국 종교학계가 아직 구체적인 연결점을 찾지 못하고 있다는 점에 대하여 아쉬움을 느끼며 반성적 성찰의 계기로 삼게 되었다. 황선명의『종교학개론』이 발간된 지 40년이 훌쩍 넘었다. 후학들에 의한『종교학개론』발간 작업이 이어져서 황선명『종교학개론』의 시도가 확장적으로 계승되기를 바란다. 그 출발점으로 황선명『종교학개론』의 재간(再刊) 및 각주 작업을 수반한 재평가가 선행되기를 또한 바란다.

황선명의 종교사회사 연구

조현범_한국학중앙연구원

황선명의 종교사회사 연구

1. 머리말

종교학자 황선명은 2024년 2월 15일에 83세를 일기로 타계하였다. 빈소는 국민건강보험 일산병원 장례식장 제10호실이었다. 이틀 뒤인 2월 17일 토요일 오전 9시에 발인하였다. 장지는 경기도 파주시 광탄면 선영이었다. 선생은 1941년 서울에서 태어났다. 본관은 창원(昌原)이고, 시중공계(侍中公系) 22세손이다. 경복고등학교를 졸업하고 1962년 서울대학교 문리과대학 종교학과에 입학하였다. 석사학위를 받고 1년 뒤인 1976년 1월 명지전문대학 교수로 부임하였다. 후천개벽 사상에 관한 연구로 1987년 2월에 박사학위를 받았다. 1999년 3월에 한국신종교학회를 창립하였다. 명지전문대학에서 30년 동안 봉직하고 2006년에 정년 퇴임하였다. 선생의 주요한 학문 연구 분야는 조선시대 민중종교사, 근현대 한국 신종교 등이었다.

황선명의 학문 세계를 조명하는 방법으로는 여러 가지가 있다. 먼저 그가 은사였던 장병길의 종교학을 어떻게 계승하였는지, 그러면서도 어떤 면에서 자신만의 학문 세계를 구축하였는지 등을 다룰 수 있다. 이와 더불어 장병길의 종교학을 이어받았던 여타의 종교학자들과 황선명 사이에 어떠한 학문적 차이가 있었는지를 밝히는 작업도 함께 진행할 필요가 있다. 이러한 접근은 해방 이후 현대 한국 종교학의 전승과 발전이라는 측면에서 황선명의 위상을 평가하는 시도라고 하겠다.

또한 황선명이 자신의 저술에서 인용하고 있는 논저들을 추적하여 그의 학문적 독서 범위를 파악하고, 어떠한 종교학 사조에서 영향을 받았는지를 밝히는 방법도 가능하다. 황선명은 사회학자 에밀 뒤르켐과 막스 베버, 인류학자 말리노프스키와 래드클리프-브라운 등 서구 학자들의 저술을 다채롭게 원용하는 모습을 보여주었다. 그러므로 황선명에게 영향을 준 서구 학자들과 그들의 저술이 무엇이었는지를 살펴보는 작업은 1960년대와 1970년대 한국의 종교학자들이 어떤 주제에 관심을 두고 있었는지, 그 시대의 학문적 화두가 무엇이었는지를 보여주는 데에는 최적의 방법일 수 있겠다.

그렇지만 황선명의 생애를 추모하고, 학문적 업적을 제대로 평가하려면 그가 남긴 주요 저작들을 점검하는 일이 가장 먼저 이루어져야 한다. 그런 뒤에야 위에서 말한 다양한 후속 연구가 가능해질 것이다. 이러한 문제의식 아래에 이 글은 황선명의 주요 저작 중의 하나를 다루고자 한다. 『조선조 종교사회사 연구』는 그의 주저 가운데 하나이면서, 당대까지 이루어진 조선시대 종교사 연구를 망라한 역작이다. 종교학만이 아니라 역사학, 민속학, 인류학, 정치학 등 인접 학문 분야의 조선시대 종교 연구와 밀접한 관련을 맺고 있다. 이하에서는 『조선조 종교사회사 연구』에 들어 있는 황선명의 문제의식, 조선시대 종교사를 바라보는 관점과 접근 방법, 그가 제창한 종교사회사 탐구의 특징이 잘 드러나는 몇몇 주제들에 대한 소개와 비평을 제시할 것이다. 아울러 황선명의 선구적인 연구를 뒤따르고 있는 후배 종교학자들의 학문적 성과도 함께 소개하겠다.

2. 종교사회사의 문제의식

먼저 종교사를 바라보는 황선명의 관점에서 출발하자. "종교현상을 특정의 역사적 시대와 문맥이 닿게 서술하려는 경우, 단순히 특수한 종교 교단이나 잡다한 민간신앙에 대한 나열식의 설명에만 그친다면, 그 시대의 정치, 경제, 문화와 상관관계를 갖는 구조적인 이해에 접근할 수 없다."[1] 즉 종교현상의 역사적 변천에 관한 서술은 해당 시대의 정치, 경제, 문화와 관련을 지으면서 구조적으로 접근해야 한다는 것이다. 이처럼 사회구조나 사회체계를 중시하는 태도는 황선명의 종교사에서 핵심적인 측면이다. "전통 종교의 서술은 구조나 체계와의 연관을 염두에 두지 않고는 도저히 통일적인 이해를 도모할 수 없으며, 정치나 경제 혹은 제도 등 모든 문화현상이 구체적으로 이루어지는 장(場)인 사회체계 안에서 파악되어야 한다. 결국 전통 종교는 역사적 사회적 존재라고 전제할 때만 통일적이고 구조적인 이해에 접근할 수 있다."[2]

하지만 황선명은 종교현상을 사회구조의 부수적인 산물로 이해하지는 않았다. 이러한 인식은 조선시대 종교사에 관한 이해에서 잘 드러난다. 즉 조선시대 종교사를 이해할 때 종교라는 특수한 문화현상을 사회구조 내지 지배구조의 유지와 지속을 위한 부용물(附傭物)로 치부하는 것에 대해서는 반대한다. 그래서 획일적인 발전법칙에 따라 특정한 사회구조나 지배구조에 대응하는 특정한 종교 내지 관념 형태가 있다는 사고를 경직된 역사주의라고 보면서 이를 벗어나는 방향으로 조선시대 종교사를 연구하겠다

1   황선명, 『조선조 종교사회사 연구』, 일지사, 1985, 8쪽.
2   위의 책, 8쪽.

는 포부를 보인다.[3] 이것은 1980년대에 널리 유행하였던 토대와 상부구조의 관계로 종교를 이해하는 태도, 즉 종교를 상부구조에 속한 것으로 놓고 경제적 토대에 종속된 것으로 바라보는 방식에 대해서는 어느 정도 거리를 두려는 입장으로 읽힌다.

그러면서도 자신의 종교사 서술을 종교사회사라고 일컬은 이유는 무엇일까? 종교사를 사회사 속에 녹여 내려는 시도인지, 종교의 다양한 요소들 가운데 사회적인 차원과 연결되어 있는 부분의 역사적 흐름을 다루려는 시도인지 알 수가 없다. 그의 저서 머리말에는 종교사회사라는 용어를 선택한 연유가 다음과 같이 설명되어 있다.

> 이 책의 제목에 들어 있는 '종교사회사'라는 말은 당초부터 예상한 것이 아니다. 하지만 원래부터 '종교사상사'를 서술하고자 하는 의도가 아니었고, 더구나 유교가 여느 종교처럼 교단적 체질을 가진 종교단체가 아니라는 점에서 유교사상과 여러 종교와의 상관관계 내지 사회과정이라는 맥락 속에서 조선시대의 종교생활을 조명해 보고자 하니 결국 이런 제목으로 낙착되었던 것 같다. 한마디로 조선조 사회의 종교생활사라고 하겠는데 그렇게 하자면 너무 모호한 점이 많으니까 사회사라는 제명을 붙였다.[4]

위의 인용문으로 본다면 황선명은 종교현상을 사회사적으로 접근하겠다는 분명한 방법론적 입장을 가지고 조선시대 종교사를 다룬 것은 아니었던 셈이다. 그렇다고 해서 종교사회사라는 명칭이 아무런 학문적 지향

---

3   위의 책, 13쪽.
4   위의 책, 3쪽.

도 없이 우연적으로 선택되지는 않았으리라고 본다. 더구나 황선명의 저
서는 종교사회사라는 제명을 달고 간행된 유일한 한국 종교사 연구서인
만큼, 과연 황선명의 저서에서 어떤 측면을 종교사회사에 부응하는 면모
라고 볼 수 있는지는 논구되어야 할 것이다. 그러면 황선명의 저서가 종교
사회사인 까닭이 무엇인지를 찾아보자. 어떤 서술에서 종교사회사의 면
모를 파악할 수 있을까?

> (조선시대) 지배구조의 계제적(階梯的) 편성 원리를 뒷받침하는 관념 형태가
> 바로 유교의 종교적 특질인 의례인 것이다. 또 이것을 형이상학적으로 심
> 화한 것이 성리학이다. 우선 국가의례는 혈통에 기반을 둔 왕권의 신성불
> 가침성을 천명에 의하여 보증받은 제의적 절차인바 양반 사대부 신분층의
> 가족의례의 모형이라고 보겠다. 또 가족의례를 통해서 혈통의 확인과 비
> 양반 신분층과의 계층적 차별상을 확인하고 지배구조에 선택적으로 참여
> 할 수 있는 구성원임을 깨닫는다.[5]

위의 서술에서는 종교현상을 설명할 때 사회구조와 사상 관념, 종교 의
례를 서로 관련지으려는 시도를 읽을 수 있다. 즉 성리학이라는 종교적 관
념 체계가 양반 사대부의 신분 질서에 투영되면 조상제사와 같은 가족 의
례가 작동하게 되고, 동일한 성리학적 관념 체계가 천명사상을 통해서 왕
권과 국가 체제에 투영되면 길례나 가례와 같은 사전체계가 작동하게 된
다는 논리이다. 그러므로 황선명에게 종교적 관념, 종교 의례, 문중 단위
의 사회 질서, 국가 단위의 사회 질서, 이렇게 네 가지 영역은 긴밀하게 연

---

5   위의 책, 49쪽.

결된 것이다. 그리고 이런 연결망을 설명하는 방식이 바로 종교사회사라고 할 수 있다. 물론 성리학이라는 종교적 관념, 조상제사와 사전체계라는 종교 의례가 조선이라는 국가의 통치 구조와 맺는 관계는 기계적으로 파악할 수 있는 것은 아니다. 다만 막스 베버의 이념형에 가까운 개념으로 사회구조와 종교의 상호관계를 설정하고 있다고 하겠다.

또한 황선명은 사회 계급과 종교적 신분인 사제 계급의 관련성에 관해서도 거론한다. 이 역시 종교를 사회사적으로 접근한다는 시각에서 중요한 지점이다. 즉 종교 내에서 일반 신자와 사제로의 위계적 분화를 사회적 지배 계급의 성격과 연관지어 설명하려는 시도가 황선명의 종교사회사에서 주요한 탐구 주제가 된다. 황선명의 주장은 다음과 같다.

> 유교 자체의 모호한 종교적 성격으로 인해서 전문적 교단이 성립할 수는 없는 것이며, 그렇다고 해서 국가의례로서의 제사를 담당할 사제 계급의 분화를 엿볼 수도 없는 것이다. 경우에 따라서 독서가 사대부를 사제라고 인정하려는 경향도 있으나, 사대부는 노동의 분업에 따른 종교 집단의 운영을 전담하는 전문직이 아니라는 점에서 사제라고 볼 수는 없다. 그러므로 조선조의 국가종교(sate religion)인 유교는 교단 종교로 전개될 가능성이 미리 삼제(芟除)된 대신 공민의례(civil ceremony)의 성격이 짙은 제사 형태의 의례인 것이다. 한편 사대부는 국가의례의 축소 형태인 가례와 사묘(祀廟)의 관리를 통하여 종법 질서를 강화하고 혈연적인 통합을 도모하므로 이 문제에 관한 한 따로 종교 전문가의 도움이 없이 스스로가 제사를 주관하는바, 이런 관점에서는 사대부 계층을 편의상 만인사제(萬人司祭)로 치부할

　　수도 있다.[6]

　　일단 황선명은 유교가 종교적으로 모호한 성격을 지니고 있어서 전문적 교단 조직을 구성하고 있지 않기 때문에 사제 계급이 별도로 존재한다고 볼 수는 없다고 말한다. 설령 사대부 집단이 국가 의례를 거행하는 주체일 수는 있지만, 종교 집단의 운영을 전담하는 전문가 집단이 아니기 때문에 사제 계급이라고까지 말할 수는 없다는 것이다. 이 지점에서 황선명의 종교사회사는 독특한 주장을 펼친다. 황선명은 조선시대 국가종교로서 유교가 교단 종교가 아니라 '공민 의례'의 성격을 짙게 지니는 '제사 형태의 의례'라고 말한다. 황선명의 언명에는 약간 모호한 부분이 있기는 하다. 왜냐하면 "유교는 제사 형태의 의례"라는 등식은 성립할 수 없기 때문이다. 하지만 말을 약간 바꾸면 황선명의 주장이 좀 더 선명해진다. 즉 "유교는 공민 의례를 중심으로 형성되는 의례 중심의 종교 조직"이라고 말해 보자. 여기서 우리가 쉽게 떠올릴 수 있는 것은 로버트 벨라(Robert Bellah, 1927-2013)의 '공민 종교(civil religion)' 개념이다. 물론 벨라의 개념은 현대 미국 사회의 종교적 성격을 설명하기 위한 것이다. 그래서 조선시대 유교를 공민 종교라고 말하는 것은 분명히 개념의 혼란을 초래한다. 그리고 적절한 개념 적용이라고 보기도 어렵다. 다만 조선시대 종교사를 설명하면서 교단 종교의 틀로만 접근해서는 적절한 이해에 도달하기 어렵다는 자각에서 나온 개념 차용으로 볼 필요는 있다.

　　그렇지만 황선명이 조선시대 사대부 집단의 성격과 기능을 만인사제로 설명하는 것은 과도한 해석이라고 생각된다. 서구에서 종교개혁 시기

6　위의 책, 52쪽.

에 종교개혁가들은 천주교에서 운영하던 성사 중심의 사제직을 거부하고 인간과 유일신 사이의 직접적인 소통을 강조하면서 만인사제를 제창하였다. 그러므로 종법 상으로 적장자가 제사권을 가지고 제사를 주관하는 것을 만인사제라고 부를 수는 없다. 이런 점에서 보자면 황선명의 종교사회사적 조선시대 종교사 해석은 그 설명력에서 상당한 허약성을 지니고 있음도 부정할 수 없다.

한편, 계급 문제와 더불어 종교사회사라는 구도 속에서 조선시대 종교사를 바라볼 때 경제 제도의 문제를 간과할 수 없다. 나아가서 사회사 연구 일반에서 볼 때도 전체로서의 사회상을 설명할 때 경제 영역은 매우 중요한 주제이다. 그래서 황선명 역시 조선시대의 사회구조를 설명하면서 조선 왕조 출현의 근간이 된 과전법(科田法)의 성격과 의미에 관해서 서술하였다. 하지만 종교사의 흐름을 경제적인 측면과 관련지어 다룰 때 황선명의 주장이 좀 더 뚜렷하게 드러나는 부분은 다음의 두 가지 사례이다. 첫째는 조선 후기에 불교 사원의 경제 규모가 확대된 것을 평가하는 부분이다. 둘째는 18세기 경영형 부농으로의 토지 집중이 초래한 농민층 분해가 미륵신앙운동과 같은 민중종교운동을 가능케 하였다고 주장하는 부분이다.[7] 황선명은 불교 사원 경제에 관해서 다음과 같이 평가한다.

> 불교 사원은 토지의 몰수와 종교 활동의 가혹한 제약에도 불구하고 조선 후기에 와서 사찰이 막대한 사령(寺領)을 확보하고 부를 축적할 수 있었던 것은 노동이 선문(禪門)의 실천적인 종교 윤리로 규범화되어 승려의 자발적인 노동의 의욕을 고취한 까닭이었다. 다만 그러한 부가 사회적으로 환

---

7   위의 책, 243-249쪽.

원되지 못하고 사원 안에 퇴장된 채 재생산을 위한 자본재로 활용되지 못
하고, 또 그러한 실천윤리가 광범위한 민중종교 운동으로 확산되지 못했
다는 점이 문제가 되겠다.[8]

조선 후기에 불교계는 임진왜란과 같은 전란으로 사찰이 폐사되고 큰
타격을 입었지만, 국가의 재정 지원 없이 자립적인 경제를 건설하게 되었
다. 그 과정에서 황선명이 지적하듯이, 수행 중심의 선원에서 「백장청규
(百丈淸規)」를 수행의 규범으로 강조하면서 일일부작(一日不作) 일일불식
(一日不食)과 같은 생활 윤리가 승려들의 자발적인 노동 의욕을 고취한 것
이나, 또한 왕실의 원찰(願刹)이나 지방의 유명 사찰에서 재력을 지닌 신도
들이 망자천도(亡者薦度)를 위하여 토지를 시주한 것이 조선 후기 사원 경
제의 규모가 증대한 원인이었음은 분명한 사실이었다. 그런데 이에 대해
서 황선명은 두 가지의 평가를 내리고 있다. 먼저 사찰의 부가 사찰 안에
머무르고 사회적 차원으로 재생산되지 못한 점을 거론한다. 이어서 불교
적 노동 윤리가 민중종교운동으로 확산되지 못한 것도 문제라고 지적한
다. 부의 사회적 재생산과 노동 윤리의 사회적 확산은 아마도 막스 베버가
말한 프로테스탄트 윤리와 자본주의의 관계를 불교의 사원 경제에 적용한
것이 아닐까 싶다. 그렇다면 불교와 경제의 관계에 국한하여 말하자면 황
선명은 조선 사회의 진행 방향을 자본주의적 노동 규율과 자본 축적의 확
대라고 보고, 불교가 이에 부응하지 못한 것을 문제라고 평가하는 듯하다.
이런 점에서는 황선명을 베버리언(Weberian)이라고 평가하는 것도 타당한
면을 지니고 있다.

8 위의 책, 57쪽.

황선명의 주장이 과연 적실한 것이었는지를 평가하는 문제는 차치하고, 경제 제도와 생산 활동을 종교적 실천과 관련짓고자 하는 시도는 그의 종교사회사가 지향하는 바를 잘 보여준다. 다만 종교와 경제의 상호 관계를 종교사회사라는 지평에서 다루고자 한다면, 영조와 정조대의 문예부흥기에 재지 사족들의 경제적 부와 물적 기반이 그들의 유교적 이상 실현을 위한 실천에 어떤 뒷받침을 제공하였는지를 추적하는 것이 훨씬 더 선명하게 종교사회사의 구체적인 연구 내용과 방법을 보여주지 않았을까 싶다.[9]

또한 황선명의 종교사회사는 종교의례의 편성 원리와 사회적 신분제도의 원리 사이의 상호 관계를 파악하는 데에도 섬세한 주의를 기울인다. 조선 사회의 신분 질서를 정당화하는 장치로서 종교의례가 작동하는데, 종교의례가 현실 세계와 초월적 세계를 매개할 때 그 속에는 형이상학적 원리가 잠재되어 있다는 것이다. 말하자면 조상 제사에서의 서열적인 위치는 신분 질서의 서열과 상통하며, 그것을 정당화하는 것이 유교의 세계관이라 하겠다.

> 무엇보다도 중요한 것은 현실 세계에 존재하지 않는 조상에 대한 예우에 있어서 현실 세계의 계제적(階梯的) 편성 원리가 그대로 적용된다는 점이다. 우선 친족 사이의 계제적인 서열의 관계인 소목(昭穆, 종묘나 사당에서 신주를 좌우로 배열하는 순서)이 그대로 제례에 적용되는 것을 볼 때 조상들이 있는 초월의 세계에도 똑같은 계제적 서열이 존재하며, 따라서 신분적 질

---

9 『진단학보』 제34권(1972)과 제35권(1973)에 상, 하편으로 게재된 이태진의 논문 「사림파의 유향소 복립운동」을 인용(47쪽)하고 있는 것으로 보아 당시 역사학계의 연구 동향을 잘 파악하고 있었으며, 이를 바탕으로 하여 지방 유림과 경제의 상호 관계도 충분히 시도할 법한 주제였다.

서가 존재한다고 볼 수 있다. 또한 국왕은 5묘, 문무관 6품 이상은 3대, 7품 이하는 2대, 그리고 서인은 고비(考妣)를 제(祭)함에 그친다고 한 규정은 봉사의 의무에 있어서는 거꾸로 상위 신분이 더 무거운 부담을 지게 됨을 의미한다. 상제례에 있어 왕족 이외에 명관(明官), 서사(庶士), 평민에 차등을 두어 전례나 복식이 상위 신분일수록 절차가 복잡하고 까다로운 것은 현실적으로는 격식의 차이에 있어서도 계급성을 반영하는 것이라 보겠으나, 한편으로는 현실 세계를 그대로 모사한 초월적 세계와 관계를 짓는 형이상학적 원리가 잠재되어 있다고 본다. 즉 경험을 초월하는 저세상(other world)에서도 신분의 차이에 의한 계제적 질서는 엄연히 존재하는 것이며, 신분이 높을수록 상제례에 있어 그만큼 무거운 전례상(典禮上)의 의무를 지니는 것은 현실 세계에서의 배타적 특권을 유지하기 위한 자기네 조상과의 관계가 긴밀하지 않으면 안 된다는 사실을 뜻한다.[10]

요약하면 황선명의 조선시대 종교사회사는 조선시대의 가치체계와 사회구조를 종합적으로 이해하는 것을 목적으로 하는데, 중앙집권적인 양반 관료제, 이에 연계된 신분 질서, 미분화된 경제와 가족중심주의에서 배태한 종교 제도로서의 국가유교의 형성을 기본 골격으로 두고 있다. 다만 황선명은 조선시대 유교가 사회체계의 모든 구조를 통합하는 단일한 체계로서 형이상학적 원리를 제시하기는 하였지만, 도덕의식의 외면성, 형식성, 타산성 등으로 인하여 사회적 통합 기능을 제대로 발휘하지 못하였다고 평가한다.[11] 그러다가 19세기에 들어가서 민중종교운동이 분출되면서 조

10 황선명, 앞의 책, 60쪽.
11 위의 책, 62쪽.

선시대의 국가유교는 그 수명을 다하게 되었다는 것이다.

3. 조선의 유교 문화를 바라보는 시각

조선 사회를 틀 짓는 핵심 원리는 유교, 더 좁게는 성리학적 사유 체계, 종교적 세계관이었다. 그러므로 황선명의 조선시대 종교사회사에서 조선의 유교적 질서가 어떻게 이해되고 있는가 하는 문제는 그의 저서가 그려내는 조선시대 종교상(宗敎像)의 윤곽을 파악하는 데 도움을 준다. 왜냐하면 조선시대 유교는 불교, 도교, 무속, 민간신앙, 나아가서 천주교 등 기타 종교들의 존재 방식을 틀 짓는 핵심적인 기제였기 때문이다.

조선 초기의 국가유교의 제도화는 자연발생적이 아닌 법제화의 수단을 통한 인위적인 노력에 의한 것이었다. 유교가 정치적 통치원리로서 제도화한 것은 이미 중국의 진(秦), 한(漢)대의 봉선(封禪), 교사(郊社) 제도에서 엿볼 수 있고, 특히 한무제 때 동중서(董仲舒)가 국가유교의 제도화를 확립했다. 조선 왕조는 건국 과정에서 이러한 중국의 전례를 그대로 채택함으로써 수성기(守成期)에 접어들기까지 이러한 국가유교의 제도화를 효과적으로 수행하기 위한 제반 조치를 강구하는 노력을 기울인다. 국가유교의 제도화는 민중적 세계관의 자연스러운 집합 표상에 의한 것이 아니라는 점에서 그것을 실시하는 데는 공권력에 의한 강제성이 따라야 했고, 그렇기 때문에 기존의 제도화 이전의 신앙 형태나 종교제도와의 갈등이 컸다.[12]

12 위의 책, 67쪽.

황선명은 조선시대 유교가 법제적인 수단을 통하여 제도화를 이룬 국가
유교라고 보고 있다. 그리고 그것은 중국에서 동중서 이후에 성립한 정치
적 통치 원리로서의 유교에 기반한 것이라고 설명한다. 조선 왕조의 성립
과 더불어 정도전을 비롯한 신흥 사대부들이 국가유교의 제도화를 이끌었
다는 것이다. 아마 공권력을 동원하여 강제적으로 성립하는 과정에서 갈
등이 컸다는 종교 제도는 불교를 가리키는 것이고, 제도화 이전의 신앙 형
태라는 말은 사대부들이 음사(淫祀)라고 몰아붙이면서 탄압하였던 무속과
기타 대중 신앙을 염두에 둔 것으로 보인다. 그러니까 황선명이 파악하는
조선시대의 종교 지형은 지배 세력으로 등장한 왕조의 건설자들과 유교
이념으로 무장한 사대부들이 하향식으로 강제한 국가유교, 이에 저항하
면서 갈등을 일으킨 불교 교단, 일반 백성들의 삶에 침윤되어 있던 무속과
대중 신앙, 이렇게 삼각형의 구도로 짜인 것이다. 다음의 인용 문단을 읽
어보면 황선명의 생각이 분명하게 드러난다.

> 지배종교의 교체는 여말 중소 토지 지주의 이해와 밀착한 신흥 사대부들
> 이 지배구조를 담당하게 됨으로써 자신들의 권익을 보호하기 위한 이념형
> 으로서의 유교 의례를 공권력의 강제에 의하여 실시하는 과정에서 이루어
> 진 것이다. 종교 신앙의 다양하고 체험적이며 초월적인 국면을 합리적 제
> 도에 의하여 소거해 버리고 그 대안으로서 제율화(制律化)된 형식적 의례
> 로서 일원화시키려는 의도였다. 새로운 집권 사대부들은 이러한 일원화된
> 유교주의적 세계관의 통일에 의하여 왕국의 평화를 성취하는 것을 궁극의
> 목적으로 한 것이다. 그러한 왕국의 평화 안에서만 집권 사대부로서 직접
> 생산에 종사하지 않고 독서와 사환(仕宦)의 길이 순조롭게 되는 소수 집권
> 신분층으로서의 선택적인 권익을 보장받게 되는 것이다. 그러므로 이러

한 왕국의 평화를 실현하기 위하여는 세계관의 통일에 저해 요소인 불교와 같은 교단 종교나 잡다한 전승의 민간신앙을 음사(淫祀)로 몰아 철저하게 척출해 내는 작업을 조선 왕조 체제 완성기인 성종-중종대까지 계속하게 된다. 그 대신 국가 사전(祀典)의 확립과 근행 및 가례(家禮)의 보급을 서두르고 이러한 배경에서 이것을 이론적으로 뒷받침하기 위한 예학(禮學)의 발달이 조선조 중기 사상의 특징을 이룬다.[13]

여기에는 황선명이 종교학자의 입장에서 조선시대 유교를 매우 부정적으로 바라보고 있는 모습이 보인다. 지배 세력으로 등장한 신흥 사대부들이 자신의 권익을 보호하기 위한 이념형으로서 유교 의례를 강제하였다고 말하는 부분이나, 종교 신앙의 다양하고 체험적이며 초월적인 국면을 소거해 버리고 대신에 형식적인 의례로 일원화하려 했다는 부분에서 그런 인상을 받게 된다. 생산에 종사하지 않는 집권 신분층의 권익을 보장하기 위하여 일원화된 유교주의적 세계관을 억지로 강제하였다는 서술도 마찬가지다. 어쩌면 황선명의 조선시대 종교사회사가 박사학위 청구논문으로 통과되지 못하고 무위에 그친 데에는 이렇게 유교를 지나치게 비판적으로 서술한 점도 어느 정도 작용하지 않았을까 한다.

그러나 종교성의 차원에서 보자면 황선명은 조선시대 유교를 단일한 성격을 지닌 것으로 여기지는 않는다. 법제를 정비하고 공권력을 동원하여 국가 의례를 중앙과 지방에서 강제적으로 실시하였다고 해서 종교적이거나 초월적이라 일컬을 만한 국면이 완전히 부재한 것은 아니었다. 동중서가 제창한 천인상관(天人相關)이나 천견설(天譴說)은 초월적 세계에 대한 강

---

13 위의 책, 75쪽.

렬한 주술성, 신비성을 국가유교에 부여하였으며, 이것은 조선의 국가 사전체제에도 마찬가지로 존재했다. 다만 일반 민중의 종교의식을 수렴한다거나 체험적 신앙에서 우러나왔다거나 하지 않고, 왕국의 평화를 실현하기 위한 국가 통합의 의지에서 비롯된 것이어서 종교적 제사가 정치 질서에 종속된 도구적 존재에 불과했다는 것이다.[14]

조선에서 이러한 차원의 국가유교를 떠받치던 것은 중앙의 훈구 세력들이었다. 이와 대비해서 사림 세력은 훨씬 더 강력한 성리학적 합리주의를 표방하고 있었다. 이들에 의해서 국가유교의 신비성이나 주술성은 상쇄(相殺)되어 버렸고, 상징체계로서의 국가유교라는 제도 역시 형식적인 존재로 그치게 되었다. 그러면서 사림 세력은 재지 사족을 중심으로 향촌 질서를 장악하고, 가례(家禮)를 지방 사회에까지 확대하였다. 황선명은 사림 세력이 추구한 성리학적 합리주의가 전 왕토 안에서 종교 교단이나 종교성을 완전히 소거하는 탈종교화를 지향하였다고 본다.

훈구파와 사림파의 대결로 빚어진 무오사화(1498)와 기묘사화(1519)의 일련의 정치 과정을 거치는 가운데 국가유교의 제도적 확립과 표리의 관계에 있는 불교 및 기타 음사의 혁파는 주요 정치적 과제였다. 결국 사림파가 다시 중앙정계에 복귀하면서 완벽한 향촌지배 질서를 확립하고 성리학적 실천윤리를 강화함으로써 모든 교단 종교가 해체되고 성리학적 유일사상이 지배의 이데올로기로서 확립된다. 그러므로 16세기는 우리나라 종교사회사에 있어서 중요한 시기라고 보며, 한편으로는 국가유교를 대체하여 성리학적 이데올로기 아래 유일사상으로 통일되는 시기라고도 할 수 있다.

14 위의 책, 110쪽.

왜냐하면 성리학적 합리주의가 국가유교의 신비성 내지 주술성을 상쇄(相殺)해 버렸기 때문에, 상징체계로서의 국가유교의 제도는 형식적인 존재에 그치는 것이며 아울러 체질의 변화가 불가피하게 된다. 그 체질상의 변화란 국가유교의 사전체제가 하부 구조인 가례(그중에서도 종교적 의의가 가장 큰 상제례)에 흡수되어 버린 까닭에 통일적이고 일원적인 상징체계의 역할을 수행할 수 없게 된 것이다. 사림파에 의한 향촌 질서의 장악, 가례의 지방적 확대가 조선 후기 종족의 분권적 지배 및 동족부락의 발달을 도모한 것이다. 이것은 한 마디로 전 왕토 안에서 종교 교단 내지 종교성의 소거를 뜻하는 것이며, 이러한 탈종교의 현상을 가져온 것이 성리학의 합리주의였다.[15]

그러므로 황선명이 바라보는 조선시대 유교는 내부적으로 단일한 성격을 지닌 일괴암적(monolithic) 존재가 아니다. 국가유교를 지탱하던 중앙의 훈구 세력, 가례의 확산을 통하여 향촌 사회를 장악하고 성리학적 합리주의를 지향하던 지방의 사림 세력을 달리 보아야 한다는 것이다. 물론 정치사의 영역에서 보자면 훈구 세력과 사림 세력의 갈등은 새로운 이야기가 아니다. 그런데 종교의 차원에서 국가 사전(祀典)의 신비성, 주술성과 사림 세력의 탈종교적 지향을 대응 관계로 놓고 설명하고자 하는 것은 황선명이 종교학자였기 때문에 가능한 시도가 아니었을까 한다.[16] 이런 점에서

---

15 위의 책, 103쪽.
16 조선시대 국가 의례의 종교성에 관해서는 황선명의 후학들에 의해서 다양한 연구 성과들이 그동안 제출되었다. 이욱, 「조선시대 국가 사전과 영험성의 수용」,『종교와문화』 6, 2000; 이욱, 「조선시대 국가 사전과 여제」,『종교연구』 19, 2000; 최종성,『조선조 무속 국행의례 연구』, 일지사, 2002; 이욱,『조선시대 재난과 국가의례』, 창비, 2009;

보자면 조선시대 유교의 종교적 성격을 내부적 역동성, 즉 신비성과 합리성이라는 두 가지 상반되는 방향으로 진행하는 힘들의 상호 관계로 읽어내고자 하는 것은 여전히 유효한 문제의식이라고 생각한다.

4. 조선시대 종교사에 대한 새로운 해석들

황선명은 조선시대 종교사에 관하여 새로운 해석을 몇 가지 제시하였다. 기존의 연구들에서 찾아볼 수 없는 주장들이 담겨 있어서 주목할 필요가 있다. 물론 이하에서 다룰 주제들이 황선명의 저서에서 가장 중요한 부분들이라고 말할 수는 없다. 또 황선명 본인이 가장 역점을 두어 서술한 부분이 아닐 수도 있다. 그렇지만 필자가 그의 저서를 읽어가면서 탁견이라고 생각한 부분들이나 후학들이 계속 논구해야 할 필요가 있다고 판단한 부분들을 모아서 소개하고, 황선명의 학문적 주장이 갖는 의의를 밝히고자 한다.

1) 불교와 도교, 무속의 존재 방식

조선시대 불교를 연구하는 학자들은 조선의 불교, 특히 임진왜란과 병

이욱, 『조선 왕실의 제향 공간: 정제와 속제의 변용』, 한국학중앙연구원 출판부, 2015; 이욱, 『조선시대 국왕의 죽음과 상장례: 애통, 존숭, 기억의 의례화』, 민속원, 2017; 이욱, 「조선 후기 국가 제사와 제주도 흑우(黑牛)의 진상」, 「한국학」 43, 2020; 최종성, 『조선 왕실의 민속종교』, 국학자료원, 2022; 권용란, 「조선 왕실 의소묘(懿昭廟) 의례의 형성과 특징」, 『역사민속학』 62, 2022; 권용란, 「조선 왕실 효장묘(孝章廟) 의례의 형성과 특징」, 『종교와 문화』 46, 2024.

자호란을 거치고 조선 후기에 들어서 불교의 대중적 기반이 재공양 의례였다고 말한다. 이것은 불교의 종교적 기능이 주로 천도재를 중심으로 작동하였음을 지적하는 것이다. 황선명 역시 이러한 지적에 동의하고 있다.

> 사찰은 세시풍속 내지 양재초복(攘災招福)이나 망자의 천도와 같은 정기적인, 부정기적인 민간신앙 수준의 종교의례를 치르는 기도장으로 이해될 수 있다. 따라서 승중(僧衆)은 이러한 기도 내지 제사를 주재하는 전문가로서, 근본적으로 신도들의 신앙고백과 참회의 길잡이가 되는 교사로서의 직능을 수행한 것은 아니다. 이와 같은 사실은 사원과 신도의 관계가 오늘날까지도 주로 대타의례(對他儀禮)를 중심으로 이루어지며 대타의례의 내용이 주로 망자의 천도를 중심으로 구성된다는 점으로 미루어보아도 알 수 있다. 즉 사원에서 출가 수도자인 승중을 중심으로 자기수행이라든지 불조(佛祖)의 공덕과 관련된 의례가 출가자를 주체로 보아 대자의례(對自儀禮)라고 한다면 재가신도를 상대로 하는 의례는 대타의례라 할 수 있겠는데, 신도들은 사원과 대타의례를 중심으로 관계를 가지며, 망자의 천도가 큰 비중을 차지하는 것이다. … 18세기 이전에 이미 사원과 대중신도와의 관계는 망자천도의례를 중심으로 형식화하였다.[17]

대자의례와 대타의례라는 용어가 낯설기는 하다. 하지만 그런 용례가 없는 것은 아니다. 홍윤식 역시 불단에서 행하는 의례는 상단이건 중단이건 하단이건 수행과 공덕의 회향이라는 원초적 의미에서 자수적(自修的), 대자적(對自的)이라고 말한다. 그리고 이런 의례를 거행한 공덕이 재공양

---

17 황선명, 앞의 책, 154쪽.

을 실행한 사람에게로 회향(回向)하는 형식을 취할 때 대타의례화(對他儀禮化)한다고 설명하고 있다.[18] 그런데 이것은 불교 의례를 회향하는 방향이 자기 수행으로 귀결하는가, 아니면 재공양의 실행자 본인이나 망자에게로 향하는가를 놓고 대자와 대타의 방향을 설정하는 것이다. 이에 비해서 황선명은 참선 수행, 부처나 조사에 공양을 올리고 예경과 참회로 공덕을 회향하는 것을 대자의례, 재가 신도를 대상으로 하는 것을 대타의례라고 말한다. 그럼으로써 황선명은 조선시대 불교의 존재 방식이 청정 비구승의 참선 수행보다 재가 신도들을 위한 망자 천도를 중심으로 한 것이었음을 주장한다.

그런데 황선명은 불교 의례의 집전자인 승중보다 망자 천도를 의뢰하는 불교 신도의 성격에 관하여 독특한 주장을 펼친다. 흔히 불교의 인적 구성원을 비구, 비구니, 우바새, 우바이의 사부대중으로 설명한다. 앞의 둘은 남녀 출가승이며, 뒤의 둘은 재가 신도를 가리킨다. 그러면 조선 후기 불교에서 재가 신도는 전통적인 의미에서 우바새, 우바이라고 할 수 있는가? 황선명의 주장을 들어보자.

원시 불교에 있어 승가를 구성하는 비구와 비구니 및 재가 신도로서의 우바새, 우바이는 교계제도나 교단의 규율로 볼 때에는 각각 전문적 위치가 설정되면서도 불가의 수도 이상을 실천한다는 점에서는 하나의 종교 공동체를 실현하는 것으로 되어 있다. 조선 전기의 불교 교단에 대응하는 대중 신도를 우바새, 우바이와 같은 보살도를 실천하는 재가 신도의 그룹으

18　홍윤식, 「한국 불교 의식의 삼단분단법」, 『헤리티지: 역사와 과학(구 文化財)』 8, 국립문화유산연구원, 1974, 60쪽.

로 볼 수는 없다. 오히려 승가 교단으로서의 사원이 그 명맥을 부지하기 위하여 대중 신도의 주술-애니미즘적인 요구에 부응했던 것이고, 따라서 사원과 신도와의 관계는 민간신앙 내지 민중종교의 현상으로 이해될 수밖에 없다.[19]

황선명은 망자 천도재를 의뢰하고 그 반대급부로 사원에 시주를 바치는 조선의 재가 신도들에 대해서 보살도를 실천하는 재가 수행자, 우바새나 우바이라고 볼 수 없다고 말한다. 그러면서 재가 신도들의 망자 천도재 의뢰는 주술적 혹은 애니미즘적인 요구이며, 따라서 이 역시 민간신앙이나 민중종교에 속하는 현상이라고 설명한다. 만약 이러한 설명이 이른바 '진정한 불교(authentic Buddhism)'라는 것을 설정하고 보살도를 실천하는 수행 공동체만이 진정한 불교라고 말할 수 있으며, 망자 천도와 같은 것은 변질된 불교라는 전제를 깔고 있다면 종교학적으로는 시대착오적 주장이라는 비판을 들을 것이다. 하지만 조선시대 불교를 경계선이 분명한 독립적인 실체로 보지 않고, 무속, 민간신앙, 나아가서 민중종교와 혼효를 이루는 연속체(continium) 속에 존재하면서 마치 성운(星雲)과도 같은 정체성을 지닌 것으로 이해하면서, 재가 신도들의 종교적 욕망을 주술적 애니미즘적인 것이라고 설명한다면, 황선명의 설명은 상당히 신선한 것이고, 또 어느 정도 설득력을 지닌다고 본다.

한편, 황선명은 조선시대 도교와 무속의 존재에 관해서도 나름의 설명을 제시한다. 조선시대 도교는 고려시대와 같이 도교 의례인 재초(齋醮)를 중심으로 한 과의도교(科儀道敎)도 아니었으며, 단약 제조나 내단 수련을

19 황선명, 앞의 책, 157쪽.

통하여 장생불사를 실천하는 황로도교(黃老道敎)도 아니었다. 그렇다고 무위자연을 표방하는 노장사상의 도교 역시 아니었다. 황선명은 조선시대 도교가 민중과 불교 교단을 이어주는 가교의 역할을 하였다고 말한다.[20] 아마 칠성신앙이나 산신신앙을 가리키는 것으로 보인다. 나아가서 조선시대 불교는 도교적인 요소들을 흡수함으로써 일반 백성들의 종교적 지향을 불교적인 방향으로 이끌었다는 것이다. 반면에 무속은 도교 신앙처럼 불교에 흡수되지 않았으며, 오히려 불교와 경합하는 관계였다고 본다.

> 불교와 무격의 관계는 어떠한가? 도교적 요소가 흡수된 불교의 망자천도 의례와 무격의 지노귀 오구굿은 그 교의상의 구성이나 의례의 진행 경과로 보아 흡사하다. 민중의 주술적이고 기복적인 종교 신앙의 실천과 관련하여 조선시대에 있어서 불교 교단과 무격은 일종의 경합관계에 있다고 보는 것이다. 즉 민중불교와 무격은 동시에 공존하는 것으로서 불교가 상위의 차원에 속한다면 무격은 보다 하차원의 존재 방식을 취했을 뿐이지 종교적 실천이라는 국면에 있어서 무격이 도교처럼 불교 교단에 흡수된 것은 아니다.[21]

황선명은 조선시대 종교 지형에서 불교, 도교, 무속의 존재 양상을 흡수와 경합의 관계로 설명한다. 즉 불교는 도교 신앙의 일부를 흡수함으로써 일반 백성들이 가지고 있던 안택, 단오, 칠성과 같은 민간신앙 및 세시 풍속을 불교적인 방식으로 전유하였다. 그렇지만 무속이 지닌 주술적인 신

20 위의 책, 161쪽.
21 위의 책, 161쪽.

앙, 그리고 무속 의례가 품은 강렬한 체험적 요소 등은 쉽사리 불교에 흡수될 수 없는 요소들이었다. 그런 점에서 황선명은 조선시대 불교와 무속을 경합하는 관계로 설명한다. 이렇게 불교를 중심에 놓고, 도교 및 무속과 맺는 관계를 흡수와 경합의 관계로 설명하는 황선명의 논리적 구조는 조선시대 종교사의 실상에서 크게 어긋나지 않다고 판단된다.

2) 천주교 신앙공동체의 성격

조선 후기 종교사를 서술할 때 빼놓을 수 없는 것은 천주교 신앙공동체의 형성이다. 외래종교, 그것도 인도나 중국처럼 같은 아시아 대륙이 아니라 팔레스티나 지역에서 태동하고 유럽 대륙에서 융성한 외래종교가 조선 사회에 유입되었다. 그러므로 판이한 가치와 역사를 지닌 만큼 조선 사회, 특히 지배층과 충돌하면서 여러 차례의 탄압을 겪을 수밖에 없었다. 근기 남인 계열의 신서파(信西派) 지식인들이 천주교를 수용하게 된 경위와 그 사회적 성격에 관해서 황선명은 몇 가지 독특한 해석을 시도하였다. 황선명이 주목한 시기는 전래 초기부터 1801년 신유사옥까지이다. 먼저 천주교 확산의 세 가지 원인을 들고 있는데, 첫째, 공상적인 미래 국토나 내세를 희구하던 당대의 사회상, 둘째, 유교가 지닌 종교상징으로서의 열성(劣性)과 대비하여 강력한 초월적 권능으로 표상되는 '천주'의 "종교상징으로서의 후광", 셋째, 천주교 신앙공동체가 지닌 비밀결사 형식의 '족적(族的) 연대(連帶)'의 결속력 등이 그것이다.

황선명은 첫째 요소를 설명하면서 천주교 전래 당시에 조선의 비주류 집단에서 만연하였던 정감록 신앙이나 남조선 신앙이 천주교와 모종의 관계를 맺고 있었을 것으로 추측한다. 몰락 양반, 토지에서 밀려난 농민,

유랑 지식인 집단 등이 "메시아로서의 진인(眞人)의 출현과 미래 국토의 복전(福田)을 실현한다는 낙원동경사상"을 담지하던 세력이었고, 그 영향 범위 안에 천주교 역시 들어 있었을 것이라고 해석이다. 그 근거는 다음과 같다.

> 신유사옥 때에 등장하는 해중도(海中島)와 대박(大舶)은 홍경래 난 때의 '일월봉하 군왕포상 가야동 홍의도(日月峰下 君王浦上 伽耶洞 紅衣島)'와 유사한 발상으로서 이상경(理想境)으로서의 해중도와 대박과 함께 오는 진인의 상정과 결부되었음을 알 수 있다. 특히 교도로서 잡혀 문초를 당한 김건순이 공초에서 해중지도에서 대함을 만들어 중국을 쳐서 병자년의 굴욕을 설욕하겠다고 한 것이라든지, 그의 서족(庶族)인 김이백이 '해중도에 유진인'이라고 한 것 등은 천주교 신앙공동체와 정감록 내지 남조선 신앙과의 관계를 설명하는 근거라고 본다. 더욱이 같은 신유사옥 때 검거된 유관검도 서양의 대박이 보화를 가득 싣고 와서 성교(聖教)를 크게 떨치고 천주당을 지어 우리를 구원해 줄 것이라고 믿었다는 것이다.[22]

나아가서 황사영의 백서에 담긴 생각도 비록 당대의 국제적인 권력 질서와 세계사적인 견식이 부족한 형편에서 실현 불가능한 '대박의 요청'을 했다는 점에서 비현실적인 것이기는 했지만, 이상 사회의 도래와 진인의 출현과 같은 남조선 신앙의 발상을 깔고 있다고 보았다. 흥미로운 점은 황사영 백서에 대한 평가를 담은 문장에 각주를 달면서, "김건순, 유관검 및 황사영과 같은 시기인 19세기에 멜라네시아 일원에서 크게 번진 하물의례

22 위의 책, 303쪽.

(cargo cult), 즉 종말의 날에 큰 선박이 여러 가지 보물을 싣고 올 때 메시아도 함께 출현하여 구원해 줄 것이라고 믿어서 크게 벌인 종교운동과 일맥이 상통"한다고 지적한 것이다.[23] 물론 엄밀하게 말하면 멜라네시아 하물숭배는 유럽인들의 침략과 식민화에 저항하면서, 유럽인들이 과시하는 물자보다 더 화려한 것들을 조상들이 보내줄 것이라고 기대하는 종교운동이었다. 그런 점에서는 천주교 신자들의 대박청래 운동을 멜라네시아의 하물숭배와 결부시키는 것은 섣부른 해석일 수 있다.

하지만 신유사옥 당시에 처형된 초기 천주교 신자 김건순과 김이백, 유관검 등의 언행을 정감록 신앙이나 남조선 신앙과 관련짓는 해석은 『추안급국안』 등의 관련 문헌으로 검증되는 만큼 상당히 설득력 있는 것이다. 물론 천주교와 정감록의 관계에 주목하는 주장을 황선명이 처음 제시한 것은 아니다. 백승종에 따르면, 천주교와 정감록의 문제를 본격적으로 연구하기 시작한 것은 1970년대 이후이며 그 선구자는 조광이라고 한다.[24] 조광은 황사영 백서의 사회사상적 배경을 다루면서 '유언비어의 횡행'과 '이상향에의 동경'을 거론하였는데, 『추안급국안』과 『사학징의』 등의 자료에서 강이천이 김이백의 말을 전한 것과 유관검의 공초에 등장하는 참언, 김건순의 공초에 나오는 해도(海島) 관련 언급 등을 소개하였다.[25]

이에 비해서 황선명은 이능화의 『조선 기독교 급 외교사』와 『사학징의』를 인용하였다. 아마 황선명도 조광의 연구를 이미 알고 있었을 가능성이 있다. 그러나 조광의 논문을 직접 인용한 것도 아니고, 인용 문헌도 차이

---

23 위의 책, 304쪽.
24 백승종, 「조선 후기 천주교와 정감록」, 『교회사연구』 30, 2008, 7쪽.
25 조광, 「황사영 백서의 사회사상적 배경」, 『사총』 21, 1977, 350-351, 353-355쪽.

가 있으며, 인용 내용도 조금씩 다른 만큼, 황선명이 조광의 연구에 기대어 천주교와 정감록, 남조선 신앙의 관계에 주목했다고 보기는 어려울 듯하다. 황선명의 저서 이후로 종교학자들 사이에서도 조선 후기 민중종교 운동을 연구하면서 정감록과 같은 비결신앙이나 혁세신앙이 천주교에 미친 영향을 다루는 경우가 생겨났다.[26] 그런 점에서 보자면 천주교와 정감록, 남조선 신앙의 관계에 관한 황선명의 지적이 한국 종교학에 미친 영향은 분명하다.

황선명이 말하는 천주교 수용의 세 가지 요인 가운데에서 종교사회사적인 안목이 두드러지는 것은 세 번째 항목이다. 황선명은 천주교 신앙공동체의 인적 구성 원리가 혈연과 학연, 친족 관계로 구성된 "족적(族的) 연대"를 바탕으로 하였고, 이에 따라 비밀결사의 결속력을 지녔다고 말한다. 천주교 신앙공동체의 초기 인물들인 이승훈, 이벽, 정약전 형제, 권철신 형제, 이윤하, 이총억, 이기양, 윤지충, 권상연, 유항검 형제 등이 모두 인적 관계를 이루고 있었다는 것이다. 여기에 더하여 가족 구성원에 딸린 봉공가솔(俸供家率)과 노비도 의태가족(擬態家族) 구성원으로서 신앙공동체의 일원으로 흡수되었다고 한다.[27]

황선명의 해석은 천주교 신앙공동체를 이루던 가족 원리가 문중이나 파(派)와 같은 동족 집단과는 달랐다는 것이다. 천주교 신자 구성은 소규모의 확대가족에 국한되며, 직계를 제외하고는 혈족보다는 인족(姻族)으로의 확산이 더 수월하였다고 지적한다. 왜냐하면 문중이나 파와 같은 동족 집

---

26 한승훈, 「조선 후기 변란의 종교사 연구」, 서울대학교 대학원 박사학위 논문, 2019, 148-150쪽.
27 황선명, 앞의 책, 307쪽.

단은 대체로 향촌 사회에 뿌리를 내리고 정착하여 주자학적 예속을 바탕으로 전통 가치에 대한 집념이 강하므로 '무부무군(無父無君)의 이단'을 용인할 까닭이 없다는 것이다. 그러므로 황선명은 천주교 신앙공동체가 직계를 제외하고는 비록 가족주의적이라고 해도 횡적인 연대가 더욱 중요한 조직의 형성 원리였다고 평가한다. 여기에 남인 시파라는 당색이 더해져서 족적 연대를 한층 강화하였다. 결국 비밀결사 형식의 족적인 연대가 천주교의 확산과 신앙공동체 결속에 큰 역할을 하였다는 것이 황선명의 주장이다.[28]

천주교 신앙공동체의 초기 모습에서 인척 관계를 중심으로 하는 확대가족의 형태를 취했기 때문에 결속력이 강했다고 평가하는 황선명의 주장은 기본적인 논지로 보면 그릇된 것이라고 할 수 없지만 보완이 필요하다. 특히 천주교 조직이 비밀결사 형태를 지향했다고 본다면, 그 동력이 오로지 직계 혈연과 인척, 그리고 여기에 부속되는 노비 등의 확대가족에서 나올 수는 없기 때문이다. 이와 관련하여 주문모 신부가 입국한 1794년 이후에 결성된 교리 학습 조직 명도회(明道會)를 조명한 연구가 주목된다.[29] 이 연구는 주문모 신부 입국 이전에 4,000명으로 추산되던 천주교 신자가 명도회 결성 이후에 1만여 명으로 증가하였다고 말한다. 명도회는 하부 조직으로 3~4명, 5~6명으로 구성된 모임들이 있었고, 이것이 육회(六會)라는 이름으로 천주교 신자들의 공초 기록에 등장한다. 그러므로 명도회와 하부 조직이야말로 황선명이 말하는 비밀결사에 해당하는 횡적 연대 조직이었을 것이다.

28 위의 책, 308쪽.
29 방상근, 「초기 교회에 있어서 명도회의 구성과 성격」, 『교회사연구』 11, 1996.

초기 천주교 신앙공동체의 인적 결합이 어떤 방식이었는지는 그의 종교사회사에서 중요한 주제였다. 그는 18세기까지의 민중종교운동이 성공하지 못한 이유가 혈연 또는 의제 혈연관계의 수직적 결합이어서 조직의 횡적 연대성 부족 때문이라는 인식을 가지고 있었다. 그러니까 종교운동이 교단 종교로 정착하는 데 성공하기 위해서는 항구적인 인적 통합을 이루어야 하는데, 18세기 민중종교운동은 바로 그 지점에서 좌절할 수밖에 없었다는 것이다.

감결, 비기, 참위 내지 정감록 신앙은 그것의 신비적 요소와 주술성으로 해서 풍부한 종교성을 가졌음에도 불구하고 항구적인 인적 통합의 기능을 창출해 내지 못함으로써 우발적이고 단속적으로 일어나는 민중운동에 그치고 만다. 아울러 주술적인 힘에 의하여 종교 결사를 도모한다든지 보다 더 제도화된 성립 종교 교단을 형성하지 못하고 주변부에서 미성숙의 천년왕국적인 민중운동으로 머물고 만다.[30]

조선 후기 정감록 내지 미래 국토의 신앙과 관계되는 민중운동은 그 인적 구성 성분으로 보아 혈연 내지 의제 혈연 관계의 수직적 결합이기 때문에 횡적인 연대성이 없어 통합력이라는 점에서 열성을 면치 못한다. 숙종 14년의 여환의 미륵신앙운동의 경우를 보더라도 그의 처와 가까운 무녀 및 친속 관계의 몇몇 인물이 핵심 요원으로서 그를 따르는 민중을 항구적 결사조직체로 이끌어 들이지 못한다. 그리하여 이것이 종말관에 입각한 천년왕국운동이라고 규정한다면 어디까지나 주변부의 미성숙 단계라고 하

30 황선명, 앞의 책, 282쪽.

겠다. 물론 18세기의 주변부에 속한 미성숙 단계의 정감록 신앙의 민중운동은 19세기에 가서 큰 세력으로 성장하여 중심부로 돌진하면서 동학과 같은 교단 종교를 성숙케 한다. 하지만 그것도 기초가 확고한 교단적 성숙이 아니었기 때문에 역시 항구성이라는 점에서 문제가 있다.[31]

그러니까 황선명이 그려내는 조선 후기 종교사회사 속에서 민중종교운동의 부침은 조직 구성에서 혈연관계를 넘어서 횡적 연대를 확보하는 것이 관건이라 할 수 있다. 즉 숙종대의 미륵신앙 운동부터 18세기의 다양한 정감록신앙 운동까지는 인적 구성의 원리에서 한계를 드러낸 것이다. 반면에 19세기 후반 동학은 큰 세력으로 성장하여 포와 접이라는 교단 조직을 구성하는 데 성공하며, 민중운동으로는 패배하였어도 결국에 가서 천도교라는 교단 종교로 정착할 수 있었다.

그렇다면 황선명의 종교사회사 구도에서 천주교 신앙 집단의 인적 구성은 어디에 위치하는 것일까? 주지하듯이 조선 천주교의 초기 신자들은 대부분 혈연과 학연, 그리고 인척으로 구성된 관계였다. 그렇지만 '혈연이나 의제 혈연으로 맺어진 수직적 결합'도 아니고, 그렇다고 '문중이나 파를 중시하는 향촌 사회의 동족 집단'도 아니었다. 황선명은 가족주의적이면서도 횡적 연대가 더 중요한 족적(族的) 연대에 남인 시파의 당색이 가미된 조직이었다고 평가한다.

황선명은 천주교 조직의 한계에 대해서도 지적한다. 물론 이것은 천주교 조직 자체의 한계가 아니라, 초기 천주교 조직이 조선 사회 내에서 정당성을 인정받고, 또 당대의 종교 지형을 변화시킬 만한 힘을 보유하지 못

31 위의 책, 282-283쪽.

했다는 점에서 그 한계를 논한 것이다. 그리고 이것은 오로지 조선 천주교 설립 초기부터 1801년 신유사옥 시기까지에 국한된 종교사회사적 설명이다.

> 한계지식인은 종교 신앙 활동으로 세도 정권에 무언의 저항을 하면서도 천주교 신앙공동체를 족벌체제에 대항하는 민중 세력으로 결집시키지는 못하였다. 오히려 사학(邪學) 탄압의 구실을 제공하여 족벌체제가 내장한 구조적 모순에 관한 문제의식을 사학 탄압으로 얼버무리는 결과를 초래했다. 이것은 부정적인 의미에서 족벌 지배체제의 안정을 도와준 결과가 되었고, 또 세도 정권에 대한 비판을 약화시키는 결과가 되기도 했다.[32]

위에서 한계지식인이란 천주교를 수용하고 신앙공동체를 결성한 주축 세력을 가리키는 것인데, 노론이 주도하던 정국에서 권력층에 편입되지 못한 남인 측의 인사들, 이들과 당색이나 가문으로 연결된 친족이나 인척들, 그리고 이들과 교류하던 중인층 등을 망라한다. 이들이 천주교를 받아들이는 신앙 활동을 통하여 노론 집권층에 대항하였지만, 민중 세력을 결집하여 노론 일색의 족벌 지배체제에 대항하는 상태에까지는 이르지 못한 채, 사학으로 탄압을 당하는 바람에 오히려 지배체제의 안정화를 도와준 결과가 되었다는 것이다. 황선명의 이러한 해석은 1801년 신유사옥에 이르기까지 조선 천주교 초기 지도급 인사들의 동향을 종교사회사 혹은 정치사회사적으로 바라보는 것인데, 조선 천주교 초기 역사를 해석하는 또 다른 관점으로서 주목할 만하다.

32 위의 책, 294쪽.

신유사옥 이후의 천주교 동향은 어떻게 설명되는가? 황선명은 18세기에 성호학파를 주축으로 비교적 선진의식을 지니고 족벌 지배체제에 대응하는 잠재적 세력권을 형성했던 남인계 지식인들이 19세기 후반 개화 세력과 접선할 가능성을 잃은 채 궤멸하고 말았다고 설명한다. 그 대신에 그들이 심어 놓은 천주교 신앙공동체는 이른바 '자기 땅에서 유형 당한' 밀려난 자들에 의해서 얼마간 더 지속되었다는 것이다.[33] 그러므로 19세기 조선 천주교의 성격은 일종의 천민 종교(pariah religion) 집단을 방불케 하는 것이라고 보며, 그 구성원은 양반 신분이건 천민이건 불구폐질이나, 과부, 불행하게 된 부녀자 등 '자기 땅에서 버림받은 사람들'로서, 오늘날의 교회 신도와는 다른, 이른바 공동생활 방식의, 그러니까 신앙촌을 형성하고 살았을 것이라고 말한다.[34] 즉 황선명은 19세기 중엽의 천주교 신앙공동체는 천년왕국적인 성격을 다분히 띠고 있었다고 본다. "가톨릭의 교리가 개인의 내세에서의 구원을 강조하고 있으며, 또 집합행동을 결집할 만한 조건이 성숙하지 않아서 내면화된 대망(待望)에 그치긴 했지만 절박한 차세적(此世的)이고 집단적인 구원을 바라는 천년왕국적 종말관이 지배적이었을 것"이라고 말한다.[35]

일반적으로 조선 천주교 역사는 자발적 복음 수용, 자주적 교회 창설, 용맹한 순교 정신 등을 중심으로 서술되는 경우가 많다. 이에 비해서 황선명의 조선시대 종교사회사에서 바라보는 조선 천주교의 모습은 사뭇 다르다. 초기 지도급 인사들의 성향도 조선 후기 지배체제의 변동 속에서 설명

---

33 위의 책, 310쪽.
34 위의 책, 313쪽.
35 위의 책, 314쪽.

하려고 한다. 그리고 17세기와 18세기 민중종교운동의 홍기와 좌절, 18세기 후반에 선진적인 의식으로 성립하였지만 19세기 벽두부터 60여 년 동안 지속적인 탄압을 받았던 천주교 운동, 19세기 후반에 새로운 종교운동으로 등장한 동학, 이러한 흐름 속에서 천주교의 위치를 해석하고자 한다. 그리고 양반층 신자들이 대거 이탈한 이후에 중하층민 중심으로 이룬 19세기 조선 천주교는 천년왕국적 종말신앙을 간직한 신앙촌의 모습으로 설명한다.

과연 황선명의 해석과 서술이 당대의 시대상을 정확하게 포착한 것이었는지에 관해서는 논란의 여지가 있다. 그러나 황선명의 주장은 선이 굵은 밑그림과 같은 성격의 진술이기 때문에 세부적인 사항에서 조선 천주교의 실상을 분석하는 실증적인 연구와 그다지 충돌할 여지가 많지 않다. 특히 프랑스 선교사들이 입국한 이후의 조선 천주교 신자들이 과연 어떤 신앙 내용을 보유하고 있었는지는 아직 연구가 미진한 형편이다. 그러므로 조선 신자들이 읽었던 종교 서적, 그들이 체포되어 취조받으면서 남겼던 진술 내용 등에서 현세 부정의 타계적(他界的) 종말 관념의 흔적을 찾아내는 작업도 충분히 가능하리라고 본다.

3) 조선 후기 민중종교와 동학

황선명의 저서에서 백미에 해당하는 것은 조선 후기의 사회변동 속에서 민중종교가 태동하고 발전하다가 좌절을 겪은 뒤에 교단 종교로서의 신종교로 안착하게 되는 과정을 설명하는 부분이다. 17세기 이후 민란이 빈발하고 미륵신앙이나 정감록 비결신앙을 중심으로 한 변란으로 발전하게 되는 것은 익히 알려진 사실이다. 그런데 황선명은 민중종교가 태동하게 되는 과정에서 기존의 유교적 질서가 한계에 봉착하는 이유를 조상숭배가 지닌 사회적 통합력에서의 취약성에서 찾는다.

유교 문화의 상징적 통합 기능은 조상숭배에 의한 혈연적 족적(族的) 결합으로부터 비롯하는 것으로서 문중 조직이나 동족 결합은 물론, 사원, 사우(祠宇)마저도 의태혈연적(擬態血緣的) 관계인 동시에 향약도 그러한 결합을 토대로 실시되는 향촌의 규약인 것이다. 그런데 17세기 이후 향촌 사회에서 종교적 상징으로서 조상은 봉쇄적인 가족 집단을 초월하여 동족 결합 이상의 공동체적 연대를 도모하는 신비적인 힘을 갖지 못한다. 이러한 조상의 상징적 열성(劣性)은 봉쇄적인 가족 집단의 연대성만을 강화하는 것이기 때문에 다른 집단에 대해서 또 다른 신념 체계에 대해 매우 배타적인 분절적 결합만을 조장하는 것이다. 조상이 신비적이며 초월적 권능을 갖지 못한다는 사실은 현실적으로 향촌 사회에서 강력한 지배구조의 구축이 종교적 신념 체계에 의해서는 불가능하다는 것이다. 그리하여 가례나 제사는 그 번거로운 형식성에도 불구하고 강력한 초월적 권능이 내면화된 종교의례가 아니며, 그것이 위신을 과시하기 위한 사적(私的) 보장(保障)의 수단이라는 공리적 성격으로 전락하게 된다. 따라서 모든 분절적인 집단은 사적 보장의 수단을 강구하게 됨으로써 이해 집단 간의 이해의 상충에서 오는 사회구조의 와해와 각 신분 계층의 분해 현상이 17세기 후반부터의 사회사의 특징이라고 하겠으며, 그 결과 사회적 유동성(流動性)의 증대와 외래 종교문화의 충격에 대응하지 못하게 된다.[36]

36 위의 책, 191쪽.

황선명은 17세기 이후 향촌 사회가 해체되는 이유가 종교적 상징으로서 조상숭배가 동족 결합 이상의 공동체적 연대를 도모하는 신비적인 힘을 갖지 못했기 때문이라고 말한다. 이에 따라서 향촌 사회를 통합하는 종교적 신념 체계가 무너지고, 모든 분절적인 집단들은 각자의 생존을 추구하게 되면서 사회구조가 무너지고 신분 계층도 분해되기 시작하였다. 그 결과로 사회적 유동성이 증대하고 외래 종교문화의 충격에 대응하지 못하게 되었다는 것이다. 이처럼 황선명은 향촌 사회 해체의 기저에는 조상숭배가 지닌 결속력의 한계가 숨어 있다고 파악한다. 그럼으로써 이를 대체하거나 확장하는 종교적 상징 체계가 등장하게 되었다. 여기에 속하는 것이 바로 미륵 신앙, 정감록 신앙 그리고 천주교의 등장이라고 할 수 있다.

그러나 미륵신앙과 정감록 신앙과 같은 민중종교들이 발생할 수 있는 종교적 공백 지대는 설명이 된다고 하더라도, 그러한 민중종교들을 담지하던 인적 토대가 무엇이었는지도 함께 논의되어야 한다. 이에 관해서 황선명은 삼정(三政)의 문란으로 향촌 사회에서 생활 기반을 박탈당하고 유민으로 전락한 농민층을 꼽는다. 이들은 유랑하면서 도적으로 무리를 지어 횡행하는데, 전통사회의 신분 질서나 가치 규범에 구애받지 않았다는 점에서 이른바 원시적인 형태의 사회적 저항 무리라 할 수 있다는 것이다.[37] 그리고 비적 무리에는 사족(士族)의 지위에서 떨어져 나간 몰락 양반, 즉 잔반(殘班) 계층도 포함되지만, 더 중요하게는 하층 승도(僧徒), 광대, 향도계(香徒契), 상두꾼 무리가 저변을 이루고 있었다고 본다.[38] 그리하여 "숙종 10년에 발생한 검계, 살주계 사건이라든지 동 14년의 승려 여환 등에

37 위의 책, 248쪽.
38 위의 책, 249쪽.

의한 미륵신앙 사건"은 비적에 의한 원시적인 사회적 저항의 한 맹아적 형태였다고 보는 것이다.[39] 이처럼 황선명은 단순한 민란에서 체제를 부정하는 변란으로 발전하는 과정에서 민중 신앙의 담지층에 해당하는 사회적 집단이 어떤 존재들이었는지를 설명하고자 하였다. 이것은 주로 「추안급국안」 자료를 사용하여 숙종 연간의 미륵 반란 사건을 분석한 정석종의 연구를 참고한 것이었다.[40] 하지만 이들을 "원시적 형태의 사회적 저항 무리"라고 지칭한 것은 아마도 에릭 홉스봄의 저서에서 영감을 얻은 것으로 추측된다.[41]

주자학적 예교 질서의 근간이 되는 조상숭배의 통합력이 약화하고, 사회구조가 붕괴하여 생활 기반을 박탈당한 농민층을 중심으로 사회적 저항 세력이 생겨남에 따라 이들의 의식 세계에는 민중종교의 토대가 되는 각종 혁세 신앙이 싹트게 된다. 이 과정을 설명하면서 민중 신앙의 성격을 논하는 것은 일종의 민중종교 발생론이라 할 수 있겠다. 이에 관해서 황선명은 다음과 같이 설명한다.

원래 주자학의 보편주의는 화이(華夷) 관념을 표방하여 사문(斯文)과 이단

---

39 위의 책, 249쪽.

40 정석종, 「조선 후기 숙종연간의 미륵신앙과 사회운동」, 『한우근 박사 정년 기념 사학논총』, 지식산업사, 1981, 410쪽.

41 Eric Hobsbawm, *Primitive Rebels, Studies in Archaic Forms of Social Movement in the 19th and 20th Centuries*, New York: Frederick A. Praeger, 1963. 홉스봄 저서의 일역본은 1971년에 『反抗の原初形態: 千年王国主義と社会運動』(東京: 中央公論社)라는 제목으로 간행되었다. 어쩌면 황선명은 홉스봄의 저서를 일역본으로 접했을지도 모르겠다. 왜냐하면 영문판 제목보다는 일역본 제목이 훨씬 더 종교학자 황선명의 시선을 끌었을 것이기 때문이다. 그리고 홉스봄의 저서는 1984년에 진철승에 의해서 『원초적 반란』(청주: 온누리)이라는 제목으로 번역되었다.

을 변별하는 교조적 이데올로기로서 문화현상의 다원성을 인정하지 않는다. … 이러한 보편주의가 종교 관념이나 세계관의 통제를 위한 확고한 제도의 기반을 획득하지 못하는 대신, 분절적인 문벌 중심의 특수주의와 결합함으로써 하나의 허위의식인 명분론에만 그칠 뿐, 문화현상의 다원화 내지 세계관의 다차원성을 통일할 지반을 잃게 된다. 그리하여 고통, 불운, 좌절과 같은 의미의 문제(problem of meaning)에서 비롯된 민중의 파토스적인 열광이 주자학적 규범문화에 대응하는 'pathologie의 감성문화'로서 남조선 신앙과 미래 국토를 실현하려는 연대적 행위로 나타난다. 실제로 19세기 이래 종교상징을 축으로 하는 농민 봉기와 동학 종교운동이 그것의 사회적 praxis라고 보는 것이다. 엄격주의의 규범문화나 주자학적 예속(禮俗)의 테두리에 묶인 농촌 질서에 얽매이지 않는 자유분방한 감성공동체는 조선 후기부터 '구조의 핵심에서 밀려난 부류'(declassé)들을 중심으로 점차 형성되어 갔고, 정감록 신앙 내지 '남조선의 현실'이라는 공상적인 미래 국토의 대망 사상을 상징적인 축으로 하여 응집해 갔던 것이다. 물론 천주교 신앙공동체나 불교 내지 무속신앙의 활성화도 전술한 감성공동체의 외연적 기능을 수행한 것이며, 감성공동체의 중추부가 운동이라는 지형성을 갖게끔 추진력을 제공한 것도 사실이다."[42]

여기서 우리의 눈길을 끄는 대목은 '민중의 파토스적인 열광', 'pathologie의 감성문화', '감성공동체'와 같은 낱말들이다. 황선명은 그의 저서 제7장 '확산 종교의 사회적 기능'에서 파토스, 파톨로기에 관하여 서술하였다. 황선명은 무속의 종교 체험에 등장하는 "머리끝부터 발끝까지

---

42 황선명, 앞의 책, 325-326쪽.

떨려오는 전율(파토스)에 의해서 비이성적이고 탈규범의 어떤 본풀이, 즉 해원(解寃)을 지향하는 것, 신성한 미치광이"를 파토스라고 부른다.[43] 그러므로 사회적 모순으로 발생한 문제 상황을 돌파하기 위하여 유교적 규범을 해체하고 강렬한 종교 체험을 통하여 새로운 종교적 감성을 공유하는 공동체가 탄생함으로써 민중종교가 발생한다는 것이다. 그러므로 황선명은 민중종교운동에서 새로운 세계에 대한 비전이나 청사진과 같은 관념적이고 논리적인 측면보다 고통과 울분, 좌절을 분출하는 감성의 측면을 더 강조하고 있다. 아마 이것은 종교학자로서 황선명이 가지고 있던 종교현상을 바라보는 관점이 아닐까 한다.

황선명이 그려내는 민중종교 운동론은 그의 종교사회사가 경제적 토대, 정치적 역학, 종교적 지향의 상호 관계를 기계론적으로 이해하지 않고 있으며, 유연한 접근 태도를 가지고 있음을 보여준다. 이러한 점은 그의 저서 제11장 '19세기 민중봉기의 종교적 성격과 동학교문'에서 잘 나타난다. 그는 동학을 근본적으로 종교운동으로 이해하며, 동학을 농민전쟁의 단순한 외피나 도구에 불과한 것으로 보는 관점과는 거리를 둔다.

통속사회학(일반적으로 통용되는 사회학, 저자의 각주 설명)의 구성 개념을 빈다면 감성공동체의 중추부는 사회구조의 모순과 지배와 피지배 관계 및 신분 계급적인 길항(拮抗)이 빚은 궁반(窮班), 잔반(殘班) 내지 민중들로서 봉건 지배 수탈구조에 항거하는 농민 봉기와 동학혁명을 일으킨 중심 세력이라는 매우 경직스러운 구도로 설정될 것이다. 이러한 통속사회학이 금과옥조로 여기는 준거들(referents)만을 적용한다면 농민 봉기나 민란은 단

43 위의 책, 200-201쪽.

순히 삼정의 문란이나 수취체제가 드러낸 모순과 여기에 대응하는 민중 세력의 부상이며 동학혁명은 그것의 연장에 불과하다는 일차원적인 인과론의 도식에 빠지고 말 것이다. 이러한 입론은 종교가 구체제를 타도하고 사회 발전을 실현하는 데 있어 단순한 도구적 존재에 불과하고, 따라서 합리주의와 진보를 구가하게 되는 시대에는 종교가 저절로 소멸될 것이라는 발상과도 일치하는 것이다.[44]

1894년에 발발한 농민 봉기와 동학의 관계를 어떻게 이해하는가는 1980년대 역사학계에서 자주 논의되었던 주제였다. 이에 관하여 장석만은 종교로서의 동학과 농민 봉기를 직접적이든 간접적이든, 전면적이든 부분적이든 연관성을 인정하던 1960년대와 1970년대의 연구 경향을 비판하면서 양자를 철저히 분리하는 관점이 1980년대에 강력하게 부각되었다고 말한다. 그래서 기존에 '잠재적 연관설'이나 '외피론'마저 부정되고 1894년 농민 봉기를 지칭하는 용어에서 동학이라는 말을 제거하고 '갑오농민전쟁'으로 불러야 한다는 주장이 대두하였다는 것이다.[45] 이런 입장의 대표적인 논자는 안병욱이었다.[46] 장석만은 황선명의 입장을 상세하게 분석하지는 않았다. 다만 기존 역사학계의 주장을 요약하여 소개하면서, "농민전쟁의 불을 당기게 하는 데 기여를 했던 동학 조직은 계급 투쟁적인 성격이 점차 명확하게 부각되고 종교적 외피를 벗어던지고 정치적 성격을 띠게 됨에 따라

---

44 위의 책, 326-327쪽.
45 장석만, 「개항기 한국 사회의 "종교" 개념 형성에 관한 연구」, 서울대학교 대학원 박사 학위 논문, 1992, 110쪽.
46 안병욱, 「갑오농민전쟁의 성격과 연구 현황」, 역사문제연구소 편, 『한국 근현대 연구 입문』, 역사비평사, 1988.

역할을 상실하게 된다."는 문장에 한우근의 논문과 황선명의 저서를 주석으로 첨가하였다.[47] 이것으로만 보면 장석만은 한우근과 마찬가지로 황선명도 외피론 내지 잠재적 연관설을 지지한다고 이해한 것으로 해석된다.

그러나 위의 인용문에서 보듯이 황선명은 동학을 1894년 농민 봉기의 종교적 외피 혹은 도구적 존재로 바라보는 관점에 동의하지 않았다. 물론 황선명 역시 최시형의 영도 아래에 동학이 대자적(對自的)인 자기 변혁의 내심 윤리 강화와 교단의 체질 강화를 통하여 그 전통을 수립하려고 노력하였지만, 결과적으로 동학이 사회분업적인 종교 교단으로 나아가는 데에는 역부족이었으며, 그 원인은 동학이 자체적으로 내장한 외향적인 지향성에 변혁기라는 외부적 조건이 겹쳤던 때문이라고 진단한다. 말하자면 "교정쌍수(敎政雙修)의 보국안민이라는 표방이 어쩔 수 없이 남접(南接)에서의 제폭구민(除暴救民)과 광제창생(廣濟蒼生)의 표방으로 이어지지 않을 수 없었다."는 것이다. 그래서 황선명은 "전봉준에 의한 갑오 농민 봉기는 결과적으로 동학교문의 포 조직망을 농민군 조직으로 이용했기 때문에 동학교문의 와해는 불가피한 것이고, 당초부터 남접의 무투(武闘) 노선이 동학 민중운동의 주도세력으로 등장하면서 동학교문은 향내적(向內的) 평화지평의 종교 교단으로서의 성숙에 종지부를 찍고 운동 세력으로 전향할 수밖에 없었다."고 평가한다.[48] 이런 점에서 보자면 황선명의 입장이 약간 모호하다고 볼 수도 있다. 과연 갑오 농민 봉기와 동학의 관계에 관해서, 좀 더 직접적으로 말하면 갑오 농민 봉기의 종교적 성격에 관해서 황선명의 입장이 무엇이었을까?

47 장석만, 앞의 글, 109쪽.
48 황선명, 앞의 책, 357쪽.

동학 민중운동의 자연스러운 흐름의 추세나, 또는 그 운동의 자체만을 놓고 볼 때 과연 종교운동의 내재율(內在律)을 전혀 도외시하고 단순히 농민 운동으로서의 합리성(合理性)을 잉태하고 있다고만 할 수 있겠는가. 이 점은 전봉준이 주도한 고부 농민봉기에서의 백산맹약(白山盟約)의 분석을 통해서 이해를 도모할 수 있다. ① 不殺生, 不殺物, ② 忠孝雙全, 濟國安民, ③ 逐滅倭洋, 澄淸聖道, ④ 驅兵入京 盡滅權貴 大振紀綱 以從聖訓. … 백산 맹약에 나타나는 존왕양이, 척왜양이, 그리고 사회변혁을 위한 행동 지침은 동학의 종지에 담겨진 사상 내용과 틀리지는 않는다. 그렇다고 해서 동학의 기본 정신이 그대로 백산맹약에 흐르기 때문에 갑오 농민 봉기가 그대로 종교운동 내지 종교전쟁이라는 뜻은 아니다. 하지만 전봉준이 위와 같은 메시지를 그대로 실현하게 된다면 그가 성취하고자 하는 궁극의 목표는 무엇인가. 또한 북접마저 그들의 주장이 궁극적으로 혁명이었다면 그들이 성취하고자 하는 혁명 후에 올 미래상은 무엇인가.[49]

황선명은 북접만이 아니라 남접도 기본적으로는 동학의 종지에 충실하였다고 본다. 그래서 농민 봉기의 지향점은 종교적인 성격을 분명히 지니고 있었다는 것이다. 하지만 그렇다고 해서 농민 봉기가 종교운동이었다고 단정적으로 말하지 않는다. 이 지점에서 황선명의 입장은 불명료하며, 약간 얼버무린다는 느낌을 받는다.[50] 아마 이것은 농민 봉기에서 나타난

---

49 위의 책, 359쪽.
50 황선명의 동학 연구는 더 이상 진전되지 않는다. 다만 그의 뒤를 잇는 후배 종교학자들에 의해서 계승 발전된다. 다음의 연구들이 대표적이다. 고건호, 「천도교 개신기 '종교'로서의 자기 인식」, 『종교연구』 38, 2005; 고건호, 「동학의 세계관에 나타난 전통과 근대의 변증법: '근대'의 경험과 동학, 천도교」, 『동학학보』 9-1, 2005; 고건호, 「동학 성

구호, 격문, 행동강령 자체도 그렇고, 나아가서 동학의 기본 종지에도 전근대적인 전통주의와 근대적 지향성이 착종되어 있다는 황선명의 판단에서 기인하는 것으로 보인다. 더구나 농민 봉기의 변혁 지향성이 왕조사회의 유제(遺制)도 아니고 근대적 시민사회의 성립도 아니라는 점에서 매우 어정쩡한 상태의 불확실성의 미래라고 말하면서, 그러한 이유로 종교적이었다는 식의 다소 모호한 결론에 도달한다.

> 결국 백산맹약에서 밝히는 징청성도(澄淸聖道)나 이종성훈(以從聖訓)[51]이 궁극적인 목표의 실현이라고 한다면 낡은 왕조적 가치관의 복고를 민중이 그대로 받아들였겠는가 하는 의문이다. 따라서 봉기군의 깃발에 쓰여졌다고 하는 '오만년 수운대의(受運大義)'라고 하는 것이 왕조적 질서를 변혁시키는 어디까지나 종교적이며 불확정성의 실존의 장으로서 상원갑(上元甲)의 후천개벽(後天開闢)의 지상천국을 건설함으로써만 이루어질 수 있는 가장 절실한 민중의 원망(願望)인 것이다.[52]

황선명은 숙종 때의 미륵신앙운동이나 그 이후에 등장한 정감록 비결신앙, 남조선 신앙 등을 가리킬 때와는 달리 동학을 '천년왕국적 민중종교운동'이라고 규정하지 않았다. 일반적인 유형론의 도식이 지닌 위험성 때문이었다고 한다. 분명히 동학은 종교운동으로서 종말론적이고 신비적인 분위기도 있지만, 폐정 14개 조의 요청에서 보듯이 매우 조리 정연하고

림 초기의 종교적 정체성」, 『동학학보』 10-2, 2006.
51 황선명에 따르면, 여기서 성(聖)이라는 글자는 종교적인 뜻이 아니라 국왕을 의미한다.
52 위의 책, 361쪽.

현실적인 테제도 갖추고 있었다는 것이다. 그래서 만약 동학 민중운동에서 의도적으로 종교성을 소거하면 근대화 지향 운동이라고 볼 수 있겠지만, 종교의 관점에서 본다면 민중적인 원망(願望)의 표현이자, 끊임없는 목표의 교체가 일어나는, 새로운 민중종교운동을 준비하는 과정이라고 말한다.[53] 이렇게 동학을 바라보는 황선명의 모호성은 어디에서 기인하는 것일까? 어쩌면 장석만이 주장하듯이 특정한 방식으로 종교를 상상하도록 만드는 근대적인 담론의 영향으로 종교와 정치를 범주적으로 구획하여 생각하려는 경향 때문에 황선명의 주장이 선명한 결론에 이르지 못하고 모호한 형태로 마무리된 것일 수도 있겠다. 하지만 달리 생각하면 황선명은 독특한 자기 나름의 종교관을 가지고 있다고 말할 수 있다. 그는 저서를 마무리하면서 이런 말을 하고 있다.

> 오늘날에 와서 민중의 결집은 전근대적인 소수의 지배구조에 대항하여 새롭게 근대를 여는 민족적인 전진이라고 이해하면서, 이것을 서구 시민사회의 태동과 결부짓는다. 그러면서 특히 종교가 그러한 움직임에 동기를 부여했다고 믿는다. 실상 이러한 문제는 따로 논의될 대상이기는 하나 이 책의 후반부에서 새롭게 제시된 과제이기도 하다. 앞머리에서 역사주의 내지 진보라는 관념 자체를 종교와 결부짓지 않는다고 분명하게 밝혔거니와 조선 후기의 민중종교운동이나 천주교 내지 동학운동을 그러한 발상과 결부 지을 때 종교 내지 종교운동의 본질을 이해하기 어렵게 한다.[54]

53 위의 책, 362쪽.
54 위의 책, 365쪽.

황선명의 이러한 진술을 놓고 보면 종교운동을 근대나 진보의 관점으로 이해하는 것에 상당한 거부감을 갖고 있는 것을 알 수 있다. 어쩌면 이것은 황선명 본인이 1960년 4월 혁명을 집안의 운명과 관련지어 비극적으로 경험한 영향으로 민중이나 민중운동을 불신하는 것일 수도 있다. 또는 구체적인 현실 속에 존재하는 20세기 후반 신종교 교단들의 존재 양상을 현장 조사를 통한 연구 과정에서 직접 목격하면서 낭만적인 기대감을 품지 않았기 때문일 수도 있다. 그래서 다음과 같이 진술한다.

> 19세기 이후부터 오늘날까지 이어져 오는 운동의 양상을 띠는 종교 신앙의 대중적 결집을 면밀히 분석할 때 그것은 민중에 의한 민족의 주체적 자각과 서구 시민사회에 유비되는 민주적 시민문화의 건설이라는 방향과 반드시 일치하는 것은 아니다. 오히려 역기능적이고 퇴행적인 결과를 초래하는 경우가 태반이었다. 이것은 무엇을 뜻하는가. 종교 내지 종교운동은 그 자체가 규범적 평가를 거부하는 독자적인 논리를 지녔다는 것이다. 즉 그것은 진보도 아니고 퇴보도 아니며, 따라서 민중에 의한 진보적인 전진을 지향하는 것이 본래의 사명은 아니다. 만약에 그와 같은 논리에 따른다면 어째서 1천여 년 전에 있었던 미륵신앙운동이 20세기에 와서 재연되는가 하는 물음에 대답할 수가 없을 것이다. 따라서 종교는 결국 인간의 실존의 장에 임하고자 하는 이룰 수 없는 원망(願望)이라는 간단한 명제와 관련지어 다시 생각해 봐야 할 것이다.[55]

이 글은 황선명의 조선시대 종교사회사 연구가 성취한 학문적 결실에

---

55 위의 책, 365쪽.

관하여 논하는 것을 목적으로 하기 때문에, 굳이 황선명의 종교관을 다룰 필요는 없을 것이다. 그렇기는 하지만 황선명이 "종교는 결국 인간의 실존의 장에 임하고자 하는 이룰 수 없는 원망"이라고 관점을 가지고 있었고, 이러한 관점이 조선 후기 민중종교와 동학의 성격을 파악하는 바탕을 이루었음은 분명하다. 따라서 황선명의 종교사회사는 조선시대 종교사의 흐름을 사회사적 변동과 관련지어 다루면서도 종교 자체의 독특한 성격을 놓치지 않으려는 태도를 보였다는 점에서 쾌도난마의 선명성보다는 사태의 복잡성을 더 풍부하게 담으려는 시도라고 이해할 수 있겠다.

5. 평가와 전망

개별 종교사의 집합으로서 한국 종교사를 서술하는 방식을 넘어서야 한다는 문제의식은 한국 종교학계 내부에서 꾸준히 제기되었다. 즉 유교, 불교, 도교와 같이 외부에서 들어온 종교, 무속과 같은 전통적인 토착 종교들에 관한 개별적인 역사를 모두 모았다고 곧 한국종교의 역사를 전체적으로 보여주는 것이 되지는 않는다는 지적이다.[56] 그러면 개별 종교들의 역사를 모아 놓은 방식을 넘어서 한국 종교사를 서술하려면 어떻게 접근할 수 있겠는가?

윤승용은 한국 종교사 서술이 종교학의 한국적 정체성을 확보하기 위한 작업이라고 바라본다. 말하자면 종교학이 한국의 학계에서 하나의 '학(學)'으로 정착하고, 나아가 설득력 있는 학문 영역으로 자리 잡기 위해서는 한

---

56 신광철, 「서평, James H. Grayson, 강돈구 역, 『한국종교사』」, 『종교와 문화』 1, 서울대학교 종교문제연구소, 1995, 255쪽.

국 종교사에 대한 체계적인 서술이 무엇보다도 선행되어야 한다는 것이다.[57] 그러면서 한국 종교사 서술이 지향해야 할 지침으로 세 가지 점을 제안한다. 첫째, 종교학적인 관점에 입각한 포괄적인 사회문화사의 서술이 되어야 한다. 여기서 종교학적 관점의 사회문화사 서술이란 개별 종교사를 모아 놓은 기존의 방식과는 다른, 종교 중심의 총체사를 지향하는 방식이다. 둘째, 시대 상황과 연결된 종교 지형 중심의 서술이 필요하다. 기존의 서술은 대부분 종교사상사 중심의 서술이거나, 아니면 개별 종교에 치중한 서술들이었다. 그래서 종교문화의 변동을 한국의 사회적, 문화적 변동과 연결 짓는 데에는 이르지 못했다. 셋째, 세계관에 관련되는 부분이라면 모두 다루어 한국인의 삶의 의미 체계를 성찰할 수 있어야 한다.[58]

그렇다면 황선명의 조선시대 종교사 연구는 어느 지점에 있는 것일까? 윤승용의 첫째 제언, 둘째 제언과 맥을 같이 하는 한국 종교사 서술이라고 평가할 수 있겠다. 즉 개별 종교사를 모아 놓는 기존의 방식을 벗어나면서, 동시에 한국종교의 역사적 변천을 사회구조의 변동과 관련지어 다루고자 하는 한국 종교사 서술이 바로 황선명의 조선시대 종교사회사가 보이는 특징이라는 것이다. 물론 황선명의 저서는 조선시대 종교사 통사라고 볼 수는 없다. 그래서 윤승용이 말하는 종교 중심의 총체사라고 말하기는 어렵다. 그렇지만 일종의 한국 종교사 사론으로서 종교사와 사회사를 결합하는 시도에 해당한다.

황선명의 저서가 이룬 학문적 성취들은 한국 종교사 서술의 일반적인 틀에서 논할 때 상당히 의미 있는 결실들이라 할 수 있다. 먼저 조선시대

57　윤승용, 「한국종교사 서술에 대한 제언」, 『한국종교연구회 회보』 5, 1994, 46쪽.
58　위의 글, 44-45쪽.

유교, 불교, 무속, 천주교, 신종교 운동 등 개별 종교들의 역사를 병렬적으로 나열하는 데 머물지 않고 그들 사이의 상호 관련성을 추적하였다. 그리고 사회 변동과 종교 변동의 관계를 탐구하였다. 특히 민중종교 발생의 사회적, 종교적 토대를 중시하였다. 그러면서 조선시대 전기까지 유지되던 유교 일원적 지형이 해체되는 원인을 종교 내적 측면과 사회 경제적 측면에서 함께 밝히고자 하였다.

하지만 황선명의 저서가 지닌 약점도 존재한다. 가장 크게는 1980년대 당시 학계의 주된 연구 경향이었던 경제사와 민중사의 연구 성과에 지나치게 의존하였다. 이러한 점은 이미 진철승이 잘 지적한 바 있다.

황선명의 저서는 현재까지 종교사회사의 명칭이 붙은 유일한 연구 성과다. 그는 종교의 다양한 작용들을 전체와의 연관 속에서 밝히려고 노력하였다. 특히 역사학계의 사회사적 연구 성과를 대폭 수용한 자세는 한국 종교사 서술에서 획기적인 의미를 갖는다. 이는 한국 종교사회사가 전체 사회사 속에서 정당한 자리를 차지하는 데 있어 징검다리가 될 것이다. 그러나 그는 스스로 고백하고 있듯이 종교사회사 연구의 구체적인 방법론을 제시하지 않고 있으며, 또 종교 관계 1차 자료들에 대한 검토가 없는 상태에서 역사학계의 성과들을 적당히 재배치하였다. 이는 종교학도들에게는 인식의 전환을 촉구하는 신선한 충격일 수 있지만, 전체 사회사 서술에서 당당한 분야사로서 자리 잡는 데 있어 치명적인 한계가 될 수도 있다.[59]

진철승의 지적 가운데 뼈아픈 부분은 황선명의 종교사회사에서 향촌 사

59 진철승,「한국종교사회사, 그 가능성의 모색」,『한국종교연구회 회보』 2, 1990, 26쪽.

회의 변동이나 경영형 부농의 성장과 같은 사회사적 변화상에 관한 서술이 당시 역사학계의 연구 성과들을 적절하게 재배치하는 수준에 머물 뿐이었다는 평가이다. 한 가지 예를 들자면 황선명은 18세기 조선에서 광작(廣作)을 통하여 경영형 부농이 성장하면서 농민층이 양극으로 분해되었고, 그 과정에서 유민화(流民化)된 하층 농민이 원시적인 사회적 저항의 담지자가 되어 미륵신앙운동과 같은 민중종교운동을 일으켰다고 설명한다.[60] 그러나 1960년대부터 김용섭 등이 조선 사회의 내재적 발전론으로 주장한 경영형 부농설은 오늘날에 와서는 양안(量案) 등의 사료를 해석하는 데 문제가 있는 것으로 비판을 받고 있다.[61] 이처럼 황선명의 종교사회사는 역사학계의 연구 성과를 바탕으로 하여 조선 후기에 일어난 종교 변동의 사회 경제적 토대를 밝히려고 시도하였지만, 일반 사회사 연구에서 새로운 연구 성과가 출현하면서 기존 연구의 문제점이 드러나면 시대착오적인 주장으로 전락할 위험이 있다.

황선명의 종교사회사 연구가 한국의 종교학도들에게 큰 반향을 불러일으켰다고 평가하기는 어렵다. 황선명의 학문적 주장들을 수용하는 문제를 둘러싸고 논쟁이 벌어졌던 것도 아니고, 그의 뒤를 이어받는 후속 연구들이 쏟아진 적도 없기 때문이다. 그렇지만 1980년대를 풍미하였던 사회사, 경제사, 민중사의 학문적 성과를 바탕으로 이루어졌던 황선명의 종교사회사 작업에는 오늘날에 와서도 계승할 만한 점들이 분명히 존재한다. 그뿐만 아니라 황선명의 연구를 디딤돌로 삼아서 더욱 발전시켜야 할 점

---

60 황선명, 앞의 책, 241-249쪽.
61 염정섭, 「조선 후기 경영형 부농론을 사학사에 내려놓기」, 『내일을 여는 역사』 69, 2017, 18-20쪽.

들도 있을 것이다. 특별히 지적하고 싶은 것들을 몇 가지 제시하는 것으로 글을 마무리하고자 한다.

먼저 계승할 점으로는 황선명의 문제의식을 꼽을 수 있겠다. 즉 "단순히 특수한 종교 교단이나 잡다한 민간신앙에 대한 나열식의 설명"이 아니라, "그 시대의 정치, 경제, 문화와 상관관계를 갖는 구조적인 이해"를 추구하자는 것이 황선명의 문제의식이라면, 이것은 지금도 여전히 유효한 측면을 지니고 있다고 생각한다. 물론 그렇다고 종교사를 정치사, 경제사, 사회사의 부수적인 영역으로 놓자는 것은 아니다. 서두에서 보았듯이 황선명 역시 토대와 상부구조론의 시각으로 종교사를 해석하는 것을 경계하고, 관념 체계, 의례 실천, 인적 네트워크로서의 교단 조직 등에서 사회와의 연결망을 찾고자 하였다. 그런데 황선명의 저서에서 그 연결망이 다분히 기계론적으로 그려지는 점은 분명히 존재한다. 사회 집단 내의 계급 변동과 종교 교단 내의 사제 계급 출현을 연결한다거나, 제사 의례의 통합적 기능을 이데올로기로 설명한다거나 하는 태도에서 그러한 점을 발견한다. 그러므로 종교사와 사회사를 연결하는 매개항을 좀 더 정교하게 고안하는 것이 후학들의 몫이라 하겠다.

황선명의 저서는 통사가 아닌 만큼 조선시대 종교사 서술에서 빠진 부분이 여러 곳 보인다. 그래서 이 틈새를 메우는 작업이 앞으로 필요하다. 특히 최근 연구 동향에서는 조선 전기 불교에 관한 연구들이 괄목할 만한 진전을 이루고 있다. 조선의 건국으로 불교계가 몰락했다는 식의 선입견을 넘어서 조선 전기에 사찰이 '혁거(革去)'되었다는 「조선왕조실록」의 기록을 재해석하는 시도, 15세기까지 지속된, 이른바 승정체제(僧政體制), 즉 승과(僧科) 시행, 승계(僧階) 수여, 승직(僧職) 임명, 사찰 지정, 사사전(寺社田) 지급 등이 구체적으로 어떻게 이루어졌는지에 관한 실증적인 연구 등이 나오고 있다.[62] 황선명은 "조선조 대불교정책의 기본 노선"에 관해서 대략적인 윤곽을 제시하였지만, 구체적인 사료에 기반한 실증적인 근거를 제시하는 데에는 취약했다. 황선명의 저서가 나온 이후로 불교사 연구에서 조선 전기 및 후기 불교의 실상에 관한 연구 성과들이 많이 축적된 만큼, 이러한 연구들을 참고한다면 황선명의 저서에서 누락된 부분들을 보충할 수 있을 것이다. 그러므로 황선명의 후배 종교학자들이 새로운 조선시대 종교사, 나아가서 한국 종교사 통사를 내놓을 때까지 황선명의 저서는 계속 학문적 논의의 장으로 소환될 것이다.

---

62 손성필, 『조선 전기 국가와 사찰, 조선시대 불교 역사상에 대한 비판과 성찰』, 씨아이알, 2024.

황선명의 민중종교사 연구

한승훈 _ 한국학중앙연구원

1. 민중론 시대의 종교사

'민중'은 황선명이 본격적인 연구 경력을 시작한 1970년대 말 80년대 초 한국 학계의 핵심적인 주제 가운데 하나였다. 권위주의 정권에 대항하는 민주화운동 상황에서 인문사회과학 연구자들을 포함한 여러 분야의 지식 인들은 엘리트 집단에 대비되는 다수, 하층의 사회계층이자 변혁적인 저항 주체인 민중에 주목하였다. 이 시기의 민중 개념은 기본적으로 사회경제적인 것이었고, 분단 체제라는 맥락 속에서 민족 개념과 쉽게 결합하기도 하였다. 한국 지성사의 여러 영역에서 '민중'이라는 개념이 부각되며 학계와 종교계에서 활발히 논의된 것은 1970년대 이후이지만, 역사학, 사회학, 경제학, 정치학, 철학 등 제 영역에서 본격적인 학술적 성과가 생산된 것은 1980년대에 이르러서이다.

이런 흐름은 1990년대 이후 변화를 맞이하게 되었다. 미시사, 여성사, 구술사 등 새로운 방법론이 소개되고, 다원적인 개인들의 일상생활에 대한 자료들이 인식되면서 추상적인 민중을 하나의 동질적인 저항 집단으로 파악하는 시각에 대한 반성이 이루어졌던 것이다. 20세기 후반의 민중론은 이제 지성사적인 성찰의 대상이 되었다. 2020년대 이후에도 '낡은' 민중 개념을 폐기할 것인지, 혹은 현대적인 문제의식에 적용할 수 있는 형태로

재구성할 것인지에 대한 논의는 진행 중이다.[1]

　황선명의 민중종교 연구는 한국의 지식사회에서 '민중운동'에 초점이 맞추어진 민중론이 절정이었던 시기에 집중적으로 이루어졌다. 비슷한 시기 종교계에서는 안병무, 서남동, 문익환 등 진보적 개신교 학자들의 민중신학이 민중론을 주도하고 있었다. 또한 불교계에서도 민중불교를 주창하는 소장 지식인들의 운동이 일어났다. 1980년대 후반에는 유교계에서도 민중유교 담론이 등장했다.[2] 강인철은 이처럼 그리스도교, 불교, 유교 등 기성 종교의 교리·역사에 대해 민중론의 시각에서 재해석을 시도한 움직임과 종교학과 인접 분야들에서 이루어진 민중종교 연구를 구별해야 한다고 주장한다.[3]

　한국 민중론에서는 이른바 '민중종교'에 대한 연구도 중요한 부분을 차지

1　이 주제에 대한 근래의 대표적인 논의로 강인철의 "민중의 개념사" 시리즈와 *Korea Journal*의 특집 "남한에서의 민중사의 계보와 그 새로운 길(The Genealogy of Minjung History and Its New Paths in South Korea)"을 들 수 있다. 강인철은 20세기 민중 개념의 역사를 개괄하며 '다수성'과 '종속성'이라는 고전적인 지배 언어의 민중 이해가, 어떻게 특정 시기에는 '정치 주체성'과 '저항성'을 담고 있는 논쟁적인 개념이 되었는지를 설득력 있게 추적하였다. *Korea Journal* "민중사" 특집의 저자들은 20세기 후반 민중사 담론을 둘러싼 연구사적, 실천적 문제의식을 비판적으로 회고하며, 이를 현재적 주제들과 연결시킬 수 있는 가능성들을 제시하였다. 강인철, 『민중, 저항하는 주체』, 성균관대학교출판부, 2023; 『민중, 시대와 역사 속에서』, 성균관대학교출판부, 2023; *Korea Journal* 64/4. 2024.

2　강인철, 『민중, 시대와 역사 속에서』, 245-255, 269-272쪽. 이 시기 민중신학, 민중불교, 민중유교 운동의 경향은 다음 책들에 수록된 글에서 확인할 수 있다. NCC신학연구위원회 편, 『민중과 한국신학』, 한국신학연구소, 1982; 법성·황필호·최석호·홍사성·박경준·정승석·김종찬, 『민중불교의 탐구』, 민족사, 1989; 서정기, 『민중유교사상』, 조선문화, 1990.

3　강인철, 『민중, 시대와 역사 속에서』, 216쪽.

했다. 보다 구체적으로 동학(천도교), 증산교, 정감록, 식민지화 전후의 대종교·원종·원불교 등에 대한 연구가 일차적으로 포함된다. 박해기의 천주교, 불교의 미륵사상도 때때로 민중종교운동의 한 유형으로 간주되었다. 민중종교들은 기존 체제에 대한 저항과 순응 모두를 고무할 수 있지만, 1980년대에는 저항에 기여하는 측면이 강조되었다. 민중종교는 대안적 이념의 자원들을 제공할 수 있고, 그럼으로써 기존질서의 절대성을 해체하거나 상대화하며, 민중을 구성하는 다양한 집단들 사이에 연대의식과 윤리의식을 제고하는 역할을 수행할 수 있다.[4]

그리고 이런 의미에서의 민중종교 연구는 "1980년 9월 출판된 황선명의 『민중종교운동사』가 그 시발점이었다."[5] 이 책은 한국 민중론의 전성기에 종교학계에서 발간된 대표적인 업적이자, 이후 전근대의 미륵신앙과 정감록계 도참사상, 근대 신종교와 무속을 중심으로 한 민간신앙 등이 '민중종교' 범주에서 다루어지게 된 시초가 된 저서였다.[6] 한편 정진홍은 1981년에 발표한 서평에서 이 책의 의의를 다음 네 가지 측면으로 평가하였다. 첫째, 이 책은 민중종교운동의 범세계적 모습을 담고 있다는 점에서 한국

4　강인철.『민중, 시대와 역사 속에서』, 313-314쪽.
5　위의 책, 314쪽; 황선명,『민중종교 운동사』, 종로서적, 1980. 이 인용구를 포함하여 해당 책의 제목은『민중종교운동사』로 붙여서 인용되는 경우도 흔하나, 이 글에서는 원서의 표기를 존중하여 일괄적으로 띄어 쓰겠다.
6　동시기 '민중종교' 개념의 용례는 1980년대 전반에 발간된 다음 책들에서도 확인할 수 있다. 황선명·안진오·배용덕·신철호·김낙필·고은,『한국근대민중종교사상』, 학민사, 1983; 류병덕 편저,『한국 민중종교 사상론』, 시인사, 1985. 다만 이 계열의 민중종교사상'론의 대상은 근대 신종교에 집중되어 있었다는 점에서 무라카미 시게요시(村上重良), 야스마루 요시오(安丸良夫) 등에 의한 일본의 민중종교 담론과 유사한 면도 있다. 이원범,「근대 신종교사상 연구의 제문제」,『일본사상』 2, 2000, 143-146쪽.

에서 처음으로 저술된 '종교사'다. 둘째, 이 책은 엘리트나 지배계층의 활동에 부수되는 현상이 아니라 민중의 종교 경험 자체를 서술했다는 점에서 처음 시도되는 '민중사'이기도 하다. 셋째, 종교사와 민중사의 결합을 통해 이 책은 '정치사' 혹은 '사회사'로서 읽힐 수도 있다. 넷째, 특정 종교의 신학적 논리를 떠나 객관적으로 서술된 '한국 종교사'이기도 하다.[7]

이런 평가들은 대체로 타당하지만 다소 과장된 측면도 있다. 황선명의 저서가 강인철이 '민중신학 경로'라고 부른 종교 전통 내의 민중론과 구분되는 학문적 민중종교 연구의 시초격이라는 점에는 비교적 이론의 여지가 없지만, 동시기의 인접 학문의 관련 논의에서 이 책이 인용된 사례는 찾기 어렵다. 종교학 내에서도 민중종교사는 후속 연구가 활발하지 않아 안정적인 연구 분야로 정착하지 못했다. 무엇보다 황선명 자신도 1990년대 이후의 저서에서는 신종교나 후천개벽의 문제를 다룰 때조차도 '민중종교'라는 범주를 거의 사용하지 않았다.[8] '최초의 종교사이자 민중사'라는 측면에서도 자료를 직접 다루기보다는 노만 콘(Norman Cohn), 피터 워슬리(Peter Worsley), 비토리오 란테르나리(Vittorio Lanternari), 스즈키 츄세이(鈴木中正) 등의 저작에 상당 부분 의존하였다는 한계가 있다. 한국 종교사를 민중종

---

7   정진홍, 「정치사회사로서의 종교사」, 『신동아』 1981. 1., 298-299쪽.

8   황선명, 「민족종교사상 연구의 몇 가지 쟁점」, 『종교연구』 6, 1990; 「한국의 후천개벽
    사상과 소태산사상」, 소태산대종사탄생백주년기념논문집편집위원회 편, 『인류문명과
    원불교사상』 上, 원불교출판사, 1991; 「후천개벽과 정감록」, 『한국종교』 23, 1998 등.
    이것은 앞서 거론한 한국 학계 일반에서 민중론이 주류 담론에서 멀어진 상황과 관련
    되어 있는 것으로 보인다. 예외적으로 1999년에 발표된 보천교에 대한 연구에서는 비
    록 '민중종교' 개념이 적극적으로 사용되고 있지는 않으나 1980년대 민중종교운동론
    에서 제안되었던 민중의 유토피아 대망에 대한 관점이 강하게 반영되어 있다. 황선명,
    「종말론과 후천개벽」, 『민족과문화』 8, 1999, 37-40쪽.

교운동의 관점에서 다루고 있는 후반부 또한 100쪽 정도의 제한된 분량 속에 고대로부터 20세기까지의 방대한 시기를 포함하고 있어 온전한 한국 종교 통사로 보기 어렵다.

그럼에도 불구하고 종교현상학, 종교사회학, 종교인류학 등 당시 가용한 지적 자원들을 동원하여 민중종교운동을 종교사적 연구 대상으로 다루기 위한 방법론을 구성한 『민중종교운동사』의 초반부는 중요한 연구사적 의의를 지닌다. 이것은 사회의 유지와 변동에 있어서 종교가 어떤 역할을 하는지, 민중과 엘리트와 같은 계층, 계급적 범주들이 종교사 서술에서 어떻게 이용될 수 있는지 등 여전히 의미 있는 문제의식들과 연관되어 있기 때문이다. 다시 말해 황선명의 민중종교사 연구는 『민중종교운동사』에 대한 정진홍의 서평 제목이기도 한 "정치사회사로서의 종교사"를 현재적 관점에서 재시도하기 위한 유용한 출발점이 될 수 있다.

이어지는 장들에서는 『민중종교운동사』와 그 전후에 발간된 황선명의 논고들을 중심으로 그의 민중종교사 연구에서 제기된 세부 주제들에 대한 검토가 이루어질 것이다. 여기에는 황선명이 민중 개념을 어떤 방식으로 규정하였는지, 민중운동의 동기가 되는 이상 세계에 대한 대망을 어떻게 설명하고 있는지, 카리스마적 권위를 가진 메시아적 지도자가 민중종교운동에서 어떤 역할을 하는지 등이 포함된다. 마지막으로는 이와 같은 이론적 관심들이 황선명의 한국 종교사 서술에 어떻게 반영되었는지를 개괄하며 그 한계와 의의를 평가할 것이다.

2. 정치사회적 민중과 종교적 민중

1979년에 발표된 「민중운동과 종교」는 민중종교론을 다룬 황선명의 첫 번째 논고다. 이것은 이듬해 발간된『민중종교운동사』의 시론에 해당하며, 이후 이어진 일련의 작업들에서 구체화된 문제의식들이 처음으로 제기된 글이라는 점에서 주목할 필요가 있다. 특히 이 논문에서는 황선명의 '민중' 개념 이해가 가장 직접적으로 드러나 있다. 이것은 그의 1980년대 이후 글들에서 민중 개념이 거의 정의되지 않은 채 사용되고 있는 것과 대조된다. 1970년대 후반 시점에서 민중 개념은 이미 지식인들 사이에서 광범위하게 거론되고 있었지만, 그것은 "일반적인 정의가 확립되기 전부터 다양한 방식으로 다소 혼란스럽게 사용되고 있었다."[9] 그리고 황선명의 민중 정의는 동시대의 민중론 가운데에서도 독특한 면이 있었다. 서두에서 그는 종교에서 민중의 자리를 다음과 같이 규정한다.

> 순수한 관념 형태로서의 교의(敎義)를 수용하는 그릇, 즉 수용체(受容體)는 민중이다. 종교는 행위의 차원(dromena)이라고 하여 이론이나 철학과 구분하는 것도 신앙이라는 행위를 통해 믿음의 내용을 구현하기 때문이다. 믿음의 행위를 구체화하는 무리, 즉 민중이 종교의 담당자이며 그렇기 때문에 종교에 있어서도 민중의 의식을 문제 삼게 된다.[10]

여기에서는 당시 민중론의 주제였던 저항 주체, 피지배 주체, 역사 발전 주체 등의 뉘앙스가 나타나지 않는다. 다만 민중은 종교의 교의를 수용하고 행위의 형태로 그것을 구현하는 종교적 주체로 묘사된다. 그러나 바로

---

9   Youngran Hur, "Reconstructing Korea's Minjung History: From the Subject of Resistance to a Pluralistic Historiography", *Korea Journal* 64/4, 2024, p. 21.

10 황선명, 「민중운동과 종교 - 종교운동의 본질에 관한 고찰」, 『종교학연구』 2, 1979, 45쪽.

다음 구절에서 황선명은 보다 일반적인 민중 정의로 돌아온다. 즉, 민중에는 "역사의 전개과정에 구체적으로 참여하고 당대의 사회적 조건을 개변(改變)케 하는 역할의 담당자", 그리고 "기층문화의 담당자이며 잠재적 심층에서 드러나지 않은 채 전승태(傳承態)를 지지하고 있는 민중"이라는 두 가지 의미가 있다는 것이다. 이 가운데 후자는 민속학의 대상이 되는, 그리고 1990년대 이후 민중론의 주된 대상이 되는 일상 주체를 말한다. 그리고 전자는 당시 널리 통용되던 운동 주체로서의 민중에 비교적 가까우며, 황선명은 자신이 종교운동의 주체로서 다루는 민중 역시 이 범주에 속한다고 밝히고 있다.[11]

이 대목에서는 당대의 민중론에 참여하고자 하는 황선명의 의지를 확인할 수 있다. 문제는 그가 주로 사용하는 당시의 종교사회학 및 종교인류학의 체계에는 역사에 참여하고, 사회를 변화시키는 민중에 해당하는 개념적 도구가 불분명했다는 것이다. 그가 채택한 전략은 널리 통용되는 '역사사회적 민중'과 '종교적 민중'을 나란히 제시하고, 두 가지 개념을 조화시키는 것이었다.

> 실상 최근에 이르러 민중의 실체에 대한 논란이 없지 않지만, 여기에서의 작업은 계층적, 혹은 하위구조로서의 민중의 실체를 인식하려 한다기보다는 공통되는 신앙, 혹은 상징체계를 중심으로 이루어지는 집단의 성원을 단순히 민중이라고 규정하려 할 뿐이다. (…) 그렇기 때문에 동신자 집단,

---

11 위의 글, 45-46쪽. 이 이분법은 한완상이 1978년에 제시한 이래 활발하게 논의되고 있었던 '즉자적 민중'과 '대자적 민중'의 구분, 즉 '민중의 이중성 테제'와 느슨하게 대응된다. 강인철, 『민중, 저항하는 주체』, 82-93쪽.

혹은 종교적 신념을 같이 하는 그룹의 성원을 편의상 여기서 민중이라고 할 때, 일반적인 다시 말해서 역사사회적 조건에 따라 형성되는 집단인 민중이라는 개념과의 상충을 예기하게 된다.[12]

'종교적 민중'은 서두에 제시된 종교적 행위 주체를 말하는 것으로, '역사사회적 민중'에 내포된 계급성이나 저항성과는 직접적인 관계가 없다. 그리고 이 '상충'을 해결하고 두 가지 민중 개념을 연결하는 고리가 바로 '종교운동'이다. '동신자 집단', 즉 종교적 민중은 기본적으로 이념집단으로 정의되지만, 동시에 역사적 조건 속에서 박해, 피억압, 소외에 노출된다. 따라서 사회적 긴장과 대립 속에서 소외를 극복하고 정신적, 물질적 보상을 구하는 적극적인 행동, 즉 운동의 주체가 될 수 있다는 것이다. 이처럼 운동이라는 고리를 통해 종교적 민중을 역사사회적 민중과 연결시킴으로써, '민중'은 종교사회학 및 종교인류학적 이론을 통해 조작 가능한 개념으로 변환된다. 따라서 민중종교 운동사는 종교사인 동시에 정치사회사와 접점을 가지게 된다.

민중과 종교를 이런 방식으로 연결 짓는 것은 당시의 민중종교론 가운데에서도 독특한 것이었다. 일례로 안병무의 민중신학에서 민중은 신약성서, 특히 마가복음에서 집중적으로 등장하는 오클로스(ὄχλος)와 동일시된다. 이 단어는 1차적으로는 사회사적 계층으로서의 민중, 복음서의 맥락에서는 특히 예수를 따랐던 무리들을 가리킨다. 그런데 안병무는 여기에 급진적인 신학적 의미를 덧붙인다. 예수를 따랐던 민중은 마카베오 전쟁, 로마의 점령, 헤로데 왕가의 학정에 시달리며 다수의 봉기를 일으킨

12 황선명, 앞의 글, 47-48쪽.

갈릴레아인을 중심으로 하고 있었다. 나아가 예수는 출신으로 보나 행태로 보나 그런 민중 가운데 한 사람이다. 동시에 예수의 수난은 민중의 수난을 표상하고 있다.

> 그가 당하는 곤욕과 고독한 처형은 바로 그때 민중의 운명을 드러내는 것이다. 여기 나사렛 예수가 버림받고 부당한 재판 받고 십자가에 처형되는 것이 아니라 민중(집단)이 그렇게 당한다. 이 수난의 예수(인자)는 집단의 표상이다.[13]

이로부터 도출되는 "예수가 민중이고, 민중이 예수다."라는 민중신학의 테제에서는 민중에 대한 전적으로 긍정적 이해, 나아가 신격화에 가까운 인식이 드러나 있다. 이 민중=예수와 역사사회적 민중 사이의 연계는 성서 속의 사건들을 현실의 민중 경험과 은유적으로 대응시키는 방법으로 달성되고 있다.[14] 한편 민중불교론에서는 소외된 계층인 중생으로서의 민중과 현실을 개혁하는 보살로서의 민중이라는 이중성이 논의되고 있었다. 특히 박경준은 민중은 중생 혹은 보살 자체가 아니라 "개혁의지를 지닌 보살"이라고 규정한 바 있다.[15] 이처럼 종교 전통 내의 민중론은 당시의 일반적인 민중 개념을 각자의 교의 내에 상존하던 요소들과 관련시키고, 이를 급진화하는 방식이 주류였다는 것을 확인할 수 있다. 황선명의 개념

---

13 안병무, 「마가복음에서 본 역사의 주체」(1981), NCC신학연구위원회 편, 『민중과 한국신학』, 한국신학연구소, 1982, 183쪽.

14 그와 같은 기획은 기독교의 성서와 교회사, 한국 민중운동사의 '합류'를 주장한 서남동에게서도 나타난다. 서남동, 「두 이야기의 합류」, 위의 책.

15 박경준, 「민중불교이념의 비판적 고찰」, 『민중불교의 탐구』, 민족사, 1989, 136-137쪽,

화는 이처럼 현실 문제에 적용할 수 있는 실천적 이념을 이끌어내기 위한 작업과는 거리가 있었다.

한편 1980년대 신종교 연구에서 사용된 '민중종교' 개념에서 민중은 '민족' 개념과 밀접하게 연관되어 있었다. 류병덕, 김홍철, 이현택이 공저한 『한국 민중종교 사상론』은 최제우의 동학사상, 김항의 정역사상, 강일순의 신명사상, 나철의 삼일철학, 박중빈의 일원철학과 20세기 이후의 다양한 교파운동들을 민중종교 범주에서 다루었다. 그 머리말에서 류병덕은 "민중 속에서 자각의 소리를 부르짖으며 자생적으로 일어난 한국인의 종교"를 '한국의 민중종교'라고 규정한다. 그것은 한국인의 '심혼' 속에서 발생했지만, 세계 인류의 구원을 위한 종교로 승화될 잠재력이 있기 때문에 '민족적 종교'나 '국민적 종교'가 아니라 (한국) 민중종교라고 불러야 한다는 것이다.[16] 이 또한 한국의 민중론 사조를 나름의 방식으로 전유하며 개별 종교교단에 한정되지 않는 민중종교 범주를 구성했다는 점에서는 독특하다. 그러나 이것은 어디까지나 한국 자생 신종교의 속성을 서술하기 위한 작업으로, 민중 개념 자체에 주목하여 일반 종교사에 적용할 수 있는 보편적 개념화를 시도한 황선명의 시도와는 구분된다.

3. 이상 세계에 대한 대망

서로 다른 방식으로 정의된 '종교적 민중'과 '역사사회적 민중'이 '운동'이라는 국면을 통해 결부될 수 있다면, 이때의 '운동'이란 무엇을 말하는가? 민중론에서 말하는 저항적 민중운동을 종교운동과 같은 수준에서 논할 수

16 류병덕 편저, 『한국 민중종교 사상론』, 시인사, 1985, 2-3쪽.

있는가? 「민중운동과 종교」에서 황선명은 종교운동이 민중운동에 대해 독립변수인가, 종속변수인가 하는 의문을 제기하며, 현대 사회에서는 종교운동이 민중운동이나 사회운동의 하위개념으로 이해되고 있지만 초기 단계에서는 오히려 종교운동이 민중운동의 상위개념이 된다고 주장한다. 따라서 "민중종교운동의 근본적 기인(起因)은 사회경제적 조건들에서보다도 종교 본래의 문제에서 찾아야 할 것이다."[17] 한편『민중종교 운동사』의 단계에서는 종교운동과 민중운동의 개념적 관계를 따지는 것은 더 이상 문제시되지 않는다. 오히려 종교는 민중운동을 '성숙'시키는 데 결정적인 역할을 한다는 점에서 양자는 밀접하게 연관되어 있다.

『민중종교운동사』의 서문은 종교학의 대상과 연구 방법에 대한 비판과 전망으로 시작한다. 이것은 그의 현실 인식과 관련되어 있었다. 당시 세계 각지의 정치사회적 동향이 종교 문제와 직간접적으로 연관되어 있었으며, 종교의 사회적 관여가 중요한 문제로 떠오르고 있었음에도 불구하고 그에 대한 종교학적 담론은 부족하다는 것이었다.[18] 종교가 초세속적이라는 상식적인 인식은 종교와 사회의 관계를 인지하기 어렵게 만들었고, "종교에 관한 연구도 종교만을 전공으로 하는 분야에서는, 주로 유형학(morphology)이나 현상학(phenomenology)의 분야에서만 고찰이 되었고, 종교와 역사적-사회적인 조건과의 관계는 등한시"해 왔다는 것이다. 따라서 이 책의 주제는 "종교의 사회적 관여, 특히 종교 신앙 운동이 어떻게 일반 대중 운동으로 사회적인 표면에 부상하는가"이고, 기본적인 접근 방법은

---

17 황선명, 「민중운동과 종교」, 57, 59-60쪽.
18 이것은 특히 1978-79년 이란 혁명 이후 서구의 종교학계에서도 공유되고 있는 문제의식이었다. Bruce Lincoln ed., *Religion, Rebellion, Revolution*, Macmillan, 1985, pp. 5-6.

"역사적인 고찰"이 된다.[19]

황선명은 기본적으로 종교의 사회적 기능에 대한 이론들을 전제하고 있지만, 변혁적인 민중종교운동을 다루는 데 있어서 사회 통합 기능을 중심으로 하는 고전적 종교사회학의 관점은 충분하지 않다. 종교는 사회에 대해서는 통합의 기능이 강조되지만, 개인에 있어서는 보상 기능이 두드러진다. 물론 이 두 가지 기능은 상보적이며, 동시적으로 나타난다. 그러나 문화나 사회 구조에 변동이 일어날 경우, 통합과 보상의 기능은 변동에 대항하여 기존 사회 유형의 유지, 그리고 사회 성원의 욕구가 만족되지 못하면서 발생하는 긴장 처리(tension management)의 역할을 한다.[20] 한편 변혁기에는 종교의 일반적인 사회적 기능, 즉 사회 통합과 개인의 욕구와 불만에 대한 보상만이 아니라, 새로운 가치를 창조하는 역동적인 기능을 한다는 것이다.

그러므로, 종교 운동은 개개인의 기성의 신념 체계를 바탕으로 하여 변동

19　황선명, 『민중종교 운동사』, 4쪽. 이와 같은 방법론적 문제 제기는 황선명이 「민중운동과 종교」에서는 언급하지 않으나 『민중종교 운동사』에서는 활발하게 인용하고 있는 비토리오 란테르나리(Vittorio Lanternari)의 논의와 상당 부분 겹친다. 이탈리아 종교사학파에 속하는 란테르나리는 당시 종교학의 주류 방법론이었던 현상학적 접근과 형태론적 접근을 비판하는 한편, 자신의 방법론을 이들과는 구분되는 "역사적 접근"이라고 부르고 있다. 그의 연구 대상인 식민지 종교운동의 맥락에서, 이 역사적 접근이란 토착적 요소("문화에 내재하는", "내적" 동력)와 식민지배 세력 및 그리스도교("다른 문화 및 외부 세력으로부터의", "외적" 동력)에 주목하는 것을 말한다. 이를 위해 란테르나리는 앞의 두 접근, 즉 현상학과 형태론을 포함하는 "유형학적 현상론(typological phenomenalism)"이 사회사적 접근을 보조해야 한다고 주장한다. Vittorio Lanternari, *The Religions of the Oppressed: a Study of Modern Messianic Cults,* The New American Library, 1963, p. v.

20　황선명, 앞의 책, 12쪽.

하는 사회에 적응하지 못할 때, 새로운 비전을 내걸고 행동을 통일하여 이를 성취하려는 종교적 가치 변혁의 집합 행동이다. 변혁기에 있어서 종교의 기능은 새로운 가치를 추구하는 민중에게 안심 입명의 도피처인 안정을 가져다 주는 것이 아니라, 오히려 역동적인 새로운 가치 추구의 집합 행동으로 나오게 한다는 점이다.[21]

종교와 사회에 대한 이와 같은 일반적인 종교의 사회 유지 기능, 그리고 변혁기에 나타나는 역동성을 설명해 준다. 그러나 이것은 어디까지나 기존의 질서를 유지, 보수, 수정하는 차원에서 일어나는 현상이다. 구질서가 완전히 뿌리 뽑히고, 새로운 사회적 질서에 대한 모색이 요구되는 급진적인 변화의 과정에서는 기성의 제도가 완전히 정당성을 잃어버리고, 제도의 파괴, 위반 행위가 더 이상 종교적인 악행으로 간주되지 않는다. 그리고 이런 사고 방식은 사회의 하부 구조를 담당하고 있는 민중층에서 나온다는 것이다.[22] 이 대목에서 급진적인 종교운동은 변혁 주체로서의 민중론과 긴밀히 결부된다.

여기에서 주목되는 관점은 종교의 사회 해체 기능에 대한 강조다. 이것이 고전적 종교사회학의 주된 관심사였던 종교의 사회 유지 기능과 어떤 관계에 있는지에 대한 황선명의 설명은 크게 두 가지가 있다. 「민중운동과 종교」에서 두드러지는 비교적 현상학적인 설명에서 종교의 세계 유지(world maintaining) 기능은 피터 버거(Peter Berger)의 '성스러운 천개(sacred canopy)'론을 통해 설명된다. 종교는 기존 질서와 제도에 권위를 부여하고

---

21 위의 책, 14쪽.
22 위의 책, 15-16쪽.

신비화한다. 이 '천개'는 단순히 체제를 유지할 뿐만 아니라 세계의 궁극적
원인과 인간의 운명에 대한 답을 제공해 준다. 그러나 성스러운 천개가 허
구적인 것으로 인식되고 의미를 제공해 주지 않게 되면 인간은 새로운 세
계를 구성해 나가려 한다. 그러나 기존의 종교와 사회는 긴밀하게 결탁되
어 있기 때문에 새로운 세계의 구성은 개인의 집합체, 즉 민중 측에서 일
어나게 된다. 황선명은 버거의 논의를 따라 종교가 세계를 유지하는 의미
기능을 잃을 때 세계를 뒤엎는 힘(world shaking force)으로 나타나게 된다고
주장한다. 두 가지 힘은 상보적인 관계에 있으며, 그것은 외부적인 조건에
대한 반동이 아니라 새로운 의미를 추구하려고 하는 종교의 자율적인 작
용, 일종의 변증법적 전개 과정으로 설명된다.[23]

『민중종교운동사』에서 이 주제는 조금 다른 형태로 변주된다. 여기에
서는 피터 버거의 다소 현상학적인 논의, 예를 들어 '성스러운 천개'나 '부
단히 새로워지려고 하는 종교의 자율적이고 변증법적인 힘'에 대한 언급
은 거의 드러나지 않는다. 대신 황선명은 빅터 터너(Victor Turner)의 구조와
반구조 도식을 언급하며, 사회의 해체 또한 종교가 가진 기능의 일부로 설
명한다. 즉, 종교는 질서나 규범만이 아니라 일탈 행위를 합법화하기도 하
고, 사회의 통합만이 아니라 갈등을 촉진하기도 하며, 제도를 성스러움이
아니라 악과 연결시킬 수도 있다는 것이다.[24] 또한 종교의 사회 해체 기능
은 무한히 지속되는 것이 아니라 사회 구조의 재통합으로 이어진다는 주
장이 덧붙여져 있다.

23 황선명, 「민중운동과 종교」, 58-59쪽.
24 황선명, 『민중종교 운동사』, 16-17쪽.

물론, 종교의 사회 해체 기능은 사회 구조의 재편성과 통합을 전제로 하는 것이어야만 한다. 완전한 파괴와 혼돈만이 지속된다면, 그 해체 기능은 의미를 가질 수 없다. 사회는 그 자체대로 다시 균형을 유지하는 복원력을 가지고 있어 아무리 분해되어 버린다 해도 다시 재편성하여 균형과 안정을 되찾는다. 종교 역시, 장기적인 안목에서 볼 때, 통합과 해체의 기능을 번갈아 되풀이하며, 사회의 전개와 발을 맞춘다.[25]

　종교의 '세계를 유지하는 힘'과 '세계를 뒤흔드는 힘', 그리고 '사회 유지 기능'과 '사회 해체 기능'이라는 두 가지 방식의 설명은 유사한 이야기를 하고 있는 것 같지만 그 전제나 결론에는 작지 않은 차이가 있다. 전자의 변증법적 운동은 외부적 조건보다는 종교 자체에 내재된 자율적인 힘과 더 깊이 관련되어 있다면, 후자의 기능론은 사회 구조의 전개와 연동되어 있기 때문이다. 그러나 두 설명 모두에서 민중의 집단적인 종교운동의 궁극적인 동기는 동일하다. 그것은 이상 세계에 대한 대망이다.

　현재의 세계에서 의미를 발견하지 못해서이든, 사회 통합과 개인에 대한 보상의 기능이 잘 작동하지 않아서이든, 인간의 상상력은 불만족스러운 현실을 초월하는 또 다른 세계 또는 질서를 구성하는 경향이 있다는 것이다. 나아가 황선명은 이상 세계는 궁극적으로 실현이 불가능하며, 따라서 현실적인 조건이 변화하여 새로운 질서가 구축되더라도 사라지기보다는 다른 형태로 변형된다고 주장한다. 또한 대부분의 종교 전통은 '다른 세계'에 대한 정교한 교의를 제공하지만, 이상 세계에 대한 지향성은 한계가 있을 수 없는 반면 형이상학적인 내세(來世)나 피안(彼岸) 사상은 교리적으

25　위의 책, 17쪽.

로 고정되기 때문에 결코 민중의 상상력을 만족시킬 수 없다고도 말한다. 바로 그렇기 때문에, 이상 세계를 대망하는 민중의 상상력이 구체적인 사회 현실에 투영될 때, 그것을 지금, 여기에 실현시키려는 급진적인 현실 타파 운동으로 전개된다는 것이다.[26]

　　이상 세계에 대한 대망이라는 요소를 통해, 사회변동과 종교운동의 관계에 대한 황선명의 견해 전체를 다음과 같이 종합할 수 있겠다. 종교는 초월적인 권위를 통해 현실의 체제를 정당화하고, 구성원들에게 삶의 의미와 내적 보상을 제공하는 방식으로 세계 혹은 사회를 유지한다. 그러나 결코 실현될 수 없는 이상 세계에 대한 상상력은 종종 현실 세계를 유지하는 종교의 기능을 무력화시키고 때로는 적극적으로 사회를 해체하는 운동을 자극한다. 그러나 그와 같은 파괴와 혼돈은 영원히 지속되지 않고 결국 사회는 재구축되지만, 이상 세계에 대한 지향성 자체는 사라지지 않고 변형된 채 새로운 종교운동의 잠재태가 된다.

4. 광조적 민중과 비윤리적 카리스마

동시대 지식인들의 민중론 속에서 민중종교운동사에 대한 황선명의 관점에서 두드러지는 특징은 민중과 그들의 운동에 대한 낙관적이거나 낭만적인 시각의 부재다. 사회 변혁을 위한 사상으로서 20세기 후반의 한국 민중론은 역사의 주체인 민중에 대한 신뢰를 바탕으로 그들을 각성시키고 그들과 연대하는 지식인의 역할을 강조하는 경향이 있었다. 그러나 황선명은 이상 세계를 실현하기 위한 급진적이고 제의적인 민중의 종교운동이

26　위의 책, 26-29쪽.

종종 광조적(狂躁的, orgiastic) 성격을 띤다는 것을 이 주제를 다루는 거의 모든 글에서 언급하였다.

> 이 땅에 신의 왕국을 실현하겠다는 성급한 종교적 욕구의 처리 방식은, 절박하면서도 궁극적이고 집단적인 구원을 찾게 되며, 민중의 집단적 앙분 상태를 고조시켜 결국 난장판 혹은 오르지(orgy)의 상태에 이르게 만든다. 그렇기 때문에, 이들의 무리는 자신들의 목표 달성에 장애로 간주되는 요소에 대해 적대시하며, 극단의 공격적인 성향을 노출시켜 기존 질서나 전통 문화의 파괴 행위를 서슴지 않게 된다.[27]

이와 같은 민중의 통제 불가능성은 이들을 지도하는 카리스마적 종교 엘리트에 대한 고찰로 이어진다. 즉, "정신적으로 물질적으로 불안정하고 결여된 바의 민중은 사고 자체가 비합리적이며 따라서 이들의 이상적인 세계에 대한 대망은 주술-종교적 성향을 가지므로 이들의 종교적 광조 현상에 어울리는 특정의 인물이 중심이 되어야만 비로소 운동의 형태로 발전하는 것이 경험적으로 입증되므로, 그러한 인물 다시 말해서 카리스마의 분석을 통해 종교운동의 성격을 확실히" 할 수 있다는 것이다.[28] 이런 맥락에서 카리스마를 지닌 종교 엘리트에게 우선적으로 요구되는 미덕은 윤리성이다.

---

27 위의 책, 47-48쪽.
28 황선명, 「민중운동과 종교」, 65쪽. 황선명은 막스 베버의 논의를 따르고 있음에도 불구하고, 베버와는 달리 '카리스마'라는 단어를 '카리스마를 지닌 종교 엘리트'라는 의미로 사용하고 있다.

이렇게 볼 때, 윤리성이 결여되어 교도적인 사명을 다하지 못하는 카리스마의 메시지는 민중에 대한 설득력의 정도에 있어서 제한적일 수밖에 없고, 아울러 영향력을 갖는다 해도 일시적인 현상에 그친다고 생각할 수 있다. 이러한 메시지는, 현상 타파나 사회적인 모순을 제거하고 현실을 개량하는 데 있어서는 무력할 수밖에 없다. 따라서, 사회 변동을 주동적으로 이끌어 가지 못한다.[29]

이런 문제의식은 1980년대 초 황선명의 저서에서 일관적으로 표명되고 있다. 이를테면 1982년에 발간된 『민중종교와 권위신앙』에서 그는 민중종교의 현세적, 주술지향적, 동적, 정서적 성격 때문에 광조적 운동의 양상으로 발전한다는 주장을 반복한다. 또한, 전통 문화의 권위적 구조가 민중종교의 비합리성과 결합했을 때 맹신적인 광기의 현상을 드러내기도 한다는 견해를 덧붙인다. 흥미롭게도 이 책에서는 민중의 변혁성만이 아니라 보수성에 대한 인식도 드러난다. "민중의 정신은 의식하고 추리하는 영역에서 나오는 것이 아니라 무의식적인 부분에서 유래"하기 때문에 지배구조에 종속되는 보수적인 태도를 취하며, 갑작스럽게 자유가 주어진 근대 이후 대중사회에서는 카리스마적 종교지도자의 권위에 종속되기도 한다는 것이다.[30] 이런 시각은 상당 부분 황선명이 민중종교운동의 연장선상에서 파악하고 있었던 일부 신종교 지도자들에 대한 거부감에서 기인한 것으로 여겨진다.

29 황선명, 『민중종교 운동사』, 20쪽.
30 황선명, 『민중종교와 권위신앙』, 주류, 1982, 9, 22-23쪽.

불행하게도 조선 후기에 전통주의에 대한 안티테제로 등장한 카리스마적 지배구조는 모두가 주술성에 좌우되며 대중에게 윤리적인 메시지가 아니라 일시적인 흥분상태에 이르게 하는 매우 불확실하고 합법성을 잃은 '상징의 조작'에 열을 올린다. 신흥종교운동에서 엿볼 수 있는 일탈성은 바로 여기에서 기인하는 것이다.[31]

같은 해에 발표된 「메시아니즘과 민중운동」은 이 주제를 더욱 집중적으로 다루고 있다.

우리는 민중종교 운동이 박해받고 억압당하는 무리들의 원초적인 저항(prinitive rebel)이라는 점에서 심정적인 동의를 하지만 그것이 전개하는 형태는 대체로 규칙성을 전제로 하지 않고 경우에 따라서는 공격성이나 파괴적인 양상을 드러내기도 하며, 특히 메시아적 인격이 발하는 메시지의 과도한 일탈성으로 인해서 경우에 따라서는 파행적 양태를 드러낸다는 점에 주목하고자 한다.[32]

같은 글에서 황선명은 "금전이나 재산의 편취, 여자관계 및 구세주 내지 천제(天帝)의 창칭(昌稱)" 등 카리스마적 지도자를 중심으로 한 메시아니즘적 종교운동의 '파행' 사례들을 열거한다. 여기에는 동서고금의 종교사적 자료들이 단편적으로 망라되어 있으며, 한국의 경우는 "사랑하는 애첩이 방귀를 뀌었다고 교살한 백백교주", "직첩(職帖)을 남발하면서 천자(天子)를

---

31 위의 책, 49쪽.
32 황선명, 「메시아니즘과 민중운동」, 『기독교사상』 1982. 12., 41쪽.

창칭한 보천교주" 등이 거론된다. 그러나 그는 이런 현상에 대한 가치판단
과는 거리를 두고 있다.

> 이러한 사례는 매우 구질구질한 문제로서, 그것이 종교학의 대상이냐, 혹
> 은 그것은 종교라고도 부를 수 없는 일부의 탈선한 유사종교의 소행이 아
> 니냐 하는 반론과는 별도로 필자는 다만 신선한 가치감을 획득하고자 하
> 는 민중의 대망이 합리성을 잃고 권위주의적으로 군림하는 카리스마적 종
> 교지도자의 메시지에 맹목적으로 흡수될 때 이러한 퇴행 현상을 드러내는
> 것이며, 근본적으로 종교가 초월성이나 궁극성을 지향한다는 점에서 이러
> 한 현실 사회의 규범과는 공조할 수 없는 탈도덕성도 드러낼 수 있다는 점
> 을 거증할 따름이다. 따라서 그것이 좋다 나쁘다 하는 가치판단을 전제로
> 하는 것이 아님은 물론이다.[33]

그러나 이 가치판단의 유보는 어디까지나 현실의 규범이나 도덕성에서
일탈하곤 하는 종교운동의 역사적 사례에 한정되어 있다는 점에 주목할
필요가 있다. 『민중종교 운동사』에서 황선명은 현실의 신종교 지도자들
에 대한 비판 의식을 명시적으로 드러내고 있기 때문이다. 즉, "오늘날 신
흥 종교 운동에서 볼 수 있는 역기능적인 현상은 종교 엘리트가 미래를 투
시하는 비전을 갖지 못했고, 아울러 사회 윤리적인 측면에서 볼 때, 긍정
적으로 평가될 수" 없다는 것이다.[34]

---

33 위의 글, 48쪽.
34 황선명, 『민중종교 운동사』, 17쪽.

종교 엘리트는 민중의 소망과 의지를 수렴하여 이를 통일하고, 새로운 미래에의 비전에 투영하는 자를 말한다. 민중의 의지란 표면에 뚜렷이 드러난 상태가 아닌 잠재적인 것이기 때문에 엘리트는 이를 꿰뚫어 보는 탁월한 지혜가 있어야 한다. 종교의 교조나 예언자나 성자가 바로 종교 엘리트라고 보겠으나, 민중의 의지를 어느 정도로 정확히 꿰뚫어 보았는가 하는 데 따라 그가 이끄는 민중 운동으로서의 새로운 종교에 대한 윤리적 평가가 내려질 수 있겠다.

(…) 오늘날 숱한 신흥 종교 운동이 열기를 띠는 가운데 신흥 종교의 교단을 이끌어 가는 종교 엘리트들은 스스로 구세주임을 자처하고 있지만, 교단 조직의 폐쇄성이라든지 경제 행위의 비합리적인 수탈성은 예언자적인 사명을 충분히 수행하지 못하고 있다는 증좌이다. 더구나, 신흥 종교 집단은 극단으로 체제내화함으로써 제도에 대한 비판이나 사회가 갖고 있는 구조적인 모순을 개선하는 데 아무런 역할도 못하고 있어 종교가 갖는 등에(gadfly)의 노릇을 다하지 못하고 있는 실정이다.[35]

여기에서는 종교운동의 근본적인 원인은 이상 세계에 대한 민중의 대망이며 카리스마적 지도자는 그 촉매라는 황선명의 기본적인 관점이 다시 드러난다.[36] 민중은 이상 세계에 대한 상상력과 갈망을 담지하고 있다는 점에서 사회변혁적인 종교운동의 주역이지만 그 의지는 잠재된 채 권위적 체제에 종속되거나, 반대로 폭주하여 파괴적인 오르지의 상태에 빠진다. 바로 그렇기 때문에 민중의 의지를 윤리적인 형태로 구현할 수 있는 지혜

35 위의 책, 18-20쪽.
36 황선명, 「민중운동과 종교」, 68-69쪽.

로운 카리스마적 종교 엘리트가 필요해진다. 비윤리적 카리스마에 대한 황선명의 비판은 역사 속 민중종교운동의 전형에서 일탈한 현실 속 신종교에 대한 비평이다.

다만 이후에 황선명은 민중종교운동과 신종교를 '합리성'의 관점에서 비판한 이 초기의 관점을 적극적으로 수정하고 있다. 1985년에 발간된『조선조종교사회사연구』에서 자신이『민중종교운동사』에서 "통속사회학의 기능주의적 입장에서 벗어나지 못해 종교운동의 본질적 이해에 접근하지 못했으며, 따라서 광조적 종교운동을 '사회병리현상의 노출'이라고 지적한 R. Bellah의 말을 그대로 지지한 바 있으나, 이 점은 본고에서 시정하고자 한다"고 밝히고 있다.[37]

> Weber의 주술-전통주의, 종교-합리적근대화라는 이분법이 무차별 적용되는 한 민중종교운동의 종교적 본질이 갖는 의미 기능은 사회의 근대화 과정이라는 이념적 도식에 매몰되거나 역기능적인 퇴행이라는 규범적 평가의 테두리를 벗어나지 못할 것이다.
> (…) 또한 인과론적 설명은 민중종교운동을 사회 병리현상으로 환원시켜버리는 결과를 초래한다. 더군다나 거기에다가 합리주의를 결부짓게 되면 종교운동이 근대화를 성수하기 위한 하나의 종속물로서 진보나 발전에 저해가 된다고 판단할 때에는 가차없이 역기능의 퇴행으로 평가될 것이다. 그러나 민중종교운동은 종교 자체의 논리에 의해 해석되어야 한다.[38]

---

37 황선명,『조선조종교사회사연구』, 일지사, 1985, 327쪽, 각주 423).
38 위의 책, 334쪽.

이것은 황선명이 그의 초기 연구를 지배하던 베버적 관점과 기능주의적 접근에서 일정 부분 벗어난 결과로 보인다. 그러나 '통속사회학'의 이념적 도식이나 규범적 평가에 대한 대안으로 언급된 '종교 자체의 논리'라는 것은 무엇인가? 이것은 그가 실제 역사적 종교운동들에 대한 자료를 어떤 방식으로 다루고 있는지를 통해 확인할 수 있을 것이다.

5. 한국 종교사와 민중종교운동

마지막으로 검토할 주제는 민중종교운동에 대한 황선명의 이상과 같은 관점이 실제 종교사 서술에 어떤 방식으로 적용되고 있는가이다. 그러나 『민중중교운동사』 중반부의 세계사적 사례 연구들에서는 자료들 사이의 비교나 이론의 적극적인 적용을 찾기 어렵다. 이 세계종교사 파트는 서구의 천년왕국운동, 남태평양의 카고 컬트, 북아메리카의 고스트댄스와 페요테 컬트, 중국의 백련교와 태평 천국 운동 등에 대한 기존 연구들의 요약, 정리로 이루어져 있다. '민중종교사'의 이와 같은 범위 설정은 20세기 후반 서구의 종교사 서술에서 일어난 '피억압자의 종교', '제3세계 천년왕국운동', '혁명과 종교' 등에 대한 관심과 일치한다.[39] 황선명의 한국민중종교사 서술은 바로 그런 경향에 대한 한국 종교학자의 응답이었다.

민중종교를 중심으로 한 황선명의 한국 종교사 서술은 통사 형식으로 되어 있는 『민중종교운동사』의 후반부 이외에도 앞서 언급한 『민중운동과 권위신앙』, 그리고 『한국근대민중종교사상』에 수록된 「후천개벽과 혁

---

39 Bruce Lincoln, "Toward a Theory of Religion and Revolution," *Religion, Rebellion, Revolution*, pp. 267-268.

세사상」과 조선시대 사례들에 대한 『조선조종교사회사연구』의 9, 11장에서 확인할 수 있다. 그 가운데 『민중종교운동사』는 고대 종교부터 역사적 고찰의 범위에 넣고 있다는 점에서 독특하다.

황선명이 고대 한국 종교사에서 주목하고 있는 것은 민중의 무의식에 잠재되어 있는 토착 종교의 요소들과 불교 등 외래적 요소가 어떤 방식으로 상호작용하였는가 하는 문제다. 이런 문제의식은 제3세계 천년왕국운동에 대한 란테르나리 등의 연구와 맞닿아 있다. 이들 연구의 대상은 식민지 상황에서 서구 그리스도와 접촉한 지역들의 종교운동이었으며, 그들은 일반적으로 그리스도교의 자극으로 변용된 토착종교적 요소들을 특징으로 하고 있었기 때문이다.[40] 한국 고대의 경우 시조 신화 등에 반영되어 있는 토착 종교가 기존의 사회 통합 체계이며, 외부의 자극에 해당하는 것은 불교 수용이 된다. 황선명은 특히 민중의 주술적인 원력(願力)이 불보살에 대한 열렬한 신앙으로, 이상 세계에 대한 대망이 미륵 신앙의 성행으로 발현되었다고 주장하고 있다.[41]

한편 한국 전근대 변혁기의 민중종교를 다루는 『민중종교운동사』의 8장에서는 선불교, 미륵 신앙, 풍수 도참 신앙, 정감록 신앙 등의 주제가 거론된다. 신라 하대부터 조선시대에 이르는 장기간을 압축적으로 서술한 후, 황선명은 위와 같은 '민중의 이데올로기'들의 특징을 다음과 같이 제시한다.[42] 첫째, 사회 불안이 일어나는 상황이나 변혁기에 신앙열이 고조된

---

40 황선명, 『민중종교 운동사』, 103-104쪽.

41 위의 책, 155-164쪽.

42 이 '민중의 이데올로기' 범주에서는 앞에서 열거된 주제 가운데 '선종'은 제외되고 있다. 선종은 많은 점에서 민중과 접점을 가지지만 그것은 어디까지나 사회 구조적 요인에 의한 영향이며 근본적으로는 민중의 이데올로기가 될 수는 없었다는 것이다. 위의

다. 둘째, 기존의 질서나 기성의 체계에 도전한다. 셋째, 이상 세계를 대망한다. 넷째, 카리스마적인 진인(眞人)의 출현을 소망한다. 그리고 이와 같은 요소들은 전근대의 민란 등 민중의 집합 행동으로부터 근현대의 신종교 운동에 이르기까지 연속된다는 것이다.[43]

서학(천주교)과 동학은 별개의 장에서 다루어지고 있다. 이들은 공통적으로 조선 후기 사회 변동의 맥락에서 전개된 종교운동이며, 권력 구조에서 소외된 종교 엘리트들에 의해 수용되었고, 새로운 이상 세계를 갈망하는 민중의 욕구와 부합하고 있었다. 특히 천주교와 동학에 대한 전근대 국가의 박해는 순교자적인 신앙열을 고취하였다. 그래서 "천주교의 포교 활동이나 동학 운동은 변혁기라는 당대의 사회적 조건 속에서 활발히 전개된 일종의 광조적(orgiasic)인 의례의 성격을 띤 민중의 신앙 운동(cult movement)으로서 다음 시대의 종교 운동의 향방을 결정짓는 선구자적 역할을 담당했다. 천주교의 포교 활동이 이후에 들어오는 개신교의 포교 활동의 선례가 되는 것이며, 동학은 그 후 우리나라 민중종교 운동과 신흥종교의 모태가 된다고 해도 과언이 아니다."[44]

이 가운데 동학에 대한 관점에 주목할 필요가 있다. 황선명은『민중종교운동사』의 결론에서 "이 책을 서술하기 시작할 때인 당초의 의도는 서구 사회에서 천년 왕국의 운동의 전말과 그 밖의 지역에서 비슷한 사례를 열거한 후 우리나라의 동학 운동을 그러한 시각에서 조명해 보려 한 것"이라고 밝히고 있다.[45] 동학은 민중종교운동에 대한 그의 관심의 중심에 있었

책, 174-188, 198쪽.
43 위의 책, 198-200쪽.
44 위의 책, 225-227쪽.
45 위의 책, 259쪽.

던 것이다. 황선명은 초기 동학이 변혁기 상황에서 사회변혁에 대한 민중의 열망을 모으면서 성장했지만, 최시형 시기 교단화의 과정에서 소극적이고 평화주의적인 방침을 취할 수밖에 없었다는 점을 지적한다. 그러나 이필제의 난, 교조신원운동, 동학농민전쟁의 과정을 거치며 그 민중운동적 지향이 지속되었다는 것이다.[46] 특히 동학농민전쟁에 대해서는 동학의 요소만이 아니라 조선 후기 민중종교의 여러 상징들이 급진적인 방식으로 결합되어 있음을 밝히고 있다.

> 전봉준은 종교 상징의 효과를 충분히 원용하여 민중의 직정적인 정서에 호소했는데, 동학의 주주문(主呪文)인 시천주조화정 영세불망만사지(侍天主造化定, 永世不忘萬事知)를 비롯하여 포덕문과 가사에 자주 나타나는 궁궁(弓弓)의 표지라든지 각종 참설(讖說), 그리고 선천 도수(先天度數)가 끝나 후천 도수가 시작된다고 하는 운수 판단 같은 것과 주술을 유포시켜 적절한 효과를 거두었다. 여기서, 시천주는 사회적인 신분의 차이에 구애됨이 없이 누구나 하느님을 모시면 당장 원하는 대로 성취된다는, 완전히 구질서가 허물어져 내린 개벽(開闢)을 뜻함으로써, 주문 자체의 구송이 갖는 상징적 효과 못지않게 신천지의 도래를 선고하는 종교적인 재생(rebirth)의 의미를 담고 있어 갑오 동학 혁명의 전열은 일종의 성전(聖戰)을 방불케 하는 것이었다.[47]

---

46 황선명, 『조선조종교사회사연구』, 353-357쪽. 황선명은 시기에 따라 '갑오농민봉기', '갑오동학혁명' 등의 여러 용어를 사용하고 있으나, 이 글에서는 '동학농민전쟁'으로 통일하겠다.
47 황선명, 『민중종교 운동사』, 224-225쪽.

이와 같은 평가에는 동학농민전쟁에 대한 당시 민중사학의 관심, 그리고 농민전쟁에 있어서 종교가 어떤 역할을 했는지에 대한 논쟁이 반영되어 있다. 배항섭에 의하면 동학과 농민전쟁이 어떤 관계였는지에 대한 견해는 '동학사상=지도이념론', '종교적 외피론', '유기적 관련론', '단절론' 등으로 제시되어 왔다. 이 가운데 황선명의 해석은 '유기적 관련론', 즉 "동학의 교리가 그대로 농민전쟁의 지도원리가 된 것은 아니지만, 새롭게 해석된 동학을 통해 동학과 농민전쟁이 내면적인 관련을 가진다는 견해"와 가장 가까워 보인다.[48] 그러나 '동학'과 '농민전쟁'만을 비교항으로 설정한 당시 대다수 역사학자들과는 달리, 황선명은 19세기 민중종교 전반을 고려 범위에 넣는 가운데 농민전쟁의 종교성을 평가했다는 점에서 차이가 있다.

초기 동학과 동학농민전쟁은 분명 황선명의 민중종교운동론에 있어서 범례적인 사례가 되었던 것으로 보인다. 그는 진인출현설, 미륵신앙, 정감록 신앙 등을 중심으로 한 조선 후기의 민중운동들을 통합력과 항구성을 결여한 '주변부의 미성숙한 천년왕국적 민중운동'이라고 평가하면서 이를 성숙한 교단 종교인 동학과 대비시키기도 했다.[49] 동학 모델은 근대 신종교에 대한 평가에서도 드러난다. 일례로 증산교의 민중종교적 의의는 다음과 같이 서술된다.

전자, 즉 동학이 조선 후기 이래 그대로 노출되는 사회 병리 현상이라는 썩어빠진 토양 위에서 자생적으로 움터나온 신앙 운동이라 하면 후자 즉 증산교는 구한말, 그리고 일제 치하의 질곡상에서 벗어나고자 하는 민중의

---

48 배항섭, 『19세기 민중사 연구의 시각과 방법』, 성균관대학교출판부, 2015, 56-101쪽.
49 황선명, 『조선조종교사회사연구』, 282-283쪽.

이상 세계에 대한 대망 사상을 수렴한 것이라고 볼 수 있다. 따라서, 시기적으로 볼 때 선후 관계가 있기는 하지만, 동학이나 증산교를 잉태하게 한 사회적 조건은 똑같다고 볼 수 있으며, 동학 운동이 있을 수 있었기 때문에 증산교가 일어날 수 있었다고 본다.[50]

『민중종교운동사』 집필 시기에 두드러지는 동시대 신종교 지도자들에 대한 황선명의 박한 평가 또한 동학 모델과의 대조를 통해 서술되고 있다. 최제우, 최시형 등은 시기별로 민중의 의지에 호응하는 유형의 카리스마를 발휘해 민중에게 설득력을 얻었으나, 비윤리적인 엘리트들은 카리스마를 남용하여 민중을 착취하는 방식으로 권위를 악용했다는 것이다. 통시적 서술에서 현대 신종교에 대해 제기되는 또 하나의 비판은 현실 정치의 모순에 도전하지 않고 체제내화(體制內化)하여 폐쇄적이고 전근대적인 권위 조직으로 작동한다는 것이다. 이 경우 신종교는 비윤리적일 뿐만 아니라 사회를 구조적으로 개선하지 않고 현실 체제를 옹호하면서 사회적 책임을 다하지 못하는 셈이 된다.[51] 이런 비평에서는 민중종교의 광조적 폭력성을 인식하면서도 사회적 모순 타파에 있어 민중종교운동의 역할을 인정하는 황선명의 실천적인 관심이 드러난다.

한편, 종교운동 및 신종교에 대한 규범적 평가보다 '종교 자체의 논리'에 관심을 기울여야 한다고 주장하는 『조선조종교사회사연구』 단계에서는 조금 다른 접근이 이루어진다. 여기에서 민중을 인도하는 엘리트에게 요구되는 것은 '윤리성'보다는 '현실감각'이다. 카리스마와 윤리성과 같은 베

50　황선명,『민중종교 운동사』, 246쪽.
51　위의 책, 20-21, 254쪽.

버의 용어들이 축소된 자리에 들어온 것은 '실존의 장'과 '종교상징축' 등의
개념들이다. 먼저 황선명은 "민중의 미분화한 관념세계와 호흡을 같이 할
수 있는" 민중적 지식인에게 필요한 '현실감각'에 대해 다음과 같이 서술하
고 있다.

> 현실감각이란 추상적인 생각에 몰입하는 태도가 아니라 사태(事態)에 즉물
> 적(卽物的)으로 대응하는 민중의 원망(願望)을 간파한다는 것을 뜻한다. 또
> 민중의 원망이란 가공의 사실이긴 하지만 그것에 임재하는 실재감을 갖게
> 하는 실존(實存)의 장(場)을 말한다.[52]

황선명은 『민중종교운동사』 등에서는 잘 드러나지 않던 실존주의적 개
념들을 적극적으로 사용한다. 그리고 이를 통해 종교운동에서 나타나는
'가공의 사실들'이 어떻게 부조리한 존재 상황에 처한 민중에게 의미와 실
재감을 부여하는지를 다루고 있다. 종교 지도자들이 제시하는 가공의 상
징들은 실존의 장을 희구하는 민중에게 현실을 뛰어넘는 진실로 경험된
다. 왜냐하면 부조리한 현실 자체가 오히려 가공으로 여겨지고, 종교상징
들로 표현되는 세계야말로 실재감을 부여하는 진짜 세계가 되기 때문이
다. 보다 구체적으로 황선명은 홍경래란 등의 민중운동에 참여한 지식인
들이 남조선(南朝鮮) 신앙으로 표현되는 미래 국토에 대한 대망, 그리고 그
중심인 해도(海島) 및 정진인(鄭眞人) 등의 상징들을 어떤 방식으로 활용했
는지를 서술한다.[53]

---

52 황선명, 『조선조종교사회사연구』, 338쪽.
53 위의 책, 339-340쪽.

이러한 종교상징의 축이 메시지화할 때 민중의 실재감이 고취되는 것이며, 따라서 이것이 감성공동체로서 규범문화에 대항하는 민중운동의 에네르기를 축적한다. 민중운동에 있어 지식인은 민중의 심의(心意) 속에 잠재적 에네르기로 축적되어 있는 원동력을 종교상징의 축을 매개로 한 메시지로 일깨워 내는 역할을 한다. 그리하여 민중을 실존의 장으로 안내하는 역할을 한다.[54]

이런 설명에서는 구조기능주의 등 사회학적 개념체계보다는 '종교 자체의 논리'를 통해 종교사를 서술하겠다는 지향이 더욱 분명하게 드러난다. 중요한 것은 황선명이 조선시대를 중심으로 한 더욱 풍부하고 구체적인 한국 종교사 자료에 대한 접근과 함께 이와 같은 이론적 전환을 시도하였다는 것이다. '낭만적 민중사'를 지양하고, '통속사회학적 기능주의'를 경유한 황선명의 민중종교사 연구는 이 시점에 이르러 온전한 '종교학'에 도달하였다.

6. 결론

황선명의 민중종교사 연구는 많은 점에서 선구적인 시각을 드러내고 있다. 특히 사회 변동에 있어서 종교의 역할을 강조하고 그 구조를 규명하려 했다는 점, 엘리트의 사상이 아닌 민중의 행위를 중심으로 한 종교사 서술을 시도했다는 점은 오늘날의 한국종교 연구에도 시사하는 바가 크다. 그러나 그와 같은 문제의식을 계승, 발전시키기 위해서는 황선명이 제시한 접근방법에 대한 다소간의 수정과 확장이 필요하다. 글의 마지막에서는

----

54 위의 책, 340쪽.

본론에서 다룬 주제들 각각에 대한 대안을 대략적으로 제시해 보려 한다.

첫째, 20세기 후반 한국에서 활발히 논의되었던 민중론은 오늘날의 학술장에서는 유효성을 상당 부분 상실하였다. 종교학에서도 '민중종교'라는 개념은 결국 분과 내에서 합의된 주제 영역으로 자리 잡지 못했다. 그러나 1980년대의 민중론에서 다루어졌던 종교사적 주제들이 의미를 잃은 것은 아니다. 그렇다면 역사 속의 다양한 계층과 개별 행위자를 단순화하는 민중이라는 단일한 집단을 전제하지 않고도 권력 관계와 정치사회적 맥락을 고려한 종교사 서술이 가능하지 않을까? 민중이 일상 생활의 주체인가, 저항적인 운동 주체인가 하는 관념적인 논쟁을 벗어나, 개별 사례에서 세계의 급진적인 변혁을 추구하는 종교적 상징과 실천들을 포착하는 작업이 한 예가 될 것이다. 이 경우 '민중종교'라는 개념은 황선명이 제시한 유사 범주인 '혁세사상' 혹은 '혁세종교'로 대체될 수 있다.[55]

둘째, 종교의 사회 해체와 재구축에 있어 이상 세계에 대한 대망이 핵심적인 동기가 된다는 것은 탁견이다. 그렇다면 역사적 조건에 따라 다양하게 변주되는 이상 세계의 상상력을 보다 정밀하게 분석할 필요가 있다. 그리고 이상 세계의 모델들은 각 종교 전통이 스스로 부여한 표식이 아니라 그 정치종교적 지향에 따라 분류되어야 한다. 왜 '하느님의 나라($Bασιλεία\ του\ θεού$)'나 '정토(淨土)'는 어떤 때에는 지배질서를 옹호하는 상징이 되고, 다른 때에는 현세에 구현되어야 할 이상 사회가 되며, 많은 경우에는 죽은 후에야 도달할 수 있는 내세가 되는가? 계층이나 정체성에 따른 현실 경험의 차이는 이상 세계에 대한 상상과 어떻게 연동되는가? 이상 세계가 사회 해체를 위한 행동으로 전개되는 것을 막기 위해 지배체제는 어떤 포섭 전

---

55 황선명, 「후천개벽과 혁세사상」, 『한국근대민중종교사상』, 28-34쪽.

략을 사용하는가?

셋째, 민중의 광조적 공격성과 카리스마적 엘리트의 비윤리성에 대한 황선명의 비판적 논의는 당시의 실천적 민중론에서는 좀처럼 나타나지 않는 요소다. 다만 동시대 신종교와 같은 현대적 현상을 맥락과 조건이 다른 과거의 현상에 그대로 투영하며 평가하는 방식은 전적으로 부적절하다. 그러나 황선명은 후속 연구에서 그와 같은 가치평가를 배제하면서 종교상징의 축을 매개로 하여 축적된 민중운동의 에너지를 각성시키는 지식인의 역할을 묘사하고자 하였다. 이는 체제저항적인 종교운동을 과도하게 낭만화하지 않고 그 구조적 특징을 분석하기 위한 좋은 접근 방법이 된다. 그러나 경험적 분석의 대상이 되기 어려운 민중의 '잠재적 에너지'를 어떤 학문적 개념으로 전환할 것인가 하는 과제가 남는다.

넷째, 황선명의 한국 민중종교사 연구는 상당 부분 당시 사학계의 성과를 재해석하는 방식으로 이루어지고 있었다. 그러나 종교사를 위해 더 필요한 것은 원자료의 발굴 및 재해석이다. 거시적인 정치사회적 사실의 규명을 목적으로 하는 당시의 역사서술들을 주된 재료로 한 그의 종교사에서는 개별 사례에서 나타나는 종교적 상상력과 의례적 실천에 대한 해석이 충분히 이루어지지 못했다는 결정적인 한계가 있다. 자료의 확장 못지않게 중요한 것은 그것을 읽는 관점이다. 즉, "미시사나 심성사, 일상사, 사회사, 문화사 등으로 불리는 역사 연구의 다양한 방법론을 '종교사'에 접목"하는 것이 필요하다.[56]

황선명의 민중종교사 연구는 여러 가지 의미에서 시대의 산물이었다.

---

56 정진홍 · 김태연 · 장석만 · 이진구 · 임현수, 『한국 종교학: 성찰과 전망』, 모시는사람들, 2024, 518-519쪽.

민중과 사회변혁에 대한 관심은 그의 연구 대상과 시야를 확대했고, 이것은 종교가 자율적인 역사적 운동을 하는 동시에 정치사회적 맥락과 고도로 연계되어 있다는 아이디어로 이어졌다. 또한 문헌 자료와 이론적 도구가 충분하지 않은 상황에서도 황선명은 '종교 자체의 논리'가 구현, 전개되는 역사를 사회사와 결합시키려 시도하였다. 오늘날의 종교학에 주어져 있는 다변화된 문제의식, 확장된 종교사적 자료, 그리고 인접 학문의 방법론적 도구들을 적용하며 그의 지향을 이어나간다면 우리는 좀 더 정교한 형태로 '정치사회사로서의 종교사'를 시도할 수 있다.

그와 같은 목표를 성취하기 위해 우리게 필요한 것은 세 가지이다. 첫째는 문헌학적 기반이다. 다양한 성격의 문헌 자료를 가능한 한 광범위하게 확보하고, 철저한 사료 비판을 통해서 그 자료로서의 가치와 의미를 파악하지 못한다면 종교사 연구는 시작되지 않는다. 둘째는 사회과학적 도구들이다. 황선명이 당시 이용 가능했던 사회학적, 인류학적 이론들을 적극적으로 활용하며 분석의 틀을 마련했듯이, 종교사적 사건들의 구조적 층위를 다루기 위한 접근 방법들을 확보해야 한다. 셋째는 비교론적 시야이다. '천년왕국운동', '메시아니즘', 그리고 '종교운동' 등의 개념들은 서로 다른 역사적, 지리적, 사회적 맥락 속에 있는 현상들을 비교 범위에 넣음으로써 성립되는 범주들이다. 황선명이 단순히 종교를 소재로 하는 '사회사'가 아닌 '종교사회사'를 주창하며 강조했던 '종교 자체의 논리'를 규명하기 위해서, 한국 종교사 연구는 지금보다 더욱 '비교종교학'에 가까워져야 한다.

황선명의 소설에 대한 연구

박규태 _한양대 명예교수

1. 들어가는 말 : 분단 문학의 이데올로기와 휴머니즘

종교학자 황선명은 주로 6·25를 무대로 삼은 『달과 전쟁』(2004. 이하 『달』)과 분단 시대의 사랑을 그린 『평양에서 만나요』(2007. 이하 『평양』)[1]라는 두 편의 장편소설을 남겼다. 소설을 남긴 종교학자 하면 우선 멀치아 엘리아데가 떠올려진다. 엘리아데는 유럽에서 가장 널리 알려진 루마니아 작가이며 특히 루마니아 문학사에서는 환상문학을 창작한 대표적인 작가로 말해진다.[2] 수십 편에 달하는 그의 작품들에는 성속의 변증법을 비롯하여 성스러운 시간, 영원회귀의 신화, 미로, 지옥으로의 하강, 역사의 공포 등과 같은 종교학적 모티브가 많이 등장한다. 엘리아데만큼 문단에까지 큰 영향력을 끼치지는 못했지만, 황선명 또한 직접적인 방식은 아니더라도 심층적으로 종교학적 모티브를 문학작품으로 형상화한 측면이 있다. 후술하듯이 『달』은 달 상징의 양가성을, 그리고 『평양』은 이야기의 구원론적 의미를 함축하고 있다. 이와는 별도로 내용상 전자는 가족주의에 토대한 이데올로기적 편향성을, 그리고 후자는 탈이데올로기적 경향

---

1   황선명, 『달과 전쟁』, 열상진원, 2004; 『평양에서 만나요』, 북캠프, 2007.

2   박정오, 『엘리아데 이오네스쿠 치오란』, 한국외국어대학교출판부, 2007, 26쪽. 국내에는 『만툴리사 거리』(홍숙영 옮김, 전망사, 1982), 『벵갈의 밤』(이재룡 옮김, 세계사, 1990. 원제는 『마이트레이』), 『백년의 시간』(기영인 옮김, 뿔, 2010) 등의 번역본이 나와 있다.

을 보여준다.

한국문학에서 6·25와 분단을 다룬 작품들과 관련된 범주는 분단 문학을 비롯하여 전시 문학, 전후 문학, 반공 문학, 반전 문학, 증언 문학, 실향 문학, 이산 문학, 민족 문학, 통일 문학, 계급 문학, 민중 문학, 노동 문학 등에 이르기까지 매우 다양하다. 이 중 가장 일반적이고 포괄적인 개념은 역시 분단 문학이 아닐 수 없다. 평단에서는 해방 이후의 한국문학을 분단 문학의 역사로 보고 그 큰 주류를 분단 시대의 문학으로 이해하는 관점이 지배적이다.[3] 사실 "이 땅에서 문학을 하겠다고 마음먹은 순간 그 누구도 6·25를 외면할 수 없다. 한국문학의 중심부는 많건 적건 또 알게 모르게 6·25에 관련되어 있다."[4] 실제로 1950년대 이후 많은 작가들이 6·25를 하나의 '문학적 기원'으로 삼았다.

그러나 일찍이 최인훈의 말대로 "많은 사람들이 6·25전쟁에 대해 썼지만 아직 우리는 다 쓰지 못했다."[5] 반세기가 훌쩍 지난 지금도 그렇다. 『달』과 『평양』은 종교학자가 쓴 소설이라는 점뿐만 아니라 이런 의미에서도 검토해 볼 필요가 있어 보인다. 특히 "분단 소설이 이데올로기에 경도되고 비평 역시 이데올로기에서 벗어나지 못한다면, 문학의 길은 점점 좁아질 수밖에 없을 것"[6]이라는 평단의 오래 된 우려를 고려할 때 더욱 그러하다. 이와 관련하여 한국 사회의 근현대사를 관통하는 가장 큰 이념인 좌

---

3 권영민, 『현대문학사』, 민음사, 1993, 15쪽-27쪽; 임헌영, 『분단 시대의 문학』, 태학사, 1992.
4 김윤식, 1991, 「6·25전쟁문학: 세대론의 시각」, 『문학사와 비평』1, 1991, 38쪽.
5 최인훈, 1969, 「많은 사람들이 쓴 6·25 아직도 다 못 썼다」, 『경향신문』 1969년 10월 22일.
6 현길언, 「분단 문학의 현황과 그 문제: 소설을 중심으로」, 『한국학논집』24, 한양대학교 한국학연구소, 1994, 405쪽.

우 이데올로기의 문제를 한국문학이 어떻게 형상화해 왔는지를 반추해 보
지 않을 수 없다.

먼저 6·25전쟁 직후인 1950년대의 문단에서는 우파적인 논리가 흐름
을 지배했다고 보이며, 그 우파 이념이 1960년대를 거치면서 내면화되는
가운데 최인훈의『광장』(1960)이 대변하듯이 양비론적인 중도 논리가 지
배적인 흐름을 만들어내기도 했다. 그 후 개발 독재시대에 접어든 1972년
7·4남북공동성명 이후 시민혁명이 이루어진 1980년대에 걸쳐, 반공이데
올로기를 국시로 하여 좌파 이념을 일방적으로 매도하던 이전 상황과는
달리 비교적 객관적으로 접근하려는 지적 논의들이 일부 허용되기에 이르
렀다. 이에 따라 이문열의『영웅시대』(1984), 이병주의『지리산』(1972-78), 조
정래의『태백산맥』(1986) 등에서 엿볼 수 있듯이, 그간 은폐되어 온 좌익 아
버지나 여성의 수난 혹은 빨치산, 제주4·3사건, 여순사건 등이 주요 소재
로 다루어지기 시작했다.

이 시기에는 6·25전쟁 미체험 세대 작가들에 의한 분단소설이 등장하
면서 이데올로기의 허구성에 대한 폭로와 분단 원인을 역사적으로 해석하
려는 노력이 시도되었다. 가령 좌파적 이념과 이른바 '수정주의'[7]적 시각의
범람을 통과하면서 종래 두 가지 6·25 기원설 즉 외적 기원설(반공이데올
로기/대리전쟁론)과 내적 기원설(수정주의) 모두 문제가 있고 따라서 양자 모

---

7 브루스 커밍스가 수정주의적 시각에서 주장하는 한국전쟁의 기원은 토지문제로 압축
   된다. 북한은 토지개혁이 되었고 남한은 토지개혁이 되지 않았기 때문에 전자는 높은
   탈식민성과 민중성을 갖고 있었고, 후자는 식민성과 반민중성을 갖고 있었다는 그의
   주장은 남한이 친일파와 지주의 국가로, 북한은 항일독립운동 세력과 농민의 국가라
   는 논리로 귀결된다. 이 차이가 한국전쟁의 한 기원이라는 것이다. 가령 조정래의『태
   백산맥』은 6·25를 일제 식민지 아래서부터 시작된 소작쟁의와 계급투쟁의 연장선에
   서 일어난 일종의 내전 성격을 지닌 것으로 파악하고 있다.

두를 넘어서야 한다는 제3의 관점이 일정한 지분을 차지하게 된다. 예컨대 6·25를 서양에서 들어온 두 손님(기독교와 마르크스주의)의 영향으로 간주하는 황석영의 『손님』(2001)은 기독교와 마르크스주의가 각각 남북한 지배계층의 이데올로기로 기능해 왔다고 비판하면서 그 공식적 담론을 해체하는 데에 주력하고 있다. 이는 남과 북의 이데올로기 모두를 동시에 포용하면서 넘어서려는 의도를 보여준다.

한편 1990년대를 기점으로 분단 문학의 흐름이 큰 결절점을 형성한다. 가령 1980년대까지의 분단소설이 체험에 바탕한 분단 인식을 보여주었다면, 1990년대 이후의 분단소설은 "분단 현실을 관념이나 상상을 통해 재구성"[8]한다. 이것보다 더 주목할 것은 1990년대 들어서서 분단 문제나 분단 극복의 가능성을 물은 작품들이 확연히 줄어들었다는 점이다. 이는 사회주의권 붕괴라는 세계사적 변화라든가 민주화를 이룩한 국내적 상황 변화 등의 이유 때문일 것이다. 이와 더불어 작가들은 사회역사적 문제보다는 개인의 억눌린 무의식적 욕망의 표출에 주력하는 경향을 보였고 분단소설도 좀 더 세분화되었다.[9] 이와 같은 경향은 6·15남북공동성명(2000) 이후에도 지속적으로 이어지고 있다. 대표적으로 이산가족의 문제를 다룬 이문열의 『아우와의 만남』(1994), 월북한 아버지가 남한의 가족을 찾아오는 이야기인 최윤의 『아버지 감시』(1990), 비전향 장기수의 문제를 다룬 유시춘의 『안개 너머 청진항』(1995)과 권운상의 『녹슬은 해방구』(1989), 북한 흡수통일 이후 남한사회의 현실을 다루는 가상 역사소설인 이응준의 장

---

8   고인환, 「황석영의 『손님』 연구: 탈식민주의 담론의 현재적 가능성을 중심으로」, 『한국학논집』39, 한양대학교 한국학연구소, 2005, 282쪽.
9   진효혜, 2019, 『전후 동아시아 분단 문학의 어제와 오늘』, 역락, 2019, 133-134쪽.

편『국가의 사생활』(2009), 탈북민 이야기를 그린 권리의『왼손잡이 미스터
리』(2007)와 황석영의『바리데기』(2007) 및 정도상의『찔레꽃』(2008) 등은 남
과 북의 이념적 대립과 갈등의 차원이 아닌 거시적 지평에서 분단 문제를
바라본다.[10]

이런 탈이데올로기적인 거시적 지평과 관련하여 특히 유념할 문제가 있
다. 그것은 바로 좌우 이데올로기를 막론하고 종래의 분단 문학에 늘 따라
다녔던 휴머니즘이 그 거시적 지평에서 어떻게 자리매김될 수 있는가 하
는 문제이다. 휴머니즘은 줄곧 양 진영의 공통분모였으며,[11] 한국 현대문
학의 출발과 발달은 그런 휴머니즘을 중심으로 담론화되어 온 것이 사실
이다.[12] 이때 본고는 휴머니즘을 "완성된 이론체계를 갖춘 사상이라기보다
는 그때그때 각자의 방식으로 인간을 탐구하려는 자기성찰적인 태도, 정

---

10 거기서 탈북자는 국민국가의 상상력에 갇혀있는 소수자가 아닌, 전 지구적 세계자본
    주의 체제와 긴밀히 연동되어 있는 현실 속에서의 약자/소수자 문제로 인식되고 있
    다. 고명철,「분단체제에 대한 2000년대 한국소설의 서사적 응전」,『한국문학논총』58,
    2011, 302쪽. 이런 이해는 1990년대 백낙청의 분단체제론에서 비롯된 것이다. 이때 분
    단체제는 종래의 '냉전체제'뿐만 아니라 남북한 각각의 이질적 정치체제와 본질적으
    로 그 성격을 달리한다. 그것은 어디까지나 세계자본주의 체제의 하위체제를 가리킨
    다. 백낙청,『분단체제 변혁의 공부길』, 창작과비평사, 1994 ;『흔들리는 분단체제』, 창
    작과비평사, 1998.
11 전시 평론가들은 좌익문학의 반인간성에 대항하여 순수한 인간성을 옹호한다는 미명
    하에 전쟁문학을 휴머니즘과 결합시켰다. 대표적으로 김동리의 순수문학론을 사례로
    들 수 있다. 김동리는 모든 이념과 사상을 초월하여 문학의 본령을 인간성에서 찾을
    것을 주창했으나 그것은 결국 반공 이데올로기로서의 도구적 휴머니즘으로 기능했을
    뿐이다. 한편 전후에는 휴머니즘이 민족문화론, 실존주의론, 참여문학론 등과 결합되
    었다. 장은영,「전쟁기 휴머니즘 비평의 논리와 한계」,『우리문학연구』59, 2018, 306-
    307쪽.
12 위의 글, 299쪽.

신, 자세, 사고방식"[13]으로 이해하고자 한다. 한국문학의 상황에서 휴머니즘은 어느 한 진영에만 적용되는 고정된 사상이 아닌 만큼, 그 인간탐구의 진정성을 확보하는 데에 무엇보다 자기성찰을 중요한 준거점으로 삼지 않으면 안 된다. 그럴 때 휴머니즘은 "문학적 보편성의 자리에서 작가적 진실을 드러낼" 수 있을 것이며, 분단 문학이 "이념으로서보다는 모든 민족 구성원 즉 인간이 소망하는 삶에 기여하는 입장"을 향해 열리고 "이데올로기에 대한 인간주의적 성찰과 분단 상황에 대한 객관적 인식"을 담보함으로써 마침내 "휴머니즘 문학과 인간탐구의 리얼리즘"으로서의 분단 문학을 기대할 수 있게 될 것이다.[14]

이하에서는 이와 같은 휴머니즘 이해에 입각하여 『달』과 『평양』의 인간탐구를 각각 '종교적 휴머니즘'과 '탈이데올로기적 휴머니즘'의 관점에서 살펴보고자 한다.

2. 달 이야기 : 『달과 전쟁』의 종교적 휴머니즘

종교와 신화 속에서 달 이미지는 시공간에 따라 매우 다양한 모습으로

---

13 이는 안병욱, 『휴머니즘』, 민중서관, 1977(5판), 12-17쪽을 참조하여 필자의 생각을 가미한 정의이다. 일반적으로 휴머니즘은 인간의 가치와 존엄을 중시하며 인간해방을 주창하는 사상이라든가 인간의 삶과 그 조건에 관심을 집중하는 사상적 흐름으로 이해된다. 인간이라는 화두 자체가 지극히 광범위한 만큼 휴머니즘 또한 대단히 다의적인 개념일 수밖에 없다. 게다가 휴머니즘은 문학과 종교와 철학 등 여러 영역에서 서로 다른 뉘앙스로 논의되는 개념이다. 그 중 휴머니즘 문학은 "인간의 자아각성에서 시작하여 인간의 주체성 확립을 위한 대결에 이르기까지의 넓은 영역에 걸치는 문학"으로 말해지기도 한다. 박호성, 『휴머니즘론』, 나남, 2007, 82쪽; 김용직, 「韓國휴머니즘文學論」, 『문학과 지성』, 1972년 5월호, 286쪽.

14 현길언, 앞의 글, 416-418쪽 참조.

나타나지만, 대체로 양면성을 띠는 경우가 많다. 달은 친절한 신으로도 혹은 사악한 신으로도 등장하며, 출생과 생육의 신이거나 또는 파괴와 죽음의 신이기도 하다. 예컨대 달은 이슬, 비, 조수 등과 결합되어 식물의 생장을 촉진하거나 재앙적인 홍수를 초래하는 원인으로 여겨진다. 통상 차는 달은 길조로, 그리고 기우는 달은 위험한 흉조로 간주된다.

달은 남성신 혹은 여성신으로 인격화되지만 흔히 대지, 물, 생명력 등을 상징하는 여성성과 결부되어 나타나는 경우가 더 일반적이다. 달의 여성성은 달 주기와 여성의 생리리듬이 일치한다는 점과 밀접한 관련이 있어 보인다. 그래서 여성의 생리는 '달거리'라든가 '월경(月經)'이라 불린다. 영어의 '멘스(menstruation)'도 '달의 변화'를 뜻하는 말이다. 특히 동양인들에게 달의 여성성은 친숙한 관념이다. 『설문해자』는 달을 "커다란 음의 정수"로 적고 있으며, 『여씨춘추』도 달을 "모든 음의 근원"이라고 말한다. 음은 무엇보다도 여성적인 달의 '촉촉한' 우주적 에너지이다. 하지만 이와 더불어 융학파의 달 신화학자 에스더 하딩(Esther E. Harding)은 많은 신화에서 달의 여신이 혼자서도 생식할 수 있는 양성구유적 존재로 드러난다는 사실을 지적한다.[15] 가령 플라톤의 『향연』에서 아리스토파네스는 원초적 인간에 대해 "남성은 본래 태양의 자손이고 여성은 지구의 자손이며, 남녀의 양성을 함께 지닌 자는 달에서 태어났다."[16]는 신화를 언급하고 있다.

중국의 항아(嫦娥)신화에 의하면, 항아는 남편 예(羿)가 서왕모에게서 받아온 불사의 약을 훔쳐 달로 도망가는 바람에 인간은 죽을 수밖에 없는 존

15　ハーディング, 『女性の神祕: 月の神話と女性原理』, 樋口和彦他訳, 創元社, 1985, 122쪽.

16　플라톤, 『플라톤전집4』, 최민홍 옮김, 상서각, 1973, 47쪽.

재가 되었다. 그런데 달에는 불사의 약이 있다. 주기적으로 이지러졌다가 다시 차오르는 달의 외관은 죽음과 재생의 사이클을 연상시킨다. 불사의 약이 달에 있다는 생각은 달이 우주적 에너지와 생명력을 잉태하고 있으며 끊임없이 순환하기 때문에 불멸성을 지닌다고 여긴 원시적 관념에서 비롯된 신화적 상상력의 산물일 것이다.

　메소포타미아 신화에 나오는 달의 신 난나의 딸 이슈타르는 머리에 초승달 모양의 뿔이 달린 형상을 하고 있다. 이슈타르는 인도의 칼리 여신이나 이집트의 이시스 여신과 마찬가지로 사랑의 여신이자 동시에 파괴의 여신이기도 하다. 에스더 하딩은 달의 여신이 살아있는 모든 존재의 모신으로서 생명을 부여해주는 다산과 풍요의 여신일 뿐만 아니라 파괴자 여신이기도 하다고 말한다.[17] 크리스테바는 이처럼 삶과 죽음을 제공하는 숭배와 공포의 대상으로서의 모신성을 '아브젝트한 여성의 악마적인 능력'이라 불렀다.[18]

　그리스·로마신화에 있어 달의 여신 아르테미스는 지상에서는 사냥을 관장하고 처녀를 수호하는 여신인데, 하늘에서는 만물을 생육하고 번성시키는 셀레네로, 그리고 지하세계에서는 어두운 밤의 여신 헤카테로 나타난다. 이 밖에도 아르테미스는 신시아, 포이베, 루치나, 다이애나, 루나 등 별칭이 많다. 그 중 달을 뜻하는 라틴어 루나(luna)는 '광인'을 뜻하는 말(lunatic)의 어원에 해당한다. 달은 곧 광기의 달인 셈이다. 오비디우스의 『변신이야기』는 저주받은 인간이 만월에 노출되면 고통스러운 변신을 거쳐 늑대인간 곧 달빛의 영향을 받아 미쳐버린 광인에 대해 적고 있다.

17　ハーディング, 앞의 책, 139쪽.
18　줄리아 크리스테바, 『공포의 권력』, 서민원 옮김, 동문선, 2001, 108쪽.

또한 『변신이야기』는 달의 여신 다이애나와 사냥꾼 악타이온에 관한 흥미로운 이야기를 전해준다. 다이애나가 사냥을 마친 후 동굴에서 목욕하고 있을 때, 악타이온이 우연히 이 장면을 엿보았다. 이에 격분한 다이애나가 악타이온을 사슴으로 만들고, 결국 악타이온은 자신의 사냥개들에게 물려 뜯겨 죽는다. 라캉에 따르면 다이애나의 나신은 궁극적인 진리를 상징한다. 악타이온이 다이애나의 나신을 우연히 훔쳐본 것은 다이애나가 숨기고자 한 것, 즉 죽음으로서의 궁극적인 진리와의 대면을 의미한다. 진리는 결코 소유할 수 없기 때문에 소유하고 싶은 욕망의 대상으로 부상한다. 결국 달은 죽음과 진리와 욕망의 삼각형을 상징한다. 악타이온이 그랬듯이 삶의 궁극적 진리는 우연한 순간에 우리를 찾아온다. 이때 라캉은 특히 악타이온의 죽음 방식에 주목한다. 라캉에 따르면, 자신이 키우던 사냥개에 의한 악타이온의 죽음은 외부로부터 온 것이 아니다. 그는 바로 자신의 생각 혹은 스스로 만들어낸 욕망과 죄의식의 먹이가 된 것이다.[19] 달의 여신이 여러 이름으로 불리는 것은 이와 같은 라캉의 통찰력과 무관해 보이지 않는다.

문학 속의 달은 종교와 신화 속의 달과 겹치면서 동시에 정한(情恨)을 통해 그것을 넘어선다. 가령 "달하 노피곰 도다샤"로 시작되는 백제 가요 '정읍사'는 남편의 여행길을 걱정하는 여인의 절절한 정한을 잘 드러낸다. 이에 비해 "달하, 이제 서방꺼정 가서서 무량수 불전(無量壽 佛前)에 일러다가 사뢰소서."라고 기원하는 신라의 「원왕생가」에서 달은 사바세계와 극락세계를 왕래하는 신적 존재를 가리킨다. 조선시대에 이르면 하나의 달(王)이 천 개의 강을 비춘다는 '월인천강(月印千江)'의 장엄미에서 백자 달항아

---

19 Jacques Lacan, *Ecrit: A Selection*, New York: Norton & Company, 1977, p.124.

리의 고졸미에 이르기까지 달의 미학이 하나의 고원에 도달하게 된다. 이와 더불어 달을 매개로 한 조선 시조의 정한은 현대시로 이어져 '설움', '체념', '이별', '외로움', '그리움', '기다림' 등으로 표상화되고 있다.

이에 비해 중국의 시성 이백은 「파주문월(把酒問月)」에서 "지금 사람들은 옛날의 달을 보지 못했으나, 지금 저 달은 옛사람들을 비추었으리라. 옛사람이나 지금 사람이나 흐르는 물과 같지만, 함께 밝은 달을 보며 모두 이와 같았으리라."며 달의 불멸성을 노래했다. "어둠 속에서 어두운 길로 들어섰구나. 제발 저 산 끝에 걸린 밝은 달이 나를 인도해 주기를." 이는 헤이안시대의 가인 이즈미 시키부(和泉式部)의 대표적인 작품으로 지금도 인구에 회자되는 와카(和歌)이다. 여기서 시인은 자신의 운명을 어두운 밤 산길의 어둠 속으로 빠져들어 가는 여행자의 모습에 비유하면서, 인간의 운명을 이끌어 주는 초월적 존재로서 달을 묘사하고 있다. 이에 앞서 『만엽집』은 "세상에 무상의 이치를 알려주기 위해 달은 찼다 이지러졌다 한다네." 라고 노래했다. 일본의 와카에서 달은 깨달음, 불성, 불변의 존재, 초월자뿐만 아니라, 연정, 원망(怨望), 우수, 비애, 향수, 호색적인 남성 등 다양한 정취를 환기시킨다.

서구의 경우 달의 여신이 상기시키는 천상적인 아름다움의 치명성은 낭만시 이후 달의 여성성의 가장 보편적인 상징성으로 자리잡는다. 가령 키츠의 「성 아그네스의 전야」에서 달은 금지된 사랑에 빠져드는 인물들의 우울과 광기를 나타내는 상징으로 나온다. 워즈워스는 「루시 시편들」에서 소녀 루시의 죽음을 알리는 장치로 달빛을 등장시킨다. 코울리지는 「노수부의 노래」에서 노수부가 길조(吉鳥)를 쏴 죽일 때 달빛이 쏟아지는 밤바다를 배경으로 삼고 있다. 보들레르는 「달의 선물」에서 달이 '빛나는 독약'과 '광기에 물들게 하는 향수'로 시인을 유혹한다고 묘사한다. 또한

「달의 슬픔」에서는 '권태에 지쳐' 지구 위로 흘려보낸 '달의 눈물을 태양의 눈이 못 비치는 먼 곳 가슴속에 간직한다.'고 표현하기도 했다.

한편 달의 여신 항아와 명궁 예 부부의 신화를 다시 엮은 노신의 소설 『분월(奔月)』에서 달은 항아의 배신행위와 맞물리며 비인간적인 잔인함과 비정함의 정서를 수반한다. 중국 최초의 현대소설이라 말해지는 노신의 『광인일기』는 선각자로서의 광인을 등장시킨다. 이 광인의 자각은 달빛에 의해 이루어진다. 서머셋 모옴의 『달과 6펜스』에서도 달은 아름다움을 동경하는 예술가의 광기어린 꿈과 이상의 세계(聖)를 상징한다. 그것은 물질과 실용의 가치를 추구하는 세속적 현실세계(俗)의 상징인 '6펜스'와 대비된다. 이에 비해 궁극적 실재와 하나가 되고자 하는 한 영적 구도자의 탐색 과정을 『장자』에 나오는 붕(鵬)의 비상에 빗댄 종교철학자 김사라의 장편소설 『마야의 달』에서 달은 '손가락이 가리키는 달' 곧 진리를 암시한다.

요컨대 종교·신화·문학 속의 달은 양성구유적 표상, 재생이자 죽음, 진리이자 욕망, 사랑이자 파괴인가 하면 온갖 유형의 정한이자 동시에 광기이며 깨달음이기도 하다. 『달과 전쟁』에서의 달 상징 또한 이런 모순적 양가성(다의성)을 전제로 깔고 있다. 이 작품은 6·25전쟁기에 이승만 비서의 아들 경수와 그의 누이동생 경임 그리고 인민군 군악대장 최 대위를 중심으로 전개되는 전쟁 이야기가 표층을 이루면서 그 아래에 달 이야기가 중층적으로 깔려 있다. 이때 작품 구성이 달에 초점을 맞춘 3부(정릉의 달, 카르파티아의 달, 낙동강의 달)로 이루어져 있다는 사실은 작가의 시선이 전쟁의 비극성에 대한 폭로 그 이상의 어떤 것에 향해 있다는 점을 암시한다.

그럼에도 제1부(정릉의 달)의 내용은 우파 가족의 구성원인 경수와 경임 및 좌파 쪽의 현석과 최 대위를 둘러싼 이념적 대립구도가 중심을 이룬다. 하지만 그 대립구도는 매우 미묘하다. "이 조국 해방전쟁을 승리로 장식할 날이 머지않았어. 나는 한 달 안에 미제를 이 땅에서 몰아내고 '○승만이 도당'을 현해탄에 쳐넣구 말이야."(『달』 25쪽)라고 외치는 현석과 "그 꼬마 쏘쏘 하는 꼬락서니 보니까 다 틀렸어. 뭐 해방전쟁이라구? 조국을 해방한 다구? 얼씨구 말은 좋다…일본놈들이 지배할 때는 동방 요배 한답시구 천황사진에다가 꾸벅거리더니 인제는 무지막지한 큰 쏘쏘(스탈린), 작은 쏘쏘(김일성)한테 절하게 생겼어."(『달』 25-26쪽)라고 반박하는 경수는 표면상 극단적인 이념대립을 보여준다. 그러나 현석은 어린 시절부터 경수의 절친으로 그의 누이 경임을 사랑하고 있다. 작가는 달을 매개로 삼아 경수와 현석 사이의 이념대립을 인간적으로 풀어내려 한다.

달밤, 둘의 만남이 마지막이 될 것임을 예감한 현석은 경수에게 베토벤의 「월광소나타」를 틀어달라고 요청한다. 달이 불어로는 여성명사(라 뤼느)이지만 독어로는 남성명사(데어 몬트)임을 현석에게 상기시키는 경수는 "달 하면 매우 여성적이고 부드러운 로맨틱한 정서를 은유하는 것 같지만 사실은 정반대"이며 "북구에서는 달이 암흑과 전쟁에다가 파괴와 재앙을 은유"한다는 점을 역설한다. 나아가 경수는 「월광소나타」 3악장이 '달의 파괴력'을 상징한 것이라고 하면서 "달빛 흐르는 밤이 아름답다고? 저건 사신의 냉혹한 미소야. 저건 잔혹한 저주야. 죽음의 암시야. 그래, 그래, 저주의 달이야."라고 외친다. 그 저주의 달은 공산혁명의 살육과 파괴와 죽음을 암시한다. 현석이 그런 저주의 달은 '역사의 진보'를 위해 불가피하다고 주장하자, 경수는 "진보란 한낱 허구에 불과"하다고 질타한다.(『달』 32-33쪽)

사실 현석은 대단한 로맨티스트이다. 경임은 대원사 앞 연못의 돌다리를 지나 이승만 박사가 부인과 함께 찾아온 적이 있다는 숲속 장소로 현석을 데리고 간다. 그녀는 그곳이 헤르만 헤세의 『아름다워라 청춘이여』의 분위기가 우러나오는 장소라고 말한다. 그러자 현석은 경임을 그 헤세 소설의 여주인공 안나 암베르그에, 그리고 연못의 돌다리를 미라보 다리에 비유한다. 이윽고 현석은 눈물 흘리며 아폴리네르의 시 「미라보 다리」를 불어로 읊는다. "서로가 서로의 어깨에 두 팔을 얹었을 때 / 미라보 다리 아래로 / 우리들의 사랑은 흐른다…"

여기서 현석은 마치 양가적 달의 현현처럼 묘사되고 있다. 작가는 좌익 해방전사를 꿈꾸는 현석에게 더할 나위 없이 부드럽고 아름다운 월광소나타의 달과 저주의 달 모두를 투영하는 듯싶다. 작가의 달 이야기는 여기서 끝나지 않는다. 현석이 떠난 뒤 미군폭격기가 서울을 공습할 때 작가는 경수의 입을 빌어 다음과 같은 상념을 토로한다.

달이 뜨지 않은 이 캄캄한 밤에 우리 식구 일가는 오히려 희망을 읽을 수 있을지 모른다. 폭격기들이 저렇게 폭탄 세례를 퍼부어 공산군을 북으로 밀어 보내야만 우리 일가는 아버지의 환도와 더불어 가족들의 재회를 기약할 수가 있지 않을까? 그렇지만 지구의 반대편 어디에서 밤의 고즈넉함과 더불어 연인의 부드러운 손길처럼 삼라만상을 어루만져 주고 있는 자비로운 여신인 달은 며칠 후 조선반도의 하늘에서 그 냉혹한 죽음의 미소를 흘리는 '저주의 달'로 떠오를 터이다. 어리석은 자 현석이여! 너는 그 저주의 달의 죽음의 미소에 홀려 조국 해방전쟁이라는 학살극에 생명을 헌신짝처럼 던져 개죽음을 하려 들고 있다.(『달』 55-56쪽)

위 인용문에서 특히 주목할 것은 가족주의의 문제이다. 이문열의 『영웅시대』나 김원일의 『불의 제전』 등을 비롯하여 많은 분단 문학이 가족사 소설 양식을 취하고 있다. 『달』의 경우 작가는 「후기」에서 "이 소설은 우리 가족이 겪은 6·25의 참상을 기록한 전쟁의 체험기는 아니"라고 말하면서 이승만의 '역사적 죄과'를 인정하고 있다.(『달』 337-338쪽) 그럼에도 가족주의에 기대어 이승만 정권의 환도에서 '희망의 달'을 기대하는가 하면, 그 반대편에서 떠오르는 '저주의 달'로써 좌익 이데올로기의 어리석음을 환기시키려 한다.[20]

한편 서사적 완결성이 상당히 높고 기이한 이국적 분위기를 연출하는 제2부(카르파티아의 달)는 인민군 군악대장 최 대위의 과거가 중심을 이룬다. 정릉천에 빠진 경임을 구해준 최 대위는 그 우연한 사건뿐만 아니라 인민의용군에 끌려가게 된 경수를 군악대 요원으로 빼내어준 일을 계기로 점차 경임의 마음을 얻게 된다. 그는 부대 이동에 즈음하여 경임에게 금십자가를 선물로 주고 떠나갔다.

고려인 출신인 최 대위의 러시아식 이름은 푸가신 디미트로비치 초가이, 일명 푸가치이다. 그는 1943년 늦여름 소련 우랄지구 스베들로프스크역에서 그를 모스크바 음악원에 입학시키고자 동행했던 어머니와의 이별을 강제당한 후, 제7돈코사크 경보병사단 기병연대 나팔수로 배치되었다가 키에프 탈환을 위한 드네프르강 도하작전의 돌격대원(전차파괴 돌격조)

---

20 김원일의 『불의 제전』에서도 달이 이념대립의 대리물로 등장하고 있다. 작품의 주요 배경인 설창마을에는 정월대보름 달맞이로 10미터가 넘는 원뿔형의 달집을 쌓아 불사르며 소원을 빌면 그 소원이 이루어진다는 믿음이 있어 모두가 한마음으로 참여해 왔는데, 해방 이듬해에 맞이한 정월대보름에는 마을 사람들이 은연중 좌우익 두 패로 나뉘어 달집을 사른다. 김원일, 『오늘의 역사 오늘의 문학14, 불의 제전1』, 중앙일보사, 1987, 345쪽. 그러나 『불의 제전』에서의 가족주의는 『달』과는 달리 가족공동체가 민족공동체 의식으로 확대될 때 진정한 분단극복이 이루어질 수 있으리라는 비전을 내포하고 있다. 정찬영, 「증언소설과 가족공동체주의: 『불의 제전』론」, 『지역문학연구』2, 경남지역문학회, 1998, 111쪽.

에 선발되어 혁혁한 공을 세운다. 같은 돌격조의 상관인 연상녀 그루코바(본명 갈랴)는 푸가치의 활약 덕택에 대위로 승진하여 스메르쉬(붉은 군대의 방첩정보부대)에 배치되었고, 푸가치를 정보요원으로 발탁하는 한편 그에게 애인이 되어줄 것을 강요한다. 어느 날 푸가치는 스메르쉬에서 고문받다 졸도한 한 아름다운 여성을 사단 의무중대로 이송하라는 명을 받는다. 그녀는 서우크라이나 자치정부 부수상 내정자의 딸 소니아로, 유명한 의과대학 상급반 학생이었다. 푸가치와 소니아의 인연은 거기서 끝나지 않았다. 그 후 포탄 파편에 심한 부상을 입고 서우크라이나 지역 붉은 군대 통합병원으로 후송된 푸가치는 그곳에서 간호사가 된 소니아와 재회한다. 소니아에게 반한 푸가치는 그녀를 강제로 자기 여자로 삼고 그녀 집안의 가보인 금십자가를 빼앗았다. 하지만 둘의 정사가 발각되면서 푸가치는 소니아를 직접 처형하라는 명령을 받게 된다. 그 처형장이 바로 보름달이 뜬 카르파티아 계곡이었다. 카르파티아는 폴란드, 슬로바키아, 우크라이나 서부, 루마니아에 반달 형상으로 걸쳐있는 아름다운 산맥이다. 여기서 작가는 다시 한번 저주의 달을 언급한다.

오, 너 잔인한 달이여! 오늘 이 밤에 너는 이 카르파티아 계곡에 죽음의 미소를 흘리고 있다. 너의 잔혹한 사신(死神)의 미소를…달밤이란, 아니 달이란 흔히 말하듯이 황폐한 심혼을 어루만져 주는 여인의 부드러운 손길이 아니다. 그것은 상처받은 폐부를 저미는 날카로운 단검이다. 그것은 저주의 달이다.(『달』 146쪽)

카르파티아의 달이 최 대위(푸가치)의 악몽이 되어 시도 때도 없이 출몰하는 가운데, 그는 장교로 승진하여 소련 해방군의 일원으로 1945년 8월

17일 평양에 이른다. 그 후 최 대위는 삼팔선 인민경비대 옹진 파견대장으로 근무하게 된다. 그 무렵 1946년 음력 5월 누군가 보름달이 뜬 밤에 월남하다 총살당한 사건이 있었다. 이 사건에 대해 최 대위는 "세상에 지도에 쳐져 있는 금을 넘었다고 사람 쏴 죽이는 민족은 처음 봤소. 그 금이라는 게 자기들끼리 의논해서 약정한 게 아니지 않소. 소비에트하고 미국이 그런 게 아니요? 그런데 그 금을 조금 넘었다고 사람 죽이고서 그걸 가지고 반동이니 어쩌니 하는 카레이스키(조선 사람) 당신네들은 도대체 어떤 사람이요?"(『달』, 175쪽) 라고 강하게 반문한다. 최 대위의 휴머니즘적 성향을 엿볼 수 있는 장면이 아닐 수 없다.

제3부(낙동강의 달)는 다시 6 · 25전쟁기로 돌아온다. 경임이는 강제로 의료지원단에 배속되어 간호사로 낙동강 전선에 투입되었는데, 거기서 위문단과 함께 온 최 대위와 재회하여 밤마다 밀회하기에 이른다. 두 사람은 최 대위가 인민군 군악대장으로 정릉에 체류했던 시절부터 어느 정도 마음을 주고받던 사이였다. 어느 날 달밤 최 대위는 경임에게 "달이 그렇게 차듯이 조선 사람은 그렇게 서로가 차게 대하지 않소? 죽이고 자신도 죽고 말이오…달빛은 죽음을 뜻하오."(『달』, 248쪽)라고 말한다.[21]

종교학자로서 작가는 달 상징의 양면성을 잘 알고 있었을 터이다. 그러나 작가는 달의 양면성 가운데 전적으로 파괴와 죽음으로서의 달에 조명

---

21 소설은 소비에트 군사고문단 소속의 최 대위가 미군 전차 파괴작전(일명 섬돌개)에 참여하게 되는데, 이때 그는 무전 암호로 섬돌개작전 정보를 미군 쪽에 넘기며 투항할 뜻을 전하고 이를 실행에 옮기는 것으로 막을 내린다.(이에 앞서 최 대위는 경임을 낙동강 건너 안전지대로 보내고자 노력했으며, 헤어지기 전에 그는 소니아와 닮았다고 여긴 그녀에게 금십자가를 건네주었다.)

을 집중시켰다. "야만적인 동족상잔의 비극이 일회기성에 그치는 게 아니라 민족사에 두고두고 어두운 그림자를 드리웠다고 보기 때문에 본문에서 '저주의 달'을 되뇌었다."(『달』, 337쪽)는 작가의 후기는 왜 그래야만 했는지를 잘 말해준다. 그렇다고 해서 달의 적극적인 의미가 사상되는 것은 아니다. 작가는 오히려 보이지 않는 달의 이면, 그 어둠 속에서 새로운 창조의 가능성을 읽고 싶어 한 것일지도 모른다.

레비스트로스는 『달의 이면』에서 신화의 보편성에 대한 신뢰에 입각하여 일본신화와 아메리카 원주민 신화를 한통속으로 묶으면서 일본 문명의 세계사적 의의를 천명하고 있다.[22] 하지만 거기서 레비스트로스는 가해자로서의 제국주의 전력을 가진 일본과 서구 제국주의에 의해 철저히 문화와 역사를 말살당한 피해자로서의 아메리카 원주민을 동일한 잣대로 바라보는 범주적 오류를 범했다. 혹자는 『달』이 가족주의적 욕망에 토대를 둔 반공 이데올로기에서 자유롭지 못한 점과 관련하여 이와 유사한 범주적 오류를 지적할지도 모르겠다. 그럼에도 달의 이면을 매개로 죽음과 욕망과 진리의 소설적 공모관계를 그려내고자 한 작가에게서 종교학자의 문학혼을 느끼지 않을 수 없다. 그 문학혼은 다음과 같이 인간존재의 숙명적인 취약함을 인정하면서도 우주적 차원의 절대 해방을 추구하는 종교적 휴머니즘의 자리에서 다시 달 상징의 양가성으로 회귀하는 듯싶다.

현석씨의 죽음은 개죽음인 것만은 아니야. 그는 이제 산산이 부서져서 저 광활한 우주 속으로 퍼져 가는 거야. 아주 로맨틱한 거야. 그에게 있어서 해방이란 이 진절머리나는 조국해방전쟁이 아니야. 그 자신을 붙들어 맨

22 클로드 레비-스트로스, 『달의 이면』, 류재화 옮김, 문학과 지성사, 2014, 특히 13-54쪽.

육신으로부터 벗어나서 자기와 우주가 일치하는 절대의 해방이 있을 뿐인 거야. 차라리 그를 따라갈 수 없는 나, 살아서 이 구질구질한 육신의 포로가 된 나야말로 가련한 존재지.(『달』, 195-196쪽)

인간존재에 있어서는 운명 이상의 숙명이라는 게 있다. 운명은 스스로의 노력에 따라 달라질 수도 있다고 말할지 모른다. 하지만 숙명이란 결코 그런 게 아니다. 숙명…그건 인간 존재에게 있어서 하나의 굴레이다…인간 존재의 나약함은 그 굴레를 결코 벗어날 수가 없다는 데에 있다.(『달』, 329-330쪽)

3. 은방울꽃 이야기
:『평양에서 만나요』의 탈이데올로기적 휴머니즘

데뷔작 『달』에 비해 『평양』에는 좌우 이념대립의 양상이 표면상 전혀 드러나지 않은 채 탈이데올로기적인 감성적 휴머니즘에 호소하는 경향이 짙게 나타나며, 작품 구성도 1부(사격장에서 생긴 일)와 2부(은방울꽃)로 더 단순화되었다. 작가의 분신같은 캐릭터인 주인공 신기수는 일류대 독문과 출신으로 문학평론가 지망생인데, 군입대 후 고문관으로 찍혀 힘든 나날을 보내다가 무전병으로 차출되어 인정을 받게 된다. 그러던 중 20년째 고물수집상을 해 온 부친이 조사장에게 사기를 당해 감옥에 갇히게 되자, 이 문제를 해결하기 위해 끝내 무장 탈영을 감행한다. 기수는 우연히 만난 웨이트리스 현아와 깊은 사이가 되고 그녀의 도움을 받아 어찌하다 조사장을 살해하기에 이르렀으며 결국 금고를 털은 후 부대에 복귀했다. 하지만 무장 탈영한 사실이 드러날 위기에 처하자 하는 수 없이 월북을 택한다.

기수는 월북하기 직전에 만난 현아에게 이렇게 말한다.

우선 살길을 찾아야겠고…그러자니 이북에 가는 길밖에는 없단 말이야…
한 가지 희망을 걸 수 있는 건 내가 독일어를 잘하니까 말이야. 이북에 가
면 반드시 쓰임새가 있을 거야. 나 그래서 동유럽에 갈 수 있을지 몰라.
그렇게 돼서 동독에 가게만 되면 거기는 서독과의 왕래가 제한은 하지만
허용이 되고 있으니까…현아, 독일로 올 수가 있지? 우리 거기서 만나자
고.(『평양』, 166쪽)

　기수의 월북 동기는 이데올로기와는 전혀 무관하다. 그저 사고치고 어
쩔 수 없었던 것이다. 이때 작가가 같은 분단국가인 독일을 끌어들인 것은
의도적인 복선으로 보인다. 실제로 월북 이후 기수는 독일어가 능숙한 탓
에 동독에 파견되어 한국인 유학생들을 포섭하는 임무를 부여받게 된다.
그러나 그 간첩 활동에 관한 구체적인 기술은 전혀 나오지 않는다. 이에
비해 기수가 현아와 동베를린에서 극적으로 재회하는 장면은 매우 감성적
이고 세부적이다. 기수가 월북할 당시 현아는 그의 아이를 임신 중이었다.
그 후 혼자서 아들(동준)을 키우다가 기수와의 약속을 지키고자 간호사가
되어 독일로 갔다가 거기서 동독 출신 의사의 적극적인 구애를 물리칠 수
없어 재혼했으나 그녀의 마음속에는 오직 기수뿐이었다.
　동독의 공산당 서기장 호네커가 자신의 고향인 서독의 자르란트를 방
문하고 서독 수상 빌리 슈토프와 정상회담을 가짐으로써 모두가 통일독
일에의 열망에 들떠 있던 198x년 늦은 여름 어느 날 동베를린의 포츠담
광장 거리의 한 모퉁이에 있는 허름한 카페. 카페의 이름은 '햇볕'을 뜻하

는 '존넨샤인(Sonnenschein)'[23]이다. 카페 안에는 종래 금지곡이었던 서독의 우상 가수 우도 린덴베르크(Udo Lindenberg)의 노래「우린 그저 함께 있고 싶을 뿐이예요」(Wir wollen doch einfach nur zusammen sein)가 은은히 울려 퍼진다.

> 판코프 광장에서 만난 그대/뜨거운 열정의 프로포즈/우리는 단박에 연인 사이가 되었지/다음번 만남은 알렉산더 광장/우리가 이야기하는 도중/타게샤인의 마감 시간이 코 앞에 다가와 있네/조금만 더 같이 있어요/그녀는 울부짖었지/조금만 더 같이 있어요/그녀는 울부짖었지.

당시 서베를린 거주자는 반드시 당일 하루 비자(타게샤인)를 받아 밤 12시까지만 동독 방문이 가능했다. 이 노래에는 서베를린 청년이 동베를린에 왔다가 판코프 광장에서 만난 동독 소녀와 타게샤인 마감시간에 쫓겨 아쉬운 작별을 해야만 하는 안타까운 심정이 담겨 있다. 이윽고 그 안타까움은 "여보, 우리 평양에서 만나요. 여보, 우리 평양에서 만나요."(『평양』, 199쪽)라며 기수를 붙잡고 울부짖는 현아의 정한과 겹쳐진다.

월북 직전에 기수는 "현아가 없는 장소에서는 산속 깊숙이 세속에 때 묻지 않은 청초한 여인의 자태를 연상케 하는 이 은방울꽃으로 현아를 대신할 것"(『평양』, 168-169쪽)이라고 말한 적이 있는데, 『평양』 제2부의 표제 '은방울꽃'은 이런 기수와 현아의 기구한 사랑을 표상하는 은유이다. 하지만 은방울꽃은 기수와 현아에게만 해당되는 은유는 아닌 듯싶다. 작가는 은방울꽃이라는 은유의 무한한 확장을 원했는지도 모르겠다. 그 확장은 우

---

23 이는 훗날 김대중 정부 이래의 햇볕정책을 연상시킨다.

선 혜련이라는 제3의 여성 캐릭터에게 향해 있다.

월북한 지 30년 만에 남파공작원이 되어 다시 한국으로 돌아온 기수는 은밀히 정부에 귀순했다. 변호사가 되어 귀국한 아들 동준과 며느리 혜련을 만난 것도 이 무렵이다. 성(性)과 사랑에 대단히 자유분방하면서도 개성적인 감각을 지닌 혜련에 대해 동준과 기수는 "누구하고 한 번 좋아지면 거기서 빠져나오지 못하는"(『평양』, 291쪽) "참을 수 없는 존재의 가벼움"(『평양』, 217쪽)으로 묘사한다. 결국 동준과 혜련은 이혼하고 동준은 친딸이 아닌 줄 알면서도 딸아이를 양육하겠다고 나섰으며, 의외로 시아버지에 대한 혜련의 사랑까지도 납득한다. 하지만 혜련의 사랑을 받아들일 수 없었던 기수는 다시 월북해 버린다. 이에 낙담한 혜련은 평범한 농사꾼과 결혼하여 마음을 추스린다. 그 후 10년 뒤 동준과 딸아이가 혜련을 찾아왔을 때 그녀는 새롭게 야생화를 재배하여 판매하기 시작한 은방울꽃을 보여주며 "동준씨 올가을 평양 갈 때 이걸로 꽃다발 만들어 가지고 가자. 그러면 아빠(기수)하고 현아 엄마가 얼마나 좋아하실까."(『평양』, 334쪽)라고 말한다. 이리하여 은방울꽃은 기수와 혜련 사이의 이루어질 수 없는 사랑의 은유가 되고 말았다. 작가는 남북의 화해와 통일을 이루어질 수 없는 사랑(은방울꽃)에 비유한 것일지도 모른다.[24] 기수는 재차 월북하면서 자신에게 사

---

24 한편 작가는 통일에 대해 지극히 낙관적인 희망을 토로하기도 한다: "아가, 북도 많이 달라졌다. 비록 동토의 땅임에는 틀림이 없으나 북은 분명 지금 해빙기에 들어서고 있다. 이것은 모름지기 통일의 서막이라고 하지 않을 수 없는 희망의 조짐이다…남북이 화해의 순풍을 타고 있는 요즈음 우리는 머지않아 원할 때면 어디서나 만날 수가 있게 될 것이다. 몇 년 안에 남북을 오가는 경의선 열차가 반드시 개통될 것이다. 아가, 그 때를 손꼽아 기다리면서 나는 그때까지 악착같이 살아남으려고 한다. 아가, 그때 우리 평양에서 만나자."(『평양』, 331-332쪽) 이런 낙관론은 『평양』의 출간이 김대중 정부의 햇볕정책하에서 이루어진 6·15남북공동성명(2000년) 이래 참여정부 시대(2003-

랑을 고백한 며느리 혜련에게 다음과 같은 편지글을 남겼다.

> 나는 북으로 가야 한다. 거기에서 나를 기다리고 있는 나의 정식 아내와 자
> 식을 만나야 한다…나의 첫사랑이라고 해야 할 양현경(현아)도 지금 평양
> 에서 내가 오기를 학수고대하고 있다. 어찌 그뿐이겠느냐. 그리고 굶주리
> 고 있는 북녘땅의 동포들 역시 내가 한시라도 빨리 와주기만을 바라고 있
> 다…참으로 나처럼 기구한 인생이 어디 있을까 싶다. 나는 어느 누구처럼
> 남과 북의 체제에 적응을 못해서 우왕좌왕을 한 사상의 유목민이 아니었
> 다. 젊었을 때 한순간 혈기를 참지 못해서 저지른 죄값을 달게 받지 아니
> 하고 목숨을 건져 보려고 북행을 한 것이 끝내 나를 이 지경으로 몰고 갔
> 다.(『평양』, 330-331쪽)

위 편지글은 분단 시대를 대표하는 소설로 말해지는 최인훈의 『광장』
(1960)과 이문열의 『영웅시대』를 떠올리게 한다. 이때 세 가지 측면을 염두
에 둘 만하다. 즉 ①분단 문학에 있어 월북이라는 모티브 ②이데올로기와
사랑의 관계 ③이데올로기와 휴머니즘의 문제가 그것이다.

첫째, 『광장』은 분단 이후 한국문학사에서 주인공을 북한으로 보낸 최
초의 작품으로 말해진다. 또한 『영웅시대』는 한국소설사에서는 거의 처
음으로 월북한 남로당계 지식인 공산주의자가 주인공으로 나온다는 점에
서 6·25소설의 새로운 지평을 여는 데 문학사적 계기를 마련했다고 평가
받기도 한다.[25] 『평양』은 이런 흐름의 연장선상에 있는 작품이지만, 위 편

2008)를 배경으로 한다는 점에서 납득이 가지 않는 것은 아니다.
25 정호웅은 이처럼 『영웅시대』의 문학사적 의의가 대단히 크다는 점을 인정하면서도

지글은 물론이고 앞서도 언급했듯이 월북의 계기가 이데올로기와 거의 무관한 것으로 설정되어 있다는 점이 특이하다.

둘째, 남북 어디에서도 참된 '광장'을 찾지 못한[26] 『광장』의 주인공 명준은 북한 국립극장 소속 발레리나인 은혜와의 사랑을 위해서라면 "유럽과 아시아에 걸쳐 모든 소비에트를 팔기라도 하리라."[27]고 고백하며 사랑에 전적으로 귀의한다. 이에 대해 평론가 김현은 은혜를 어머니 바다에 비유하면서 다음과 같이 적고 있다.[28]

> 이명준의 자살은 정말로 사랑이라는 것이 무엇인가를 투철하게 깨달은 자의, 자기가 사랑한 여자(은혜)와의 합일을 뜻한다…작가가 전집판에서 이명준의 죽음을 사랑을 확인하는 행위로 묘사하고 있는 것은, 그 이전의 판본에서 그가 이명준의 죽음을 이데올로기적인 죽음으로 처리하고 있는 것에 비교할 때, 작가 자신이 이데올로기 대신 사랑을 택한 것임을 알 수 있다.

한편 『영웅시대』의 주인공 동영의 연인은 북한의 숨은 실력자 안나타샤(명례)이다. 그녀는 숙청의 위기에 몰린 동영을 일본으로 밀항시키기 위해 은밀히 배를 준비해 주지만 출항 후 수상보안대원들에게 고발한다. 이런

그것이 거둔 미학적 성취는 그렇게 높지 않다고 본다. 정호웅, 「관념편향적 창작방법의 한계: 이문열의 『영웅시대』론」, 『문학사와 비평』1, 1991, 258-259쪽 및 272쪽.
26 명준은 남한의 광장에는 "개인만 있고 국민은 없습니다. 밀실만 푸짐하고 광장은 죽었"으며, 북한의 "광장에는 꼭두각시뿐 사람은 없었"다고 말한다. 최인훈, 『최인훈전집1 광장 · 구운몽』, 문학과지성사, 2015(3판), 135쪽 및 143쪽.(이하 『광장』, 쪽수)
27 『광장』, 143쪽.
28 김현, 「사랑의 재확인」, 『최인훈전집1 광장 · 구운몽』, 문학과지성사(3판), 2015, 343-344쪽.

사랑의 배반은 실은 좌익 이데올로기의 배반에 대한 아날로지로서의 반공 이데올로기를 함축하고 있다. 이에 비해 『평양』의 경우 기수의 사랑은 이데올로기와 아무런 상관관계가 없는 것처럼 보인다.

셋째, 『광장』의 주역은 명준의 성격과는 아무 관계없는 남북 이데올로기 자체라는 해석도 있다.[29] 이와 관련하여 『광장』이 성취한 주된 문학적 성과 중 하나로 남북한의 대립적인 이념체계를 함께 비판한 중도파적 휴머니즘을 들 수 있다. 그 휴머니즘은 제3국행의 타고르호에 승선한 명준의 입을 빌어 "나는 영웅이 싫다. 나는 평범한 사람이 좋다. 내 이름도 물리고 싶다. 수억 마리 사람 중의 이름 없는 한 마리면 된다. 다만, 나에게 한 뼘의 광장과 한 마리의 벗을 달라."[30]고 외친다.

그렇다면 『영웅시대』의 휴머니즘은 어떨까? 이 작품이 말하는 '영웅시대'란 한마디로 이데올로기가 인간보다 우위에 놓여 인간을 지배하고 인간성을 유린하는 시대를 가리킨다. 그것은 "모든 변혁의 시기를 특징짓는 용어"[31]로서 역설적으로 "영웅이 날조되거나 부재하는 시대"[32]를 뜻하기도 한다. 나아가 이문열은 다음과 같이 영웅시대를 "남북 이데올로기의 종언을 고한 시대"로 규정하기도 한다.

한쪽은 어쭙잖은 항일투쟁의 경력과 해방군 정치사령부의 위세를 업은 무

---

29 한기, 「「광장」의 원형성, 대화적 상상력, 그리고 현재성」, 『작가세계』 1990년 봄호, 95쪽.

30 『광장』, 191쪽. 여기서 '한 마리의 벗'은 은혜를 가리킨다. 명준은 "이 여자를 죽도록 사랑하는 수컷이면 그만이다."(『광장』, 87쪽)라고 말한다. 『광장』의 휴머니즘은 결국 탈인간적(동물적) 휴머니즘으로 귀결되는 것일지도 모르겠다.

31 이문열, 『영웅시대』2, 알에이치코리아, 2024(개정신판), 198쪽.

32 『영웅시대』2, 280쪽.

산계급 출신의 무장집단이 이데올로기까지 장악하게 되었고, 다른 한쪽은
강대국 극우세력의 비호를 받는 이류 독립운동가와 일단의 친일파가 야합
하여 또한 이데올로기까지 장악하게 되기 때문이다. 좀 엄격하게 말한다
면 양편 모두에게서 진정한 이데올로기는 종언을 고한 것이었다.[33]

　　남북 이데올로기의 종언을 설파하는 위 구절은 전체적으로 반공이데올
로기를 지향하는 『영웅시대』의 논조와 충돌하는 듯이 보인다. 그럼에도
이와 같은 관점에 입각하여 동영은 연인 안타나샤에게 "새로운 길이란 먼
저 이념에 대한 우리 민족 특유의 과잉반응을 비판하고, 이어 중요한 것은
이념이 아니라 인간임을 일깨우는 것이오. 이념 그 자체는 그것이 아무리
아름답고 숭고하더라도 우리의 행복을 보장하지는 못하며 우리의 행복이
의지할 바는 다만 우리 자신의 정신적 발전과 고양뿐이오."[34]라고 설득하
는 장면은 분명 감동적이다. 하지만 『영웅시대』의 휴머니즘은 어디까지
나 전통적인 가족주의[35]와 결탁한 휴머니즘이라는 점을 간과할 수 없다.
　　전술했듯이 『달』의 휴머니즘도 가족주의에 토대를 두고 있지만, '반공
이면 어떻고 용공이면 어떤가?"(『달』, 340쪽)라는 작가의 반문에서 엿볼 수
있듯이 『평양』의 휴머니즘 또한 철저히 이데올로기를 소거시킨 휴머니즘
이다. 그리하여 기수는 "나는 어느 누구처럼 남과 북의 체제에 적응을 못

33　『영웅시대』2, 394-395쪽.

34　『영웅시대』2, 365쪽.

35　『영웅시대』에서 동영의 어머니를 통해 보여지는 가문의식은 사회주의 이념을 쫓아
　　월북한 아들의 이념을 따르지 않고 그것과 대척점에 있는 반공주의 이념을 철저하게
　　따르는 것으로 표출된다. 이는 가문을 지키려는 종부로서의 소명의식 때문이다. 한편
　　며느리는 자기구원을 위해 기독교를 선택한다. 이재복, 「이문열의 작가의식과 세계
　　인식태도」, 『비평문학』66, 2017, 230-231쪽.

해서 우왕좌왕을 한 사상의 유목민이 아니었다."고 진술한 것이다. 이때
의 '누구'가 『광장』의 명준을 가리킨다는 점은 쉬이 짐작할 수 있다.

　내친 김에 분단 문학의 또 하나의 걸작인 윤흥길의 중편 『장마』의 휴머
니즘에 관해 부연하고 넘어가기로 하자. 빨치산으로 활동하다 죽은 아들
을 가진 친할머니와 아들을 국군으로 보낸 외할머니가 화자 '나'의 죽은 빨
치산 삼촌의 현신인 구렁이를 통해 화해한다는 『장마』 이야기는 분명 가
족주의적 휴머니즘이 정치적, 이념적 대결을 뛰어넘을 수 있는 단서를 제
공해 주는 듯이 보인다.[36] 게다가 '나'의 삼촌(좌익 빨치산)과 외삼촌(우익 국
군장교) 사이를 대립관계로 설정하지 않고 있는 점[37]도 이런 가능성을 뒷받
침해 준다.

　이와 관련하여 가라타니 고진이 윤흥길을 "(김지하의) 명료한 대립적 구
도 대신, 대립의 지평을 조용히 펼쳐 이동하려는 작가"로 규정하면서 "중
요한 것은 대립이나 전도가 아닌, 이른바 이동이다."라고 평가하는 대목이
흥미롭다.[38] 가령 이방인인 외할머니가 입장이 같은 이질적 존재인 구렁이
를 환대하는 장면에서 잘 엿볼 수 있듯이, 그는 『장마』의 가족주의적 휴머
니즘을 일본의 종적 관계와 상반되는 횡적 연대로 설명하고 있는 것이다.

36　그러나 이 핏줄 의식은 극히 원초적이고 다분히 감상적이므로 자칫 분단상황에 대한
　　왜곡된 인식을 낳게 만들 수 있다. 현길언, 앞의 글, 413-414쪽.
37　"두 사람의 성격은 아주 대조적이었다…자주 만난 건 아니지만 그래도 두 사람은 사이
　　가 괜찮은 편이었다. 괜찮지 않고서는 그토록 서슬이 퍼런 인공 치하에서 한 달 이상
　　의 피신생활이란 도저히 불가능했으리라. 붉은 완장을 차는 건 못 배우고 가난하게 큰
　　자기 같은 사람이나 할 짓이라고 말하면서 삼촌은 세 살이나 아래인 외삼촌을 존경하
　　고 대우했다." 윤흥길, 『장마』, 민음사, 2012(3판), 53쪽.
38　柄谷行人, "根底の不在: 尹興吉『長雨』について", 『批評とポストモダン』, 福式書店,
　　1985, 118쪽.

또한 가라타니는 일본 작품들과 달리 「장마」에는 근저가 없다는 점에 놀라워한다. "예를 들어 『장마』에서 줄기차게 내리는 장맛비는 무언가를 상징하기보다는 역으로 어떤 함의성도 지니지 않아서 내게는 더 신선했다. 일본인들은 무의식적으로 장마=조짐이라는 연상 결합을 떠올리게 마련이다. 즉 일본인이 근저로 간주하는 '자연'은 충분히 문학적인 것이다. 이와는 달리 『장마』에서의 장마는 역사에 대립하는 자연으로 존재하는 것처럼 보인다. 문자 그대로 비가 내리고 있다는 느낌이 든다."[39] 이와 같은 근저의 부재는 곧 '이야기의 범람'을 뜻한다.[40] 사실 식민지시대 이래의 민족모순, 체제모순, 계급모순 등 다양한 이념적 모순이 복합적으로 얽혀 있는 분단 시대에 지금까지도 6·25의 트라우마가 갖가지 분열과 갈등의 옷을 입고 출몰하는 한국 사회에는 어딜 가나 이야기가 넘쳐날 수밖에 없을 것이다.

놀랍게도 『평양』에는 이런 '이야기'에 적극적인 의미를 부여하는 인간학적 우화가 숨겨져 있다. 며느리 혜련은 처음에는 시아버지인 기수에게 매우 오만불손하고 차가웠는데, 어느 때부터인가 기수에게 사랑의 감정을 느끼게 된다. 그 결정적 계기는 기수로부터 들은 '레오노레의 동화' 이야기 때문이었다:

주인공은 프레데릭이라고 하는 들쥐야. 이 쥐가 다른 쥐하고는 달리 밖에 나가서 통 일을 안 하는 거야. 밭에 나가서 이삭도 줍고 해야 겨울을 날 거

---

39 위의 글, 120-121쪽.
40 박진향, 「1970년대 나카가미 겐지와 윤흥길의 문학 교류」, 『일어일문학』99, 2023, 131 쪽.

아니야? 그래서 친하게 지내는 다른 들쥐가 프레데릭에게 물었던 말이야. '프레데릭아 너는 왜 일을 안하니?' 하고 말이야. 그랬더니 프레데릭이 그러더라는 거야. '너희들이 밭에 나가서 이삭을 주워 모으는 동안 나는 색깔을 주워 모은단다. 내 눈을 봐라.' 하고 말이야.…'내 눈을 보니까 태양이 이글거리는 색깔이 보이지 않니? 그래서 따뜻하게 느껴지지가 않니? 그래서 나는 너희들처럼 지푸라기를 주워서 보금자리를 만들 필요가 없단 말이야. 나는 태양의 따뜻한 색깔을 모으거든.' 하고 말이야…이어서 프레데릭은 '내 눈을 또 들여다봐라. 거기에는 초록색에서부터 나중에 곡식이 익어서 누렇게 되기까지의 온갖 색깔이 있지 않니? 그래서 나는 너희들처럼 이삭을 줍지 않고 곡식의 색깔만 모아도 겨울에 배가 부르단다.' 라고 말했어…'난 말을 모으고 있어. 말을.'…'겨울에 추울 때 가만히 굴속에서만 있으면 심심하잖아? 그래서 너희들에게 이야기를 들려주려고 말을 모으는 중이야.' 친구 들쥐들은 와 하고 소리를 질렀어. '프레데릭! 넌 시인이야!' 여기저기서 탄성이 흘러나왔어.(『평양』, 272-273쪽)

다소 긴 인용이지만 그럴 만한 가치가 차고 넘치는 파스텔풍의 삽화 같은 우화이다. 여기서 '태양'은 전술한 동베를린의 카페 '존넨샤인'과 복선으로 연결되어 있다. 밭에 나가 이삭을 주워 모으는 노동만큼이나, 아니 그 이상의 중요성을 가지는 "색깔 모으기"와 "말 모으기"는 바로 그림 그리는 이야기꾼으로서의 시인에게 주어진 소명인지도 모른다. 나는 이 소명을 '이야기의 휴머니즘'이라 부르고 싶다.

4. 나오는 말 : 이야기의 휴머니즘

『달』과 『평양』의 중심 상징인 달과 은방울꽃은 각각 종교적 휴머니즘과 탈이데올로기적 휴머니즘을 대변한다. 물론 휴머니즘이 만병통치약 같은 것이 아님은 자명하다. 휴머니즘도 하나의 페르소나(가면)일 것이다. 그리하여 휴머니즘은 적대적인 상대방을 비인간적 존재로 재현해 내는 데에도 가장 유력한 담론 자원으로 활용될 수 있다.[41] 거기서 적은 반휴머니즘적이고 반인간적인 괴물로 수사화되어 인간의 범주에서 배제되기 십상이다. 이 경우 휴머니즘은 동질화된 내부의 구성원만을 포함하는 이념이 될 수밖에 없다.[42]

커즈와일은 『특이점이 온다』에서 "미래에 유전학, 나노기술, 로봇공학(AI) 등 기술변화의 속도가 매우 빨라지고 그 영향이 매우 깊어서 인간의 생활이 되돌릴 수 없도록 변화되는 시기"[43] 곧 기술이 인간을 초월하는 순간을 '특이점'이라고 규정한다. 이런 특이점 담론은 종래의 인간 개념이 무의미해지는 '휴머니즘의 종언'을 의미한다. 이런 일종의 종말론과 관련하여 포스트휴머니즘이라든가 트랜스휴머니즘 담론이 무성하다.

황선명은 "인간 본성에 잠재하는 그 악마적 소성이 왜 하필이면 1950년에 접어든 신생 공화국을 덮쳤는가에 대한 의문이 항상 내 머리를 떠나지 않고 있었다. 그러기에 그 물음에 대한 답을 구하느라 이십여 년간 이 소

---

41 황병주, 「냉전체제하 휴머니즘의 유입과 확산」, 『동북아역사논총』52, 동북아역사재단, 2016, 356-357쪽.
42 장은영, 앞의 글, 325쪽.
43 레이 커즈와일, 『특이점이 온다: 기술이 인간을 초월하는 순간』, 장시형 외 옮김, 김영사, 2007, 23쪽.

설 쓰는 데 매달려 왔었던 것을 이 자리에서 고백하고자 한다.”(『달』, 338쪽)
고 적고 있다. 그에게 '휴머니즘의 종언'은 이미 일어난 일이었던 것으로
보인다. 그러니 이제 남은 것은 우화적인 '이야기의 휴머니즘'뿐이었을 것
이다. 하지만 정작 황선명은 후기에서 자신의 소설에 대해 정치적 담론도
종교학적 담론도 아닌, 그저 “꿀단지 같은 재미”(『달』, 340쪽)라든가 또는 개
인적인 “상상의 복수”(『평양』, 10쪽)를 위한 글쓰기였다고 말한다. 작가가 이
런 유리알 유희 속에 슬쩍 내비친 레오노레의 동화는 마치 신문지에 싸인
보석 같기만 하다.

　그런데 과연 저 '이야기의 휴머니즘'이 우리를 구원해 줄 수 있을까? 이
야기는 인간이 세상을 지배해 온 힘의 원천이며, 지금까진 인간만이 만들
수 있었다. 그러나 이제 AI도 이야기를 만들 수 있는 시대가 되었다.[44] 그럴
듯한 이야기야말로 인간탐구의 정신(휴머니즘)을 마비시키는 가장 효과적
인 방법이다. 좌우를 막론하고 전쟁과 학살 사건의 배후에는 혐오와 분노
를 자극하는 이야기가 있다. 우리는 AI가 증오의 이야기들을 그럴듯하게
포장해서 무한 생산하고 복제할 수 있는 시대, 뉴미디어에 의해 배포된 음
모론적 이야기들이 범람하는 전혀 새로운 형태의 분단 시대를 살고 있다.
『달』과 『평양』을 쓰거나 읽으면서 “근원적인 물음의 한 형식으로서의 이
야기의 구원론적 의미”[45]를 되물어야 할 이유가 여기에 있는 것일지도 모
른다. 이때의 '구원'이 전통적인 의미에서의 그것이 아님은 물론이다.

44　유발 하라리, 「어린이책 '멈출 수 없는 우리' 출간 기념 온라인 간담회」, 『조선일보』
　　2023년 4월 20일자.
45　박규태, 「엘리 비젤 문학의 구원론적 의미」, 한국문학과종교학회 편, 『문학과 종교』,
　　동인, 2008, 562쪽. 이야기를 듣는 자는 그의 삶에 물음을 던지게 된다.

제2부

민중의 신앙을 담은 논문들

종교 연구의 학제 간 융합

1974 「종교의 사회통제에 관한 소고: 미개사회에서의 마술과 주술을 중심으로」(석사학위논문)

1978 「상징과 은유: 레비스트라우스의 종교관에 대한 소고」(『종교학연구』)

1980 「고통, 구원 그리고 광기: 광조적(orgiastic) 종교운동의 발생과 전개」(『종교학연구』)

1981 「종교의 제도화에 대한 한 고찰」(『종교학연구』)

1988 「宗敎間 갈등의 內外的 요인」(『광장』)

1989 「종교와 권력」(『문학과 사회』)

1990 「종교에 있어서 역사주의 문제」(『동양학』)

1990 「종교적 세계관과 역사주의」(『한국철학종교사상사』)

1990 「천주교, 불교와 개화파 지식인의 대자적 지향」(『한국사상사』)

1999 「종교인류학의 의례 연구」(『종교연구』)

2019 「설림(說林): 황제가 동쪽으로 간 까닭은」(『종교문화비평』)

밑줄로 표시된 부분은 이미 단행본으로 출판된 논문이며, 고딕 부분으로 표시된 2편의 논문은 이 책에 재수록되어 있는 논문입니다.

황선명의 종교 연구 방향과 방법론을 이해하는 데 도움이 되는 글들을 한곳에 모아 제1절 '종교연구탐색편'이라는 이름을 붙였습니다. 여기에 목록화된 11편 논문들은 제2절 '한국종교연구편'과 제3절 '민중종교와 신종교편'으로 이어지는 학문적 길잡이로서 의미가 있습니다. 이 논문들을 살펴보면, 황선명의 종교 연구에서의 관심 주제, 연구 방법, 연구 성과 등이 잘 나타나 있습니다. 이들 중에서도 그의 학문적 입장을 잘 드러내는 '종교 운동'과 '종교와 권력'에 관련한 2편 논문을 게재하기로 했습니다.

황선명은 종교를 단순히 초월적이거나 도덕적인 영역으로 이해하는 것을 넘어, 인간 실존의 유한성·고통·사회적 불평등이라는 현실적 문제 속에서 종교가 어떻게 존재하고 기능하는지에 대해 근원적인 질문을 던집니다. 특히, 종교가 추구하는 구원의 이상과 세속적 현실, 즉 권력의 문제와 불가피하게 얽히면서 발생하는 모순적 양상과 그에 대한 이해의 필요성이 핵심적인 문제의식으로 표출됩니다.

그의 학문적 관심 주제는 먼저 종교의 사회적 통제 및 기능에 관한 탐구입니다. 이는 미개사회의 마술과 주술(magic and witchcraft) 연구를 통해 특정 사회의 질서 유지, 역할 갈등 및 긴장 해소, 행동 양식의 정형화 등 종교의 사회통제적, 기능적 역할을 분석하는 데 있습니다. 예를 들어, 나바호족(Navaho), 로베두족(Lobedu), 아잔데족(Azande) 등 다양한 부족의 사례를 통해 마술사가 사회 기능의 지배자이며, 마녀술(witchcraft)로 반사회적 행위를 마녀에게 투사함으로써 사회적 도덕규범을 재확인하고 강화하는 긍정적 기능을 수행함을 구체적으로 보여줍니다. 사회적 긴장과 불만이 존재하는 특정 부족에서 마녀술 신앙이 갈등 해소와 사회 통합에 기여한다는 분석도 여기에 포함됩니다.

둘째, 인간 실존적 고통과 의미의 문제를 깊이 있게 다룹니다. 인간의 고통·불운·죽음 등 존재론적 문제에 대한 종교적 해석과 대응 방식(신정론과 카르마 등)을 탐구하며, 삶에 의미를 부여하는 방식도 모색합니다. 특히 광조적(狂躁的, orgiastic) 종교운동이 현실의 불만과 모순에 대한 반응으로서 발생하며, 이를 통해 집단적 흥분(social effervescence)과 일시적인 사회 통제를 해소하는 경험을 제공한다고 설명합니다. 나바호족의 사례는 치유 의례에 의한 상징적 행위가 고통을 견디게 하는 의미를 부여하고 심리적 안정감을 제공하는 방식을 제시합니다.

셋째, 종교의 제도화와 권력에 관련된 문제입니다. 종교가 역사적으로 제도화되는 과정에서 교리·의례·조직·인적 요소 등이 어떻게 통합되고 합리화되는지를 살피며, 특히 종교적 권위가 어떻게 세속적 권력과 상호 작용을 하며 나아가 종교 권력을 생산하고 행사하는지를 분석합니다. 이는 종교 갈등과 헤게모니 문제로 이어지는데, 기독교 역사를 중심으로 종교 간 혹은 내부 갈등의 본질을 헤게모니 쟁탈전 및 도그마의 상대화 현상과 연관 지어 설명합니다. 한국 사회의 특수성 속에서 나타나는 종교와 사회 간, 종교 간의 긴장 관계도 탐구합니다. 종교는 본질적으로 권력을 산출하는 기능이 있으며, 때로는 생존을 위해 '악마와의 타협'도 마다하지 않는 모습을 보인다고 합니다.

넷째, 종교의 근대화, 합리화, 세속화의 영향에 대한 고찰입니다. 산업 사회의 도래와 함께 종교가 직면하는 탈신성화(desacralization) 및 세속화 문제, 그리고 합리적 시스템과 인간소외의 관계를 다루며, 전통적 세계관의 변화와 새로운 의미 추구 방식을 모색합니다.

다섯째, 한국 종교의 특수성과 근대적 지향에 관한 분석입니다. 한국 천주교와 불교의 수용 및 변모 과정을 통해 한국 개화기 지식인들의 자기 지향적 태도와 종교와의 관계를 분석합니다. 특히, 조선 후기 천주교·재가불교·개화파 지식인의 활동이 자기 객관화[對自化]를 통해 개인의 자아 각성에 기여했으며, 종교가 권력을 생산적인 방식으로 행사하고 있음을 보여줍니다. 이는 기존 유교적 세계관의 통합성을 해체하고 새로운 주체적 자아를 형성해 가는 데 큰 영향을 미쳤다고 평가되고 있습니다.

황선명의 종교 연구는 종교현상을 다각적으로 이해하기 위해 다양한 학문 분야의 방법론을 결합하고 적용하는 특성을 보여줍니다.

첫째, 민족지학적, 인류학적 비교 연구입니다. 이는 미개사회(Azande, Navaho, Nupe, Korongo, Mesakin 등)의 마술(magic)과 주술(witchcraft) 신념을 분석하여 종교가 사회통제 및 갈등 해소에 어떻게 기여하는지를 파악하기 위해 기능주의적 관점에서 접근합니다. 불운·질병·죽음 등 예측 불가능한 사건에 대한 원주민들의 해석(예: 아잔데족의 '망쿠')과 이에 대처하는 의례적 절차를 상세히 탐구하며, 특정 종교현상이 반복되는 양식(pattern)을 밝혀내고 통계적 확률을 통해 예측 가능성을 확보하려 합니다. 이것을 통해 인간 행위의 보편적인 동기를 이해하고 사회 구성원들이 규범적인 행위를 하도록 유도하는 종교의 자동적 통제 장치를 파악합니다.

둘째, 사회학적 제도화의 연구입니다. 종교가 신앙, 의례, 조직, 인적 요소 등을 통해 제도화되고 합리화되는 과정을 분석합니다. 막스 베버(Max Weber)의 '카리스마의 일상화(routinization of charisma)' 개념과 탈콧 파슨스(Talcott Parsons)의 구조기능주의 이론 등을 활용하여 종교의 사회 통합 및 유지 기능 역할을 고찰합니다. 종교가 제도화되면서 초월적이고 신비로운 성격이 합리화되고 심지어 세속화될 수 있는 양면성을 지적하며, 특히 근대 산업사회에서 종교가 직면하는 탈신성화 및 세속화 문제와 더불어 이에 대한 종교의 대응을 분석합니다.

셋째, 종교의 교리, 신념, 조직이 역사적 흐름 속에서 변화하는 양상과 권력과의 상호작용을 추적하는 역사적 분석입니다. 특히 서구 기독교 역사(밀라노 칙령, 니케아 공의회, 종교개혁)와 한국 종교사(개화기 천주교와 불교, 한국전쟁 이후 기독교 성장)를 중심으로 다룹니다. 종교 갈등을 헤게모니(hegemony) 쟁탈전과 도그마(dogma)의 상대화 현상과 연관 지어 분석하며, 종교가 사회경제적 변화에 어떻게 적응하고 영향을 미치는지 밝힙니다.

종교가 사회의 불평등 문제(산업화, 도시화, 인권 문제)에 참여하는 동기와 그 영향을 역사적 배경 속에서 고찰하며, 종교적 권위와 세속적 권력의 상호 작용이 민주주의 성장에 기여한 의외의 결과도 조명했습니다.

넷째, 철학적, 이념적 분석입니다. 인간의 고통, 죽음 등 실존적 문제에 대한 종교적 해석(신정론, 카르마)과 의미 부여 방식을 탐구합니다. 연구 대상으로는 종교적 세계관·우주론·초월과 내재·주객 분열과 합일 등 근본적인 개념들을 다루며, 근대적 합리주의와 이원론적 사고가 인간과 세계에 미친 영향을 비판적으로 고찰합니다. 반면, 서구 중심적 사고의 한계를 지적하고, 동양 사유(화엄사상이나 후천개벽사상)에서 주객 합일의 세계관과 문화 통합의 가능성을 긍정적으로 모색합니다. 또한, 종교가 개인의 죄의식을 다루고 자기 동일성을 확립하는 과정(고해성사)에서 권력을 생산하는 방식을 분석하기도 합니다.

다섯째, 권력에 관한 분석(푸코, 그람시 등)입니다. 종교와 정치권력의 상호 관계를 분석하며, 종교가 단순한 신념을 넘어 권력을 산출하고 행사하는 기제임을 강조합니다. 권력의 비가시적이고 미세하게 작동하는 방식(푸코의 담론 분석)을 통해 사회 구성원의 통제가 어떻게 이루어지는지를 탐구합니다. 특히 근대 임상의학의 도입이 신체에 대한 권력 행사와 어떻게 연관되는지도 분석합니다. 종교가 사회적 자원의 불평등한 배분과 구조적 불의의 심화에 부정적인 역할을 할 수 있음을 비판하면서 정의 실현을 지향하는 종교를 '좋은 종교'로 규정하는 규범적 평가를 내리기도 합니다.

여섯째, 상징/의례에 관한 연구입니다. 종교적 상징과 은유, 의례(ritual)가 인간의 고통을 이해하고 삶에 의미를 부여하는 방식과 사회 통합에 기여하는 방식을 분석합니다. 나바호족의 치유 의례(curing rite)와 같은 사례를 통해 상징적 행위가 개인의 심리적 안정과 사회적 질서 유지에 어떻게 기여하는지를 고찰하며, 상징적 표현이 인간의 실존적 고통과 현실의 모순을 인식하고 이를 극복하려는 노력의 중요한 매개체임을 밝힙니다.

황선명의 종교 연구는 다음과 같은 주요 성과를 통해 종교 연구 분야에 크게 기여했습니다.

첫째, 종교를 다면적이고 입체적으로 이해하는 틀을 제시했습니다. 종교는 단순히 초월적이고 신비적인 영역에 머무르지 않고, 사회적·역사적·정치적·경제적 기능을 수행하는 복합적인 현상으로 규정됩니다. 이는 종교가 사회질서를 유지하고 갈등을 해소하며, 나아가 권력을 생산하고 통제하는 기제로서 작동한다는 점을 강조합니다.

둘째, 종교를 통한 의미 부여와 인간 존재 방식에 대한 탐구를 수행했습니다. 인간은 고통과 비합리성 속에서 의미를 찾으려는 존재이며, 종교는 이러한 의미의 문제를 해결하고 인간 존재의 궁극적인 위상을 설정하는 중요한 역할을 한다는 점을 밝힙니다. 종교가 단순히 고통을 감내하게 하는 것을 넘어, 삶의 비극적 현상에 대해 긍정적이고 창조적인 대응 방식을 제공한다는 통찰을 제공합니다. 특히, 그의 종교 의례 연구는 단순한 기능주의적, 구조주의적 관점을 넘어 의례가 지닌 총체적인 의미와 실존적 기능을 포괄해서 이해해야 한다고 강조합니다.

셋째, 종교운동의 제도화와 합리화가 지니는 양면성을 이해할 수 있게 했습니다. 종교의 제도화는 효율성과 생존을 위한 불가피한 과정이지만, 동시에 초기 종교의 생동성과 신비성을 상실하고 세속화될 위험을 포함한다는 점을 지적합니다. 특히 근대적 합리화는 종교를 비인간화와 소외의 문제와 얽히게 하며, 이에 대한 종교의 대응 방식이 중요한 과제로 제시됩니다.

넷째, 역사적 변화 속에서 종교의 역할을 재조명했습니다. 종교는 시대

변화에 능동적으로 적응하며, 사회적 약자를 옹호하고 민주화 운동에 기여하는 등 현실 사회문제에 적극적으로 참여하는 주체 세력으로도 기능한다는 점을 보여줍니다. 이는 종교가 단순한 보수적 유지 세력이 아니라, 사회변혁의 동력이 될 수 있음을 시사합니다.

　다섯째, 세계관의 분열과 통합 가능성을 제시했습니다. 근대 서구 중심의 합리주의와 주객 분리적 세계관이 가져온 한계와 위기를 지적하며, 동양적 사유(화엄사상이나 후천개벽론)에 의해 나타나는 주객 합일의 세계관과 문화 통합의 가능성을 모색합니다. 또한, 종교는 고통과 부조리 속에서 궁극적 의미와 구원을 찾으려는 인간의 근원적 노력을 담고 있으며, 유토피아는 현실과 분리된 이상향이 아니라 자신을 회복하여 주객 합일을 이루는 '공동체적 회복운동'으로서 본질적인 의미가 있다고 강조합니다. 궁극적으로 필자는 종교적 세계관이 합리적 세계관이 간과하는 인간 존재의 의미와 그 총체성을 회복하는 데 중요한 역할을 한다고 주장합니다.

Ⅰ. 고통, 구원, 그리고 광기*
—광조적(orgiastic) 종교운동의 발생과 전개

황선명

1. 인간고통과 종교

이상 세계를 대망하거나 새로운 세계를 구성하고자 하는 의지는 어디서 우러나오는가 하는 의문을 가질 수 있다. 물론 소박하게 생각할 때 그것은 영생을 누리고자 하는 피안(彼岸)에의 동경에서 우러나온다고 볼 수 있겠다. 즉 인간에게 가장 큰 괴로움은 죽음에 대한 공포이며 어떻게 해서든지 죽음이라는 유한성에서 벗어나고자 하는 것이다. 그렇기 때문에 내세라든가 초현세적인 세계에 대한 의지가 모든 종교의 세계관을 구성하고 있다는 것도 틀림없는 사실이다.

하지만 죽음에 대한 공포에 못지않게 인간은 여러 가지로 현세적인 고난에 맞부딪치지 않으면 안 된다. 병고라든가 물질적인 빈곤이나 좌절로

---

* 황선명, 「苦痛, 救援 그리고 狂氣—狂躁的(orgiastic) 宗教運動의 發生과 展開」, 『종교학연구』 3, 1980, 39-59쪽.
이 글의 소제목은 편찬위원회에서 편의상 붙인 것입니다.

빚어지는 갈등의 연속이 삶의 전부라고 해도 과언이 아니다. 현세의 삶은 개개인에 따라 정도의 차이는 있을망정 불운의 연속이라고 느껴질 성질의 것이지 결코 원만구족(圓滿具足)의 행복한 상태는 아니라고 보는 것이다. 이런 점에서 보면 인간의 삶이란 비관적일 수는 있어도 결코 낙관적인 것은 못 된다.

특히 종교는 인간의 현세적인 고통을 덜어 주는 것이 아니라 오히려 더욱 괴롭히는 감이 없지 않다. 다시 말해서 종교는 인간과의 오랜 관계를 통해서 이 고통이라는 문제에 있어서는 오히려 곤혹감을 갖게 해 주었을 지언정 환희의 열광을 가져다준 것은 아니다.[1] 더구나 특정의 개인만이 유독 까닭 모를 불운을 감내해야 한다는 것은 도무지 풀리지 않는 수수께끼일 수 있다. 왜냐하면 전지전능한 초월적 존재는 지고의 선(美)이며 만인에게 공평무사하다고 상정할 때 성실한 사람에게는 재앙을 안겨 주고 오히려 사악한 사람이 행운을 누리는 현실은 아무리 보아도 모순일 수밖에 없다.

> 내가 눈 녹은 물로 몸을 씻고 잿물로 손을 깨끗이 할지라도 주께서 나를 개천에 빠지게 하시리니 내 옷이라도 나를 싫어하리이다. (욥기 9:30-31)

성실하고 정직하며 신앙심이 가득한 욥이 당하는 수난은 역시 초자연적인 존재와 인간 사이에 개재하는 수수께끼와 같은 패러독스를 잘 설명해 준다. 따라서 다음과 같은 구절과도 의미가 상통한다고 볼 수 있겠다.

---

1 Clifford Geertz; Religion as a Cultural System in Anthropological Approaches to the Study of Religion, Michael Banton (ed.), Tavistock Publications p.18.

착한 사람은 일찍 죽고 사악한 자는 푸른 나무처럼 무성해지리라.[2]

실상 인간의 욕망은 좀 더 질적으로 나은 삶의 획득에 있다고 할 때 초자연적인 현상과의 관계에서도 이러한 공리성을 바탕으로 하고 있다고 보아야 한다. 하지만 신이 인간에게 이처럼 악을 조장하고 고통만을 안겨 주려 한다면 무엇 때문에 인간이 신을 경배하고 선사시대부터 오늘날까지 잠시라도 종교와 떨어져서 살아 본 적이 없느냐 하는 근본적인 의문에 부딪치게 된다. 신이 악을 조장하고 인간에게 고통만을 지워 준다면 정의의 구현이라든지 공정의 실현이나 도덕규범과 같은 것은 모두 의미를 잃고 말 것이다. 더구나 노력에 대한 궁극적인 보상이 주어지지 않는 현실 세계는 그 자체가 패러독스이며 도덕적인 판단은 미궁에 빠져 버리게 될 것이다. 이 문제가 바로 막스 베버(Max Weber)가 말하는 의미의 문제(problem of meaning)이며 기독교에서는 중세 이래 변신론(辯神論, theodicy)[3]의 핵심 과제가 되어 왔다. 기독교에서는 현세의 삶 속에서 빚어지는 이와 같은 역설적인 현상들이 종국적으로 이 세상의 종말이라는 역사의 완성을 통해 심판받으며, 또 천재지변과 같은 재앙에 의해 그때그때에 겁벌(劫罰)을 받는 것으로 해석해 왔다.[4]

또한 내세에 가서 일단 심판을 받는 것으로 해서 무의미화되지는 않을 것이라고 강조한다. 다시 말하자면 이 세상에서 사악한 행위를 해 가면서도 잘 살더라도 내세에 가서는 심판에 의해 영원히 저주받거나 또는 종말

---

2 Max Weber; The Sociology of Religion: Introduction by Talcott Parsons XIvii.
3 theodicy는 그리스의 말의 theos(신)과 dike(정의)의 합성어로서 그대로 풀이하면 신(神)의 정의(正義)라는 뜻이다.
4 John Hick; Philosophy of Religion pp. 36–43 Prentice Hall.

의 시기에 징벌을 받게 될 것이므로 궁극적으로 선인선과(善因善果)요, 악인악과(惡因惡果)라는 것이다. 한편 천재지변과 같은 재앙은 인간의 탈선행위에 대한 겁벌로서 마땅히 응징을 받아야 할 집단적인 고통(suffering)이라는 발상은 『구약성서』 이래 18세기까지 지지되어 왔으나, 1755년 리스본의 대지진을 계기로 칸트(Kant)에 의해 부정된다. 칸트에 따르자면 신의 배려에 의한 목적론적인 인간 역사의 운용이 기계적인 자연현상으로 나타날 수 없다는 것이다. 그럼에도 불구하고 신의 섭리가 자연의 질서를 주관하고 있다는 사상은 근세까지도 기독교 신앙의 저변에 뿌리를 내려, 가령 카뮈의 작품인 『페스트』에 보면 파늘루 신부가 페스트의 창궐로 전멸의 위기에 빠진 오랑 시민에게 그 시련이 하나님의 은총이며 인간의 오만에 대한 징벌이니만큼 달게 받아야 한다고 역설하는 것이다.

여하간 기독교적인 발상은 고통을 달게 받는 것이 신의 창조적인 행위에 적극적으로 참여하는 길이라는 것이다. 자연현상으로 빚어지는 재앙이나 불행이 신의 목적론적인 의도 때문이든, 아니든 여하간 모든 형태로 나타나는 인간의 고통은 신에 대한 공경과 창조적인 삶 속에서 사랑으로 승화될 성질을 지녔다는 것이다. 그러므로 신 역시 고통을 당하고 있다고 생각하면 인간은 고통을 달게 받으려 할 것이며 그럴 경우 인간은 "어째서 나만이 고통을 당해야 하는가?" 하는 물음 대신 "이 고통을 통해서 어떠한 창조를 기대할 수 있는가?" 하는 물음으로 승화될 수 있다는 것이다.[5]

베버는 이 물음의 차이가 주술적 사고의 극복을 통한 합리적 정신의 존재 여부에서 비롯한다고 보았다.[6] 즉 근대 기독교의 구속관(救贖觀)은 개인

---

5   Monica Wilson; Religion and the Transformation of Society Oxford. p.48.
6   Max Weber; lbid. p. Xlvii.

의 운명적인 고통의 원인을 설명하는 데 불합리한 결구를 배제하고 내심 윤리(內心倫理)로 받아들이게 한다. 그렇기 때문에 악과 거기에 따른 고통은 단순히 주술종교에서처럼 금기(禁忌) 사물에 대한 터부 행위를 어긴 직접적인 결과에서 기인하는 것이 아니라 운명적으로 결정이 지어진 것이라고 본다.

미개사회에서는 하찮은 자연현상의 이변마저 터부(taboo) 행위를 어긴 벌이라고 생각한다. 예를 들자면 한발이나 홍수도 모두 이러한 현상에서 기인한다고 하는데 가령 츠와나(Tswana)족은 상례 절차(喪禮節次)에 관한 터부를 어겼기 때문에 가뭄이 들어 경작지가 못쓰게 되었다고 믿는다고 한다.[7] 또 니아큐사(Nyakyusa)족의 경우에는 연장의 사제를 모욕하면 홍수가 발생한다고 믿는다. 한편 이웃 간에 싸우면 번개가 일어나는데 현명한 사람일수록 이러한 응보 현상을 주재하는 초자연적 존재의 비위를 거슬리지 않아 화를 입지 않게 된다고 믿는다. 고통의 원인을 비합리적인 주술 사고에 의해 직접적인 자연현상과 관련하여 판단하려는 이른바 원시종교(primitive religion)와 내심 윤리로 승화시키려는 구제종교는 결국 고통의 극복에 있어서도 질적인 차이를 드러내게 될 수밖에 없다는 것이 베버의 소론이다. 이 점에 관하여 베버는 유일신교(唯一神敎)인 기독교의 변신론에 기초를 둔 편견에 의해 세계종교의 보편적인 바탕을 외면했다는 비난을 면치 못한다.

고통을 피하고 멀리하자는 것이 종교의 본래 의도는 아니다. 고통을 그대로 참고 견디어 내도록 하자는 것이 종교의 근본적인 목표이며 이 점은 이른바 원시종교나 구속(救贖)종교나 모두 마찬가지이다. 육체적인 아픔

7　Monica Wilson; Ibid. p.48.

이나 갖가지의 좌절에서 오는 시련을 어떻게 피하느냐가 아니라 어떻게 능히 견디어 내느냐 하는 것이 문제이다.[8] 베버는 주지주의(主知主義)적인 입장에 섰기 때문에 의미의 문제(problem of meaning)에 있어서 고통의 체험을 궁극적으로 어떻게 설명[9]하는가에만 관심을 가졌지 고통을 궁극적으로 어떻게 견디어 내는가 하는 문제를 소홀히 했다. 앞서 말한 츠와나 부족이나 니아큐사 부족의 경우도 물론 한발이나 홍수로 빚어지는 인간의 고통을 궁극적으로 어떻게 설명하려는가 하는 데만 관심을 갖게 되면 금기의 파괴로 빚어지는 초자연적 존재의 노여움 때문이라는 원주민들의 설명 방법을 주술적 비합리성이라고 단정할 수 있을 것이다. 그러나 그들 원주민도 한발이나 홍수로 빚어지는 인간적인 고통을 어떻게든 참고 견디어 내는 방법을 터득하고 있다는 점에서 그들의 종교는 세계 여러 종교와 질적인 차이를 보이지는 않는다.

인간의 상징 능력은 종교가 갖는 궁극적 실재를 분석적인 관념 형태로 이해하는 것에 못지않게 종교적 정조(情操), 혹은 열정이나 감정을 상징적으로 파악한다. 종교 속에 함축된 모든 지적인 요소 못지않게 정서적인 요소를 충분히 포용해야만 세계를 이해하고 또 감정을 순화할 수 있는 것이며 그렇기 때문에 이 세계가 안겨 주는 모든 색깔의 즐거움이나 괴로움을 맛보고 또 능히 견디어 내게 되는 것이다.

나바호(Navaho)족의 치병의례(curing rite)를 보면 격렬한 육체적인 아픔 때문에 정서적으로 무의미 상태에 이른 인간의 고통을 참고 견디어 내게 하는 상징적 방법을 잘 이해할 수 있게 된다. 즉 가의(歌醫)와 환자와 보조

8   Clifford Geertz; Ibid. p.21.
9   Ibid. p.19.

를 하는 몇 명의 노래꾼 및 환자의 친지들로 구성되는 이 주술적인 치병의
례(治病儀禮)는 정해진 절차에 따라 일종의 심리극(psycho-drama)[10]으로 진행
이 된다. 환자를 둘러싼 가의(歌醫, singer medicine)들은 빨리 병이 나아서 회
복이 되기를 노래로 기원하면서 억지로 땀을 흘리게 하며 토하게 하는 청
발의례(淸祓儀禮)를 반복한다. 그리고 나서는 모래 위에 그려 놓은 '신성한
사람(holy people)'의 화상 위에 환자를 뉘어 놓고 '신성한 사람'과 환자를 동
일시하는 의례를 행하는 것으로 끝을 맺는다. 치병의례의 전 과정을 통해
서 드러나는 상징 형식은 인간의 고통에 초점이 맞추어지며 고통에 의미
를 부여하여 그것을 참고 견디겠다는 의지를 드러낸다. 실제 효과에 있어
치병의례는 단순히 괴로움을 참고 견디는 것 이상의 무엇을 의미하지는
않는다. 그러면서도 이러한 상징적 의례를 통해 고통을 한층 더 절실히 각
인하려는 것은 인간 존재의 실존의 모습을 이해하고 인간을 둘러싸고 있
는 세계와 우주를 다시금 깨우치고자 하는 진실한 노력의 일단이라고 보
는 것이다.

　다시 말해서 우리에게 고통을 안겨 주고 불운을 가져다주는 이 세계는
모순과 대립되는 양가성(兩價性, ambivalence)을 동시에 드러내서 인간으로
하여금 행위의 규범이나 윤리적인 가치판단을 내리는 것을 애매하게 만든
다는 것이다. 도덕적인 규준에 철저히 따른다 해도 응분의 보상이 따르는
것이 아니며 현실과 도덕적인 요청은 일치되지 않는다. 그렇기 때문에 이
른바 미개종교에 있어서도 악의 문제는 구속종교에 못지않게 풀리지 않는
수수께끼로 여겨지며 그 때문에 고통의 문제가 생기는 것도 부족사회의
원주민들이 잘 알고 있다. 다만 흔히 말하는 문화종교(civilized religion), 혹

10　Ibid. p.19.

은 구속종교가 악과 고난의 문제를 지적(知的)인 노력에 의해 인간 존재의 심층에 내면화(內面化)시킨 데 비해 부족사회의 원주민 종교는 이를 상징적으로 이해한 점이 다르다고 본다.

딩카(Dinka)족들은 도저히 자신들이 통제할 수 없는 우주 안에 살고 있다고 믿으며, 이 우주 안에서 일어나는 일상적인 일들은 사려가 깊은 인간이라 할지라도 전혀 예측할 수 없는 기대 밖의 사건들뿐이라고 여긴다.[11] 이 세상이란 이처럼 알 수 없는 미궁이나 다름이 없다. 경험적인 예측성이 전혀 무의미하며 공정한 원칙이 적용될 수 없는 패러독스의 연속이다. 도대체 설명할 수 없는 사건들로 인해서 인간들은 괴로움을 당할 뿐이다. 도덕적인 준칙들은 인간을 피해 다니는 듯싶다. 그렇지만 종교적인 인간에게 무엇보다도 중요한 사실은 도덕적인 원칙들이 인간을 피해 다니고 설령 악한 자가 득세하는 모순투성이의 세상이라 할지라도, 또 인간 존재의 실존이 부조리투성이라 할지라도 그러한 사실 때문에 삶이란 자체를 부정하지는 않는다는 점이다. 종교적 상징은 인간 존재를 모순투성이의 이 세계 안에 한정하려는 사실을 인정하면서도 그 안에서나마 좀 더 존재의 영역을 넓히고자 하는 가장 중요한 방법인 것이다. 해명이 안 되는 모순을 극복하고 삶의 의지를 좀 더 굳건하게 다지기 위한 방법이 바로 상징적 극복이다. 그렇기 때문에 만인에게 공정한 도덕률이 인간을 피해 다니고 간단없는 불운과 고통의 연속 속에서도 그것을 피하려 들지 않고 참고 견디어 내는 방법은 종교를 통해 터득하게 된다.

여기에서 바로 무의미성의 상징적 극복이 가능해진다. 그렇기 때문에 의미의 문제는 무의미로 끝나는 것이 아니라 종교의 영원한 기초가 된다.

11 Godfrey Lienhardt: Divinity and Experience, Oxford Univ. Press, p.54.

2. 구원과 민중운동

물론 모든 종교는 고통을 피하려는 것이 아니라 견디어 내게끔 하는 능력을 인간에게 부여한다. 하지만 의례를 비롯한 그 밖의 방법으로 고통을 상징적으로 극복하는 미개사회, 혹은 원주민 사회에서의 사례는 고통의 원인을 우주적인 질서(cosmos)와 혼돈(chaos) 사이에 개재하는 모순율(矛循律)에서 찾고 있다. 다시 말하자면 선험적으로 우주는 규칙성이라든가 법칙성에 의해 지배되는 것이 아니기 때문에 인간의 고통과 불운은 여기에서 비롯한다는 뜻이다. 현실 세계 안에서의 고통을 형이상학적인 세계관과 결부지어 설명하려는 원주민(혹은 부족사회의 구성원)들의 태도는 무원칙이나 불공정과 같은 사회적 불만의 소지를 안은 고통의 문제마저 사회의 바깥에서 원인을 구하기 때문에 사회 동요 현상이 흔하지 않다. 물론 세계 각 지역의 비서구(非西歐, non-european) 사회가 서구 문화와의 충돌로 빚어지는 부족 전통문화의 파괴나 사회 동요 현상을 말하고자 하는 것은 아니며, 여하간 자체 구조 안에서의 사회 동요 요인은 앞서 말한 이유 때문에 거의 찾아볼 수가 없다. 예컨대 나바호족에 있어서 개인 사이의 갈등 관계도 모두 초자연적 현상과 관련지어 해결함으로써 경쟁 관계가 해소되고 따라서 전체적으로 사회 통합이 잘 이루어지는 경우를 사례로 들 수 있다.[12]

부족사회가 아닌 복합사회, 혹은 유대-기독교권인 서구나 힌두교와 불교권인 인도에 있어서는 일목요연한 사회 통합 기능을 기대할 수는 없는

---

12 Clyde Kluckhorn; Navaho Witcheraft, in Witchcraft and Sorcery, Max Marwick (ed), Penguin Modern Sociology Readings pp.217-235.

대신 종교를 통한 사회통제의 자동 조절 기능을 엿볼 수 있다. 종교를 통한 사회통제의 자동 조절 기능은 무엇보다도 구원(救援)의 문제와 직결된다. 이 세상에서의 현실적인 고통은 구원이라는 소망과 관련해서 참고 견디어 낼 수 있는 것으로 생각된다.

물론 부족사회에도 구원이 없는 것은 아니다. 하지만 부족사회에서의 구원은 반복적이며, 일상적인 속(俗)된 삶의 양식이 성(聖)스러운 종교 의례를 통해 의미를 부여받는 때마다 이루어진다. 그러나 기독교나 힌두교 및 그 밖의 역사종교에서 구원은 일회기(一回起)적인 것이며 반복될 성질의 것이 아니다. 현세적인 삶은 오직 한 번만 있는 구원에 의미를 투영하면 할수록 견디어 낼 수 있는 것으로 여겨진다. 만약 구원의 기대가 상대적으로 약화된다든지 완전히 허물어지게 되면 다른 방법으로 세속적이나마 구원을 스스로 강구하게 된다. 어느 사회이건 악이나 불공정, 현실 생활의 고통이 있기 마련인데 개인의 성실성이나 노력에 대한 보상이 미흡하고, 또 여기에 대한 초세속적(超世俗的)인 기대가 확고하지 못하게 되면 개인은 집단 행위로 세속적인 방법에 의하여 그 보상을 스스로 획득할 것이다.

힌두교와 불교에서는 현세적인 고통의 원인이 업(業, karma)과 윤회(輪廻)에 있으므로 궁극적으로 여기에서 해탈함으로써 고통에서 벗어날 수 있다고 본다. 물론 해탈은 스스로의 노력에 의해 이루어지는 것이지 타력(他力)에 의존하는 것이 아니다. 또한 힌두교나 불교에서는 신의(神意, divine will)에 의한 역사의 완성이란 것이 없다. 그러므로 스스로의 해탈을 수도이상(修道理想)으로 삼는 자력 구원의 입장과 종말론에 근거한 다른 세계(other world)나 내세관이 뚜렷하지 않은 힌두교나 불교[13]는 현실 세계 이외의, 혹은 내세에서의 보상을 바라지는 않는다. 그렇기 때문에 적어도 인도에서만은 종교가 내세에서의 구원이라는 문제와 관련하여 사회변혁을 일으키는 세계관을 뒷받침하지는 않았다. 힌두교나 불교는 현실 세계에서의 노력과 거기에 대한 대가 사이에 빚어지는 편기(偏倚, 어긋남, discrepancy)의 보상을 내세에 가서 받으려 하지는 않는다. 특히 힌두교나 불교의 명상적인 달관(達觀)의 태도는 현실 세계를 긍정하는 것도 아니고 그렇다고 부정하는 것도 아닌 중립적인 입장이기 때문에 사회규범이나 제도와 개인의 기대 충족 욕구 사이에 빚는 갈등이 대사회적인 종교 행위로 나타나지 않는다.

한편 기독교에서는 초자연적인 질서란 관념이 사후 세계에 이르러 보상적인 재균형화(compensatory re-equilibration)[14]의 가능성을 기대할 수 있게 해준다. 즉 정당한 방법에 의하지 않고 행운을 누렸거나 억울하게 고통을 당한 경우 어디선가 각각 응분의 대가를 받을 가능성이 있다는 뜻이다. 기독교에서 말하는 천당과 지옥의 관념이 바로 여기에 해당한다. 이러한 유형의 관념 형태는 사회 체계의 안정과 제도화와 결부된다. 중세에 제도화된 가톨릭교회가 전통적으로 오래 지속될 수 있었던 것은 바로 천당과 지옥의 관념을 확립했기 때문에 가능했다고 보는 입장은 다 이런 데서 기인한다. 제도화 또는 사회적 안정이 가능했던 것은 교회가 신의 은총을 나누어 주는 기관이었기 때문이기도 하려니와 내세에서 더 나은 보상을 받기 위

---

13 내세관을 주장하는 대승불교의 입장이나 메시아 사상을 갖고 있는 미륵불신앙은 별도로 생각하기로 한다.
14 Talcott Parsons; The Social System, Free Press, p.372.

해서는 현세적인 욕구를 최소한으로 줄여 사회적인 규범이나 제도와 마찰을 피했기 때문이기도 하다.

이러한 입장은 칼빈주의(calvinism)에 이르러 한층 더 강화된다. 중세 가톨릭교회는 세속적인 삶보다는 내세에 비중을 더 두었지만, 칼빈주의는 내세속(內世俗)적인 입장을 취했다. 하지만 구원과 영원한 멸망이 확연하게 구분되는 이중예정설 때문에 세속적인 삶은 금욕과 극기라는 고통스러운 것일 수밖에 없다. 더구나 신의 의도는 인간의 이해를 초월하는 것으로 절대로 알려지지 않은 숨은 것이며 인간의 구원은 완전히 신의 의도에 맡겨진 것이므로 세속적인 삶의 고통을 감수해야 하는 것이다.

하지만 내세관이나 이중예정설이 의미 기능을 잃을 때 인간의 부당한 고통과 현실 세계의 불공정한 모순에 대해 보상을 강구하는 것은 당연하다. 말하자면 이들이 자동 조절의 기능을 잃었기 때문에 새로운 균형을 찾게 된다. 단적인 사례로 중세 가톨릭교회는 아직 성년에 이르지 않은 개인의 조기사망(早期死亡)을 신의 부르심이라고 믿어 의약시술(醫藥施術)을 한다든지 그 밖에 인위적인 생명 연장의 노력을 금기로 여겼다.[15] 물론 이러한 믿음의 배경에는 현세에서의 보상의 불균형이 천국에 가서 시정될 것이라는 현실 부정의 사고가 깔려 있다. 하지만 이러한 조기사망은 죽어야 하는 당사자뿐만 아니라 당사자와 연루되는 많은 사람에게 좌절감을 안겨 주는 것이며 정서적인 재조정이나 죽어야 할 사람을 희생시키기 위한 합리적인 노력을 불가피하게 한다. 그래서 체념적으로 주어진 현실을 묵수하는 것이 아니라 극복하려는 노력을 하게 되며 의학이 발달했다든지 현세에서의 생명 연장과 관련되는 갖가지 방법들이 크게 개선되는 것도 여

15 Ibid. p.373.

기에 연유한다. 특히 과학과 기술이 발전하게 되면서 인간의 사고의 합리화를 촉진하게 되었고 따라서 초자연적 질서가 보상의 불균형을 시정해 줄 것이라는 믿음에 회의를 갖게 되었다.

바로 여기에서부터 진보에 대한 신앙이 생기게 된다. 즉 아무리 제도화된 사회일망정 점진적인 개선의 여지가 있는 것이며 이러한 개선을 통하여 차차 보상의 불균형이 시정될 수 있으리라는 믿음이 생기는 것이다. 서구의 근대사회에 대두하는 진보에 대한 확신은 이처럼 노력에 대한 미미한 보상에서 빚어지는 사회 성원의 불만을 초자연적 차원에서 해결하려는 것이 아니라 미래사회 체계가 좀 더 개선된 상태에 이르면 저절로 해소될 것이라고 본다. 하지만 좀 더 개선된 미래의 상태라는 것에도 문제가 있다. 왜냐하면 이러한 미래의 상태라는 것은 현재 살아 있는 개인으로서는 자기 생전에 경험할 수 없는 것이기 때문이다. 말하자면 좀 더 개선된 미래의 사회제도가 보상에 대한 기대를 갖게 해 주는 것이긴 하지만 현재 살아 있는 사람에게는 한낱 꿈에 지나지 않는 것이기 때문에 이 문제는 불완전한 해결의 상태에 그치고 만다.

특히 진보에 대한 확신을 뒷받침해 주는 것이 과학기술의 발전이겠는데, 불완전한 보상에서 빚어지는 개인의 긴장이 과학이나 기술, 혹은 이성에 의해 완전히 해소되지 않을 때 일체의 제도화(institutionalization)에 대한 거부 현상이 일어난다. 실상 종교는 사후(死後)의 세계에 대한 보장을 전제로 제도화한 것이다. 또 세속적으로는 좀 더 개선된 미래 사회에 대한 소망 때문에 개인은 보상의 불균형에서 오는 긴장을 해소시켜 가면서 미래의 목표를 성취하기 위해 규범을 내면화하면서 만족하려 한다. 이렇게 해서 조망되는 바람직한 미래상 때문에 가치와 규범이 지지되고 따라서 사회도 세속적으로 제도화하게 된다. 그러나 이렇게 제도 속에 안주한다고 해서 보상의 불균형에서 오는 개인의 긴장 자체가 해소되지는 않으며 결국 제도화에 대한 거부 현상이 생기게 된다.

제도화된 종교나 사회구조가 보상의 문제를 적절히 해결해 줄 수 없을 때 내세나 혹은 진보된 미래에 그것을 기대한다기보다 현재 속에서 보상을 능동적으로 실현하려고 하게 된다. 이 경우 대체로 이 세상에서의 구원(salvation from this world)을 지향하게 되며 이것이야말로 인간의 종국적이며 절박한 목표라고 믿게 된다.

이 땅에 신의 왕국을 건설하겠다는 발상은 이러한 동기에서 비롯되며 따라서 급진적인 성향을 띨 수밖에 없다. 베버가 말하는 구원에의 요청(need for salvation)[16]은 이와 같이 제도화된 이 세계의 세속적 질서를 일거에 거부한다. 따라서 신의 왕국(Kingdom of God)을 지상에서 실현하게 되면 내세에 가서 보상을 받는다는 경험적으로 불확실한 기대에 매여 있지 않아도 좋다. 신의 왕국이 이 땅에 실현되면 저절로 불균형은 시정되고 노력에 대한 정당한 대가가 주어지리라고 믿게 된다. 또 구원에 대한 요청은 완전한 상태의 만족을 얻을 수 있게 된다.

신의 왕국을 이 땅에 실현한다는 것은 종국적으로 역사의 완성이라는 종말을 주재하는 신의 섭리에 의한 것이다. 그러므로 세속적인 모든 것에 대한 철저한 부정일 수밖에 없다. 그렇지만 전통적인 질서나 제도화된 체제를 거부하는 방식에 있어서는 세속적인 사회변혁과 같을 수가 있다. 그렇기 때문에 신의 왕국을 실현하고자 하는 급진적인 신앙 운동이 간혹 정치적인 혁명과 혼동되는 경우가 있으며 과격한 사회개조의 움직임을 흔히 의사종교(擬似宗敎, quasi-religion)의 형태로 볼 수 있게 된다. 물론 신의 왕국

16 Max Weber; Ibid. p.XIIix.

을 실현코자 하는 순수한 종교적 욕구는 초월적이며 초세속적인 다른 세
계(other world)에 투영하고 있는 반면, 세속적인 뜻에서 기성의 제도적 질
서를 부정하는 사회개조의 입장은 경험적인 사회 세계(social world)에 투영
하고 있다는 점에서 확연히 구별된다. 하지만 양자가 다 같이 미래적인 기
대나 예정을 현재의 세계로 이끌어 당긴다는 점과 더욱이 급진적인 방법
으로 이를 실현코자 한다는 점에서 똑같다.

특히 서구 사회의 역사적 경험에 비추어 볼 때 진보의 미래를 대망하는
실증주의가 기독교의 종말관을 대체한 사상이라는 점에서도 뚜렷한 거증
을 찾을 수 있겠다. 실증주의는 신의 섭리 대신 경험과학[17]의 전지전능한
힘을 믿었다. 따라서 경험과학과 인간 이성의 무한한 발전을 믿든 아니면
초자연적인 신의 섭리를 믿든 혁명적인 이상향 세계에의 지향(revolutionary
utopianism)이라는 본질에 있어서는 별 차이가 없으며 그것을 쟁취하는 방
법이 급진적이라는 점에서도 마찬가지이다. 신의 왕국을 이 땅에 실현하
겠다는 구체적인 사상인 천년왕국사상(millenarianism)과 계몽주의 이후 사
회적인 불균형의 시정을 주장하는 사회사상(socialism)이 드러난 행태로 보
면 같은 유형의 민중운동을 촉발케 하는 것도 이러한 배경 때문이라 하겠
다.

요컨대 초월적이든 세속적이든 보상의 불균형이 이러한 움직임의 동기
가 된다. 구원의 요청이 상대적으로 좀 더 절실한 개인은 누구보다도 초월
적인 뜻에서건 세속적인 의미에서건 노력에 대한 보상이 적고 고난의 늪
에서 헤어날 수 없으며, 그런 까닭에 현실은 악(惡)이라고 생각하기 쉬운
비특권 계층(non-previliged)에 속하는 사람들이 대부분일 것이다. 이 경우

17 Talcott Parsons; Ibid. p.374.

구원에 대한 요청이 절실하면 할수록 스스로가 현실 속에서 까닭 없이 불리하게 대우를 받고 있다는 피해 의식에 사로잡히게 된다.

인간이 자기 존재를 확인하는 것은 스스로를 궁지에 몰아넣고 박해를 가하는 데서 비롯한다고 한다.[18] 스스로를 박해하는 본성은 점차 자기를 피해자로 생각하게 만들며, 초자연적인 섭리 또는 사회적 조건이 자신의 욕구 체계와 어울리지 않을 때 이러한 의식은 점점 더 심화될 것이다. 스스로에 대한 가해로 첨예화하는 피해 의식은 차차 상대를 찾게 되고 배타적인 감정으로 바뀌면서 자기동일성을 더욱 뚜렷하게 할 것이다. 자기 주위를 둘러싸고 있는 현실은 모두가 악(惡)이며 악에서 구원받으려면 스스로가 물리적인 힘을 사용해 쟁취하는 수밖에 없다고 믿게 될 것이다.

3. 제의의 상징적 기능

일찍이 기독교로 개종한 서구 사회와는 달리 비서구(非西歐), 혹은 미개 사회에서는 주기적인 민속 제의를 통해 상징적인 구원을 되풀이하기 때문에 보상의 불균형이 문제시될 수 없었다. 그러나 신앙에 의한 내면적 구원을 중시하는 기독교 문화권에서는 제의(祭儀)의 상징적 기능에 의미를 부여하지 않기 때문에 보상의 불균형에서 오는 개인적 욕구의 부적절한 처리가 사회불안의 요소로 남아 있게 된다. 또한 기독교 문화권이든 비기독교 문화권의 전통 사회이든 사회 체계는 일반적으로 보상의 분배(allocation of rewards)[19]에 대한 관심을 조직화한 문화형의 체계이기 때문에 개인의 욕

18 Erik Erikson; Insight and Responsibility (New York) p.102.
19 Talcott Parsons & Edward Shils (ed)., Toward a General Theory of Action pp.201-202.

구 처리(need-disposition) 방식과 사회 체계 사이에는 항상 간극이 생기며 따라서 불완전한 통합 상태에 머물고 만다.

완전히 만족을 이룰 수 없는 개인의 욕구를 성급하게 처리하고자 하는 방식은 개인의 욕구 지향의 목표에 대한 사회적 문화적 장해 요인을 적대시하는 충동을 낳게 한다. 따라서 성급한 욕구 처리의 방식은 부득불 적대충동(敵對衝動, hostile impulses)을 자극하게 되며 이것이 공격적인 성향으로 발전하게 되는 것이다. 특히 욕구의 대상에 대한 박탈감의 정도에 따라 공격적 성향은 수동적이고 도피적인 단계에서 적극적이며 파괴적[20]인 단계로 이행하게 된다.

이 땅에 신의 왕국을 실현하겠다는 성급한 종교적 욕구의 처리 방식은 절박하면서도 궁극적이고 집단적인 구원을 찾게 되며 민중의 집단적 앙분 상태를 고조시켜 결국 난장판 혹은 오르지(orgy)의 상태에 이르게 만든다. 그렇기 때문에 이들의 무리는 자신들의 목표를 달성하는 데 장해로 간주되는 요소에 대해 적대시하며 극단의 공격적인 성향을 노출시켜 기존 질서나 전통문화를 파괴하는 행위를 서슴지 않게 된다.

물론 모든 오르지의 상태가 다 적대적 충동을 자극하고 공격적인 파괴 행위를 수반하는 것은 아니다. 예컨대 미개 부족사회에서의 주기적인 제의(祭儀)나 뒤르켐이 말하는 사회적 앙분 상태(social effervescence)[21]의 경우 카타르시스의 작용을 하는 것이며 혼돈을 통해 질서로 복귀함으로써 더욱 공고한 사회 통합의 기능을 하게 된다. 미개사회에서 주기적인 제의를 통해 오르지 상태에 이르는 집단적 행위는 일상성에 의해 속화(俗化)된 삶의

---

20 Ibid. p.13.
21 Emile Durkhem; Les Forms Elémentaires de La Vie Religieuses p.178.

의미를 재생하는 역할을 하며 욕구 처리의 자동적인 기제(機制, mechanism)를 마련하고 인간관계를 재조정하기 때문에 사회 통합을 지속시키며 공격성에서 빚는 적대적 파괴 행위를 미연에 방지한다.

하지만 분절사회(分節社會)가 아닌 복합문화(複合文化)의 사회에서는 불완전한 욕구 처리에서 오는 공격적인 성향 때문에 오르지가 종말적(終末的)인 파괴와 극단의 광기를 시현하게 되며 적대적 행위가 한층 고취된다. 증오의 감정과 함께 적대적인 충동은 무차별의 보복 행위를 낳으며 기성의 질서와 규범을 파괴하기에 이른다. 이것으로 곧 종말관적인 목표를 달성했고 역사의 완성(consummation)을 성수했다고 믿게 된다.

그렇기 때문에 이 땅에 '신의 왕국'을 세우겠다고 하는 급진적인 민중의 집단행동은 유형으로 보아 정치적인 사변이나 사회적인 혁명과 흡사하며 덧붙여 순전히 사회구조의 모순을 개조하기 위한 민중의 과격한 동요에서 제의(祭儀, ritual)의 구조를 간취할 수 있다. 예컨대 조선 후기에 빈발한 민중의 동요는 그 근본적인 원인이 사회경제적인 조건과 봉건사회의 해체 과정에서 볼 수 있는 민중의 자생적인 근대화의 요구라고 보고 있다.[22]

하지만 조선 후기 민중의 동요가 메시아적인 대망사상을 내포한 주술 종교적 요소를 바탕[23]으로 하고 있는 것 이외에 민중의 이상의 실현이라는 절대적인 목표보다도 종말적인 파국을 시현하고 마는 데서 제의적(祭儀的)인 구조를 갖추고 있다고 볼 수 있다. 따라서 종교적 제의의 한 의사 형태(擬似形態)라고 단언할 수 있겠다. 마찬가지로 서구의 프랑스 대혁명은 적

---

22 이러한 주장은 사회경제사를 전공하는 국사학자는 물론 대체로 누구나 다 지지하고 있는 입장인 듯하다.

23 拙稿: 後天開闢과 革世思想: 明知專門學校 論文輯 第3輯.

대적 충동이 빚는 보복과 철저한 파괴에 의해 파국을 체험했다는 점에서 하나의 종교적 제의의 구조를 갖추고 있다고 볼 수 있다. 왜냐하면 조선 후기 민중의 동요나 프랑스의 혁명에서 종말적인 파국은 완전히 원초(原初)의 시(時)의 실현이며 문자 그대로 그 순간이 신화시대의 황금기를 실현하는 것이라고 볼 수 있기 때문이다. 그렇기 때문에 프랑스 혁명의 경우 파리제는 단순한 역사적 과거로서의 프랑스 대혁명의 기폭제인 바스티유 사건을 기념하는 것이 아니고 신화적인 황금시대의 부활을 의미하는 신성한 축제로서 해마다 반복이 된다.

그런데 종말적 파국의 체험을 종교적 제의(祭儀)의 구조와 관련짓기 위해서는 좀 더 정연한 논리적 근거를 부여해야만 하겠다.

리치(Edmund Leach)는 제의의 진행을 시간적으로 구조화한 세 가지 국면으로 설정한다. 그는 제의에서 시간의 표상은 일직선상의 무한한 연장이 아니라 마치 시계의 추처럼 왕복운동을 한다고 보았다.[24] 즉 속(俗)의 시(時)에서 성(聖)의 시로 갔다가 다시 속의 시로 복원한다는 것이다. 속의 시가 일상적인 시(時)를 뜻하는 것이라면 성의 시는 비일상적인 것이며, 또 세속적인 시간의 정지와 함께 과도적 상황(過渡的狀況, marginal state)을 의미한다. 이 과도적 상황 아래에서는 세속적인 모든 사상(事象)의 역할 전도(役割轉倒, role reversal)가 이루어지며 세속적인 질서의 관점에서 볼 때 혼돈이며 전면적 파국이나 다름없다. 일반적으로 축제의 경우에서도 볼 수 있듯이 제의(祭儀)의 절정인 오르지 상태에 이르면 형식성은 완전히 무시되고 비형식성이 과장되거나 예컨대 민속극에서 볼 수 있듯이 남자가 여장(女裝)을 하고 왕은 걸인으로 행세하는 경우가 전형을 이룬다. 따라서 일상

---

24 Edmund Leach; Culture and Communication, Cambridge p.78.

적 질서의 공공연한 파괴가 축제의 본질이기도 하며 질서의 역전(逆轉)을 통해 더 포괄적인 의미에서 세계상을 실현코자 한다.

일상적인 의미에서 질서의 구현과 지속을 원리로 하고 의식적으로 이해되는 사회구조를 공동체(community)라고 한다면 이처럼 역할의 전도와 질서의 역전을 통해 감성적으로 전인격적인 교류를 기대할 수 있는 반사회, 혹은 반구조를 코뮤니타스(communitas)[25]라 할 수 있다. 코뮤니타스는 자발적이며 진실하고 실재(實在)하는 공동체이며 더구나 과도성을 특징으로 한다. 실상 어느 사회이건 공동체의 구성원은 사회구조가 강제하는 역할에 의해 지위가 결정된다. 또 신분이나 소속, 혹은 위계(位階)에 따라 상대적인 위치가 결정되며 자신의 전인격적인 존재의 의미가 일상적인 공동체의 장(場)에서는 인정되지 못한다. 따라서 역할의 전도, 혹은 질서의 역전으로 때로는 왕이 백성이 되기도 하고 혹은 탈춤에서 보는 바와 같이 반상(班常)의 위계가 뒤집히기도 하여 역할 또는 계층 질서에 의해 결정된 성원 각자의 신분은 완전히 폐지되거나 동질적인 평등을 이루게 된다. 이러한 상태는 결국 반사회, 혹은 반구조 내지는 무구조(無構造)라고 볼 수 있겠고 일상적인 경험으로 보아 도저히 지속될 성질의 것이 아니기 때문에 과도성을 특징으로 한다. 이렇게 볼 때 제의가 이루어지는 장(場)이 바로 코뮤니타스인 것이며 어느 사회이건 제의를 통해 상징적 통합을 이루는 것은 두말할 여지가 없다.

그러므로 민중의 집단적 오르지(orgy)를 시현하는 종말적인 파국의 양상

25　Victor Turner; Ritual Process, Aldine Publishig Co. pp.177-178.
　　※Victor Turner가 제출하는 Communitas라는 독특한 개념에 대해서는 적당한 번역어를 찾기 힘들다.

은 과도성이라든지 역할의 전도와 같은 필요조건을 갖추고 있기 때문에 제의적 구조와 다를 바가 없다. 실제로 천년왕국운동(millenarian movement)은 이 땅에 신의 왕국을 건설하겠다는 발상에서보다도 역할의 전도에 따른 구성원의 전인격적인 동질성의 회복과 그 과도성에서 제의의 구조에 부합된다고 본다. 또 정치적 사변이나 사회적 혁명 또는 파국적인 전쟁이나 파괴와 약탈 행위까지도 역설적인 의미에서 제의의 구조와 부합된다고 볼 수 있다.

그런데 단순한 사회구조를 가진 미개사회나 분절사회에서와는 달리 복합문화 사회에서 일어나는 천년왕국운동이건 정치적 사변이건 여하튼 제의의 구조를 가진 민중의 집단적 오르지가 역사적 경험으로 볼 때 어째서 무차별한 파괴와 심지어 대량 살육의 행위마저 서슴지 않는 적대적 공격의 성향을 띠게 되었는가 하는 의문이 생긴다. 즉 대부분의 이러한 민중의 오르지는 표면에 드러난 양상에는 정도의 차이가 있을지 모르나 증오와 보복으로 점철된 것이 실제의 역사적 경험이기도 하다. 이러한 의문에 대해서는 사회심리적인 분석이나 정치, 혹은 사회사의 관점에서의 접근이 일반화되어 있을 뿐 종합적인 조명이 도외시되어 왔다고 생각한다.

무엇보다도 상징(象徵)의 약화(弱化)를 그 이유로 들 수 있겠다. 파슨스(Talcott Parsons)는 사회의 유형을 유지하는(pattern maintenance) 기능으로서 긴장 관리(tension management)의 체제를 거론한다.[26] 유토피아 지향성을 지닌 민중의 욕구 처리 방식은 항상 적절한 긴장 완화의 기대를 갖지만 이것은 물리적인 억압으로는 일시적인 효과밖에 거둘 수 없고 좀 더 근원적으로는 상징의 위력에 호소할 수밖에 없다. 상징은 새로운 세계상을

---

26 Talcott Parsons & Edward Shils (ed.) Ibid. p.12.

구성해 가는 방식이며 민중이 바라는 구원의 진실에 접근하는 길이기 때문이다.

실례를 들어 인도종교와 에로티시즘의 관계를 들 수가 있겠다. 힌두이즘(Hinduism)이나 밀교(密敎)는 피상적으로 관찰할 때 선정적인 성상(聖像, icon)에 대한 숭배 의식이 두드러지며 교의 체계도 에로티시즘과 밀접한 관계가 있다.[27] 그렇지만 인도의 일반 대중은 이성 관계에서 엄격한 생활을 하며 이 점에서 신앙과 현실 사이의 괴리에 대해 이상한 생각을 가질 수 있다.[28] 물론 이 문제는 인도의 민중이 상징에 대한 이해와 현실 생활을 혼돈하지 않는 지혜를 터득하고 있다는 데서 자명한 해답을 얻을 수 있다. 즉 현실 생활 속에 있는 이성과의 관계는 단순히 생리적인 욕구의 문제로 이해되는 것이며 따라서 사회규범과 전통적 가치관의 규제를 받을 수밖에 없다. 그러나 신들의 행위나 선정적인 모습은 절대로 생리적인 욕구와 관련되는 것이 아니라 생산력(fecundity), 우주적인 질서, 세계 창조의 원리와 같은 상징의 표상이 되기 때문에 인도 민중에게 진실로 받아들여지게 된다.

그런데 인도를 제외한 여러 복합문화권에서 일어나는 천년왕국운동을 비롯한 정치사회적 변혁 운동은 비록 제의의 구조를 갖지만 상징의 결여로 인해서 적대감이나 증오와 보복의 공격적 성향을 직접 현실 사회에 투영해 버린다. 적대 처리의 대상을 현실 사회에서 찾기 때문에 파괴나 살육 및 보복과 같은 극단적 성향을 띠게 된다. 적대 충동, 혹은 공격 본능을 상징을 통한 세계 구성의 의지로, 혹은 새로운 세계상의 추구라는 방향으로

---

27 예컨대 힌두교의 경전인 Kama Sutra가 선정적인 외설서로 간주되는 것 등.
28 이 점에 관해서는 Eliade를 비롯 인도에 관한 연구자들 대부분이 시인하고 있다.

유도할 수 있었더라면 무차별한 파괴나 적대 행위 자체만으로 목표의 성취를 가늠하지는 않았을 것이다.

둘째로 제의의 비성화(非聖化, desacralization) 현상을 들 수 있겠다. 제의의 사회 통합 기능은 이제 와서 재론할 여지조차 없다. 주기적인 제의의 반복을 통해서 비성화(非聖化)된 사회를 재생하게 한다. 인간적인 갈등이나 긴장은 자연히 해소되고 개개인의 수준에서 삶의 새로운 조망을 열게 된다. 그렇지만 앞에서도 설명했듯이 기독교는 구원의 문제를 내면화된 신앙적 결단에서 찾으려 했기 때문에 민속사회(民俗社會)[29]의 전통적 제의를 세속화시켜 버렸다. 그렇기 때문에 서구에서의 민속적인 제의는 놀이의 성격이 더 부각되는 축제일 뿐, 종교적 제의로서의 신성성은 부정된다.

우리나라에서도 주자가례(朱子家禮)가 전래된 이후 조상숭배 의례는 지극히 형식화하여 살아 있는 자손들의 번영과 안택(安宅)을 위한 공리성(功利性)이 오히려 강조된 반면 전승의 동제(洞祭)는 시대의 흐름과 함께 비성화(非聖化)되거나 상징적 통합력을 거의 잃고 만다. 그렇기 때문에 일련의 아우타르키(autarky)적인 자급자족의 전근대적 공동체가 사회적 유동성의 증대와 함께 붕괴되는 과정에서 전승 제의는 민중의 에토스(ethos)를 확집(確執)케 하는 데 큰 역할을 하지 못하여 결국 조선 후기에 이르러 발작적인 민중의 동요와 함께 집단적 오르지 상태에 이르고 마는 것으로 볼 수 있다. 민속사회를 지지하는 기반은 반복되는 제의의 신성성이 민중의 에토스를 확립해 줌으로써 가능한 것이며, 민속사회의 기초가 흔들리거나

---

29 민속사회는 Robert Redfield가 제출한 개념으로서 근대화한 산업사회와 무문자의 미개사회와의 중간 단계로 보고 있는 바 여기서는 서구에서 기독교로 개종하기 전의 문화 전승을 지지 해오는 사회란 뜻에서 차용했다.

민중의 에토스가 제대로 정착하지 못하면 어느 때이건 오르지가 발작적인 광기에 이르러 일시적으로 폭발한 사실을 여러 가지의 경험적 사례를 통해서 입증할 수 있다. 오르지가 일시적인 발작의 상태에 이르러 광기 현상을 시현하게 되면 거기에는 항상 적대 충동에 의한 파괴가 뒤따르게 된다.

4. 유토피아를 향하여

물론 발작적인 오르지가 적대적인 충동의 처리 방식으로 파괴를 낳는 것이지만 그렇다고 파괴가 전혀 무분별한 양상을 띠는 것은 아니다. 유토피아를 지향하는 인간의 원초적인 기대는 항상 종말적인 파국보다는 제도화(institutionalization)에 의한 이상적 상태(utopian state)의 지속을 바란다. 그래서 파괴는 어느 모로 보나 선별적이며 이상적 상태의 지속을 위한 공격 성향의 대상으로서의 속죄양(贖罪羊)을 필요로 한다.

이미 프레이저(J. G. Frazer)는 공공(公共)의 악을 추방하는 방식으로 속죄양(scapegoat)의 관습이 광범위하게 분포하는 사실을 밝힌 바 속죄양의 공희(供犧, sacrifice)와 관련해서 오르지가 지속되는 것도 보편적인 현상으로 간주된다.[30] 실제로 고금동서, 미개나 문명의 사회를 망라해서 종교는 물론 사회적인 광기 현상의 희생으로서 속죄양이 반드시 등장한다. 이처럼 속죄양이 종교적인 의례에 그치는 것이 아니라 공공의 적대적 공격 성향을 처리하는 방식으로 흔히 이용되는 까닭에 배타적인 민족주의나 공산주의와 같이 역사의 완성으로서의 이상의 실현을 위해 특정 그룹의 희생을 강요하는 체제를 의사종교(擬似宗敎) 혹은 정치종교(political religion)라

---

30 J. G. Frazer; Golden Bough Macmillan abridged (ed). p.746.

고도 한다. 공격심과 증오를 처리하기 위한 속죄양의 기제(機制)로는 요술(witchcraft)에 대한 고발(accusation)과 이에 따른 사회적 형평의 유지 기능을 들 수 있겠다.

클럭혼(Clyde Kluckhorn)은 나바호(Navaho) 부족사회에서 사회 성원의 공격 성향을 일정 방향으로 이끌어 내기 위해 요술이 적절한 기능을 하고 있음을 밝혔다.[31] 즉 어느 사회이건 긴장과 갈등이 빚는 내홍(內訌)은 항시 있게 마련인데 이러한 박탈감에서 빚는 공격의 방향을 직접 사회구조 안으로 향하게 하면 사회 통합과 구조의 지속이 어려우므로 공격의 방향을 유도하기 위해 속죄양의 메커니즘으로서의 요술이 필요하다는 것이다. 다시 말해서 사회에 내재하는 증오를 해소시키기 위해 사회가 공인하는 증오 표현의 양식으로 유도하고자 하면 어떤 형식이건 속죄양으로서의 '사악한 요술자(witch)'가 필요하다는 것이다.

클럭혼에 따르자면 나바호 부족사회에서는 요술(witchcraft)이 사회 통합을 이룩하는 현재적인 기능(manifest function)과 사회적 형평(social equilibrium)을 이룩하는 잠재적 기능(latent function)[32]을 가진다고 하는바 이 두 가지 기능은 모두가 적대감을 처리할 수 있게 하는 증오의 대상으로서 요술자(witch)가 설정되기 때문에 가능하다. 즉 전자의 경우, 예컨대 악행이나 근친간(近親姦), 혹은 그 밖의 금지된 행위나 지식과 같은 일체의 사회 규범의 파괴 활동은 모두 요술자(witch)와 관련지어 사회의 공적(公敵)으로 몰아 버림으로써 가치와 규범을 옹호하고 사회 통합을 유지한다는 것이

---

31 Clyde Kluckhorn; Navaho witchcraft, in Witchcraft and Sorcery (ed.) by Max Marwick, Penguin Modern Sociology Readings p.224.
32 Ibid. p.228.

다. 또 후자의 경우 특정인의 부당한 축재(蓄財)나 기회의 독점으로 공동체의 균형이 깨어질 염려가 있을 때 당사자의 능력이라든지 행운을 요술자와 관련시켜 사악하고 초자연적인 힘이 그를 지지해 주어 그처럼 뛰어난 위치를 확보할 수 있었다고 고발함으로써 자제(自制)하게 한다는 것이다. 따라서 후자의 경우 정도 이상의 권력의 남용이나 재화의 축적, 혹은 영향력의 행사를 요술(witchcraft)과 관련시켜 미연에 방지함으로써 사회적 형평이 이룩된다. 이처럼 요술자(witch)를 설정해서 기존의 가치 질서를 유지하는 방식은 나바호 사회와 같은 분절사회가 아닌 복합문화의 사회, 특히 문화 변동이 심하고 전통적인 구조의 와해에 직면해 있는 경우 민중의 집단적인 오르지 또는 광기의 양상을 띤다.

16세기와 17세기의 2세기에 걸쳐 유럽을 휩쓴 광적인 요술열풍(witchcraft-craze)은 중세적인 봉건 질서의 붕괴와 종교개혁 및 자연과학 사상과 합리주의가 대두하는 문화 변혁기에 빚어지는 집단적 오르지 현상으로 보는 것이다. 즉 중세 기독교 사회의 지반인 봉건사회가 흔들리게 되면서 봉건사회에 동화할 수 없는 이질 사회집단을 요술자(witch)로 몰아 박해하고 이단자의 낙인을 찍어 처형함으로써 신구교를 막론하고 서구에서만의 정통적인 기독교의 세계관을 수호하려고 했던 것이다.[33] 이단 제파에 대한 종교재판이나 이질 집단에 대한 박해는 정통의 기독교 신앙에서는 용납되지 않지만 그래도 민간전승으로 민속사회에 뿌리를 내리고 있는 민간신앙의 요소들과 관련지어 요술자(witch)라고 고발하는 형식으로 이루어지는 것이

---

33 Hugh R. Trevor-Roper; The European witch-craze of the sixteenth and seventeenth centuries, in Reader in Comparative Religion: An Anthropological Approach, Harper & Row. p.445.

대부분이었다. 베이컨(Bacon)과 데카르트(Decartes)에 의해 자연과학 사상이 확립하면서 합리주의에 대한 확신이 일반화되고 요술신앙은 단순한 미망(迷妄)에 불과하다는 판단이 내려지면서 종교재판에 의한 요술자의 처형은 차차 자취를 감추게 된다. 하지만 서구 사회가 근본적으로 동화되지 않는 이질 집단을 어떠한 형태로는 사회의 공적(公敵)으로 고발해서 박해하는 방식은 근세 사회에 들어오면서도 위그노(Huguenots) 교파나 유대인들의 박해에서 볼 수 있는 바와 같이 중세 말의 요술신앙과 관련된 광기 현상의 전통을 그대로 물려받는다.[34] 20세기에 와서도 나치즘의 광기는 유태인의 박해를 통해 체제를 유지하기 위한 속죄양으로서의 새로운 양태의 오르지를 유발케 했다. 또 러시아의 10월 혁명은 세속적인 지복천년(至福千年)의 소비에트 사회를 건설하기 위해서 무자비한 공포의 숙청을 통해 부르주아라는 속죄양을 고안해 냈다.[35]

우리나라에서도 후기 조선시대에 이르러 전통 질서의 붕괴 과정에서 이념형인 주자학 이데올로기의 약화를 막고 사회 통합을 공고히 하기 위해서는 속죄양으로서 기독교에 대한 박해가 절실하게 요청되었던 것이다. 소외된 불만 그룹 및 지식인에게 놀랄 정도의 속도로 전파되는 천주교에 대한 금압과 척사위정(斥邪衛正)론을 통해 성리학적 이념형을 옹호하려는 노력은 일련의 오르지적인 사회적 광란 현상을 지속케 했으며, 지배 계층의 입장에서 볼 때 사회 통합의 장해 요인을 사악한 사회의 공적으로 고발해서 솎아 내는 집요한 노력이 필요했다.

34 Ibid. p.449.
35 Daniel Bell; The Return of The Sacred: The Argument about the Future of Religion, in
    Zygon Journal of Religion and Science Vol. 13. No. 3, p.198.

이와 같은 속죄양을 통해 공격 성향을 외부로 유도해 내는 것으로 완전한 사회 통합을 기대할 수는 없다. '유토피아적인 사태를 지향'[36]하는 인간의 욕구는 적대감의 충동을 일단 해소하는 것만으로는 보상 충족이 기대하는 바에 미치지 못한다고 느끼게 될 것이다. 따라서 완전한 만족을 얻을 수 없는 욕구 상태는 현실적으로 지도자에게 투사되며 이것이 리더에 대한 신뢰와 기대로 변한다. 일종의 구세주적인 역할이 기대되는 것이며 유토피아적 미래에 대한 확신이 생기게 된다. 정치적인 혁명이나 과격한 내셔널니즘은 이처럼 상징 형식으로 볼 때 종교운동에서의 지복천년, 혹은 천년왕국사상과 똑같은 구조를 가지며 따라서 의사종교(擬似宗教, quasi-religion)의 형태를 띠는 것이다. 또한 발작적인 광기와 의례 행동으로 민중의 흥분을 고취하여 오르지 상태를 지속시킨다. 실제로 나치즘은 민중에게 게르만 민족의 신비적인 우위성을 강조해서 미래의 유토피아적 영광을 약속했으며, 러시아 혁명 이후 공산주의의 통치 방식도 이와 같은 유형에 속한다.[37] 따라서 이러한 의사종교 형태에서의 욕구 처리 방식(need disposion system)은 첫째로 사회 통합의 장해 요인에 대한 적대감의 고취로 일단 이들 장해 요인을 사회적 공적(公敵)으로 몰아 속죄양으로 처리함으로써 욕구를 다소 완화시키고 난 후에 미래의 유토피아적 상태, 혹은 카리스마적 구세주의 역할을 기대함으로써 욕구를 완전히 해소시킨다고 볼 수 있다. 물론 그 과정에서 부단히 오르지적인 의례(儀禮)를 통해 민중의 앙분 상태를 지속케 할 필요가 있다. 격렬한 선동을 내용으로 하는 군중 집회나 같은 내용을 반복해서 최면 상태에 이르게 하는 세뇌 활동 등은 신

---

36 Talcott Parsons; Social System p.194.
37 Ibid. p.193.

비한 색채를 띠는 열광적인 종교 집회와 똑같으며 일종의 의례 행동이라고 보겠다.

물론 의례는 그 자체가 목적이며 그것 자체가 '완성으로서의 행동(consummatory action)'[38]이라고 볼 수 있다. 따라서 현실적인 고난의 극복이나 행복의 증진, 혹은 보상의 균형이 기대되는 공리적인 유토피아의 의례에 대해 순수한 의미에서 종교적인 조명을 할 수 있겠는가 하는 의문이 제기된다. 실상 사회 통합과 기분 전환과의 메커니즘과 관련되는 기능만을 강조하게 될 때 의례는 종교적 상징성을 상쇄당한 채 사회의 관계 구조 속에 분해되어 버리고 말 것이다. 실상 전통 사회나 부족사회에서의 의례는 단순히 사회적 응고제나 주기적인 형식상의 재생 기능을 하는 데 그치지 않고 우주와 인간을 통합시키는 장(場)이며 그 자체가 완성을 뜻한다. 마치 예술 활동이 그러한 것처럼 종교 의례는 수단이나 현상의 변이(transformation of state)의 기능에 머물지 않고 그 자체가 완성인 것이다.[39]

그렇다면 유토피아를 실현하기 위해서 민중을 앙분 상태의 최면으로 이끌어 들이기 위한 수단으로서의 의례를 형식화하는 정치적 혁명이나 사회 운동을 일종의 종교라고 간주하는 데 인색할 필요가 있을지도 모른다. 하지만 의례는 그것이 수단이건 완성으로서의 행위이건 구원의 문제와 떼어 놓고는 생각할 수조차 없다. 의례에 임하는 개인은 그것이 단순한 기분 전환이든 아니면 시간과 역사의 공포에서의 해방[40]을 의미하는 것이든 또는 불평등과 궁극적인 유토피아의 실현을 위한 것이든 전인격적인 참여로서

---

38 Robert Bocock; Ritual in Industrial Society, Allen and Unwin p.51.
39 Ibid. p.52.
40 Mircea Eliade의 입장.

만 의미를 각인할 수 있게 된다. 따라서 의례 행동은 우주와 인간의 전일
적인 통합을 통해 완전한 해탈, 혹은 해방에 이르게 하는 것이다. 이것이
바로 구원이다. 따라서 모든 의례는 본래적으로 완전한 구원으로서의 전
일성을 획득하는 완성의 행동(consummatory action)인 것이며 그것을 수단으
로 보는 견해는 의례 행동이 이루어지는 상황적 조건에 따른 기능적 관찰
에서 비롯한다. 가령 사회학자나 인류학자가 특정의 의례에 참가하는 사
람에게 형식적인 질문을 던졌다고 하자. 응답자의 대답은 질문자의 물음
에 맞추기 위한 답변이지 자신의 행동의 의미를 정확히 설명하지는 못한
다.[41] 다만 그가 자신이 참여하는 조건이 어떻든 간에 의례 행동을 통해서
절대적인 해방과 완성을 실현할 수 있었다는 점만은 분명하다.

유토피아적 상태를 지향하는 세속적인 지복천년(至福千年)의 운동은 내
셔널리즘이건 사회운동이건 구원의 문제를 중심으로 하고 있기 때문에 비
록 현실적인 목표는 달성할 수 없는 것이라 할지라도 성원에게 성취감을
가져다주며 따라서 오르지적인 의례를 지속하게 된다. 그렇기 때문에 종
교의 한 범형으로 인정할 수 있는 정당성이 있다.

신흥종교(新興宗敎)의 문제도 마찬가지이다. 특히 오늘날과 같이 산업화
되고 있는 사회에서 신흥종교가 범람하는 것은 세계적으로 공통되는 현실
이거니와 우리나라와 같이 근대화 과정에서 불균형과 박탈감 및 문화적
부조화를 빚은 특수한 사회적 조건에서는 구원의 문제는 절실한 명제였으
며, 르상티망(ressentiment)적인 정서의 굴곡을 메시아의 대망으로 보상받으
려는 민중이 집단적인 의례 행동에 열중한다는 것은 너무나 당연하다. 사
회규범이나 전통적인 기성의 핵심적인 구조가 지지하는 가치 체계의 역기

41　Robert Bocock; Ibid. p.52.

능 현상을 드러낸다고 해서 신흥종교 집단을 몰이해하려는 태도에는 문제를 바라보는 객관적인 안목이 결여되었다고 판단을 내릴 수밖에 없다. 의례가 전일성을 띠는 완성의 행동이면서도 관찰자가 보는 눈에 따라 기능적인 혹은 수단으로서의 각기 다른 색깔을 띠듯이 구원의 문제 역시 마지막에는 하나의 대하(大河)에 합류하는 것이지만 사회적인 계층, 박탈감의 여부 및 상황적인 조건에 따라 각양각색으로 나타날 수가 있다. 신흥종교에 관련된 민중의 구원 문제가 형이상학적으로 하부구조에 속하며 따라서 논의의 가치조차 없다는 발상은 근거를 잃는다.

구원의 문제에 있어서 자력(自力)이든 타력(他力)에 의하든 내면화된 관념의 세계에 안주하는 전통 종교의 입장과 고난이나 보상의 불균형의 문제를 사회적인 것으로 환원하여 직접적이고 집단적인 목표를 달성하려는 입장은 대극적(對極的)인 관계에 있다고 보겠다. 왜냐하면 전자는 초월적이며 피안의 지향인 데 반해 후자는 차세적(此世的)이며 현실 지향적인 까닭이다. 이렇게 볼 때 메시아적 대망과 이 땅에 천년지복(千年至福)을 이룩하겠다는 신흥종교의 태도는 양자 사이의 중간적인 위치에 있다고 볼 수 있다. 요는 개인이 당하는 고통과 불행의 원인을 외부적인 데서 찾자고 하는 정서적 굴곡에서 문화적·경제적으로 상대적 박탈감이 생기는 것이며 그것에 대한 보상을 여러 가지로 강구하는 나머지 오르지적인 의례 행동이 불가피하게 된다. 순수한 종교 문제로서 고난에서의 구원이나 불균등의 해소는 결국 의미의 문제(problem of meaning)에 머물고 말지만 사회학에서는 해방의 과제로 이어진다. 그것이 의미의 문제에 머무는 한 종교 상징이 어떻게 고난을 극복하고 구원을 가져다주는가 하는 구원으로서의 종교 상징의 구조를 밝히는 데 의의가 있다고 본다.

II. 종교와 권력[*]

황선명

1. 머리말

종교와 정치권력의 상관관계는 원시종교의 단계부터 주목의 대상이 된 것으로서 우리는 그것을 제정일치라고 말하기도 한다. 예를 들어『삼국유사』에 나오는 대로 신라의 2대 임금인 남해차차웅(南解次次雄)이 무당이라는 기사라든지, 3대 임금인 석탈해(昔脫解)가 야장(冶匠)[1]이라는 기사는 제정일치의 현상을 묵시적으로 말해 주는 것이다. 그러나 역사시대에 들어와서 종교와 정치의 관계는 두 가지 패턴으로 나타나는데 첫 번째의 경우 종교가 세속적 정치권력 위에 군림하는 것이고, 두 번째는 종교가 정치권력에 예속되는 현상을 말한다. 전자의 대표적 사례로서는 중세 이래 서로마 가톨릭교회의 경우를 들 수 있겠고, 후자는 동로마에서의 군주의 절대

* 황선명,「종교와 권력」,『문학과사회』2(4), 1989, 1570-1593쪽.
1 야장은 대장장이라는 뜻보다는 부족국가 시대에서 수장의 역할을 행사한 금속 기술자를 뜻하는 동시에 이러한 금속 기술자는 제사를 주관하는 종교 지도자이기도 했다.

통치권에 대한 교회의 종속화 현상, 이른바 황제교황주의(Caesaropapism)[2]의 경우나 우리나라에서 고려 이전 전제 왕조와 불교의 관계를 예로 들 수 있다.

서구에서 일어난 종교개혁과 프로테스탄티즘의 발흥은 일종의 헤브라이즘적 전통의 재흥이라고 보는 견해가 지배적인데,[3] 신앙의 자유라고 하는 절대적인 명제를 넘어서 종교의 예언자적 기능을 회복하려는 의지로 관철된다고 하겠다. 동양에서는 유교의 정명론(正明論)이 헤브라이즘적인 예언자적 기능에 근접한다고 보겠으나 그것이 근본적으로 체제의 변혁을 가져오는 역사의 진보적 흐름의 원류가 되지 못하고 복고적인 회귀에 머물렀다. 헤겔이 말하는 이른바 동양적 정체성[4]이 바로 여기에서 연유한다.

오늘날에 와서 우리는 종교가 권력과 폭압에 맞서 역사 발전에 순응하는 의로운 세력과 권력에 굴종하는 반동 세력으로 구분하는 양분법에 의해 종교와 권력과의 상관관계를 규정짓는데, 특히 종교에 대한 비판이 후자를 겨냥하고 있음은 상식에 속하는 일이다. 그러나 여기서 우리는 종교 자체가 권력의 산출 기능을 갖고 있으며 특히 가치 체계 붕괴와 신흥 산업 자본주의가 일상적 삶의 궤적을 지배하게 된 한국 사회에서 종교는 그 스스로가 절대적인 영향력을 지닌 권력 기구라는 사실을 인식해야 한다. 권력이라는 것이 한낱 지배와 피지배의 관계, 혹은 억압과 피압제의 관계 혹은 경제적 수탈과 착취의 관계와 같은 억압 또는 수탈하는 주체와 피억압의 수탈당하는 객체의 문제를 넘어서 담론(discours)을 산출하는 기능을 가

---

2   Max Weber, *The Sociology of Religion* (tran. by Ephraim Fischoff), Methuen & Co. London 1971, p.244.

3   半田元夫・今野國雄,『キリスト教史』 I , 山川出版社, 東京 1984, p.33.

4   헤겔, 金淙鎬 역,『歷史哲學講義』, 三省出版社, 1986, p.204.

진 모든 기구, 특히 종교는 권력 산출의 무제한의 역량을 지닌다는 사실에
주목하고자 한다.

2. 동고내 사건과 마키아벨리즘을 사례로

종교가 권력을 산출하는 기능을 지녔다는 사실 자체는 좀 더 구체적인
검증을 통해 해명되어야 하겠지만, '종교의 권력 산출'이라는 명제가 도덕
적 판단의 문제를 제기한다는 점을 부인할 수는 없다. 왜냐하면 근대적 권
력 개념이 폭력과 이데올로기적 요소를 주성분[5]으로 하고 있기 때문에 권
력의 부도덕성이 부각되는 동시에 도덕적 선을 지향하는 종교와는 대립할
수밖에 없다는 관점이 지배적인 까닭이다. 그러나 종교가 고유의 가치와
진리를 전수하기 위해서는 부득불 제도화되어야만 하고 종교의 제도화라
는 것은 역사 속에서 이루어지는바, 역사의 구성물로서 종교 제도는 스스
로 살아남기 위해서는 경우에 따라서 악마와의 타협도 서슴지 않게 된다.
종교의 교리나 가르침이 표방하는 이상에도 불구하고 제도로서의 종교는
선과 악에 관한 도덕적 판단에 있어서 대체로 중립적인 태도를 견지해 왔
다고 볼 수 있다. 이 문제를 좀 더 구체적으로 설명하기 위하여 이른바 동
고내(東古乃) 사건과 마키아벨리즘의 사례를 들어 본다.

동고내 사건이란 조선조 중종 때 두만강의 변경 지대에 출몰하여 현지
주민을 괴롭히던 야인(野人) 추장인 동고내를 회유해서 마음을 돌이키도록
하자는 조정의 결정을 조광조(趙光祖)가 번복시킨 사건을 말한다.[6] 당시 조

---

5   Max Weber, 脇圭平 역, 『職業としての政治』, 岩波文庫, p.9.
6   현상윤(玄相允) 저, 『朝鮮儒學史』, 民衆書館, 1977, p.55.

광조는 유교의 도덕적 이상을 정치를 통하여 실현시키고자 하는 데 혼신의 노력을 기울였고, 동고내 사건을 일으키게 된 명분도 도덕적 견지에서 볼 때에 오랑캐와의 타협이 옳지 않다는 견해에서 비롯했다. 문맥만으로 따질 때 동고내 사건은 오랑캐의 발호를 제압하지 못했다는 현실 정치권력의 진공 상태에도 불구하고 유교적 이상인 도덕성을 구현했다는 점에서는 긍정적인 평가를 받을 수도 있다. 오랑캐와의 타협 자체가 부도덕적이라고 판단되지만 적어도 '형식적'[7]인 면에서는 철저하게 도덕적 원칙을 준수했다고 볼 수 있다.

그러나 마키아벨리즘의 경우에 정치권력과 도덕성의 결부는 전혀 고려의 대상이 되지 않는다. 근대적 권력의 개념이 폭력이라는 요소를 주성분으로 하고 있으므로, 정치권력에 있어서의 도덕성 결여 또는 선과 악의 사이에 있어서의 중립적 태도를 비판할 수는 없다. 마키아벨리즘을 평가할 때 통속적으로 말하는 정치적 권모와 술수의 전형이라는 차원을 넘어서 실제로 르네상스 시기의 가톨릭교회 세력과의 밀접한 관계를 고려해야 한다.

마키아벨리 자신이 그를 후원하던 메디치가에서 쫓겨나자 교황의 소생인 체사레 보르자(Caesar Borgia, 1475-1507)의 진영에 가담했다. 체사레 보르자는 부친 알렉산더 6세의 전폭적인 신임을 얻고자 형제자매를 살해하고 능란한 권모와 술수를 구사한 인물이다.[8] 이처럼 악마의 화신이라고 할 인

---

7 여기서 형식적이라 함은 조광조(趙光祖)의 동고내(東古乃) 사건에 대한 태도가 오늘날의 관점에서 볼 때 문명과 야만을 준별하는 이분법(二分法)의 논리에 선 것이기 때문에 보편타당성(普遍妥當性)을 지니는 도덕률(道德律)이 아니라는 점을 말하고자 한 것이다.

8 H. G. Wells, *The Outline of History*, Cassell and Company Ltd. London 1951, p.781.

물이었지만 탁월한 행정가로서의 수완과 걸출한 정치적 안목을 지닌 까닭
에 마키아벨리는 그의 『군주론』에서 보르자를 이상형으로 부각시켰다.[9]
우리는 여기에서 교황이 자녀를 두었다는 르네상스 시대의 가십거리에 관
심을 갖는 것이 아니라 제도로서의 종교는 권력 산출 기능을 갖기 위해서
는 악마와의 타협도 서슴지 않았다는 사실에 주목할 뿐이다.

그렇다면 동고내 사건과 마키아벨리즘을 대비시킬 때 유교는 도덕 지상
주의를 추구하고 가톨릭은 반대로 악을 용납하는 종교인가 하는 의문을
제기할지도 모르나, 전자는 유교적 이상을 정치에 구현하겠다는 취지인
반면에, 후자의 경우 단순한 기독교의 교의라는 측면보다는 현실로서의
정치권력을 획득하지 않으면 안 되는 기구 또는 제도로서의 교회라는 존
재가 부득불 악마와의 타협을 불사할 수밖에 없었다는 뜻이다.

문제는 종교의 구원(久遠) 이상과는 달리 교회라고 하는 제도 또는 기구
는 종교적 가치를 전승하기 위한 역사적 구성물이라는 데 있다. 종교적 가
치를 보전하기 위해서는 경우에 따라서 정치권력의 획득을 도모하고 타
협하며 도덕적 선악을 판단할 때도 중립적 태도를 견지할 수밖에 없다. 실
제로 체사레 보르자가 활약할 당시 로마 교황청은 이탈리아반도의 통일을
이룩해서 로마 제국의 영광을 되찾는 동시에 신의 도시(City of God)를 건설
하는 숙원을 이룩하려는 기운이 무르익었다. 이러한 역사적 현실이 종교
적 이상의 굴절을 가져오게 했다는 사실을 도덕적 판단과 결부시킬 수만
은 없다.

종교적 이상이라는 것도 어떤 면에서는 역사적 구성물이라는 점을 부
인하지는 못한다. 동고내 사건에서 조광조가 동고내를 회유하는 것이 왕

9　같은 책, 같은 곳.

자어융(王者禦戎)의 도(道)가 아니라고 주장한 것은 유교의 정윤론(正閏論)[10]에 입각한 도덕 지상주의에 근거한다고 보겠는데, 오늘날에 와서 만약 어떤 강대국이 자기 나라 안의 소수민족을 도의(道義)를 모르는 야만인이라고 규정한다면 인간의 존엄성이라는 보편성에 어긋나는 부도덕한 판단으로 규정될 것이다. 그러므로 구원의 이상으로 간주되어 온 유교의 도덕 지상주의도 어떤 면에서는 역사시대의 하나의 유물이라 아니할 수 없다.

요컨대 도덕성을 중시하는 동고내 사건이든, 아니면 도덕적 판단의 개입을 거부하는 마키아벨리즘이든 다 같이 권력의 산출 기능을 지녔다는 데 주목하고자 한다. 전자의 경우 조광조(趙光祖)가 권력의 쟁취와 일신상의 영달을 위해서 유교적 이상을 현실 정치에 투영하려 했던 것은 아니다. 오히려 그가 사화에 휩쓸려 살해당하는 것으로 정치에 있어서 도덕 지상주의의 막을 내렸다. 그럼에도 불구하고 조광조의 이상주의적 지향이 그의 생존 시에 설득력을 지녔다는 사실, 심지어 조정에서 결정한 것을 번복한 것과 같은 사례에서, 또 그의 행적이 그의 사후에 정치 과정에 커다란 영향력을 행사했다는 사실에서 권력 산출 기능이 인정되어야 한다. 체사레 보르자도 마찬가지로 패륜의 부도덕을 저질렀으며 교회의 권능을 업고 권모와 술수를 일삼았으나 그가 추구하는 목표가 당대에는 실현 불가능인 것처럼 보였다. 그러나 마키아벨리즘은 절대왕정 시대에 유럽 정치의 꽃이었다. 또한 19세기에 와서 이탈리아의 통일도 도덕적이고 평화적인 수단에 의해 이룩된 것은 아니다. 마키아벨리즘이 이탈리아 통일의 원동력이라 해도 과언이 아니다. 그렇다면 종교를 포함한 모든 담론[11]의 산출 기

10 守本順一郞,『東洋政治思想史』, 未來社, 東京, 1971, p.140.
11 담론(談論, discours)이란 의미의 호환성(互換性)을 지닌 체계라고 표현할 수 있겠

능은 권력을 낳고, 또 그것이 구체적으로 현실 정치에 지대한 영향을 미칠 수 있다는 사실을 알게 된다.

3. 좋은 종교와 나쁜 종교

이제까지의 서술대로라면 종교가 도덕적 판단과 관련 없이 권력 산출 기능을 갖는다는 뜻에서 도덕적 판단이 개재하는 좋은 종교와 나쁜 종교의 구별은 무의미하다는 이해가 성립한다. "모든 종교가 권력을 산출한다."라는 명제는 어디까지나 가치 중립적인 것이며, 종교가 산출한 권력이 인간의 삶의 조건에 어떠한 변혁을 가져오는가에 대해서도 마찬가지로 가치 중립적인 사실의 규명에 머무르게 될 뿐이다. 그럼에도 불구하고 종교와 권력을 결부 지어 생각할 때 항상 악의 세력으로서 권력에 대항하고 정의를 구현하는 종교는 좋은 종교요, 권력에 굴종하는 종교는 나쁜 종교라고 하는 가치 지향적 규범 명제가 특히 진보적인 지식인의 종교관이라 해도 과언이 아니다. 여기서 규범 명제라 함은 종교는 마땅히 악의 세력과 맞서 정의를 실현하는 좋은 종교가 되어야 한다는 규범적인 당위성을 내세운다는 뜻이다.

특히 오늘날 헤겔 좌파에서는 좋은 종교와 나쁜 종교를 구분하는 준열한 기준을 세운다.[12] 좋은 종교란 과도하게 관리되는 산업자본주의 시

는데, 말이 대표적인 것이지만 말이라 하더라도 'Signifiant(signifier)'로서의 말이 'Signifie(signified)'되지 않으면 의사 전달 체계가 성립되지 않을 것이다. 한데 예를 들어 내가 어떤 일을 성사시키고자 당사자를 향응에 초대해서 일이 잘 되었다면 그 역시 일종의 담론의 형태에 속한다고 볼 수 있다.

12 Rudolf J. Siebert, *The Critical Theory of Religion*, Mouton, Publishers, Berlin 1985,

대에도 질식하지 않고 부정의를 혁파하고 정의를 실현하고자 하는 고동 (pulse)[13]이다. 종교가 있는 곳에는 반드시 해방이 있다.

나쁜 종교 역시 고동인 점에서는 마찬가지이나, 그것은 복음(kerygma)에 안주하려고 한다. 그것은 사악한 진실을 감싸려 하는 고동이다. 인생의 고동이나 역사의 공포도 모두 의미(meaning)가 있는 것으로 해석한다. 그것이 지상에서의 의미이든, 아니면 천국에서의 의미이든 이러한 나쁜 종교의 허위는 심지어 십자가조차 필요로 하지 않는다는 것이다.[14]

우선 과잉 관리 체제(overadministrative)의 산업사회가 유발하는 부정의라는 문제를 개념적으로 정리해 보고자 한다.

우리나라의 경우에도 1960년대 이래 국가자본주의의 집중적 관리와 특히 1970년대 초부터 의욕적으로 밀어붙인 중화학공업의 확장을 통한 조국 근대화 및 선진화라는 목표 설정으로 인해 현대 산업사회가 구조적 결성 개념으로 지니고 있는 비인간화와 부정의의 문제를 심각하게 노출시켰다. 남북한 사이의 이데올로기적 대결의 양상이 첨예화하여 경직된 것도 경쟁적인 생산력 향상에 주요 목표를 고정시켰기 때문이다. 1차 5개년 계획이니 하는 목표 설정이 바로 사회적 에너지의 총체적 역량을 생산적 향상에 투입한다는 것이다. 분단 상황 아래에서의 남북한의 대결 구조에서 경쟁적 생산력 향상은 확실히 자본제적 생산양식(CMP, Capitalist Mode of Production)이 우월함을 입증했다. 비록 중앙 집권적 집중 관리 방식이긴 했지만 전화(戰禍)에 찌들리고 농업 위주의 아시아적 생산양식(AMP, Asiatic

p.526.
13 같은 책, 같은 곳.
14 같은 책, p.327.

mode of production)을 극복하는 데는 자본제적 시장경제의 원리가 우수하다는 것이 입증된 셈이다. 그러나 이러한 공업화의 과정에서 북한의 동원 체제와는 또 다른 인간 관리의 방식, 가령 인간 자원을 양적 계량(量的計量)의 단위로 환산하는 인력 수급 계획을 비롯해서 공업화에 따른 거대도시의 등장, 자연조건의 형질 변경이나 생태계의 균형 파괴, 사회 · 문화 · 교육 전반에 걸쳐 불평등 및 정당성의 결여와 왜곡화 현상을 체험하게 되었다. 무엇보다도 경제성장 제일주의라는 목표 설정과 이데올로기적 대결 구조의 개발독재를 정당화하는 방향으로 공업화가 추진되었다. 여기에서 숱한 인권침해가 야기되었고 비추종 세력에 대한 가혹한 탄압에 맞서 저항하는 것이 양심을 표방하는 종교 세력의 투쟁 목표이기도 했다.

하지만 과잉 관리에 따른 질식할 만한 상황과 부정의가 편재하는 현상이 제기하는 심각성은 이제부터라고 하겠다. 1960년대부터 1980년대 중반까지 우리는 과잉 관리 사회에서 살았다기보다는 오히려 사회적 에네르기를 총체적인 목표로 집중하기 위한 인위적인 통제 망 안에서 살았다고 할 수 있다. 그런데 이제부터는 우리가 추구해 마지않는 모든 부문에서의 민주화를 비롯한 인간성의 자유로운 노출 또는 열린 사회에로의 지향이 실상은 우리를 엄청난 함정으로 이끌어 나간다는 것이다. 그 함정이란 바로 과잉 관리의 사회이다.

노동운동이 현재 생산 활동을 위축시켜서 기간산업의 가동마저 중단할 위협을 느낀다고 이야기되는 현실에 맞서 우리는 무엇을 해야 할 것인가? 그것은 생산 활동이 마비되어 성장이 둔화하고 선진국으로 턱걸이하다가 주저앉고 말 것 같다는 정책 입안가의 고뇌가 아니라, 인플레이션과 실업자의 범람으로 가계가 균형을 잃고 주식시장의 붕괴로 투자가들이 파산하게 되는 파국에 대한 두려움이다. 그리하여 노동자들의 잇단 항의 시위가 하루빨리 진정되고 생산 장치(자본·노동·기술)가 마치 맞물고 돌아가는 수많은 톱니바퀴처럼 원활하게 움직여 주기를 바란다. 생산 장치는 원활하게 움직이는 데 그치지 않고 부단히 증대(확대재생산)하는 속성을 지니며 또한 더 복잡해지고, 고도의 부가가치(이익)를 획득하도록 고안되었다는 사실을 간과할 수 없다. 바로 여기서 과잉 관리 체제가 문제된다. 근대 과학적 관리 기법의 창시자인 테일러(F. W. Taylor)에 대하여 안토니오 그람시는 그가 창안한 관리 기법이 생산성 향상에 이바지한 결과 엄청나게 불어난 이윤으로 인해 자본가의 부인들은 몸치장하는 데 여념이 없게 되었다고 말한다.[15] 베블런(T. Veblen)의 과시 소비와 비슷한 발상이라고 하겠는데, 여하간 테일러의 과학적 관리 기법은 인간이 스스로 고안한 제도나 체계에 의하여 스스로가 관리당한다는 중대한 교훈을 일깨워 주었다. 노동자는 생산성 향상을 위해 관리당하고 그렇게 해서 불어난 이윤 때문에 자본가의 아내는 스스로의 몸을 관리하는 데 여념이 없게 된다는 것이다. 고도산업사회를 지향하는 과잉 관리 체계가 시간적·공간적 범주 안에서 생산력의 효율성을 증대하기 위해 인적·물적 자원을 효과적으로 관리하는 가운데 비인간화와 부정의의 문제가 노출된다.

우선 시간적 범주에서 본다면 생산 활동의 주기를 단축하기 위해서는 소비의 증대를 제일의 목표로 설정하게 되고, 인간을, 목적이 아니라 소비를 위한 도구로 전락시키는 전략이 추구된다. 판매 촉진을 위한 광고의 홍수가 이를 단적으로 예시한다.

공간적 범주에서 본다면 임해 공업단지의 사례를 예시할 수 있겠다. 그것은 국토를 효과적으로 관리하는 마스터플랜의 일환으로 나온 것이며,

---

15 A. Gramsci, *Selections from the Prison Note Book*, London 1971, pp. 303~304.

이러한 거대한 프로젝트가 연안의 형질을 변경하여 연근해 어장을 망치고, 단순한 경제적 조건에 대한 항변 이상으로 요람과도 같은 정든 고향을 등져야 하는 실향 어민들의 항변도 자주 접하게 된다.

1970년대 도시산업선교회의 활동상은 산업사회에서의 비인간화에 대한 철학적 반성이라기보다는 노동자의 권익을 보호하기 위한 원생적 반항의 성격이 짙었다. 현재 우리나라는 최저임금제가 아직도 명목상으로만 존재할 뿐이고 전 세계에서 산재 발생률이 가장 높다. 더더구나 산업재해에 따른 심신의 기능장해로 인한 ①손상(impairment), ②능력 제한(disability), ③사회적 불리(handicap)[16]라는 개념 설정조차 모호하다. 그리하여 수많은 작업장에서 눈에 띄는 신체의 손상을 입은 근로자가 업주와 적당히 타협해서 근소한 액수의 보상금을 받고 체념하고 마는 원시적 방법으로 해결하는 상태를 면치 못하고 있다. 하지만 노동자의 생존권을 물리적 폭압으로 짓밟는 암매한 지난날의 방식은 사라졌으니만큼, 오늘날의 구조악(構造惡)에 의한 부정의(不正義)에 대해서는 1970년대부터 활약하던 도시산업선교회의 원생적 반항으로는 개선될 성질이 아닌 것이다. 물론 원생적 반항 대신 이제는 소셜 워커(social worker)와 같은 기능 전환으로 산업사회가 가져다준 부정의의 문제, 나아가 구조악의 문제를 기술적으로 해결하는 사회공학적 처방이 필요할지 모른다. 그러나 현재와 같은 노사분규와 정치적 이념의 갈등이 혼재하는 상황에서 노동자의 근로 의욕은 한층 약화되고, 기득권자는 물적 가치를 증식하는 데 더욱 자기중심적인 폐쇄성을 발로하게 된다.

그리하여 앞으로 생산 공정을 비롯해서 모든 직무 수행 방식에서 초소

---

16 小田練三・白石大介 편,『現代社會と社會學』, 誠信書房, 東京, 1967, p.177.

형전자공학(ME, Micro Electronics)의 자동화 방식이 추진될 때 생력화(省力化)
는 불가피하게 되고 여기에서 밀려나는 비숙련의 산업예비군을 어떻게 처
리하느냐의 문제와, 기업이나 가계가 주식이나 부동산과 같은 재(財)테크
에 열을 올리고 생산 활동을 경원시하는 경향을 어떻게 보아야 할 것인가
하는 문제가 생긴다. 이것은 산업자본주의가 막바지의 단계에 도달해서
이른바 탈공업화사회 이후에 생겨나는 문제인데 우리나라에도 이러한 징
후군이 노골적으로 엿보이기 시작한다.[17] 물론 ME와 시스템화 시대에 사
람의 일손을 그만큼 덜고 누구나 안락한 생활을 추구할 수 있다면 그것은
공리적 측면에서 선이라고 볼 수도 있다. 그러나 과도한 여가와 불로소득
의 조장은 노동을 천시하는 사상과 퇴폐와 향락을 추구하는 불건전한 풍
토를 조장하고 소비 만능의 물질 지상주의를 부추겨서 도덕적 타락을 면
치 못하게 된다. 더구나 분배 구조의 왜곡 현상이 심각하게 노정되어 있는
우리 사회가 이러한 탈공업화사회의 부정적 측면만을 노출하게 되면 기층
부터 와해되는 파국을 면치 못할 것이다.

여기에서 우리는 소외, 물화(reification), 물신화(fetishism) 같은 낱말들이
하나의 관념적 가구물(假構物)이 아니란 사실이 피부에 와닿는 것을 느끼
게 될 것이다.

앞서 좋은 종교는 해방을 지향한다고 했다. 한국 사회가 제기하고 있는
이러한 과제에 대하여 해방만이 유일한 해결의 열쇠라고 할 때 우선 하버
마스(Habermas)의 의사소통적 실천(communicative praxis)의 문제를 거론해
볼 수 있다. 하버마스가 극좌파로부터 우파라고 지탄을 받는 것은[18] 해방

17　中央經濟, 1989년 2월 24일 자 「우리 經濟 뭔가 심상치 않다」.
18　Rudolf J. Sibert, 같은 책, p.1.

과 관련해서 관념적 수준에서건 아니면 행위의 차원에서건 기존 질서의 전면적인 타도를 통해서 유토피아를 실현하려는 것이 아니라 대화를 통해서 실재(reality)에 접근하려는 태도 때문이다. 하버마스의 이러한 입장은 방법론상으로 볼 때 소크라테스의 대화를 통한 변증론 이래 계몽주의 시대의 점진적 개량주의를 거쳐 오늘날의 비폭력 진보 운동의 노선과도 일맥상통하는 것이다. 이것이 민중과 민족을 부르짖는 오늘날 한국의 급진 세력에게 설득력을 갖기에는 너무나도 미흡하다는 것은 하버마스의 주장이 서구 사회의 발전 과정에서 도출된 구조악에 대한 비판이라고 하는 문화적 배경의 차이보다도 불분명한 중간적 노선을 걷고 있다는 판단 때문이다.[19]

부정의(不正義)의 타파와 해방으로 이끌어 가는 또 다른 극약의 처방 하나로 루카치가 『역사와 계급의식』에서 제시한 폭력적 혁명을 통해서만 성취될 수 있다는 신념은 일단의 급진주의자들의 해묵은 환상이기도 하다. 하지만 루카치가 『역사와 계급의식』의 재판 서문에서 자신은 1918년 헝가리 혁명 당시에 메시아니즘적인 종말론의 환상에 사로잡혔다고 고백한 사실은[20] 무엇을 말하는가? 부정의와 왜곡된 구조악을 시정하는 것은 종교를 통해서는 불가능하다는 비관론에 빠질 수밖에 없다. 첫째로 대화를 통한 의사소통적 실천은 가치의 다원화와 구조악이 단순히 선진적 산업형 사회가 지닌 정당성의 결여[21]에서만 오는 것이 아니라 선진형과 후진형, 전통과 근대, 서구와 비서구라고 하는 복합적인 요소가 뒤섞인 한국적 특

---

19 위의 책, 같은 곳.
20 G. Lukács, *History and Class Consciousness* (trans, by Rodney Livingstone), The MIT PRESS, Cambridge Massachusetts 1971, Preface to the New Edition, p.xv.
21 J. Habermas, 임재진 역, 『後期 資本主義의 正當性 問題』, 종로서적, 1982, pp.39-62.

수 상황에서 비롯한다는 데에서 오는 궁극적 실재나 정의(正義)의 소재를 파악하기 힘들기 때문이다. 또 한편으로 급진적인 기성 질서의 타도를 통해서 해방을 실현한다는 방식은 그것이 체제 전복이라는 정치적 이유 때문에만 부정되어야 하는 것이 아니라, 종교적 상황에서 볼 때 메시아니즘에 도취하게 만들기 때문에 부정되어야 하는 것이다. 메시아니즘에의 도취는 일시적 앙분 상태에 빠뜨리는 환각 작용에 그칠 뿐 궁극적 실재에 접근해서 정의의 소재를 밝혀내는 데 하등의 도움도 주지 못한다. 종말론적 환상이 궁극적으로 정의의 실현에 하등의 기여도 하지 못한다는 사실은 유수한 사상가나[22] 역사적 경험을 통해서 실증되어 왔다. 그렇다면 헤겔 좌파의 입장에서 볼 때[23] 한국 사회가 안고 있는 구조악에 대한 궁극적인 해결 방안은 적어도 종교를 통해서는 접근 가능성이 없다는 결론에 도달한다. 적어도 해방을 전제로 한 좋은 종교의 역할을 기대할 수 없다는 것이다. 바꾸어 말하자면 좋은 종교의 권력 산출 기능은 그만큼 제약을 받는다고 하겠다.

1960년대 이래 종교의 복음주의적 물결은 한국 사회의 특징적 현상으로 주목할 만하다. 물론 여기에서 1950년대 초 북쪽에 편재해 있던 기독교 인구의 대거 월남 사태와 전쟁의 폐허로 인한 생활 근거의 박탈 및 여기에 따른 보상 심리가 종교의 복음주의에 편승했다고 하는 통속적 견해도 있다. 사회학의 구조기능주의 학파(Parsons 학파)의 주도적인 입장은 종교의 사회화가 사회의 통합과 통제 및 균형과 안정에 기여한다는 긍정적

---

22 International Encyclopaedia of Social Science, "Kelsen, Hans" 항(項).
23 Rudolf J. Sibert, 같은 책, p.326.

평가를 내린다.[24] 이와 같이 종교가 개인적 구원과 사회의 안정에 기여한다고 하는 주장은 헤겔 좌파의 나쁜 종교론에서 보면[25] 한국과 같은 분단 상황에서 역사의 공포(분단의 고착화에 따른 이데올로기적 갈등)로부터의 도피를 조장한다는 비난의 대상이 될 수도 있다. 실상 이와 같은 공포에 대하여 종교(특히 기독교)는 초월자가 주신 시련이라고 표현하면서 거기에 특정의 의미를 부여하려고 했다. 그것을 신정론(神正論, theodicy)이라고 부르기도 하거니와 구조기능주의 사회학의 원조라고 하는 막스 베버는 신정론이 내세속적 금욕(inner weltliche Askese)이라고 하는 청교도적 윤리관의 원동력이었고, 이것이 의미의 문제(problem of meaning)를 낳게 하는바, 의미의 문제가 전근대성을 타파하는 근대적 인간 주체의 원동력이라고 보았다. 그러나 의로운 신이 주시는 고통과 더불어 최후의 심판에 대한 실존적 대응은 내면세계에 침전되어야 할 본래의 성격이 왜곡되면서 종말론의 세속화가 보편화된다. 1960년대 이래 기독교의 복음주의적 선교 전략이 세속화된 종말론적 상황 의식에 초점을 맞추면서 물화(reify)된 가치 구조와의 반응계(反應系)에서 종교의 권력 산출이 현실로서 나타난다.

미셀 푸코(M. Foucault)는 일망감시장치(一望監視裝置, panopticon)에서 볼 수 있는 바와 같은 권력형을 '목자=사제형(牧者=司祭型) 권력'이라고 했다.[26] 이러한 목자=사제형 권력은 중국, 인도는 물론 그리스, 로마에도 존재하지 않는다. 이러한 목자=사제형 권력은 중세 이래 그리스도 교회의 조직

24 같은 책, p.327.
25 같은 책, 같은 곳.
26 M. Foucault, 渡邊守章 역, 「「性と權力」, 『哲學の舞臺』, 朝日出版社, 1987, pp.333-334.
    목자형권력(牧者型權力)의 테마는 이집트, 앗시리아, 유대 등 지중해 세계 동부에 기원을 두고 있다.

화와 더불어 탄생했으며 가톨릭의 고해성사와 더불어 제도화되었다. 그것은 마치 목자가 양떼를 돌볼 때 어린 양 한 마리 한 마리에게도 따뜻한 손길을 내밀 듯이 개인의 내면세계를 꿰뚫어 끊임없는 감시와 원려를 게을리하지 않는다. 그런데 세속화된 종말론이 압도하는 상황 인식과 더불어 소시민적인 안락감에 대한 선호는, 위기의식을 내면세계에서 실존적인 갈등으로 치환하는 궁극적인 몸부림을 포기하고 고백을 통한 구원의 대망에 내면세계를 값싸게 목자=사제형 권력에 팔아넘긴다. 죄의식이야말로 인간이라는 불안한 존재의 내면에 깃들어 있는 보편적인 본질인 것이며, 서양 문화가 기독교를 매개로 하여 이것을 잘 활용했다는 사실은 D. 리스만이 서구 문화를 죄의식의 문화(guilty culture)라고 규정한 것에서 충분히 엿볼 수 있다. 고백은 이러한 죄의식으로부터 '타자(他者)'에 의해 어떤 인간에게 주어지는 신분과 본성, 가치의 보증'[27]인 것이며 이것을 통하여 자기 동일성의 확립이 가능하게 된다. 기독교 의식으로서의 고백의 절차가 억압적이며 배타적인 독점적 권력으로부터 근대적 개인을 산출하고 권력의 분해에 기여했다면,[28] 우리나라에서의 이러한 의식 절차는 죄의식을 털어버리고 물화된 가치 구조를 더 공고히 하는 토대를 구축하게 된다. 세속화된 종말관에 대한 위기감에서 고백의 보상으로 확립된 주체, 물화된 가치 구조의 반응계에서 산출되는 목자=사제형 권력은 오늘날 기독교에만 그치는 것이 아니라 모든 종교의 사회화가 겨냥하는 전략 목표인 것이다. 진실로 기독교의 복음주의적 선교 전략의 권력 산출 효과는 한국 종교문화

---

27 Mike Hepworth and Bryan S. Turner, *Confession*, Routledge Kegan and Paul, London 1982, pp.96-97.
28 Bryan S. Turner, *Religion and Social Theory*, Heineman Educational Books, London 1983, p.160.

에 커다란 이정표를 제시했다.

4. 권력에 대한 구조주의적 시각

우리가 종전까지 경험해 온 권력은 위압적인 권위 위에 군림하는 억압과 피억압의 실체였다. 그렇기 때문에 권력의 정당성은 항상 도덕성과 결부된 규범적 평가의 대상이 되어 왔고, 권력의 폭압에 대한 저항은 선이나 양심의 표현으로 인정되어 왔다. 그것은 마치 프랑크푸르트학파가 인간을 통제하는 그럴싸한 인공적 가면을 벗겨 버림으로써 현대 산업사회의 비이성적 실체를 폭로하는 규범적 태도와도 궤도를 같이하는 것이라고 하겠다. 물론 1960년대부터 1980년대에 이르기까지 분단 상황의 이데올로기적 대결 구조 아래에서 전근대성을 탈피하기 위해 산업화를 추진하는 과정에서 정치권력의 정당성 여부는 차치하고라도 양심범으로 분류되는 사람에 대한 투옥과 감시 및 고문, 그리고 숱한 인권침해의 사례는 프랑크푸르트학파가 제기한 산업사회의 비인간화 이전에 전근대적 전제정치의 작태와 맞먹는 것이라 하겠다.

그러나 이러한 과정에서도 우리 사회는 놀랄 만한 속도로 시스템화의 과정을 거쳐 왔으며 고도의 정보 기술에 의해 비정치적 부문에서의 사회 구성원의 통제가 효과적으로 진척되고 있다. 예를 들어 만 18세 이상의 모든 국민은 고유 번호를 부여받게 되는 주민 '등록'과 관계된 사항을 생각해 보자.

이것은 북한에서의 철저한 통제와 감시에 대응하기 위해 1960년대 후반에 실시하기로 행정 지침이 시달되었을 때부터 문제가 되었는데 오늘날에 와서 정보 통신망의 확충으로 이것을 전산망에 편입시키자는 데 대하여 일부에서 반대 의견이 있었던 것으로 알려지고 있다. 개인의 사생활 보호라는 차원에서 침해가 예상된다는 것이다. 그러나 선진국에서는 우리나라와 같은 의무적인 강제적 조치를 행사하지 않음에도 불구하고 개개인은 자신도 모르는 사이에 개개인의 신상에 관한 모든 정보가 등록된다. 예를 들어 운전면허를 소지하거나 신용카드를 사용하거나, 아니면 소득에 관한 자료가 세무서에 수렴되는 과정에서 '등록'되고 '분류'당하며 '배제'되고 '선택'당하며 경우에 따라서는 '선동'을 받기도 한다.

이와 같이 산업화 과정에서 합리성의 추구와 함께 인간이 조작당하는 사태를 프랑크푸르트학파는 준열하게 비판한다. 또 산업화 과정에서 우리나라에서 제기되는 문제이든 선진 자본주의 사회에서 제기되는 문제이든 한결같이 합리화를 지향하는 정보 체계가 보이지 않는 가공할 힘으로써 사회 구성원을 통제하는 위력을 발휘하기 때문에 선진국에서조차 이러한 조작 장치에 걸려들어 '배제'당한 사람은 비록 신체상의 자유를 누린다 해도 일평생을 파락호의 떠돌이 신세로 보내야 한다. 이러한 등록 · 분류 · 선택 · 배제의 시스템에 의한 인간에 대한 조작 또는 통제 기능은 산업자본주의를 지향하는 모든 사회가 피할 수 없는 운명이라고 간주하더라도, 이것이 사회적 자원의 불평등한 권위적 배분을 정당화한다면 그것은 하버마스가 말하는 전면적 위기 상황이라 아니할 수 없다. 예를 들어 우리나라에서 정액 봉급생활자는 과세 자료가 전부 노출되기 때문에 사소한 과세원(원고료)까지도 추적되는 반면에 교회나 사원으로 집중되는 막대한 금융 및 유형 · 무형의 자산은 전혀 과세원으로 노출되지 않을뿐더러 오히려 신교(信敎)의 자유라고 하는 이름 아래 보호를 받고 있는 실정이다. 종교 집단이 사회적 자원을 독과점하는 데서 빚어지는 불평등의 문제는 비단 오늘날 고도의 합리화와 시스템화를 지향하는 산업자본주의 체제 아래에서만 문제시되는 것은 아니다.

이성계 일파의 쿠데타로 조선왕조를 세운 당시의 신흥 사대부들은 무엇보다도 기진(寄進)과 투탁(投托)에 의해 불교 사원이 막대한 생산수단(토지와 노동력)을 장악하고 있는 데 불만을 품었으며, 조선왕조의 건국 동기를 형이상학적 원리를 통해 천명이라고 하면서 정통성을 주장하려 했으나 불교 사원에 대한 통제는 여전해서 사원의 영리 행위[貿利興販]에 대해 신랄한 비판을 가했다. 오늘날에 와서 종교가 사회적 자원을 독과점하는 사태는 종교의 복음주의와 물화된 가치 구조의 반응계에서 일어나기 마련이다. 이것이 프랑크푸르트학파의 종교에 대한 비판론의 핵심 개념이라고 말할 수도 있고, 앞서 언급한 헤겔 좌파가 지적하는 나쁜 종교의 표본이라고 할 수도 있다.

그러나 우리는 종교의 권력 산출 기능을 좀 더 심도 있게 분석해 보기 위해 비판 이론이나 헤겔 좌파의 규범적 태도를[29] 답습하기보다는 도덕적 판단에 관한 중립적 태도를 견지할 필요가 있다. 실상 M. 푸코는 '등록·배제·선택·분류'와 같은 현대 산업사회에서의 담론의 권력 산출 기능을 비판하려 하지는 않는다. 따라서 '권력을 산출하는 담론'에 반대하기 위하여 '해방을 이끌어 내는 담론'을[30] 창출하려는 것이 아니다. 그가 파악하고 있는 권력은 억압적이라거나 파괴적이라기보다는 생산적이며 건설적이라는 데 문제의 핵심이 있으며,[31] 특히 오늘날에 와서는 권력이 더 분화

29　內田隆三, 『消費社會と權力』, 岩波書店, 1987, p.166.

30　Mike Hepworth and Bryan S. Turner, *Confession*, p.99.

31　M. 푸코는 권력(權力)에 대해서 다음과 같은 정의(定義)를 내리고 있다.
　　M. Foucault, La Volonté de Savoir-Histoire de la Séxualité, vol. 1. Gallimard, 1976, pp.123-127을 볼 것.

되어 미세화하고 그것이 다시 불가시적인 것으로 변하고 있다. 권력은 그 것이 산출되고 행사되는 과정에서 반드시 신체(body)라는 공간을 매개로 [32] 해야 한다. 특정 목표 아래 인간 신체에 작용해서 계획된 전략대로 인간 의 정신 신체적인 개조를 이룩하는 것을 훈련이라 한다.[33] 훈련이 끊임없 는 조건반사적인 피드백 작용을 거친다는 사실은 말할 필요조차 없다. 훈 련을 수행하는 과정에서 권력은 끊임없이 신체 공간에 작용하며, 또한 재 생산된다. 이데올로기적 전향 또는 사상의 개조라는 전략을 수행하기 위 해서 신체 공간에 작용하는 권력을 세뇌(brain washing)라고 말한다. 그러 나 세뇌라는 것은 어디까지나 평가적인, 또는 규범적인 의도를 지닌 개념 구성 때문인 것이며(특히 비공산 진영에서 공산 진영의 비인간성을 폭로하기 위한 용어로서), 가치 중립적인 입장에서 보면 학습이라는 말이 가장 적절하다 고 하겠다(실상 공산 진영에서는 주민들에 대한 세뇌를 학습이라고 부른다). 학습

① 권력이란 획득된다든지, 탈취된다든지, 공유된다든지 하는 특권이나 실제가 아니 라 유동적이며 불평등한 제관계 속에 편재하며 무수한 지점으로부터 행사된다.
② 권력(權力)의 제관계는 경제나 지식이나 '성(性)' 등의 다른 형태의 제관계의 외부 에 있는 것이 아니라 그것들 가운데 내재한다.
③ 권력은 위에서 아래로 파급한다고 하는 포괄적이고 2차적인 대립의 도식에 의하여 파악되는 것이 아니다. 국지적이며 다양한 힘의 제관계가 지배하는 측과 지배당하는 측이라는 사회의 총체 안에 일어나는 커다란 균열을 떠받치고 있다고 할 때 권력은 오 히려 아래로부터 우러나온다고 볼 수 있다.
④ 권력의 제관계에는 어떤 목표의 계열이 관통하고 있으며, 또한 전술적 차원에서 계 획적이고 합리적이다. 하지만 이 합리성은 개개의 주제의 선택이나 결정의 결과가 아 니라 비주관적인 익명성 속에서 전개되는 권력의 전략에 귀속하고 있다.
⑤ 권력에의 저항은 결코 권력의 바깥에 있는 것이 아니라 권력과 상관 관계 가운데 있으며 권력은 다양한 저항과의 전략적 상관 관계 속에서 파악된다.

32 Bryan S. Turner, *The Body and Society*, Basil Blackwell, Oxford 1984, p.2.

33 M. Foucault, *Discipline and Punish: the Birth of Prison*, Harmondsworth, p.194.

이 반드시 이데올로기의 산출을 위한 것만은 아니라 하더라도 인간 신체에 미치는 권력의 작용인 동시에 권력 재생산의 기능이 있다는 사실을 이제까지의 문맥으로 보아 부정할 길이 없다. 학습이 인간 신체 공간에 전략적 목표의 달성을 확실히 담보받는 권력의 작용을 효과적으로 수행하기 위해서는 프로그램화되어야만 한다. 이처럼 프로그램화된 학습을 우리는 교육제도라고 말한다. 학습의 프로그램화는 집단화된 개별자를 주체화시키고 자신의 정체성을 확보하는 데 전략 목표가 있다.[34] 전략 목표 가운데 '등록'과 관련해 생각해 볼 때 특정 학습 집단에 등록됨으로써 스스로 학습을 받는 대상의 일원이라는 주체적 자각과 함께 자기의 정체성을 확인하게 된다. 둘째로 '분류'당한다는 것을 주체적으로 해석하면 사회 분업의 고도화와 함께 개별자 그 나름의 역량에 따라 전문화가 추진된다는 것을 뜻한다. 셋째로 '선택과 배제'에 있어서는 학습이 업적을 중심으로 개인을 평가한다는 점에서 그 전략적 효과를 인정할 수 있다. 부단히 선택과 배제의 조작적 기능을 피드백함으로써 주체의 질적 향상을 도모하는 기능이다. 마지막으로 학습이 '선동'이라는 전략적 효과를 간과할 리 만무다. 사회주의 진영의 폐쇄적 동원 체제가 학습의 효과를 통해서 얻어진 자발적 참여에 힘입은 바 크다는 사실은 주지하는 바이지만, 자본주의 진영에서도 교육제도가 지닌 선동적 요소를 간과할 수는 없다. 이른바 스키너리즘(Skinnerism)이라고 표현되는 행동주의적 실험이 이를 실증해준다.[35]

학습이 프로그램화하는 근대적 교육제도 형성 관계를 고찰할 때 계몽주

34 M. Foucault, *The Archaeology of Knowledge* (trans. by Sheridan Smith), Harper Torch Book, p.227.
35 Rudolf J. Siebert, 같은 책, p.401. Skinner는 인간은 학습 과정을 통해 완전히 꼭두각시처럼 조종당할 수 있다는 사실을 입증해 보였다.

의 시대의 휴머니즘의 대두와 함께 교육의 보편화가 민주화 이념을 바탕으로 한다는 사실도 앞서의 문맥을 뒷받침해 준다. 근대 시민의 주체적 자아의 각성은 교육에 있어서 보편성과 기회 균등이라는 자발적 요구가 전통적 도제식 사교육 형태를 공교육으로 흡수하는 발전적 방향 전환이 불가피했고, 개별자의 주체성 함양을 전제로 하는 학습의 프로그램화가 진전되는 가운데 공권력이 모든 시민의 신체 공간에 직접 작용하는 결과를 낳았다.

이보다 앞서 교회는 일찍부터 학습의 프로그램화에 눈을 떠서 1215년 라테란 공의회에서 신학 교육의 프로그램을 표준화하도록 결정했다. 이것은 기독교가 고백을 통한 권력의 산출이라는 요소와 더불어 또 하나의 권력 산출의 동기를 부여받은 셈이 된다. 실상 계몽주의 이래 공교육이 학습의 프로그램화에 진력하기는 했지만 서구에서의 교육은 전통적으로 기독교가 주관해 왔던 만큼 프로그램의 작성 자체는 물론 근대 사회에서도 교육을 통한 권력의 산출에[36] 있어서 종교는 공권력이 지니는 것 이상의 독점적인 우위를 확보하고 있었다.

우리나라의 근대식 교육 프로그램 성립의 기원은 1885년 미국북감리교회가 세운 배재학당에서 찾을 수 있는데, 사실상 1895년까지 10년간의 개화기에 근대식 교육 프로그램은 거의 기독교가 주관해 왔다고 하겠다. 1894년의 갑오경장 이후 구(舊)한국(대한제국) 정부는 근대적 교육 프로그램을 실천하기 위한 공교육의 제도화를 서둘렀다. 그러나 기독교가 이미 근대적 교육 프로그램의 선편을 잡은 데다가 공교육 제도의 관료적 경직성과 폐쇄성에 대비해서 기독교회가 주관하는 교육 프로그램은 사회화 과

36 M. Foucault, *Archaeology of Knowledge*, p.227.

정에서 근대적 자아의 형성이라는 메시지를 산출해 내는 데 주력했다. 그리하여 정부에서 주도하는 공교육 제도의 프로그램이 엘리트 관료와 전문가를 양성하는 폐쇄적인 자기 순환 구조에 머물렀다면, 기독교회의 프로그램은 특정 신분의 엘리트에만 그치지 않고 모든 신분을 망라하는 근대적 개인으로서의 주체적 자각을 선도했다는 점에서 개방성과 함께 메시지의 전달이 쉽사리 저변화할 수 있었다. 이미 네비우스의 한국에 대한 선교 전략이 중하층 신분에 속하는 대다수의 민중과 부녀자를 대상으로 한 만큼 복음 전파의 목적으로 근대적 교육 프로그램이 여성에게도 동등한 교육 기회를 부여하는 등(이화학당의 설립) 중하위 신분층에도 각종 교육 프로그램을 통한 자아의 각성에 유념했다는 사실은 주목할 만하다. 특히 오늘날 사회교육 프로그램의 범주에 드는 문맹 퇴치라든지 미신 타파 운동이나 부랑자·고아에 대한 선도 또는 보호와 각종 계몽운동(대표적인 사례로 물산장려운동)이라든지 주일 공과 활동 등은 공교육 제도 아래에 수렴될 성질이 아니었다. 사회공학적 차원에서의 복지 정책은 물론이려니와 의무교육 제도가 전혀 고려의 대상이 될 수 없는 19세기 말~20세기 초에 기독교의 이러한 프로그램의 전개 활동은 중하위 신분층은 물론 뿌리를 뽑힌 자들에게도 자아의 주체적 각성을 통한 사회에로의 자발적 복귀의 메시지를 발하게 된다.

일제 초기부터 시작된 YMCA 운동을 통해서 성인교육 프로그램을 실시했다든지, 또 해방 이후 초등교육은 의무교육 제도의 실시로 공교육에 흡수되었으나 명문 사학의 대부분이 기독교계라는 사실을 상기할 때 오늘날에 이르기까지 기독교가 교육 프로그램을 통해서 개인의 자아 형성에 미치는 영향은 지대하다고 하겠다. 더구나 날로 높아만 가는 고등교육 수요의 증가에 비례해서 이를 수용할 수 없는 제도 교육 전반의 과포화 상태 때문에 편의적으로 생겨난 각종 보완 장치들을 기독교를 비롯한 종교계에서 주관한다는 사실에 유의할 필요가 있다. 가령 각종 신학교의 남설이라든지 여러 가지 사회교육 프로그램은 물론 대형 교회와 수많은 개척 교회 및 각 종교의 포교소 자체가 일종의 학습 프로그램을 제공하고 있다는 사실을 간과할 수 없다.

5. 권력과 말

학습 프로그램에 의한 종교의 권력 행사 기능은 제도 교육과 사회교육을 망라하는 전체의 교육 체계에서 신체 공간을 매개로 작용하며 주체로서의 개인을 형성하는 전략적 효과를 거둔다.

학습 프로그램이 신체 공간에 작용해서 주체성을 고양시킨다는 데에는 언뜻 납득하기 어려운 점도 있다. 가령 극단적인 예로 공산 진영에서 정치 학습에 의해 획일적 사상 통제의 전략적 목표를 달성하려 한다든지, 아니면 반체제 인사들을 강제로 정신병동에 입원시켜서 사상적 전향을 꾀한다는 것이 의당 국가 권력의 신체에 대한 억압이나 구속으로 간주되어야 한다는 것이다. 아울러 자본주의 진영의 과잉 관리 체제도 그것이 오히려 인간의 주체화와는 달리 눈에 보이지 않는 권력, 즉 합리적 시스템에 의한 조작의 대상으로서 객체화된 피동적 존재에 불과하다.

여기에 대해 우리가 도덕적 평가를 전혀 고려에 넣지 않는다면 예의 공산주의 방식의 학습이나 자본주의 방식의 과잉 관리 체제는 마치 병자가 병원에서 치료를 받는 것과 마찬가지라고 할 수도 있다. 환자는 정상인이 아니라는 뜻에서 마치 공산주의 체제 아래에서 학습당하고, 또 자본주의 체제 아래에서 과잉 관리당하는 신체와 마찬가지로 객체화되고 그의 신체는 의학적 처치와 관리의 대상이 되지만, 병이 나아서 완전히 정상인이 되었을 때 주체성을 회복하게 될 것이다.

이때 '의학적 처치와 관리'로부터 환자의 신체 공간에 작용하는 권력의 요소를 완전히 배제할 수는 없다. 그리하여 '의학적 처치와 관리'가 지닌 권력의 요소를 해명하는 것은 근대적 임상의학이 탄생하게 된 배경을 이해하는 데서 비롯해야 할 것이다. 근대적 임상의학이 탄생하기까지의 과정을 살피려면 우선 병리학(pathologie)이라는 말의 함의를 분석해야 한다. 파톨로기(pathologie)는 정념, 혹은 '신성한 광기'를 뜻하는 파토스(pathos)와, 말이나 조리(이성)를 뜻하는 로고스(logos)의 합성어이다.[37] 본래는 대립적 관계에 있는 두 말이 합쳐져서 파톨로기가 되었다는 것은 의미심장한 뜻을 함축하고 있다고 보여진다. 그런데 파토스는 대등한 조건에서 긴장과 대립 관계에 있었던 로고스에 의해 제압을 당하고 '병적인 것'으로 낙인이 찍혀 로고스에 대하여 객체화된 나머지 파톨로기가 병리학을 뜻하게 되었다.[38]

한편 본래에는 대등한 조건에서 긴장과 대립 관계에 있던 로고스와 파토스가 각각 인간의 신체와 영혼에 관련지어질 때 이것이 어떻게 나타날 것인가? 파토스가 우리의 몸에 '들씌워질' 때에는 그것이 참을 수 없는 고통과 병으로 나타나고, 영혼에 '들씌워질' 때에는 일시적인 열정이나 앙분 상태로 나타난다. 이와 같이 파토스가 심신 각각에 '들씌워질' 때 정신이상의 상태에 대한 방어기제로서의 프시콜로기(Psychologie: psyché, 영혼), 그리고 신체적 이상 상태에 대한 방어기제로서의 소마톨로기(Somatologie: soma,

---

37 坂部恵,「狂気の意味するもの」, 佐藤俊夫 編,『倫理學のすすめ』, 筑摩書房, p.201.
38 같은 책, 같은 곳.

몸)로 분할된다.[39] 로고스가 파토스를 제압하면서부터 병리학이란 말이 탄생했고, 종래에는 인간 전체를 대상으로 했던 것에서 육체의 병과 정신의 병으로 나누어 임상 치료에 임하는 소마파톨로기(soma-pathologie)와 프시코파톨로기(psychopathologie)로 나뉘게 된다. 물론 서구의 근대적 임상의학이 탄생하기 이전 그러니까 아라비아 의학 또는 중세 의학 및 데카르트 이후에도 1세기 이상 정신병과 육체의 병을 나누어 생각하는 임상의학적 기술은 탄생하지 않았다.[40] 그것은 프시케(psyche)가 원래의 그리스 어원으로 따질 때 '기식(氣息)' 또는 생명의 근원으로서의 불[火]을 뜻하는 인간의 몸이란 영혼, 즉 프시케를 담는 숙주(宿主)인바 살아 있다는 것 자체가 '숨 쉰다[氣息]'는 것을 뜻하기 때문이다. 그리하여 살아 있는 한 영혼과 몸을 확연히 구분한다는 것은 불가능하고, 데카르트 이전의 스콜라 철학은 이 점에서 분명한 태도를 지녔다.

그러나 근대적 자아를 성립시킨 데카르트는 의식하는 주체로서의 마음(mens)과 물체로서의 몸(corps)을 확연히 구별 지었다. 주체로서의 자아라는 것은 생각하는 순수한 정신, 즉 마음인 것이며, 그 밖의 것은 생명을 지닌 것조차도 모두 객체로서의 물체이다. 여기에는 프시케가 깃들 자리가 없다. 그리하여 근대적 이원론(二元論)이 정통성을 자처하게 되며, 이러한 사상은 우선 철학과 정치 사회 사상에 깃들었다. 데카르트의 사상은 서구 합리주의의 선구로서 그의 사상을 기점으로 해서 이성은 절대적인 위치, 거의 신적인 위치에 부상하기에 이른다. 하지만 데카르트적인 이원론이

---

39 같은 책, p.207.
40 M. Foucault, *Maladie Mentale et Psychologie*, Presses Universitaire de France, Paris 1962, p.94.

나 이성론이 임상의학의 발전에 절대적인 영향을 끼친 것은 아니다. 근대적 임상의학의 탄생은 지금으로부터 150여 년 전에 태동한 것으로서 그것은 질병에 관한 말을 재구성함으로써 볼 수 있는 것과 볼 수 없는 것의 관계를 분명하게 인식하는 데서 새로운 지평이 열렸기 때문이다.[41] 신체 공간을 구석구석 지배하는 해부학적 언어의 재구성 및 환자의 장기간에 걸친 관찰 결과 종합된 질병의 제 징후군에 대한 분류와 재구성은 임상의학의 탄생을 가능케 했는데 그것은 병원 제도의 개선이나 여러 가지 임상 진료 케이스를 통한 경험의 축적과 직접 관찰하고 깨닫는 데서 오는 지식의 축적이나 심지어 비샤(Bichat)가 "시체 몇 구를 해부해 보시오."라고[42] 말한 대로 몰래 공동묘지에 숨어들어 갓 죽어 매장한 시체를 해부하는 모험을 불사한 역사적 체험의 산물인 것이지 절대로 철학적 지식, 이성의 산물은 아닌 것이다.

이러한 과정에서 형성된 담론(discours)이, 인간의 신체 공간을 지배하는 기술로서의 임상의학이 19세기에 비약적으로 발전하는 계기가 되었다. 이와 같이 신체 공간을 지배하는 기술로서의 임상의학은 객체화된 환자를 정상인으로 되돌려 보냄으로써 주체화시킨다. 인간을 객체에서 주체로 전향하게 하는 임상의학은 신체 공간에 작용한다는 점에서 일종의 권력이며, 그것의 근거는 형이상학적인 실체에 의해서 규정되는 것이 아니라, 역사적 체험의 축적에 의해서 이루어진 담론 관계에서 추출될 수 있다. 간단히 말한다면 신체 공간을 매개로 하여 작용하는 모든 권력의 근원을 '말'에

---

41 M. Foucault, *Naissance de la Clinique*, Presses Universitaire de France, Paris 1963, p.197.
42 같은 책, p.148.

두고 있는 셈이다.

갑신정변 때 부상을 당한 민영익을 의료 선교사인 알렌이 치료해 준 것을 우리나라에서 최초의 서양 의술의 시술로 간주한다. 알렌이 1883년 마이애미 의과대학을 졸업했다는 사실로 보아 그가 근대적 임상의학의 지식을 충분히 터득했을 것으로 판단된다. 1904년에 설립된 세브란스 병원과 1917년의 세브란스의학전문은 경성의학전문이 설립되기 전까지 우리나라에서 최초로 설립된 종합 의료기관이자 의료인 양성 기관이기도 했다. 세브란스 병원과 의학전문학교를 사례로 들어서 기독교가 근대 임상의학을 통해서 권력을 행사했다고 주장하는 것은 매우 통속적인 견해에 속할지도 모른다.

그러나 알렌에 의해 서양 의술, 그것도 근대 임상의학이 도입되었으며, 그 이래 기독교 계통을 통해서 이러한 임상의학이 보급되고 오늘날에 이르기까지 의료 사업의 선편을 기독교계에서 장악하고 있다는 것이 중대한 상징적인 의미를 시사한다. 알렌이 서양 의술을 소개하기 직전까지 우리나라에서 전통 의술의 가장 선진적인 수준은 이제마(李濟馬)의 사상의학(四象醫學)에 머물렀다. 그러나 사상의학이라는 것은 동양 본래의 우주론에 입각한 새로운 진료 방식일 뿐 서구에서의 근대적 임상의학에서 엿볼 수 있는 바와 같은 질병에 관한 언어의 재구성에 의한 신체 공간의 철저한 지배를 뜻하지는 않는다. 그것은 질병과 신체의 상관관계에서 구성되는 담론의 암호 해독이라든지 전통적인 철학적 사유를 바탕으로 한 낡은 패러다임을 뒤집어엎은 것은 아니다.

전통 의학은 인간을 소우주로 보고 있으며, 우주의 만유가 일기(一氣)의 취산(聚散)에 따라 생멸변화(生滅變化)가 전개되는 것처럼 소우주로서의 인간도 마찬가지의 변화를 겪게 된다고 한다. 그러한 변화의 메커니즘을 화공(化工)이라고 하는데 이것이 순조로우면 변화 자체는 어떠한 조짐도 드러내지 않지만 순조롭지 못할 때에는 각종 불길한 조짐이라든지 궁극적으로 개벽이 일어난다는 것이다. 소우주로서의 인간의 질병도 이러한 화공의 메커니즘이 순조롭지 못한 것을 뜻하고 전염병의 경우에는 화기가 승해서 발생하는 것이라고 생각했다. 그리하여 『동의보감(東醫寶鑑)』을 지은 허준(許浚)은 전염병을 퇴치하는 일종의 주문인 벽온방(辟瘟方)을 짓기도 했다.

매우 흥미로운 현상은 화운지세(火運之勢)가 기승을 부려서 전염병이 나돈다고 하는 것과 서구에서 근대적 임상의학이 탄생하기 직전까지 인간은 물론이려니와 만물에는 프시케, 즉 기식(氣息) 또는 생명의 근원으로서의 화기(火氣)가 깃들어 있다고 믿은 사실이다. 근대 임상의학이 1884년에 한국에 처음 도입되었다는 사실은 전통 의학이 지지해 온, 또 임상의학 탄생 이전의 서구에서의 만물은 숨을 쉬는 생명을 지닌다고 하는 유생관(唯生觀)에 유비(類比)할 수 있는 유기설(唯氣說)이 치명타를 입었다는 것을 뜻한다.

한국의 종교문화에 전혀 생소한 기독교의 유일 절대신에 대한 신앙 및 복음이 지닌 기적에 관한 내용이나 인류에 대한 구속관(救贖觀), 그리고 기독교의 배타적인 보편주의와 함께 합리성의 추구와 같은 배리성(背理性)을 베일로 가리고 선교 활동의 전략적 목표를 성취하는 데 근대적 임상의학이 미친 충격은 지대한 것이라 아니할 수 없다. 19세기 말까지 전통적 지성은 주객에 대해 엄밀한 구획을 짓는 서구적 사유 방식에 전혀 익숙하지 못했다. 가령 개화기에는 격물학(格物學)[43]이라고 하는 용어가 있었는데 그것은 오늘날의 물리학(physics)을 가리키는 말이다. 그것은 유교의 경전

43 『한국사 16』(國編), p.570.

인 『대학(大學)』에서 유래한 전통적 인식론의 중심이 되는 격물치지(格物致知)란 말을 그대로 옮겨 쓴 것이다. 물리학의 대상이 되는 자연현상은 어디까지나 객체로서의 자연현상이다. 그러나 격물치지의 경우 주체와 객체를 구별하지 않고 하나로 융즉(融卽, participate)이 되는 것을 말한다. 마치 신비주의에서 볼 수 있듯이 모든 것이 일자(一者)로 환원하는 현상을 말한다. 그렇다면 물리학을 격물학으로 이해한 것은 완전히 잘못이었다. 왜냐하면 물리학의 본래의 뜻은 임상의학에서 신체 공간을 객체화해서 샅샅이 지배하는 현상과 같은 것이기 때문이다. 동양의학은 절대로 인간 신체를 객체화하지 않는다. 이러한 지적 풍토에 인간의 신체를 객체화할 수 있다는 사실을 실증적으로 입증한 서구의 임상의학은 엄청난 충격을 준 것이다. 죽은 사람의 시체를 박제 표본으로 만들어 보여도 아무렇지도 않게 생각한다는 사실, 환자는 객체로서 병동에서 엄격히 관리를 당하다가 건강을 회복하면 주체로 돌아간다는 사실, 그것은 매우 혼란스럽고도 어리둥절한 일대 충격이 아닐 수 없었다. 이러한 과정에서 숱한 담론이[44] 형성되고, 근대 임상의학을 보급한 기독교는 이러한 담론의 주역으로서 권력을 산출해 냈다고 볼 수 있다.

6. 일원적 세계상에의 노스탤지어

임상의학은 근대과학의 지식을 배경으로 해서 태어난 만큼 어디까지

---

44 여기서 담론이 형성되었다 함은 새로운 서양 의학에 관한 지식 및 임상 경험 및 병원 제도에 관한 숱한 의견이 생생하고 예후 진실성 있는 충격을 안겨줌으로써 그것이 지니는 무형의 권위가 큰 무게를 지니며 영향을 끼쳤다는 뜻으로 이해하면 된다.

나 근대적 합리주의의 소산이라고 하겠다. 그럼에도 불구하고 그것이 합리주의와 이성적 사고의 소산임을 애써 부정한 푸코의 기본적 입장은 합리주의와 이성적 사고에 대한 거의 절대적인 신앙에 과감히 도전한 것이다.[45] 임상의학에서 신체 공간을 지배하는 권력이 이성적 사고에서 비롯된 것이라기보다는 역사적 존재로서의 담론의 형성 과정에서 형성된 것이라고 보기 때문이다.

본론에서의 좋은 종교와 나쁜 종교론에서, 불평등의 문제에 하등의 해결책을 제시하지 못하고 인간을 조종하고 수단으로 삼는 현대 산업사회로부터 해방의 비전을 제시하는 종교가 진정으로 훌륭한 종교라고 했다. 그러나 산업사회의 불평등과 인간 조종이라는 문제는 결국 합리주의의 부산물이라는 점을 생각할 때 이성에 의해서 궁극적으로 이러한 갈등과 모순은 극복될 수 있다고 주장하는 프랑크푸르트학파—엄밀하게 얘기한다면 헤겔 좌파—의 주장은 어느 면에서 자가당착적인 모순을 지니고 있다고 볼 수도 있다. 현대사회의 위기의 원인이 사회적 자원의 권위적인 배분에서 오는 정당성의 결여라고 할 때 그 원인 자체가 합리주의의 기초인 이성에 대한 과신에서 비롯하고 있기 때문이다. 이성이야말로 인류가 안고 있는 산적한 과제들을 해결해 줄 것이라고 믿는 소박한 신앙은 가치의 제 영역에서 합리주의의 수용을 불가피하게 만들고 그리하여 투입보다 산출을 많게(투입 산출) 하는 효율성 제고에 몰두하게 되었다. 이것이 정신문화 일반뿐 아니라 생산 관계의 모든 부분에 골고루 침투되면서 인간을 조종하고 수단화하는 과잉 관리의 문제를 낳는다. 이성이 도출해 낸 근대적 합리주의는 그것이 태동하는 순간부터 운명적으로 위기의 파국이 예견되는 것

45 M. Foucault, *The Archaeology of Knowledge*, p.8.

이었다.

생각하는 주체로서의 '나'와 객체로서의 대상이라고 하는 이원론적 세계상, 또한 주체로서의 '나'가 튼튼한 입지를 지니게 되면 객체로서의 대상은 의당 정신적 주체의 지배를 받아야 된다고 하는 생각, 이러한 생각은 종국에 가서 인간이 인간 자신마저 지배하고 지배당하게 되는 합리주의의 타락상을 시현하게 된다. 비극의 시초는 인간을 자연으로부터 떼어 놓은 헤브라이즘에서부터 비롯되는 것이지만, 데카르트는 이것을 철학적으로 보증해 주었다. 그리하여 인간은 스스로가 자연의 일부라고 생각하는 것을 포기한 대신, 자연은 의당 대상화되고 객체로서 인식되고 정복당하며, 지배당해야 할 것으로 간주하게 되었다. 인류의 꿈은 궁극적으로 자연의 정복을 통해서만 실현될 수 있는 것이라고 보았다. 헤겔에 있어서 절대이성의 승리, 그리고 마르크스의 '자연의 역사화'[46]라는 것은 모두 이러한 종말론적 미래에 대한 환상적 도취에 불과하다.[47] 이러한 생각은 역사에 있어서 진보와 최종 단계의 완성(consummation)을 생각하게 되었고, 합리주의와 이성이야말로 인간을 물질적 조건으로 대상화되고 객체화된 자연을 지배하는 최종의 승리자로서 이끌어 갈 것이라는 신기루의 꿈을 심어 주었다.

19세기의 마지막 합리주의자에 대한 절대적 신봉자로서 막스 베버는 『음악사회학』에서 자연계에 존재하는 제 음역에서 화음 조직을 발견해 낸

---

46 G. Lukács, 같은 책, p.234. 마르크스주의의 정통임을 자처하는 이 책에서 "자연은 사회적 카테고리이며, [⋯] 객체로서의 자연은 사회에 의해 조건이 결정된다"고 한 주장은 자연이 역사에 의해 규정된다는 사실을 밝힌 것으로 요약할 수 있다.
47 마르크스가 「공산당 선언」에서 "부르주아 사회는 과거가 현재를 지배하고 공산주의 사회는 현재가 미래를 지배한다"고 한 말은 자연의 역사화와 더불어 종말론적 미래에 대한 투영을 암시한다.

근대 서구인의 예지에 대해 은근히 자부해 마지않았다. 그가 서구 음악을 합리성의 기초라고 본 것은 화성 조직 자체가 절묘한 음의 비례(ratio) 관계에서 유래한다는[48] 사실에 착목했기 때문이다. 합리주의 혹은 이성이란 말의 어원이 라틴어의 'ratio(비례)'에 있다는 사실을 염두에 둘 때 자연계에 존재하는 광범위한 음역에서 절묘한 여러 음의 비례 관계를 찾아내서 거기에서 화음 조직을 재구성한 서구인의 투철한 탐구 의욕은 높이 평가할 만하다. 하지만 그것은 자연 음역으로부터 떨어져 나온 인공음을 말하는 것이며 20세기에 들어와서 유수한 음악가들에 의해서 화음 조직이 전면 파괴되기에 이르렀을 때 우리는 서구적 이성이 절대적인 가치 축으로 영구 불멸의 황금률이라는 생각을 포기하지 않을 수 없게 되었다.

특히 그것이 궁극적으로 승리할 것이라고 하는 목적론(teleology)적 종말론(기독교의 종말론과 그것의 세속화된 역사 철학 및 마르크스주의의 종말론)에 대한 맹신이 하나의 허구라는 사실을 몸소 체험하게 되었다. 그리하여 인간이 자연의 일부이며 이 세계는 생각하는 주체로서의 '나,' 또는 정신과 객관적 대상으로서의 물체라는 이원론적 생각에 종지부를 찍고 일원상(一元相)의 세계관을 실현해야겠다고 하는 자각이 서구 사상 속에서 저절로 우러나고 있는 것이다(상대성원리는 물론 오늘날 과정 사상(process thought)이 그 대표적 사례라고 하겠다).

서구 종교, 특히 기독교는 지난날 현실 정치의 권력 위에 군림하기도 하고, 또는 정치권력과 타협하는 가운데 권력과 밀착된 관계를 보여 왔다. 그러나 본론에서 밝힌 것처럼 구조주의적 관점에서 볼 때 오늘날 정교분리의 현실 속에서도 종교는 다양한 권력 산출의 기능을 지닌 것으로 밝혀

---

48 M. Weber, 安藤英治 역,『音樂社會學』, 創文社, 東京 1987, 緒論 p.3.

졌다. 종교의 이러한 권력 산출의 기능은 물론 반이성(反理性)적인 것이다. 작금에 와서 종교의 권력 산출 기능은 구조적 불평등의 심화와 사회적 자원을 불균형하게 배치하는 부정적 역할을 서슴지 않고 떠맡고 있다. 하지만 앞서 밝힌 것처럼 이러한 모순과 불균형이 모두 이성의 승리라고 하는 맹신에서 비롯된 것인 만큼 반이성에서 '이성으로 회향' 한다고 해서 근본적인 해결책이 강구될 성질은 아니다. 그것은 오직 종교로 하여금 인간이 자연의 일부이며 이 세계는 주체와 객체로 나누어서 생각할 수 없는 총체적인 '하나'라는 것을 깨닫게 하는 일, 그리하여 종교의 제도적 기반이 된 합리주의적 사고를 포기하는 길만이 궁극적 해방이라기보다도 구원의 길이 될 것이다. 사실상 종교와 합리주의는 별개인 것처럼 보이지만[49] 종교가 이성이나 합리주의를 포기했다면 오늘날과 같은 제도로 성장할 수는 없었다.

　근대적 합리주의 사고를 궤도에 올려놓은 데카르트 역시 기독교적 영육(靈肉) 이원론을 바탕으로 하지 않고는 그 사상의 성립이 불가능했으며, 세계와 우주에 대한 기계관(機械觀)에 입각한 근대적 세계상 역시 신(神)의 무한한 능력과 결부하여 성립되었다. 근대 자연과학이 기독교적 사유에 바탕을 두고 있다는 것은 의심할 여지가 없으며, 자연과학적 합리 정신에 기초하여 사회조직을 재편성하고 생산력을 증대시키는 가운데 종교도 여기에 보조를 맞추어 합리적 제도를 대폭으로 수용하는 과정에서 자기 확대를 모색했다. 19세기의 기계관에 입각한 과학적 합리주의가 역사의 무한한 진보와 종말론적인 천년의 왕국을 꿈꾸었다는 점에서는 기독교에서 마

49　20세기초까지만 하더라도 기독교는 합리주의나 이성에 대한 맹신에 대해 신경질적인 반응을 보였다. *Encyclopaedia of Religion and Ethics*의 "Rationality" 항(項)을 볼 것.

지막 심판의 그날을 대망하는 것과 마찬가지의 정신적 지평에 서 있다고 하겠다. 그것의 차이란 단지 전자가 세속적 종말론인 데 반해 후자는 신의 섭리에 의한 역사의 완성이란 점이 다를 뿐이다.

M. 푸코는 히틀러와 스탈린의 폭력에 의한 권력의 남용이 지난날의 목자형(牧者型)-사제형(司祭型) 권력의 세속화에 지나지 않는다고 말했다.[50] 이러한 폭력에 의한 독재 권력의 형성에는 목적론적 종말론에 따른 지상 천국의 역사관이 자리 잡고 있다는 사실을 우리는 잘 안다. 또한 이러한 절대 권력은 주체성의 고양을 통해 객체로서의 현실을 압살하려 하는 지배욕에 사로잡히게 된다. 게르만 민족의 우월성이나 프롤레타리아의 승리와 같은 것이 바로 그것을 예증한다고 하겠다. 서구 합리주의에 대해 무한한 신뢰와 기대를 걸었던 막스 베버도 서구의 주체성에 대한 비서구 사회의 객체성을 말한 데 지나지 않으며, 이것이 근세의 서구 문명에 대한 비서구 문명의 종속화를 합법화하는 논리를 전개하는 스테레오 타입을 산출해 냈다는 데 주목할 필요가 있다.

종교의 권력 산출은 오늘날과 같은 산업사회에서 서구적 합리주의에 기초한 주·객의 이분법과 종말론적 목적의 왕국을 지향한다는 점에서 세속적 권력을 능가하는 힘을 지니는 것이며, 종교가 권력에의 의지를 포기할 때만 인간은 자연적 본성—자연과 분리될 수 없는 자연의 일부라는 것—을 회복하게 될 것이다.

50 M. Foucault, La Volonté de Savoir, p.152.

한국 종교의 원형과 그 전개

1987 「근세한국종교문화와 후천개벽사상에 관한 연구」(박사학위논문)

1988 「한국종교의 위상과 문제」(『엔터프 라이즈』 47)

<u>1989 「한국신앙의 원형」(『일넘』, 교수아카데미총서).</u>

1990 「민족종교사상 연구의 몇 가지 쟁점」(『종교연구』)

1997 「복전(福田)사상을 통해서 본 한국 종교문화의 특질」(『종교와 문화』).

1999 「십승지고」(『종교와 문화』)

1999 「한국 선사상의 脈」(『신종교연구』)

2001 「역과 현대사회」(『신종교연구』)

2002 「유교와 한국인의 종교심성」(『신종교연구』)

<u>2004 「광복 후 민족종교 교단의 재건과 통일운동」(『개벽사상과 한국의 미래』)</u>

2007 「간방고(艮方考)」(『신종교연구』)

밑줄로 표시된 부분은 이미 단행본으로 출판된 논문이며, 고딕 부분으로 표시된 2편의 논문은 이 책에 재수록되어 있습니다.

위 목록은 한국 종교에 관한 황선명의 논문들을 정리한 것이다. 1987년 박사논문부터 2007년 「간방고」에 이르기까지 11편의 논문입니다. 이 논문들은 앞의 제1절 '종교연구탐색편'에 이어 뒤의 제3절 '민중종교와 신종교편'으로 이어지는 디딤돌이 되는 논문을 모은 것입니다. 여기서는 한국 종교 전반에 대한 다양한 그의 학술적 관심과 주제들을 일별할 수 있습니다. 한국 종교 영역에서의 관심 주제와 연구 방법, 그리고 연구 성과 등을 살펴볼 수 있을 것입니다. 이 논문들 중에 그의 학문적 입장을 잘 드러내는 유교와 한국인, 간방고에 관련한 2편을 책에 게재하기로 했습니다.

황선명의 한국 종교 연구는 대체로 근세 종교와 사상을 다루고 있으며, 당시 지배 이념인 유교가 다른 종교 및 민중 신앙과의 상호작용, 그리고 근현대에 발흥한 민족종교의 활동과 특징을 심도 있게 조명합니다. 특히 조선시대 종교 연구는 유교적 정통주의와 이단 사상의 관계에 초점을 맞추고 있습니다. 더불어 한국 민족종교의 핵심 개념으로서 후천개벽사상이 부상하는 과정을 역사적, 철학적, 사회적 맥락에서 분석하고 있습니다. 그리고 전통 사상의 현대적 해석과 서구 사상과의 비교를 통해 한국 신앙의 원형과 근대화 과정에서의 종교의 역할을 깊이 있게 탐구하고 있습니다.

황선명의 한국 종교에 관한 관심 주제는 다음 네 가지로 정리할 수 있습니다.

첫째, 조선조 유교 문화와 민중의 세계관에 관한 재해석입니다. 조선 초기에는 유교의 '예(禮)'가 단순한 의례를 넘어 사회 통합적 힘으로 작용했으며, 조선 중기 이후 가례(家禮)의 확대는 조상숭배 관념과 혈연 중심주의적 가치 체제가 강화되었음을 분석합니다. 조선 유교는 신비적 요소를 배제한 추상적 이념으로서 도학(道學)을 사회 구심점으로 삼아 왔으나, 후기에는 내부의 분권화와 각자위심(各者爲心)으로 인해 분해되는 현상으로 진행됩니다. 그리고 체제 교학인 유교가 '의리론적 정통주의'를 표방하며 불교, 도교, 무속 등 '좌도' 및 '괴력난신'에 대한 배척적 혹은 타협적 태도를 심도 있게 다루고 있습니다.

둘째, 한국 민족종교의 중심 사상인 후천개벽사상에 대해 깊이 있는 탐구입니다. 조선 후기에 부각된 후천개벽사상은 동양 사상의 보편적 우주론적 시간관(영겁회귀)을 바탕으로 하면서도 한국적 특수성을 어떻게 함유하게 되었는지를 깊이 탐구합니다. 이 사상은 『정감록(鄭鑑錄)』과 같은 예언설 및 소강절(邵康節)의 후천역(後天易) 이론에 뿌리내리고 있으며, 조선 후기 사회변혁 사상의 동력으로 작용했습니다. 또한 전쟁과 기근을 피할 수 있는 이상향으로서 십승지 관념이 민중의 잠재의식 속에 자리 잡았으며, 이는 음양오행설과 모성 원리, 낙원 사상과 굳게 결합되어 있다고 밝히고 있습니다. 동학(東學) · 정역(正易) · 증산사상(甑山思想) · 대종교(大宗敎) · 원불교(圓佛敎) 등 근대 민족종교들은 모두 이러한 후천개벽사상을 근간으로 하여 형성되었고, 이들은 유교 · 불교 · 선도(仙道)의 사상적 유산을 동귀일체(同歸一體)의 원리로 재구성하려는 특징을 보여준다고 합니다.

셋째, 외래 종교의 한국적 수용과 변용에 관한 것입니다. 한국의 다종교 상황에서 종교 간 대화와 국민 통합이 비교적 잘 이루어져 왔다는 긍정적인 평가를 제시합니다. 불교는 삼국시대 이래 국가적 지도 이념으로 수용되어 불국토(佛國土) 사상이 번성했으며, 대규모 불사(佛事)를 통해 민중의 신앙심이 표출되었습니다. 기독교는 19세기 말 이후 유교 문화권의 토대 위에서 수용되었으며, 한국인의 종교심성, 즉 현세 지향적 성향과 조상숭배 관념이 기독교 수용에 큰 영향을 미쳤다고 분석합니다. 초기 기독교는 '하느님' 개념이 기존 유교의 '천(天)' 관념과 연결되어 민중의 종교적 공백을 채웠습니다. 근대화 과정에서 교육제도 확충 등 사회적 기여를 했지만, 서구 문화의 전령으로서 전통문화를 배척하는 경향도 지적합니다.

넷째, 한국인의 종교심성에 관한 분석입니다. 한국 신앙의 가장 오래된 원형을 예맥족에 의해 전래된 샤머니즘에서 찾으며, 이후 불교와 유교의 영향을 받으면서도 그 내면에 심성의 원형이 유지되었음을 강조합니다. 한국인의 종교심성은 '직관적 현세주의(現世主義)'를 특징으로 하며, 내세보다는 현실 세계의 삶에 중점을 둔다고 합니다. 혈연과 연계된 조상숭배

의식이 깊이 자리 잡고 있으며, 이는 민중의 종교 생활에 영향을 미쳐 내세 지향적 요소에도 현세적 구복 관념이 연결됩니다. 한편, 단군신화와 천손강림(天孫降臨) 사상이 우리 민족의 정체성과 자부심의 핵심이며, 이는 한국적 선(仙) 사상의 원류로 재해석됩니다. 최치원의 '풍류도(風流道)'는 '현묘한 도'이자 '신선들의 놀음(신선놀음)'을 뜻하며 한국적 선의 원류로 지적하고 있습니다.

황선명의 연구는 단편적인 사실 나열을 넘어 한국 종교현상을 입체적으로 분석하는 데 그 특징이 있습니다. 각 논문에서 나타나듯이, 우주론적 시간관, 역사적 변화의 맥락, 철학적 사상 체계, 그리고 사회문화적 배경을 포괄적으로 고려하는 통합적 연구 방법론을 채택했습니다. 특히, 동양 사상의 보편적인 틀 속에서 한국 사상의 특수성을 발굴하려는 시도가 두드러지며, 지배 이념과 비주류 사상 간의 상호작용과 긴장 관계에 주목합니다. 또한 역(易)의 인과론적 한계를 융(Jung)의 '공시성(共時性)' 원리로 타파하는 등 한국적 현상을 서구 사상을 통해 이해하고자 시도하고 있습니다.

한국 종교에 대한 황선명의 연구 성과는 적지 않습니다. 그의 연구는 한국 종교문화의 다층적이고 역동적인 모습을 이해하는 데 중요한 학술적 기반을 제공하며, 한국인의 정체성 형성 과정에 종교가 수행한 역할에 대해서도 깊이 있는 통찰을 제공합니다.

첫째, 조선시대 정신사를 '의리론적 정통주의'와 '참위론적 운세관'이라는 두 가지 큰 흐름으로 이해하고, 이 두 사상 간의 지속적인 긴장과 상호작용을 통해 조선시대의 정신사적 변화를 이끌었음을 밝힙니다. 유교 정통주의가 '괴력난신'을 인정하지 않는 합리주의 입장을 취하고 있었지만 민중의 토착 신앙을 근절하지 못하고 현실적인 타협을 보여주었음을 지적

합니다. 필자는 그것이 바로 유교 문화의 '분권화'와 '세계관의 분열'을 초래했다고 분석합니다.

둘째, 근세 민족종교를 형성하게 한 사상적 기반인 후천개벽사상의 독자적 발전 경로를 제시한 점입니다. 후천개벽사상은 동양 사상의 보편적인 우주론적 시간관(영겁회귀)을 바탕으로 하면서도, 조선 후기 사회의 특수한 시대적 요구와 맞물려 독자적인 민족종교 운동으로 발전했음을 설명합니다. 동학, 증산계 종교 등은 바로 이러한 참위론적 운세관을 적극적으로 재해석하여 민중운동의 동력으로 활용했다고 지적합니다. 그리고 기존의 유교, 불교, 도교적 요소를 통합하여 새로운 사상 체계를 구축했으며, 『정감록』으로 대표되는 참위사상은 사회변혁과 새로운 이상 사회 건설에 대한 민중의 염원을 담았다는 점을 강조합니다.

셋째, 한국인의 종교심성에 대한 심층 분석을 했다는 점입니다. 한국인의 종교심성이 현세 지향적이고, 혈연 중심의 조상숭배 관념(피와 뼈)이 강하게 나타난다며, 외래 종교(기독교) 또한 이러한 토착 종교심성 때문에 쉽게 뿌리내릴 수 있었음을 밝혀 줍니다.

넷째, 민족종교 교단의 현대적 역할을 재평가한 점입니다. 광복 이후 민족종교 교단들이 재건을 넘어 통일 운동, 사회복지사업(구호 · 교육 · 자선), 도의 앙양 운동, 전통문화 발굴 및 보존 등 다양한 사회 활동을 통해 민족구원이라는 시대적 과제에 적극적으로 대응해 왔음을 강조합니다. 특히 북한의 단군릉 발굴을 계기로 민족의 동질성 회복에 기여하는 역할을 했음을 지적하고 있습니다.

I. 유교와 한국인의 종교심성*

황선명

1. 들어가는 말

한국인의 종교심성에 관해서 말하고자 할 때, 일반 종교학의 담론에서 거론되는 아주 잘 알려진 몇몇 이념형들은 별반 설득력이 없다는 생각이 든다. 대표적인 사례로서 루돌프 오토의 절대 타자라든지 아니면 뒤르켐의 '성스러운 것과의 유기적인 관계' 혹은 엘리아데의 '원형과 반복'과 같은 담론은 우리의 역사 문화의 체험 속에서 구체화된 한국인의 종교심성을 제대로 설명해 주지는 못한다는 뜻이다.

여기서 '우리의 역사 문화의 체험'이라고 할 때, 선사시대는 물론이려니와 현재 실증사학에서는 그 존재를 인정하지 않는 단군왕검의 고조선을 포함해서 부족연맹국가 시대, 그리고 삼국의 정립 시대에서 고려를 거쳐서 조선시대까지를 망라하는 통사적인 조망 역시 별 의미가 없다고 본다.

* 황선명, 「유교와 한국인의 종교심성」, 『신종교연구』 7, 2002, 163-191쪽.
서울대학교 종교학과 졸업생 집담회 발표문

가령 우리 한민족 고유의 종교를 말할 때 제일 먼저 떠올리는 샤머니즘만 해도 그렇다.

샤머니즘은 지금까지도 겉으로 보기에는 그 독특한 제 모습을 원형 그대로 간직하고 있는 듯이 보이는 데다가, 그 옛날 흥안령을 넘어서 알타이 산맥을 따라 이동해서 한반도에 보금자리를 마련한 우리 조상들에 묻혀 들어온 게 분명하므로 한국인의 종교심성을 자리매김하게 한 원류라고 말하기에 부족할 게 없을 듯이 보인다. 그러나 샤머니즘의 전승은 무문자 시대의 모습이 원형 그대로 전해 내려오는 게 아니다. 그것은 우리가 역사시대에 들어오면서 한자를 빌려서 우리의 고유한 생각을 표현하고 사물에 대한 견해를 기록하는 동시에 중국의 선진 문물에 접하게 되면서 그 나름대로 각색이 되고 어쩔 수가 없이 변질이 되는 과정을 겪어야 했다. 신라시대는 어떠했는지 몰라도 고려시대의 샤머니즘은 불교에 흠씬 물이 들었고 조선시대에 와서는 완전히 유교식으로 변질이 되고 말았다. 따라서 샤머니즘의 내면세계에 한국적인 원형을 그대로 간직하고 있다고 단정해서는 안 된다.

한편으로 발상지인 인도에서 중국을 거쳐 한반도에 들어온 불교는 한국인의 종교심성을 자리매김하게 하는 데 샤머니즘에는 비교가 안 될 정도로 큰 영향력을 행사했다고 본다. 적어도 고려 때까지는 그러했다. 하지만 조선시대에 와서는 양상이 달라진다. 고려 때까지만 하더라도 종교심성이라는 관념 세계의 차원뿐만이 아니라 생활 세계 전반에 걸쳐서 민중의 삶의 양식을 속속들이 지배했던 불교는 그 자리를 유교에 물려주고 만다. 누구의 입에나 오르내리는 숭유억불 정책 때문이라고 하지만, 상식으로 알려져 있는 그런 수준을 넘어서 좀 더 자세한 속사정을 파헤쳐 보고자 한다.

이 땅에 유교가 정식으로 들어와서 자리를 잡은 것은 아마도 통일신라 이후 율령국가의 체제를 정식으로 갖추면서부터였을 것이다. 그러다가 고려 광종 때부터는 당의 제도를 본떠서 과거를 치르게 했다니까 율령국가에서 진일보하여 체제 전반에 걸친 유교화가 이루어졌다고 본다. 그러나 왕조 사회 전반에 걸친 유교화는 조선왕조가 성립하면서 유교, 그중에도 성리학을 완전히 체제 교학으로 삼아서 혁신적인 개혁을 단행함으로써 가능했다. 특히 종교 부문과 관련해서 관심을 두어야 할 부분은 주자가례의 실천을 상류층에 독려했다는 점일 것이다.

물론 이 점에 대해서는 너무나도 잘 알려져서 전문가가 아니라도 누구나가 수긍하는 내용이다. 그런데 상류층 사대부뿐만이 아니라 일반 서민 민중 계층의 행주좌와(行住坐臥)에 이르기까지 생활 세계를 유교가 속속들이 지배하게 되는 것은 조선왕조의 후기, 대체로 18세기 후반에 이르러서야 가능했다. 바꾸어 말하면 한국 사람은 근대화를 눈앞에 둔 19세기 말에서부터 역사시대를 거꾸로 소급해 올라가서 불과 1세기 남짓한 사이의 삽시간에 철저히 유교화가 이루어졌다고 말할 수가 있다. 그것을 실로 오늘날의 사정에 비교해서 말한다면 불과 백 년이 안 되는 사이에 한국은 종교 신앙을 가진 인구 중에서 태반이 기독교인이 될 정도로 성장한 기적을 연출했다는 사실과 엇비슷한 데가 있다.

이제 들어가는 말을 마무리 짓는다면 유교의 정신을 바탕으로 한 한국인의 종교심성은 17세기 중반부터 18세기 말에 이르기까지의 비교적 짧은 기간 동안에 이루어진 역사적 형성물이라고 할 수 있다.

2. 조선왕조 5백 년

이렇게 짧은 기간에 이루어진 유교화이지만 한국의 유교 문화는 우리의 일거수일투족을 지배해서 외국 사람들의 혀를 내두르게 하는 정도이다. 외국 사람의 눈에 비친 우리의 유교 문화를 하나 소개한다면, 가령 우리는 친인척이 아니라 설사 낯을 모르는 사람이라 하더라도 연장자한테는 절대로 왼손으로 물건을 건네주지 않는다. 그것은 너무나도 당연한 일이지만 외국인에게는 그렇지 않다. 어른 앞에서 담배를 피우지 않는 것도 우리에게만 있는 풍습이다. 이렇게 유교화되기까지 불과 1세기 남짓한 기간이 소요되었다고 하지만 실제로는 단일 왕조로서는 유례를 찾을 수가 없는 5백 년이라는 오랜 세월에 걸친 조선왕조의 통치 기간 동안 민중 교화에 힘쓴 결과라는 사실을 부정할 수는 없다. 조선왕조는 5백 년간의 집권 기간 동안 성리학적 사변 체계가 중세적 질서의 유교 사회의 성립 기반이 흔들리지 않도록 요지부동하게 만드는 교화적 측면에서의 구심적 작용을 하는 것 못지않게 불만분자와 거기에 부화뇌동하는 민중의 반왕조적 움직임을 억제하는 원심적 작용을 하게 한 것도 사실이다. 이러한 국면은 왕조의 수성기를 거쳐서 중기에 들어서면서부터 아주 두드러지게 드러나는 양상이다.

조선왕조 전반을 통해서 세속적 권력을 장악한 실질적 주체는 사림/유림(士林/儒林)이었다. 열 명의 왕이 한 명의 왕비를 당하지 못하고 열 명의 왕비가 한 명의 유림을 당해 내지 못한다는 말처럼 유림은 명분상으로는 유교의 이상인 대동지치(大同至治)를 내세웠으나 사실상으로는 전 국토의 생산수단을 독점적으로 차지해서 이를 분배하는 권력을 행사함으로써 사적 보장(私的保障)을 도모했던 것이다. 그러나 제한된 인적 물적 자원을 나누자니 타협하기 이전에 유림의 각파 사이에 경쟁적인 쟁탈전의 양상이,

말하자면 당쟁으로 번져 갔고, 이리하여 비록 피비린내 나는 숙청이 연속되는 과정에서도 한편으로는 견제와 균형이라는 절묘한 황금 분할점이 저절로 드러나면서 왕조의 교체에 따른 역성혁명이나 거기에서 파생하는 파국의 양상을 미리 방지할 수가 있었다. 그러므로 만약 서세동점에 따른 서구의 충격에다가 일본 제국주의의 강압에 의한 병탄의 방식이 아니었더라면 5백 년 동안 지속한 조선왕조의 사직은 그토록 허망하게 비극적인 종말을 맞이하지는 않았으리라 생각한다.

동아시아 근린 제국(諸國)의 역사적 경험에 비추어 볼 때 한 왕조의 평균수명은 대략 3백 년 정도이다. 중국의 경우는 내란이나 정복왕조에 의해서 왕조 교체가 이루어졌다. 그리하여 마지막 왕조인 청조는 만주족의 중원 정벌과 명 제국의 전복의 결과 생겨났다.

일본은 형식상으로는 만세일계(萬歲一系)를 내세우지만 실제로는 무사들이 득세하는 군사정권이 교대로 거의 1천 년이나 지배해 왔다. 그리하여 시시때때로 일어나는 대소규모의 군사 반란으로 전 국토가 피비린내 나는 전쟁터가 되어 평화가 깃들 날이 없었는데 도쿠가와 막부 집권 기간 동안만 각 번(蕃)의 실권을 쥔 무사들과 힘겹게 타협하여 대략 3백여 년간 아슬아슬한 소강상태를 유지할 수 있었다.

반면에 조선왕조는 비록 중기 이래 연이은 당쟁으로 근 3백여 년간 권력투쟁에 말려든 유림의 혈투를 연출한 동시에, 후기에 이르러 민중의 소요 사태가 꼬리를 물었다고 할 정도였을 망정이지만 평화롭고 고요한 중세적 질서가 말기에 이르기까지 근본적으로 흔들려 본 적이 없다. 그렇게 되기까지의 비결은, 첫째, 조선 중기 이후 성리학의 우이(牛耳)를 퇴계와 율곡이 잡게 되면서 정주학(程朱學) 체계를 정통으로 확립하고 여기에 따라 민중의 도덕적 교화에 힘썼다는 것을 들 수 있다. 둘째, 조선왕조 통치 기반의 확립과 지속에 불가결한 생산 활동의 기반인 삼남 지역에 향촌 사회가 전개되어 사회적 안정이 가능하게 되었다는 사실이다.

여기서 우선 첫 번째 조항에 대한 상세한 설명을 하기로 한다. 원래 중국 송대(宋代)의 성리학은 유교 사상을 근간으로 도가 사상과 불교 철학을 종합한 것으로 알려져 있다. 그런 가운데 성리학자 6현(賢) 가운데 한 사람인 소강절의 학풍은 매우 신비주의적인 색채를 띠고 있으며 일종의 역사 순환론인 운세설을 주장한 바 있다. 조선 중기 이래 퇴계와 율곡이 등장하면서 성리학은 유학의 정통성의 입장에 선 정주학, 그중에서도 주자학의 절대적인 위상을 강조하게 되었다. 주자학의 내용은 형이상학의 논쟁에 있어서는 이귀기천설(理貴氣賤說)로 요약할 수 있지만, 사회적 실천 면에서는 철저한 도덕주의적인 입장에 선다. 따라서 이 도덕 지상주의야말로 무력이나 형사처벌을 전제로 민중을 위협하지 않고도 팍스 레지나(pax regina 「은유적 표현이긴 하나, '여왕의 평화'라는 말이 이 자리에 적합한지 모르겠습니다.」)를 실현하는 길이자 그것이 왕도를 실현하는 최선의 방식이라고 본 것이 퇴율(退栗) 이후 나라를 통치하는 실권을 장악한 조선왕조 유림의 생각이었던 것이다.

이리하여 조선왕조는 왕위의 찬탈이나 백성의 소요와 반란으로 편할 날이 없는 왕조 사회의 전형적인 역사적 경험을 되풀이하지 않고 반천 년의 긴 세월 동안 왕조의 수명을 지탱해 올 수가 있었다.

3. 향촌 사회의 전개

지방 혹은 촌락이라고 말하지 않고 향촌이라고 하는 까닭이 무엇인지 알아보기 위해서 우선 사(士)에 대해서 생각해 보기로 한다.

1) 사(士)란 무엇을 뜻하는가

우리말로 선비라는 뜻을 지닌 사(士)란 책을 많이 읽어서 학식이 많은 인물이라는 뜻이다. 오늘날의 학자와 엇비슷하다고 여길지 모르나 상당히 다른 점이 있다. 오늘날의 학자는 전업 지식인으로서 그 자체가 생계 수단이 된다. 그러나 역사시대에 있어서 사(士)는 따로 생계 수단을 강구해야만 된다. 왜냐하면 사(士)가 터득한 학식은 전문적 지식이 아니다. 활용할 수가 없는 것이다. 그러면서도 그들은 특수한 신분으로 인정된다. 사(士)를 가리켜 진신(縉紳) 혹은 장보(章甫)라 하거니와 이는 선비가 특수 신분임을 나타내는 의관에서 비롯되었다.

그렇다면 이들의 특수 신분을 규정하는 것이 법률에 의거하는 것인가 하면 전혀 그렇지는 않다. 조선시대의 사(士)는 모두가 양반 계층에 속한다고 단정할 수 있지만, 양반이란 것 자체가 법제상의 개념이 아니란 것이 연구 결과 밝혀졌다. 따라서 특정인이 사(士)로 인정되는 경우는 그의 학문적인 축적이나 만인이 인정하는 객관적인 학문적 실력이라기보다는 그의 출자(出自)가 무엇인가, 즉 어떠한 집안에서 태어났는가에 따라 좌우된 것이다. 한마디로 부친에서 조부-증조부로 소급해 올라가면서 사(士)로 인정받는 집안에서 태어났으면 당사자 역시 사(士)이다. 그래서 사족(士族)이라는 말이 생겨났다.

조선시대의 사(士)는 사(士)의 계층이 역사의 무대에 처음 등장하는 선진(先秦) 시대의 그것의 성격과는 상당한 차이를 보인다. 선진 시대의 사(士)는 오늘날의 지식인이라 불리는 이른바 자유롭게 부유하는 지식인(Freischwebende Intelligenz)과 유사한 행태로 파악이 된다. 그러나 조선 후기의 사는 지역사회에 붙박이로 박혀 사는 독서인들을 말한다. 선진 시대의 사는 제후나 대부 혹은 재산가의 생계 보조로 생활을 유지하며 그중에는 관직을 얻어 정치 일선에서 활약하는 경우도 적지 않았지만, 조선 후기의 사는 대부분 자신의 출신지인 지역사회에 파묻혀 여생을 보내기 마련이었다. 한동안 관직에 봉직했다 하더라도 퇴관 후에는 낙향해서 자신의 출신 지에서 은퇴 생활을 하게 마련이었다. 물론 관직에 머물러 있을 때는 소정의 급여를 받았겠으나 퇴직 후에는 중소 지주로서 소작인의 도조에 의해서 생활을 하면서 대소가를 거느리는 가부장의 역할을 했다.

2) 향촌의 뜻

조선 후기 향촌(鄕村)의 성격을 규명하려면 우선 향(鄕)이라는 말에 대해 생각해 봐야 할 것이다. 향(鄕)이라는 말 자체는 로맨틱한 정서가 담겨 있는 독일어의 Heimat나 영어의 home 또는 출생지란 뜻의 프랑스어 pay natal의 복합적인 의미가 있다. 그러나 향촌(鄕村)이라고 할 때는 당사자에게는 전기의 정서나 태어난 고향이라는 뜻을 지니는지는 몰라도 객관적이고 대자적인 입장에서는 그곳이 사족(士族)들의 본거지라는 뜻이 강하다. 그렇다면 사족들이 몰려 사는 특정 지역을 향촌이라고 부르는가 하는 물음이 있을 수 있겠는데, 그러한 뜻이 없지는 않으나 그것으로 향촌 성격의 전모가 밝혀지는 것은 아니다.

우리나라는 산이 많아서 국토의 70% 이상을 산지가 차지한다고 하나 대부분이 야산의 구릉지에 가깝다고 말할 수 있다. 또 그 사이사이로는 강이나 대소 하천이 사행으로 굽이치고 있다. 따라서 사람이 접근할 수 없는 천봉만학(千峯萬壑)이나 깊은 골짜기가 아니라 주거 조건으로서는 안성맞춤이라 할 수 있는 배산임수지지(背山臨水之地)인 것이다. 조선 후기에 풍수 사상이 만연하게 된 데에는 이와 같은 천혜의 자연지리적 조건에 힘입은 바 크다.

향촌이란 바로 이와 같은 배산임수지지에서 사족(土族)들이 대를 이어서 살아가는 그들의 본거지를 말한다. 그러나 사족들의 세거지(世居地)라고 해서 그들만이 사는 담장을 둘러친 금단의 영역은 아니다. 사족들은 이른바 봉공인(奉公人)이라고 해서 농사일에서부터 자질구레한 가사일까지 돌보아 주는 사노(私奴)나 청지기 등을 이웃해서 살며, 또 사족의 가구 수보다도 더 많은 가구의 소작농들과 이웃해서 사이좋게 살았다. 사족들은 직접 농업 노동에 종사하는 대신 조상의 묘소인 선영을 돌보며 향교를 관장해서 학문의 연마와 자제 교육에 힘쓰며 향약을 제정해서 마을의 풍교(風敎)를 바로잡는 향풍규정(鄕風糾正)에 힘쓰는 정신적인 활동에 치중했다.

3) 조선 후기 향촌의 전개

임진왜란과 병자호란을 거치면서 인구가 급격히 불어나서 조선 후기에 들어와서는 식량 조달 대책으로 양전(量田) 사업(황무지 개간 사업)을 대대적으로 펼치게 되는데, 그때까지 유명 사족의 세거지였던 향촌 이외에 새로운 향촌이 자꾸만 생겨났다. 오늘날 동족 마을을 조사해 보면 지금으로부터 2~3백 년 전에 입향한 경우가 대부분이라는 사실에서 17~18세기에 새로운 향촌 상당수가 새로 생겼다는 것을 알 수 있다. 물론 이들을 모두 사족(土族)의 마을로 간주한다는 것은 무리일지 모르나 그 무렵 족보의 발행이 유행하고 너나없이 선영(先塋)을 과시하고 사대봉사(四大奉祀)를 하며, 하여간 이렇게 해서 신분 상승을 꾀하는 가운데 신분의 상향 이동이 대거로 이루어지고 누구나 양반을 자처했던 사실을 염두에 둔다면 새로 입향한 마을이 개척기를 거쳐서 정착 단계에 이른 경우는 외형상 사족 마을과 차별화하기가 어려울 것이다.

4) 서원의 역할

서원은 저명한 성리학자를 그 후손이나 문도(門徒)들이 추존하는 일종의 사당 겸 교육기관 장소이다. 그런데 조선 후기로 내려올수록 서원은 지방 유림들의 활동 근거지로서 여러 가지 사회적 폐해와 더불어 중앙정부의 지방 사회에 대한 장악력을 떨어뜨리는 존재로 간주되었다. 말하자면 서원은 종횡으로 향촌 사회를 통제하는 법외의 자치 기구 역할을 하게 된다. 이렇게 위압적으로 군림하는 서원의 존재 방식에 대한 비판과는 정반대로, 향촌 사회 소속원들, 그러니까 사족의 후예나 봉공인 사노(私奴)나 소작인 등을 망라해서 그들에게 유교적 가치관과 주자학의 정신을 예교(禮敎)의 실천을 통해 내면화시켰으리라는 점은 의심할 여지가 없다. 그것은 서양 중세의 농노들의 일상생활의 일거수일투족이 교회와 사제의 감시 아래 그리스도의 가르침에 순종하는 꼭두각시처럼 되어 버렸던 사정과 다를 바가 없다.

이리하여 조선 말기에 이르기까지 추호의 흔들림도 용납하지 않았던 향촌 사회가 바로 퇴계나 서애의 후예와 같은 저명 사족이 살았던 세거지로서 추로지향(鄒魯之鄕)이라고까지 불린 영남 지방이라는 사실은 우연이 아니다. 동학을 일으킨 최제우가 바로 이 고장 출신이라고 주장할지 모르나 최제우의 사상을 면밀하게 검토하면 도학적 전통에서 크게 벗어나지 않았고, 그의 주장은 서세동점과 서학(천주교)의 급속한 전파를 우려하는 당대 지식인의 공통적인 고뇌를 그대로 반영한 것이고 보면 전혀 체제 부정적인 급진적 사상이라고 말할 수는 없다. 더구나 최제우는 조정에서 보낸 관군에 붙잡혀서 죽었지만 기실 지방 유림들의 완강한 저항 때문에 영남 지역에는 동학이 뿌리를 내리지 못했다. 그 대신 동학혁명은 호남 지역에서 터져 나왔다. 이것이 결코 우연이 아니다.

4. 문화권의 개념

17세기부터 향촌 사회가 대거 확장되고 뒤이어 삽시간에 정착되어 갔다는 사실은 세계사의 흐름과는 역행하는 하나의 역설이라 아니할 수 없다. 다름이 아니라 유럽에서는 18세기부터 산업혁명이 일어나서 도시인구가 급증하기 시작했고 아울러 농촌의 과소화 현상이 진행되어 갔다. 이웃 일본에서도 신흥 막부의 상공업 진흥 정책으로 도시의 비대화 현상이 시작되었다는 사실만 보더라도 조선 사회는 향촌 문제에 있어서 역사의 조류를 거꾸로 타고 있는 느낌이 든다. 그것은 조선 사회가 경향을 막론하고 말기에 다다르기까지 근대화 현상의 두드러진 징표로 드러나는 동시에 도시로의 인구 집중이나 토지에 기반을 둔 농업 생산의 경제적 활동에서 좀처럼 벗어날 기미를 보이지 못했다는 증좌이기도 하다. 그러나 그 근저에는 주자학적 이데올로기에서 유래하는 무본(務本) 억말(抑末) 시책에 따라 사회적 유동성을 극력 억제해야 한다는 명제가 도사리고 있었던 것이다.

억말이라고 할 때, 특히 상업은 '왼손에 있는 물건을 오른손으로 옮겨 놓고 폭리를 취한다'고 해서 동서양의 고대 종교문화권에서 다 같이 혐오하여 불로소득의 행위로 간주했고, 이와 같이 소박한 노동 윤리는 『시경』에 나오는 불소찬혜(不素餐兮) 구절이나 사도 바울의 '일하지 않으려거든 먹지도 말라'(데후3:10)는 설교에 그 의표가 잘 나타나 있다. 그런데 유교의 경우에는 초대교회의 발상지인 에게해의 여러 항구도시하고는 달리 정착민이 영위하는 농업 위주의 생산 활동이 중심이었으므로 특히 상업에 대해서는 적대적인 혐오감을 드러냈다. 원시 유교 이래 이러한 전통을 조선 후기의 실학자 성호 이익 역시 그대로 묵수했다. 그는 전론(錢論)에서 화폐의 사용이 불로소득의 조장과 더불어 도덕적 해이를 부추긴다고 일갈한 바 있다.

이러한 종교적 양심에 근거한 노동 윤리의 바탕이라는 사실 못지않게 실질적인 문제로서 사회적인 유동성의 억제라는 측면을 고려해야 한다. 주자학적 이념인 중세적 질서를 묵수하는 향촌 사회는 자급자족의 생산 기반을 확충해서 외부 사회에 노출되는 상거래를 되도록이면 배제하고 그리하여 풍교가 어지럽혀지지 않도록 하는 아주 은둔적인 모습의 공동체를 실현하는 것을 이상으로 한다. 이 점은 원시 그리스도교가 고대 에게해 연안 항구의 상업 도시를 거점으로 터전을 잡아 갈 때 여러 민족의 다양한 직업군과 사회 계층이 뒤범벅되어 있었던 코스모폴리탄적 성격하고는 너무나도 다르다.

이리하여 그러한 폐쇄적이고 은둔적인 유교 공동체의 이상을 실현하는 데에는 어느 모로 보나 추로지향이라 불리는 영남 지방 일원이 가장 앞섰다고 볼 수 있다. 그 밖의 지역은 말기에 가까워 올수록 예교로써 민중을 교화하여 향촌의 지배 질서를 확립하는 사정이 해당 지역의 조건에 따라 상당한 편차를 보인다. 그것은 삼국시대 이래 각 지방이 지니는 자연지리상의 특수한 조건 못지않게 인문환경 및 각 지방 지역사(地域史)의 맥락에서 파악될 일이다. 예교(禮敎)를 바탕으로 한 규범문화를 지표로 삼아 각 지역의 특성을 도식화해 본다면 다음과 같은 이념형을 설정할 수 있을 것이다.

　a. 중심문화권—국왕이 있는 오늘날의 서울과 그 주변의 수도권을 지칭한다. 조선 후기에 있어 세계 주요 문화도시나 신흥 산업도시의 수준에 비긴다면 은둔의 폐쇄적이고 낙후한 형편이라고 하겠으나 그래도 당시 국내에서는 왕도로서의 위용을 갖춘 유일한 대도시인 데다가 북경에 왕래가 잦았던 만큼 폐쇄적인 향촌 공동체에 비길 때에는 상대적으로 코스모폴리탄의 성격이 강했다고 볼 수 있다. 지식인도 지방 서원을 근거 삼아 행세하는 유림하고는 달리 진취적인 안목과 국제적인 식견을 갖고 있었다. 실학에서 파생한 여러 지식인 그룹의 성향이 그러했다.

　그러나 이들 지식인은 중세적 질서의 유교 공동체를 획기적으로 개혁하는 사회변혁의 프로그램을 제시하는 데는 미흡했다. 체제를 뒤엎을 만한 과단성이나 전통의 과감한 타파를 들고나올 비전을 제시하지 못하고 국지적인 개혁이나 지엽적인 국면의 전환을 모색하는 데 머물렀다. 여기서 지식인의 한계 의식을 엿볼 수 있다. 조선 후기에 있어 천하의 대세를 쥐고 흔든 축은 역시 사림의 일파로 치부되는 서인→노론→세도 권병(權柄)의 핵심 그룹이라고 할 수 있다. 이들은 조선 말기에 접어들수록 정권 안보에 힘을 쏟는 바람에 전국적인 통제력을 행사하지는 못했다. 따라서 팍스 레지나(pax regina)는 향촌 자체의 자치 기능에 전적으로 의존하는 수밖에 없었다. 그것이 바로 예교를 내세운 교화를 통해서 풍교를 바로잡는 향촌 사회 규범문화의 역할이었던 것이다. 왕도 정치의 이상은 바로 말단의 향촌 사회에서의 유교적 도덕 지상주의에 의해 간신히 그 명맥이 지켜졌다고 말할 수 있을지 모르겠다. 그럴수록 지방의 향촌 사회는 조세나 부역의 의무를 제대로 지키지 않을뿐더러 중앙의 지시를 묵살하며 의도적으로 거역하는 태도로 나오게 된다.

b. 규범문화권―그것이 바로 영남 일원의 향촌 사회이다. 영남은 자연 지리 조건에 있어서 대체로 구 신라의 강역과 일치한다. 역사 문화의 조건에도 고려왕조를 건너뛰어 조선 건국 이후에 실권을 행사한 사림의 뿌리는 영남에 있다. 조선 후기에 들어와서는 이 지역이 남인 세력의 본고장이 되었다. 류성룡이 영의정에서 은퇴한 이래 유림이 중앙 정계 진출을 삼가면서 자치적 기반을 닦아 왔다. 말기에 내려올수록 중앙과의 필요 이상의 교섭을 억제하면서 주자학의 정통성을 수호한다는 자부심이 대단했으며, 중앙의 코스모폴리탄적인 성격과 비교할 때 아주 규범적이고 엄격주의적인 경향이 강했다. 서원과 유향소는 유림 세력의 본거지였으며 중앙에 대하여 특권적인 지위를 누려 왔다. 따라서 중앙에서 내려간 관원의 지위는 상대적으로 약했으며 왕명이 제대로 하달되지 않았다. 이렇게 되다 보니 스스로 추로지향(鄒魯之鄕)이라 부르는 문화적 우월주의에 빠져들기도 했다. 학문적으로도 사서 가운데에서 사대부 계급의 자기 수양을 종용하는 사서나 『중용』이 굉장히 중요시되어 동학의 『동경대전』에는 이러한 성향이 노골적으로 반영되어 있다.

c. 주변문화―규범문화권이라고 규정한 영남 지역과는 소백산맥과 지

리산을 경계로 해서 김제 만경평야와 나주평야가 펼쳐져 있고 북쪽으로는 강경평야와 이어져 있어 유사 이래 우리나라의 곡창지대로 알려져 왔다. 이 지역에 산지가 그리 많지 않다는 자연지리 조건은 배산임수지지(背山臨水之地)를 선호하는 반촌문화(班村文化)의 형성에 별반 호조건이 되지 못했다. 이 지역은 구 백제의 강역과 일치하며, 조선시대에 권력의 중심에서 성리학의 체제 교학을 연찬하고 이를 사회적으로 실천하고자 한 유림 세력을 배출하지 못했다. 따라서 향촌 문화라는 점에서 보면 영남에 비해서 열성 구조라는 사실을 지적할 수밖에 없다.

실제로 고종 1년에 내린 서원 철폐령에 따라 정리되고 남은 서원의 숫자만을 가지고 보아도 전라도가 3개소인 데 비해서 경상도는 13개소로 상대가 되지 않는다. 그런데 서원의 내용을 본다면 전라도에서는 김인후(金隣厚)를 추존하는 장성의 필암서원(筆巖書院)을 제외한다면 이렇다 할 사족의 근거지가 없는 반면에 영남 지역은 서원을 중심으로 한 저명 사족의 후예가 향촌 지배의 주체로서 하등의 손색이 없었다.

여기서 향촌 문화에 대해 다시 한번 개념을 규정해 보면 다음과 같다.

반촌 중심의 문화―이것은 양반, 사족 중심의 도학과 예교를 숭상하는 규범적이며 엄격주의적인 문화라고 할 수 있다.

민중 지향의 문화―정통주의적인 유교의 가치관을 부정하지 않으면서도 양반이나 사족보다는 저변의 민중 계층의 정서에 소구력을 지닌 문화를 말하며 종교 신앙이나 예술 방면에 친화력을 지녔다고 말할 수 있다.

향촌 문화의 성격을 이와 같이 규정해 본다면 주변문화라고 규정한 호남 지역 문화권이야말로 역사시대에 있어 전형적인 민중 지향의 문화권이었다고 말할 수 있다. 그 전통은 오늘날에도 뚜렷하다. 조선 말기 특히 20세기에 들어와서 이 지역이 오늘날 신종교 운동의 요람지였다는 사실은 전혀 우연이 아니다. 게다가 호남은 오늘날까지도 예향(藝鄕)으로서의 명맥을 잇고 있다. 이는 어느 모로 보나 규범적인 엄격주의보다는 자유분방한 상상력과 창의력을 존중하는 전통에 힘입은 바 크다고 말할 수 있다.

구 신라의 강역과 일치하는 영남에는 주로『삼국유사』에 나오는 전승의 유적이 많은 반면에 백제의 강역과 일치하는 호남에는 고대적 전승은 비교적인 소략한 반면에 조선시대에 들어와서 종교문화 전승이 민중의 종교 심성에 뚜렷이 자리매김하게 되는 사례가 적지 아니하다. 예를 들면 해인의 설화라든지 진묵(震黙)에 관한 전승이 그러하다. 이는 향촌에서 반촌 문화가 확고한 통제력을 확립하지 못해서 괴력난신(怪力亂神)을 금기시하는 유교적인 엄격주의를 실현하기에 향촌의 분위기가 비교적 자유스러운 입장이었기 때문이 아닌가 싶다.

이리하여 영남에서 남상(濫觴)이 된 동학이 실제로는 호남에서 전개되었고 1920년대에 증산 강일순의 종도인 차경석의 보천교가 호남에서 크게 교세를 떨치게 된 것도 여기에서 연유하는 것이라 볼 수 있다. 호남 지역에서는 서원을 본거지로 한 유림의 세력이 미약했으므로 자치 기구로서의 향풍 규정에 전력을 다하는 모습을 보이지 않는다. 또한 이 지역은 중앙정부에 의한 묵시적인 차별 시책이 개선이 되지 않은 채 부재지주에 의한 수렴뿐만이 아니라 국가의 재정을 충당하는 관계로 경남의 경우하고는 달리 지방의 자치력이 크게 약화되었다.

d. 변경문화―변경문화라고 규정한 관서(關西)와 관북(關北) 지역은 왕조시대에는 왕화(王化)가 덜 되었다고 해서 노골적으로 차별을 당했다. 그중에도 관서 지방은 중국과 가까운 통상로로서 상려지향(商旅之鄕)이라고 했다. 상공업을 억말이라고 해서 천시하고 유동성을 금기시했는데, 정주와

은둔적인 주자학의 세계관에 의거할 때 이 말이 지닌 함의는 매우 부정적인 의도를 지닌 것이라 아니할 수 없다. 따라서 왕조시대에는 매우 노골적이고 의식적인 차별을 자행해 왔다.

조선 후기에 가장 규모가 큰 민중의 저항운동인 홍경래의 난은 이러한 차별, 특히 관서 지방인을 평한(平漢)이라고 하는 세도 정권에 대항하는 대규모의 민중 항쟁이었다고 말할 수 있다. 그러나 이 지역은 주변문화라고 규정한 호남하고는 달리 상당히 규범적인 성격이 강했다고 볼 수 있다. 그럼에도 불구하고 중앙정부의 차별 정책 때문에 지역민의 단결 정신이 아주 공고했으나 영남의 규범문화권하고는 달리 주자학적인 세계관에는 은연중에 반감을 지녔던 것으로 이해할 수 있다.

20세기에 들어와서 관서 지방이 천도교와 그리스도교의 근거지가 되었던 사정은 우연이 아니라고 본다. 관서 지방은 중국과의 접경 지역으로서 근대적 사조나 문물에 제일 먼저 쉽게 접촉하게 됨으로써 선진 의식의 일단을 엿볼 수 있게 한다. 그럼에도 관서 지방에 대해서는 왕화(王化)가 덜 되었다고 하는 중앙정부의 노골적인 차별 의식과 더불어 중심문화권으로부터의 차별 의식으로 인해서 자의식이 강했으며 여러모로 독자적인 문화권의 특질을 갖고 있어 '변경적'이라고 규정하게 된다.

5. 유교의 종교성 문제

유교가 종교인가에 대해서는 전문 학자들 사이에 오래전부터 열띤 논쟁이 계속되어 왔으나 결론이 나지 않은 상태이다. 무엇보다도 유교가 종교를 정의하는 데 필요 불가결한 조건이라고 할 수 있는 1) 초월적인 존재자에 대한 신앙, 2) 교단 조직의 존재 여부, 3) 성속의 구별 등 세 가지 항목을 완벽하게 만족시키기에는 너무나도 큰 거리감을 느끼게 한다. 유교는 그 개조인 공자가 신비적인 요소나 초월적인 존재에 대해 아주 냉담한 태도를 지님으로써 시작부터 종교라기보다는 하나의 학문적인 전통으로 자리매김해 왔다. 다만 한대(漢代)에 이르러 유교를 국교로 채택하고 국가가 천인상관설(天人相關說)을 신봉하고 신비적인 사상(事象)을 세속적 현실 문제에 적용시키면서 종교적인 색채를 진하게 띠게 되었다.

그러나 송대(宋代)에 이르러서, 특히 정주학(程朱學)이 체제 교학으로 자리를 잡게 되면서부터는 유교에서 신비적인 요소를 완전히 제거해 버린 대신 초월적인 존재에 대한 신앙을 인간의 이성의 문제로 환원시키면서 그 앙상한 형해(形骸)를 하나의 도덕적인 교설로 박제화해 버렸다. 이리하여 종교적 생명력을 상실한 유교는 의리(義理)의 정신을 숭상하는 신진 사대부들을 이데올로기적으로 몰두하게 한 학문적 대상이 되고 말았다.

그들이 바로 조선왕조를 세우고 철옹성의 권력의 지켜 온 유림(士林)의 선구자들이다. 조선왕조는 이리하여 성리학의 의리 정신으로 무장한 신진 사대부들이 세운 나라이므로 종래의 학문적인 연찬의 대상인 유학을 격상시켜서 국가 공권력에 의해 유교가 전 왕토의 방방곡곡에 스며들게 했다. 그런 시책을 펼치면서 민중의 일상적 생활 세계를 지배한 불교나 도교, 그 밖의 민간신앙은 음사(陰祀)나 좌도(左道)라고 해서 적극적으로는 이를 배제하고 소극적으로는 이를 국행(國行) 제사의 지성소인 사직(社稷)에 단말사(端末祠)로 종속시켰다.

조선왕조가 유학을 체제 교학으로 정하고 유교의 제천 의례를 통해서 권력의 정당성을 이끌어 낸 점에서는 고대 제정일치의 전제 왕조의 연장선상에서 이해할 수 있을지 모르나, 그 성격 면에서는 상당히 차이가 있다. 우선 유교가 폭력보다는 인의(仁義)로써 덕치를 강조하는 측면에서나 또 사회경제적인 측면에서도 지주로서의 사대부와 그들에게 농업 노동을 제공하는 전호(佃戶)의 관계가 고대 전제 왕조의 지배자와 농노의 관계하고는 아주 다른 중세적 특질을 두드러지게 띠고 있었다. 그런 면에서 제천 의례는 신비적이고 주술적인 힘의 상징이라기보다는 형식적인 측면이 아주 강했다. 조선은 중국의 제후국이었으므로 역사시대에 동양의 유교 국가에서 보편적이고 초월적인 권능의 신앙 대상으로서의 천(天)에 대한 직접의 제사가 불가능해서 일반 민중에게까지 내재적인 신앙의 체험을 가져다주기에는 다소 생소한 존재였을 것이다.

　더구나 정부가 관장하는 국행(國行) 제사는 초선 중기까지는 예조(禮曹)의 소관으로서 나라의 통치 행정의 일부에 불과한 매우 형식적으로 일상화된 의례에 불과했다. 정부는 세속적인 통치 활동인 정치·군사·의료·보건·토목·농업·어업 등에 전념했으므로, 종교 의례에 전념하고 세속적 통치 활동을 거기에 종속시키는 고대 전제 왕조나 오늘날의 바티칸하고는 성격이 완전히 다르다. 그러므로 국가유교라 하더라도 왕토의 전역을 하나의 지상 교회로 간주하는 제정일치의 왕조하고는 판이하게 다르다.

　이런 점에서 본다면 유교를 전적으로 종교라고 규정하는 데는 망설이지 않을 수가 없다. 적어도 조선왕조에 있어서는 그러하다. 유교를 철저히 신봉하고 이를 일상적 생활 세계에서의 도덕적 실천을 통해서 그 정신을 구현하려고 한 사대부들은 음사나 좌도에 한눈을 판다든지 그런 담론조차도 꺼린 철저한 유교주의자들이라고 말할 수 있다. 그러나 그들을 가리켜서 민중의 영혼에 구원의 손길을 뻗치는 종교의 사제들이라고 말할 수는 없다. 그들은 영혼을 안식처로 인도하는 사제가 아니라 아주 세속적인 사회의 상류 계층에 속하는 교양인이며, 종교적인 신앙 활동이란 단지 자신의 조상을 추존하는 제사를 드린다는 점뿐이다. 그렇게 따진다면 하류 계층의 서민들도 독서를 한 교양인은 아닐지라도 조상을 모시는 제사를 지낸다는 점에서는 마찬가지이다.

이렇게 볼 때 더욱이 신비성이 배제된 조선왕조에 있어서는 유교를 전적으로 종교로서 규정하기에는 상당한 무리가 따른다는 사실을 이해하게 된다. 더구나 조선 중기에 들어서서 이퇴계와 이율곡에 의해서 성리학은 도덕 지상주의를 표방하고, 더불어 그 이래 불교적 색채를 적극 수용한 양명학마저 이단적 경향 때문에 금기로 여기게 되면서 유교는 신비적 성격이 완전히 배제되어 종교적 생명감을 아주 상실해 버린 하나의 추상적 이념으로서의 도학이 구심점이 되는 감이 있다.

여기서 가장 중요한 것이 민중의 종교적 체험의 문제인데, 그들에게는 제천 의례에서 연역(演繹)이 된 경천(敬天)의 관념이나 주자가례에 의해 제약을 받는 숭조(崇朝) 관념이 희석되어 강력한 상징성을 지닌 종교적 표상으로 자리 잡기에는 거리가 있었다고 본다. 조상에 대한 제사에 있어서는, 조선 후기에 들어오면서 국가 차원에서 강력하게 권장하고 더구나 향촌 질서가 정착되고 향풍(鄕風)의 규정(糾正)이 강조되는 데다가 신분 질서가 흔들려서 양반 행세를 하려면 누구나 사대봉사와 문중을 과시해야 했으므로 외향상의 형식 면에서 대단히 융성했다고 볼 수 있다. 그러므로 숭조 관념의 내용적 측면에서 어떻게 규정해야 하는가 하는 문제가 남지만, 여하간 제사가 성행했다는 점에서 본다면 조선 후기에 와서 유교 국가의 성격을 두드러지게 드러내게 되었다고 본다.

6. 한국인의 종교심성

이러한 전제 조건들을 검토한 결과 조선 후기에 형성된 한국인의 종교적 심성은 외형상으로는 철저하게 유교의 옷을 입고 내면세계의 중심 부분에서도 유교적으로 형성되어 갔다고 볼 수 있다.

직관적 현세주의—중국인의 즉물적이며 직관적인 사유의 방식은 유교 문화를 통해서 우리나라에 그대로 수용되었다. 대표적인 사례가 우주론이면서 유교 철학의 형이상학 부분을 떠맡고 있는 『주역』의 담론이다. 『주역』은 분석적인 사변을 기피하는 중국인의 사유 방식을 그대로 수용하고 있다. 따라서 인과론적인 추론과는 전혀 반대의 즉물적인 방식의 사유법이다. 즉물적인 직관주의는 중국 특유의 선종에서 아주 잘 드러난다. 명상적이고 사변적인 인도의 요가행은 중국 불교의 수행 과정에 도입되면서 이른바 직지인심(直指人心), 교외별전(敎外別傳), 불립문자(不立文字), 견성성불(見性成佛)의 무수무증(無修無證)이라는 독특한 수행 방식을 수립했다. 이는 중국인의 직관적이고 즉물적인 특질을 아주 단적으로 증거하는 사례일 뿐이다.

이러한 중국적 사유의 특질은 유교 문화를 통해서 한국적 심성에 그대로 전수되어 우리는 자신의 것인 듯 착각을 하게 되었다. 여기서 유교 문화는 단순히 한자나 사서오경에서 표방하는 인의예지와 경천숭조(敬天崇祖) 사상만을 말하는 게 아니다. 그에 못지않게 문학[侍文]과 예술[서화 · 음악 · 석각(石刻)]은 물론 과학기술(천문 · 역학 · 수학 · 건축)에다 의학[본초(本草) · 침구(鍼灸)]을 포함해서 방술이라고 불리는 역점(易占), 점성(占星), 관상(觀相), 풍수(風水) 등이 통틀어 유교 문화의 범주에 들어간다.

　물론 한자를 빌려서 우리의 의사를 표시하고 나아가 정치제에서 율령국가 체제를 채택하게 된 상고시대부터 부지불식간에 유교 문화에 동화된 것이라고 보지만, 그러나 민중의 생활 세계를 속속들이 지배하게 된 것은 역시 조선 후기부터라고 볼 수 있다. 조선 후기에 이르러 풍수지리설이 크게 유행했다든지 본고장 중국의 수준을 앞지른 의학적 지식의 실용화 등 철저하게 유교 문화에 젖어 들었다는 사실과 더불어 우리의 사유 방식에 있어서도 직관과 피안의 이상 세계보다는 현세 차안(此岸)에 치중하는 현세 지향의 사유 방식에 완전히 젖어 들었다고 하겠다.

　여기서 유교적인 교양으로 정신 무장을 해서 신비적 종교의 경지를 괴력난신(怪力亂神)으로 규정한 양반 사대부 계급을 민중과는 구별해야 할 필요가 생긴다. 신적(神的)이거나 초월적인 현상에 대한 태도에 있어서 성(誠)과 경(敬)을 강조하는 이들 유교적인 교양 계급의 냉담함을 무신론적이라고 규정하기에는 성급함이 없지 않으나 내세에 대한 철저한 무관심이라는 점은 분명이 짚고 넘어가야 한다. 그들의 무관심은 또한 역사시대의 불교에 결정적인 영향을 끼친 조사승(祖師僧)에 있어서도 마찬가지라 하지 않을 수 없다. 특히 선주교종(禪主敎從)의 노선을 견지한 조선 후기 불교의 성격은 한층 더 내세 부정의 성격이 뚜렷하다. 이에 대해서 서방정토의 극락왕생을 발원하는 민중의 원망(願望)은 어떻게 설명해야 하는가의 문제가 있다. 이는 물론 내세에 대한 지향, 피안의 세계에 대한 진지한 생각이 살아 있다는 증거이기도 하다. 따라서 전적으로 현세 지향이라고 말할 수만은 없지 않은가.

　피(血)와 뼈(骨)—양반 사대부 계급의 종교에 대한 냉담한 현세 지향주의는 분명하게 말할 수 있다. 그렇다고 하더라도 민중의 세계관에 대해서 그러한 규정을 내리는 것은 무리가 아닌가 하는 의구심을 저버릴 수가 없다. 그러나 여기에 대해서도 즉물적인 판단은 금물이다. 깊이 천착해 본 결과 민중의 내세 지향성은 아주 피상적이라는 사실을 깨달을 수가 있었다. 민중에게 있어서 서방정토의 극락왕생이라는 것은 자기 자신의 존재론적인 각성의 결과 얻게 되는 실재의 세계가 아니다. 그러므로 구원의 문제 역시 건곤일척의 방식으로 몸과 마음을 통째로 던져서 건져 내는 새로운 진정한 삶이 아니다.

피안이란 자신을 실존적으로 체인(體認)함으로써 생생하게 드러나는 세계가 아니라 영상으로 존재하는 불확실성의 세계이다. 자기 자신이 반드시 가야 할 저세상이라기보다 잠시 머물다가 다시 어디로 가게 되는 경우에 머물러야 할 임시 정류장과 같은 장소이다. 중음(中陰) 또는 중유(中有)가 그것이 아닌가. 거기에 영원히 머무르면 아니 되는 것이기에 절에서는 망자에 대해서 성대한 추천(追薦) 의례를 거행해서 발목이 붙잡히는 일이 없도록 한다. 그런 다음 망자의 운명은 어찌 되는가? 그건 어느 누구도 모른다. 중음을 떠났다가 혹시 잘못해서 요사(蟯蛇) 지옥에라도 떨어지는 경우 자손은 상당한 출혈을 감수하고라도 화주로서 공덕을 쌓아서 조상을 거기서 건져 낸다. 그렇다면 죽어서 가야 할 저세상의 피안은 망자신(亡子身)의 문제가 아니라 살아서 그의 뒤를 잇는 후손의 문제인 것이다. 그렇다면 어디까지나 현세 지향적 발상이라고 하지 않을 수 없다. 이는 바로 조상숭배와 자손의 영속과 번영을 기리는 계세(繼世) 사상과 관련된다. 바로 유교 사상의 핵심인 숭조 관념의 연장선상에서 이해해야 하는 것이다. 이러한 사상이 유교의 까다로운 종법과 가족제도에 상대적으로 생소하기만 한 저변층의 민중에 스며든 것은 조선 후기에 주자가례의 실천을 철저하게 권장한 결과이기도 하다.

그러므로 상류의 사대부 양반층과 마찬가지로 민중에게도 숭조 관념과 조상숭배는 절대적인 것이었다. 조선시대에 들어와서 사찰에서 위경(僞經)으로 알려진 부모은중경의 판각이 성행하고 마찬가지로 법화 영험전과 역시 법화경의 판각이 다반사처럼 이루어진 일련의 사실 등은 불교의 세계관 속에 유교의 가치관이 깊이 스며들었음을 뜻한다. 불교에서도 향촌의 친족 조직의 방식을 본떠서 사자상승(師資相承)이라는 명분 아래 문중이라 해서 폐쇄적인 의제(擬制) 혈족적인 결속이 이루어진 것도 조선 후기부터의 일이다. 따라서 조선 후기에 피의 순수성, 다시 말해서 혈족의 배타적인 결속이 경쟁적으로 성행한 현상은 종교적인 내세의 문제에 있어서도 예외는 아니었다. 이는 단순히 이승에서 살아서 활동하는 후손끼리의 수평적인 결합에만 머물게 하지 않고 저세상 어딘가를 떠도는 조상과도 수직적으로 결합이 된다.

조상의 혼은 망자로 되면서 어딘가를 정처 없이 떠돈다고 하나 사실은 망자의 유해가 백골이 되어 머물고 있는 묘소를 멀리 떠나는 것은 아니다. 제사를 계기로 후손이 초혼(招魂)을 할 때면 혼은 잠시 백골에 임했다가 제사의 현장으로 가서 자손이 정성껏 차려 놓은 제수(祭需)를 흠향(歆饗)하게 된다. 이렇게 해서 일부 불승(佛僧)을 제외하고는 화장이 전면으로 금지된 조선 후기에 와서 후장(厚葬)의 풍습과 더불어 풍수가 대단히 성행하고 선조의 묘각(墓閣)을 앞다투어 크게 짓고 망자가 저세상을 간 후 묘 옆에서 삼 년을 보내는 여묘(廬墓)의 풍습이 폐해로 지적되기도 했다. 이는 바로 피는 조상과 후손을 일신 동체로 결속시키는 혼(魂)이 형상화된 모습이며 비록 육탈을 했어도 뼈[魄]는 조상의 혼이 영원히 떠날 수 없는 근거지라고 여겼기 때문이다.

자연천(自然天)에서 인격천(人格天)으로의 미분화—유교가 종교인가 하는 논란과 관련해서 시시비비가 그치지 않는 가장 중요한 이유는 바로 초월자에 대한 신앙의 문제에 있는데, 이는 바로 종교적 규정과는 상관이 없이 유교의 궁극적인 표장인 동시에 최고의 이념이기도 한 천(天)의 성격과 관련된 문제이다. 원시 유교 이전의 민중은 천(天)을 주술적인 신앙 대상이자 불가사의한 공포의 존재로 여겼을 것이다. 공자는 그러한 천을 어떤 우주를 지배하는 이법(理法)으로 간주했다. 동시에 인간중심주의적인 입장에서 천(天)을 이해했다. 그의 신에 대한 합리주의적인 태도와 마찬가지로 천(天) 역시 외경의 대상이기는 했지만 무소불위의 불가해한 괴력을 행사하는 존재는 아니었다. 공자의 이러한 발상은 도학적 합리주의의 전통을 확고히 한 12세기의 주자학자들에게 그대로 전승되어 천에서 신비주의를 배제하는 데 한층 역점을 두게 되었다. 주자학을 그대로 받아들인 조선시대, 특히 후기에 이르러서 천의 신비적인 베일은 완전히 벗겨져 버린 채 추상적인 이념으로 자리하게 된다.

그러나 독서인으로서 교양을 지닌 사대부 양반층과는 반대로 민중에게 있어서는 사정이 아주 달랐다. 천을 주술적인 신앙의 대상이자 공포와 초자연적인 힘의 원천으로 여긴 민중의 사유 공간의 여백, 그러니까 천이 인격신으로 전지전능의 초월자로 존재했어야 할 그런 아쉬운 자리를 한말(韓末)에 이 땅에 들어온 그리스도교는 잽싸게 하느님[天主]이란 이름으로 채워 버렸다. 여기서 바로 그리스도교는 유교의 바탕 위에 쉽게 자리할 수 있었음을 알 수 있다.

중국의 『성서』에서는 여호와를 상제(上帝)라고 표기하고 있는데 이는 분명 도교의 옥황상제(玉皇上帝)의 전와(轉訛)임을 알 수 있다. 그런데 옥황상제는 우리의 길흉화복을 주관하는 다소 주술성이 강하고 어쩌면 신성모독일 수도 있는, 예를 들면 정력을 좋게 한다든지 하는 아주 세속적인 소망도 들어줄 수 있는 윤리적 성격이 모호한 그런 신이다. 중국에서 포교 활동을 시작했던 초기의 예수회 선교사들은 옥황상제의 그러한 성격을 너무나 잘 이해하고, 그러면서도 유교의 호천상제(昊天上帝)의 차용은 정치적으로 용납될 수 없는 것이므로 천주(Coeli Dominus)라는 조어를 생각해 냈다는 것이다. 그러므로 우리나라에서 말하는 하느님은 결국 유교의 상제(昊天上帝, 또는 皇天上帝)의 모습이다. 윤리적인 절대적 초월이다. 역사시대에 있어서 우리의 조상들이 호천상제를 함부로 입에 올릴 수가 없었던 것은 우리가 제후국이었기 때문이다.

7. 맺는 말

이제 결론을 내리자면, 그리스도교는, 내세관이 결핍되어 있고 초월자의 관념이 모호한 무신론적인 거나 다름이 없는 삭막한 세속적 풍토에 복음의 씨앗을 뿌렸고, 서구의 식민지 경험이 없는 한국을 오랜 그리스도 교회의 역사에 비추어 보면 삽시간이라 할 수가 있는 불과 1세기 남짓한 기간에 십자가의 숲을 이룬 상태로 바꾸어 놓았다. 그러나 이것이 결코 기적은 아니다. 유교가 조선 후기에 민중의 관념 세계는 물론 일상생활을 속속들이 지배하지 못했다면 그리스도교가 이렇게 경이적인 교세를 떨칠 수가 있었을까? 이야기는 여기서 그치지 않는다. 그리스도 교회는 유교의 부정적인 측면을 그대로 답습해서 가령 핏줄을 중시하는 점에서는 마찬가지라든지 현세 지향의 경향이라든지 또는 선조에 대한 숭조 관념은 역시 마찬가지라든지 하는 점을 보면, 유교 문화가 그어 놓은, 그것이 긍정적이든 부정적이든 하여간 그러한 경계를 크게 벗어나서 자기만의 성격을 뚜렷이 부각시키는 게 아니라는 생각을 갖게 한다.

　1. 1980년대 초에 나온 발표자의 졸저『민중종교운동사』는 서구의 천년왕국설의 골격에다 우리나라의 역사시대의 사정을 꿰어 맞추어 서술한 내용이 당시 5·18광주민주화운동 등 제반 사회 조건과 어울려서 다소 호응을 얻은 바 있었지만 지금은 그런 생각을 하지 않습니다.

　2. 발표자의 전공이라고 알려진 후천개벽설은 원래 원시 유교의 일치일란(一治一亂)의 순환(循環) 사관에 뿌리를 둔 것인바 한대(漢代)의 신비주의와 송대(宋代) 성리학자이자 신비주의자인 소강절(邵康節)의 운세설(運世說)이 조선 중기에 싹트는 반왕조적인 발상과 융합되면서 감결(鑑訣)이라든지 조선 말기 신흥종교의 관념적 모태가 되었습니다.

　3. 지금은 그보다는 한국인의 종교심성에 대해서 더욱 근본적인 물음을 제기해 보고 싶은 충동을 억제할 수가 없습니다. 발표자가 역사시대의 사회적 전개에 관심을 많아서인지 하여간 우리가 오늘날 말하고 있는 한국인의 종교심성은 유교를 바탕으로 해서 대체로 17~18세기라는 비교적 짧은 기간 동안에 이루어진 역사적 형성물이라는 확신을 갖고 있습니다.

　4. 그럴 수 있는 근거로서 17~18세기에 걸쳐 우리나라에 주자가례가 서민 계급에까지 널리 보편화되고 향촌 사회가 급속히 전개되면서 반촌(班村) 문화가 지배적이게 되는 사정을 말할 수 있습니다. 따라서 사대봉사(四代奉祀)가 일반화되고 음택풍수와 유교식 장송 의례도 곁 따라 널리 파급되었습니다.

　5. 무속이나 민간 불교도 한국인의 종교심성을 좌우하는 소성(素性)이 될 수 있지 않은가 하는 반론이 제기될 수도 있지만, 적어도 18세기 이후 민중의 생활 세계의 일거수일투족을 지배한 것은 아무래도 유교 문화가

절대적이었지 않은가 생각합니다.

6. 그렇다면 유교가 무엇인가 하는 물음에 부딪치지 않을 수 없습니다. 현재 학계에서는 유교를 종교에서 제외하는 경향이 있지만, 유교를 예교(禮敎)와 제사(祭祀)라는 양대 축으로 이루어진 것이라 규정한다면 제사는 분명 종교입니다. 물론 원시 유교에서는 신비적인 측면은 부정한 게 사실이지만 역사시대에서 유교는 엄연히 종교로서 존재해 왔습니다. 한국은 조선시대 이래 사림(士林)에 의하여 주자학을 체제 교학으로 한층 강화함으로서 동아시아는 물론 세계에서 가장 정통적인 유교 문화를 견지하는 나라라는 평가를 받고 있습니다. 아울러 유교 문화는 일치일란(一治一亂)의 순환론적인 역사관과 더불어 음행오행설 등의 자연철학적인 관념을 포괄함으로써 민중의 생활 세계에 절대적인 영향을 준 것이 사실입니다.

7. 오늘날 우리나라의 그리스도교(신구교 포함)는 유교 문화의 바탕 위에서 수용된 것이라는 확신을 갖고 있습니다. 물론 유교에서는 그리스도교에서 말하는 창조신이 결성개념으로 파악되는 것이 사실이며, 자연천(自然天)에서 인격천(人格天, 하느님)으로의 미분화 현상을 지적할 수는 있으나 중국의 민중은 이 부분을 도교의 상제(上帝)에 의해서 슬기롭게 극복해 갈 수 있었습니다. 실례로 중국의 『성서』에서는 상제(上帝)라고 표기합니다. 한국은 16세기 예수회 신부들이 번역한 coeli Dominus(天主)를 그대로 직역하여 '하느님'이라는 조어를 안출해 냈습니다. 그것은 아마도 19세기 후반일 것으로 판단됩니다. 그렇다면 한국에서 그리스도교의 최고신 개념은 유교적 바탕 위에 우리식의 신 관념을 절묘하게 봉합시킨 것이라고 보아야 합니다.

8. 한국의 그리스도교를 유교의 바탕 위에서 이해할 수 있는 또 하나의 열쇠는 내세관의 문제입니다. 그리스도교에서도 칼빈 계통은 천주교에

비길 때 내세관이 분명치 않다고 합니다. 그러나 르네상스 이래 천당과 지옥에 대한 생각은 서양에서 분명하게 정착되었다고 봅니다. 물론 유교에서는 내세관이 없다고 해도 과언이 아닙니다. 그래서 필자는 유교의 내세관 문제와 관련해서 '현세 지향적 직관주의'라는 말을 씁니다. 우선 직관주의라는 말부터 생각해 보면, 유교 문화는 서양처럼 분석적인 인식보다는 직관적인 인식에 가깝습니다. 『주역』에 지택림(地澤臨)괘에 나오는 '팔월흉(八月凶)'이라는 괘사(卦辭)를 가지고 제2차 세계대전 때 일본이 패할 것을 예언했다든지 파자(破字) 풀이의 여러 가지 사례가 있습니다.

9. 현세 지향적이라고 한다면 조상숭배와 여기에 부수하는 여러 가지의 종교 관념이나 의례는 어떻게 설명해야 할까요? 유교에서는 혼백(魂魄)을 나누어 생각하고 있습니다. 혼은 서양식으로 말한다면 영혼입니다. 이 영혼은 저세상으로 가서 주인공이 평생의 업적에 따라 보(報)를 받는 게 아니라 후손에게 전수된다는 생각인 것입니다. 그 대신 육체의 잔해는 뼈[魄]로 남는데, 그래서 후장(厚葬)을 하는 관습이 유교에 체질화한 것입니다. 여기서 조상숭배의 원리를 이해할 수 있게 됩니다. 그리스도교 역시 토장을 합니다. 이는 초대교회 이래 예수의 재림에 대비하기 위한 것으로 알려져 있습니다. 그러나 이러한 매장의 풍습이 유교식의 장제와 절묘한 봉합을 하게 됩니다.

10. 중국도 토장을 하는데 거기에는 어째서 그리스도교가 융성하지 아니한가 하는 물음에 대해서는 역사 문화적인 차이를 이해해야 하지 않을까 생각합니다.

11. 한국의 종교심성에는 '사대적 문화 우월주의'가 지배적이라고 생각합니다. 이는 고려 이전까지 거슬러 올라갈 필요는 없고 조선 후기에 형성된 역사적 형성물이라고 생각합니다. 무엇보다도 병자호란의 영향을 크

게 받았다고 판단합니다. 중화사상에 대한 모화(慕華) 관념과 우리를 소중화(小中華)라고 생각한 점이 그렇습니다. 신라시대에는 우리가 동축국(東쓰國)이라고 했고 그리스도교도들은 우리가 단 지파(Dan 支派)니 아니면 평양이 제2의 예루살렘이니 하는 주장을 하기도 했습니다. 민중의 예언서인 『정감록』에는 이러한 문화적 우월주의가 압도하고 있습니다.

12. 가족주의의 문제인데 피[血]를 중시한다는 것입니다. 가족주의 전통은 세계 어느 나라에나 있습니다. 슬라브족의 짜두루가(Zadruga, 가족공동체)라든지 중동 지역 모슬렘의 특수한 가족 관계 등 이루 헤아릴 수가 없습니다. 그러나 한국의 가족 문화는 『주례(周禮)』에 근거를 두는 남계 적장자에 의한 제서성 속을 근본원리로 하고 있습니다. 여기서 원시 유교의 향(鄕)이라고 하는 공동체의 성격과 인의(仁義)라고 하는 유교 교학의 근간이 되는 사상을 잘 이해해야 합니다. 유교에서의 인은 그리스도교에서 말하는 보편적인 무차별의 사랑을 의미하지는 않고 차등애를 말합니다. 또 인은 공동체의 유대 관계를 의미한다고 하나, 이는 원시 그리스도교의 코스모폴리탄적 Gemeinde하고는 성격이 다른 지연적 혈연 공동체를 말합니다. 이러한 차등애와 지연적 혈연 공동체의 연대라는 이상이 조선 후기의 향촌 사회를 중심으로 전개되었고 그것이 오늘날 그리스도교를 수용하는 한국인의 종교심성의 밑바탕이 되었습니다.

II. 간방고(艮方考)[*]

황선명

1. 들어가면서

간(艮)이란 『주역(周易)』(이하 易이라 약칭) 팔괘인 건태이진손감간곤(乾兌離震巽坎艮坤) 가운데 하나로서 산을 상징하는 것으로 되어 있다. 그런데 '간방(艮方)'이라고 하면, 첫째, 문자 그대로 방위의 개념을 지니는데 이는 외연적으로 공간의 개념으로 확장된다. 바꾸어 말하자면 간(艮)이라고 하는 방위의 개념은 공간을 파악하기 위한 하나의 척도가 된다. 지리적인 척도인 것이다.

그러나 이것이 소강절(邵康節)에 의하여 후천역과 결연이 되면서 공간을 넘어서 시간의 개념까지 확장되고 따라서 '시간과 공간의 축이 만나는'[1] 결

---

* 황선명, 「艮方考」, 『신종교연구』 17, 2007, 99-137쪽.

1 시간과 공간의 축이 만난다는 것은 시간과 공간의 연속성을 말한다. 이 점은 수학자 민콥스키가 19세기 말에 처음으로 제창한 것을 아인슈타인이 이어받아서 특수상대성 원리를 발표했다. 하지만 아직까지는 우리가 그러한 시간과 공간의 연속성을 체험할 수는 없다. 따라서 그것은 앞으로 설명하겠지만 상상의 세계에서만 가능한 것인데, 그

과가 된다. 그런데 "이 공간과 시간 내에는 무한한 현상적 존재들이 전개되어 있으나 그중에서 유독 인간만은 공간 축과 시간 축이 만나는 우주의 중심점에 위치하여 인간의 삶을 영위하는 존재로서…."[2]라는 유남상 교수의 글에서 '시간 축과 공간 축이 만난 우주의 중심'이란 설명은 전혀 실증적인 검증이 불가능한 추상적이고, 따라서 상상의 영역에 속한다고 볼 수 있을지 모르나, 역에서는 그것이 진실임을 여실하게 보여준다.

물론 우리가 시간과 공간이 만나는 우주의 중심에 있다는 사실은 과학적 방법에 의거해서 증명한다는 것은 불가능하다. 그러나 누구나가 그것이 사실을 넘어선 진실, 그러니까 관찰이나 검증으로는 도저히 사실로서 증명할 수 없지만 우리의 정신 속에서 분명 진실로서 그것을 보여주고 있다. 그것이 바로 후천역(後天易)이다.

그런데 본고에서는 여기에서 머물지 않고 이 후천역을 극복한 일부의 정역의 원리를 간단히 설명하고자 한다. 그러자면 그것이 물리적인 공간을 초월하면서 동시에 우리가 현실에서 체험하고 있는 우주 안에서의 시간과 공간하고는 또 다른 예지계의 실상에 어느 정도 접근해야만 할 것이다. 물론 그렇게 되자면 신명의 세계를 자유자재로 왕래하는 도각(道覺)의 체험이 전제되어야 한다. 어느 모로 보면 속인으로서는 불가능한 일인지도 모른다. 다만 현대의 분석적인 사고와 거기에서 가닥을 잡은 추론을 통해서 합리적이면서도 개연성에 그치는 결론을 도출해 내는 데 그치고자 한다. 그러자면 우선 공간이란 무엇인가에 대한 이해로부터 시작해야 할

렇다고 해서 상상의 세계란 것이 전혀 가공의 허구라고 말할 수가 없다.
2   유남상(柳南相),「正易에 나타난 時間性의 원리: 시간성」, 세계종교연구원 주최 토론회 발표논문, 1995.

것이다. 우리를 둘러싸고 있는 외계의 환경으로서의 공간이란 존재론적인 개념이 아니다. 하나의 양상 개념이다. 왜냐하면 공간은 상대적이기 때문이다. 현대 물리학에서 밝히고 있거니와 절대공간은 존재하지 않는다. 그것은 바로 공간이 실재하지 않는다는 사실을 뜻한다. 그럼에도 우리는 이것을 실체로 파악하고 있는 것이다.

바로 인식의 문제인 것이다. 예를 들면 간방(艮方)이란 현재의 지정학적 위치로 볼 때 우리나라가 속한 동북아시아권을 의미한다. 그러나 지구가 둥글다는 사실을 전제할 때 그것은 상대적인 의미밖에는 지니지 못한다. 서양에 대한 대자적인 인식에서 동양이라는 뜻이겠고, 또 지자기적인 위치로 보아서 적도보다 북극에 가까운 북위 38도선이 허리를 지나간다는 뜻에서 우리나라는 동북아의 중심이라고 말하게 된다. 그러나 광대무변의 우주 공간 속에서 보면 그것은 한구석이라고 말할 수도 없고, 그렇다고 해서 한가운데라고 말할 수도 없는 도저히 말로서는 표현할 수 없는 그러한 지경(地境)이라고 말하는 게 옳다. 그리하여 신명 세계를 자유자재로 왕래하는 일부 선생이나 증산 상제의 혜안만이 상대적 공간을 초월해서 그런 지경을 투시할 수 있고 또 시작도 없고 끝도 없는 무한대의 영원을 직시할 수 있다.

2. 상징으로서의 공간

우주(宇宙)란 말이 처음으로 나오는 동양의 고전은 『회남자(淮南子)』이다. 『회남자(淮南子)』의 천문훈(天文訓)에 의하면 우주란 말은 공간을 뜻하는 우(宇)와 시간을 뜻하는 주(宙)의 합성어라는 것이다. 이 우주라는 거대한 틀 안에서 인간을 비롯한 모든 존재의 생멸부침이 이루어진다. 헤라클

레이토스에 의하면 이 세상에 존재하는 만물은 두 가지의 척도의 제약을 받는다.[3] 이 말은 두 가지의 척도에 의해서 모든 존재자가 규정된다는 뜻이다. 어떤 존재자도 이 규정에서 자유로울 수 없다. 공간의 척도라는 것은 거리와 방위를 말한다. 또 시간의 척도라는 것은 분초로 나뉘어 과거에서 현재를 거쳐서 미래로 진행하는 연속성(continuum)을 말한다.

우주 안에 있다(존재한다)라는 사실은 두 가지의 한정에서 벗어날 수 없다는 뜻이 되는데, 모든 존재자는 장소적 규정성과 더불어 시간이라는 규정성을 벗어날 수 없기 때문이다. 어떤 존재자이든 그의 존재는 우주 안에서 반드시 그 위치가 지정되어 있게 마련이고, 또 시간적으로 생성과 소멸이라는 과정을 거치기 마련이다. 존재와 관련된 두 가지의 규정성에 제약을 받지 않는다는 것은 신적 존재 뿐이다. 왜냐하면 신은 도처에 편재하며, 그뿐만 아니라 생멸하지 않는다. 어디서나 존재하며, 태어나지도 않거니와 사망하지도 않는다. 스스로 존재하는 자(sui generis)인 것이다.

이와 같은 시간과 공간의 척도에 의해서 규정되지 않는, 이성으로는 도저히 납득할 수 없는 존재를 철학에서는 상정할 수 없다. 오직 신의 존재를 말하고 시공(時空)의 초월을 심각하게 생각하는 종교학에서만 이 문제를 하나의 문화 현상으로 다루는 것이다. 여기서 말하는 문화 현상이란 인간의 생각 가운데서 상상(imagination)에 바탕을 둔 존재하는 사물의 존재의 양식과 그 작용의 관계를 통틀어서 말하는 것이다.

대체로 모든 문화권의 여러 민족은 우주의 기원과 구성 및 운명에 대해서 각기 그 나름의 생각을 신화나 그 밖의 전승이나 의례로서 보존하고 있다. 이 경우의 우주론(cosmogony)은 현대의 천문학적 우주론하고는 전혀

---

3   Ernst Cassirer, *An Essay on Man*, Yale University Press, 1964, p.47ff.

성질이 다른 것이다. 따라서 종교에서 말하는 우주론은 전적으로 상상의 산물인 것이다. 그렇다고 해서 이 우주론이 진실성하고는 전혀 관련이 없는 가공의 허구인가 하면 그렇지는 않다. 상상의 산물이라고 해서 허구를 말하는 것이라고 생각한다면 그것은 커다란 오해이다. 천문학에서 말하는, 혹은 물리학에서 말하는 우주론은 사실을 말한다는 점에서 우리는 추호도 의심하지 않는다. 하지만 그것은 부분적으로만 사실일 뿐이다. 총체적인 사실을 말하는 것은 아니다.

뉴턴의 고전역학에 따르면 시간과 공간은 따로 떨어져 있는 별개의 양상이다. 따라서 절대시간과 절대공간이란 말이 나왔다. 그러나 아인슈타인의 상대성이론에서는 시간과 공간의 상대성을 말하고 있다. 지구와 엄청난 거리에 떨어져 있는 우주의 저쪽에서는 지금 이 순간이 우리와 똑같은 이 순간이 아니라고 한다. 참으로 불가사의한 일이기조차 하다. 뒤집어서 말한다면 외계인이 우주 저쪽에서 우리와 똑같이 '지금 이 순간'을 체험하고 있다는 사실은 상상 속에서나 가능하다는 말이다. 우리는 상상 속에서 우주여행을 하고 또 외계인과 이야기한다. 또 자신 스스로가 상상 속에 침잠하지 않는다 하더라도 TV나 SF물과 같은 매체들에 몰입해서 그런 세계에 젖어 들어간다.

물론 그것들은 사실을 말하는 것은 아니다. 그렇다고 하더라도 우리에게 감명을 주고 어떤 경우에는 심금을 울린다는 점에서 전적으로 가공의 허구라고만 말할 수는 없다. 거짓이 어떻게 우리에게 감동을 주겠는가. 다른 시각으로 말한다면 우리가 체험할 수 없는 영역에 속하는 문제는 어쩔 수 없이 상상에 의존하는 수밖에 없다. 블랙홀의 경우가 그중 한 예이다. 수억 광년의 저 먼 우주의 저쪽에 있는 천체는 지금 그 수수께끼의 신비가 밝혀지는 것 같지만, 실제로는 상상의 결정체가 모여서 하나의 실체를 만들어 낸 데 불과하다. 누구도 블랙홀의 실체를 부정하지는 않는다.

이와 같이 상상은 가공을 말하는 게 아니라 총체적인 진실을 말하는 것이라고 하겠다. 상상하는 내용의 사실성 여부는 문제가 될 수가 없다. 그 대신 진실성 여부가 문제가 되어야 한다. 상상의 내용이 구성 면에서 결함이 있고 빈약한 것이게 되면 진실성이 없는 것으로 간주되고 모든 이의 가슴에 와닿는 공감 가치를 지니지 못하게 되어 공상(空想)으로 전락하게 된다. 상상은 공상하고는 엄연히 다르다.

이제까지의 상상에 대해 다소 지루하게 설명한 것은 우리의 공간 인식이 전적으로 상상에 의존하고 있다는 사실 때문이다. 소강절(邵康節)이 말한 것처럼 아주 원초적인 그때, 그러니까 천지 조판이 이루어지기 이전에는 그저 태허(太虛)뿐이었다지 않은가. 그때 마찬가지로 순수한 공간이란 구체적인 실상으로서 존재하는 게 아니라고 한다면 그것은 하나의 추상적인 실체인 것이다. 그러니까 원이라든지 각종의 도형의 모습으로 그 크기를 재고 형상을 설명할 수 있을 뿐이다. 그렇다면 의당 그것은 상상의 세계일 뿐이다. 머릿속에 그리는 것이지 실재하는 게 아니라는 말이다. 그래서 공간이란 것도 그것을 파악하는 주체에 따라서 성질을 달리한다. 하등동물에서 사람과 같은 영장류에 이르기까지 각각 그 나름대로 공간을 파악한다는 것이다. 가장 높은 단계의 인간은 상상 속에서 상징의 공간을 머릿속에 그린다고 볼 수 있다.

카시러는 공간을 1) 유기적 공간, 2) 지각적 공간, 3) 상징적 공간의 세 가지로 나눈다.[4] 유기적 공간이란 주체와 주위의 환경이 밀착해 있는 경우를 말한다. 하등동물의 유충이나 애벌레, 혹은 갓 부화한 병아리와 같이

4   E. Cassirer, loc. cit.

어린 상태의 동물류의 공간 인식은 조건반사적이다. 원초적인 본능에 대한 자극의 반응에 따라 방향을 결정한다는 것이다.[5]

여기에 대해서 지각적 공간은 성장한 조수라든지, 특히 고등동물 등에서 볼 수 있는 공간 파악의 경우이다. 이들은 경험적으로 터득한 감각과 시청각 및 촉각 반응에다 근육으로 느끼는 탄성을 활용해서 공간을 파악하고 거기에 따라 행동의 방향을 결정한다고 한다. 예를 들어 자신보다 월등히 큰 동물을 습격하는 맹수라든지, 늪 속에 잠복해 있던 악어가 용수철처럼 튀어 올라서 물가에 있는 먹이를 낚아채는 것 따위의 행동은 사람으로서는 도저히 흉내 낼 수 없는 탁월한 공간 파악의 능력이라 하겠다.

그러나 사람에게는 이러한 능력이 주어지지 않은 대신 대단히 복잡한 사고의 과정을 거쳐서 상징적 공간을 구성하는 능력이 주어졌다. 상징적 공간 대신에 추상적 공간이라고 정의하기로 한다. 추상적 공간이라는 것은 인간은 여타의 동물처럼 공간에 그대로 적응하지 않고 복잡하고 추상적인 사고의 작용을 통해서 지식을 형성하게 된다는 사실을 가리킨다. 또한 지식을 형성하는 데에 그치는 게 아니라 거기서 한 걸음 더 나아가 문화적인 삶을 영위하게 된다는 사실을 뜻한다. 인류의 고대 문화에 있어서 이 추상적 혹은 상징적 공간의 발견이야말로 지구에 처음 출현한 호모사피엔스의 불의 발견에 버금가는 위대한 발견 중의 하나이다. 이 상징적 공

5　하나의 예를 들면, 인도양에 있는 호주령 크리스마스 섬에 서식하는 육지게(蟹)는 평소 굴속에서 살다가 산란기에는 암수가 바닷가로 가서 한 쌍의 암게가 수천 개의 알을 낳고 여기에서 부화한 어린 게는 다시 육지의 산림 속 깊숙한 데로 가서 굴을 파고 들어가서 거기서 성장한다고 한다. 수천만 년 전의 지구 생태환경의 변화로 이렇게 뭍으로 올라오게 된 게가 서식의 근거지인 삼림 속의 땅굴과 산란기에 잠시 머무는 해안가를 오가는 동안의 방향을 찾는 능력은 태생적이며 본능에 의해 결정이 된 유기적 공간 파악의 능력이라고 하겠다.

간의 발견이 있었기에 인류는 일월성신이 운행하는 천체의 법칙성을 이해하고 거기에 따라 역법(曆法)을 고안해 냈으며, 처음에는 점성술에서 시작해 나중에는 천문학까지 새로운 지식의 체계를 구축하기에 이르렀다.

그런데 복잡한 사고의 과정을 거치기 전에 일단 직관으로 파악한 공간이 바로 신화적·주술적인 신비한 공간이다. 이와는 달리 이성적인 천착을 통해서 분석적으로 파악한 공간이 바로 기하학적 공간이다. 공간을 인식하는 방법에 있어서 이 신화적·주술적 세계관과 기하학적 세계관 사이의 우열의 차이를 논한다는 것은 무의미하다. 후자가 과학적인 데 반해서 전자는 비과학적이라는 견해는 잘못된 생각이다. 지금까지는 전자, 다시 말해서 신화적·주술적인 신비적 요소를 비합리적이라고 말하고 원시심성이라고 해서 인류 지능의 저급한 단계에서 현상에 대한 잘못된 추리와 판단에 따른 것이라고 주장하는 학자들이 대부분이었다.[6]

그러나 오늘날 같은 상징적 공간으로 분류가 되는 신화적·주술적 공간과 기하학적 공간의 차이는 오직 직관과 논리, 구성과 해석, 일반성과 개별성의 차이 이상으로 전자를 후자와 비교할 때 질적인 결함이라든가 진실성의 결여와 같은 특징을 발견할 수 없다.

3. 역과 공시성의 원리

이제까지 설명한 바와 같이 역(易)에서는 주로 공간과 시간의 문제를 포괄적으로 다루고 있다. 역자역야(易者曆也)라고 해서 역에서는 시간 축이

6　프랑스의 민족학자 Levy-Brhul을 비롯해서 20세기 초기의 인류학자 가운데 진화론의 입장에 섰던 인물이 대부분 비슷한 주장을 했다.

더 큰 비중을 차지하고 있으나, 이 논문의 주제인 간방의 문제가 중요하게 다루어지고 있듯이 공간의 문제 역시 간과할 수는 없다.

여기서 그렇다면 역의 그 논리는 기괴하기 짝이 없는 것[7]이라는 견해부터 짚고 넘어가야 할 것이다. 역을 가리켜 근거가 없다고 말하고 심지어 황탄지설(荒誕之說)이라고까지 비판하는 이유는 첫째로 인과론이 결여되었다는 것 때문이다. 또 둘째로는 존재와 당위, 혹은 사실과 가치가 혼동되었다는 것 때문이다.

역의 본경(本經)은 본디 복서(卜筮)를 전제로 해서 성립된 것이므로 의당 인과론적인 설명이 불가능하다. 이 문제와 관련하여 C. G. 융의 제자인 아이라 프로고프(Ira Progoff)는 다음과 같이 설명한다.[8] 그가 융의 문하에서 공부를 하고자 대서양을 건너가서 융과 만난 다음 역점(易占)을 쳤을 때의 일을 설명하는 장면이다.(이하 필자가 축소 설명)

그가 동전을 던져서 처음으로 나타난 괘는 역의 64괘 가운데 제59번 괘인 풍수환(風水渙)이었다. 그런데 내 괘의 세 번째 효인 음효가 변괘(變卦)로 되어 다시 척전(擲錢)을 한 결과 57번째의 괘인 손위풍(巽爲風)괘였다. (다음은 본괘인 풍수환(風水渙)에서 지괘(之卦)인 손위풍(巽爲風)으로 바뀐 모습을 표시한 것임)

---

7   本田 濟,『易學』, 平樂社書店, 1960, 京都 (*本田 濟는 일본의 주역 연구의 권위자이지만 지금부터 반세기전만 하더라도 역(易)에 대한 관점은 황탄지설(荒誕之說)이라는 편견이 완전히 사그러지지 않았던 시기였다고 본다.)

8   Ira Progoff, *Jung, Synchronicity and Human Destiny* (日譯,『융과 共時性』), 創元社, 1987, p.41ff.

이 괘의 단전(彖傳)은 '대천(大川)을 건너면 유익할 것'이라고 되어 있다. 초육(初六)의 효 또한 실력 있는 후원자를 만나서 도움을 받을 것[用拯馬壯]이라고 되어 있다. 그러나 구이(九二)에 가서 자그마한 성공에 도취해서 지나치게 기고만장하지 말고 보잘것없는 존재라고 스스로를 낮출 때에만 후회하지 않는다고 되어 있다.

다음에는 57번째의 괘인 손위풍(巽爲風)괘의 탁선(託宣)이다. 괘사에 이르기를 '작은 일에 잘 풀려갈 것[亨]'이며, 가는 곳에서 이득을 얻게 될 것이고 대인(大人)을 만나서 도움을 받을 것이라고 되어 있다. 또한 『서괘전(序卦傳)』에는 손괘(巽卦)와 관련해서 "여행을 떠나면 다른 사람의 영접을 받기가 어려울 것이다. 손(巽)이란 들어가는 것을 뜻한다고 할 때 받아들이는 곳에 들어가면 처음으로 기쁨을 얻을 것이다."라고 되어 있다.

환괘와 손괘의 2괘의 탁선(託宣)은 아이라 프로고프라는 동일인의 일생에서 인생의 전환점이 되는 중요한 시기에 비슷한 정황으로 설정된 두 개의 시간 축으로 설명되어 있다. 주인공인 아이라 프로고프는 청운의 꿈에 부푼 가슴으로 대서양을 건너가서 당대 정신분석의 대가인 C. G. 융을 만나게 되었지만, 당시 그는 이미 저서를 출판한 다음이어서 이로 인한 작은 성공에 다소 들떠 있는 상태인 데다가 융의 학설이 대학에서는 아직 널리 인정받지 못하는(미국에서) 즈음이었던 까닭에 거기에 대한 주저와 불안감이 복합적으로 작용했다는 것이다. 그리하여 주인공인 아이라 프로고프는 선탁에서 지시하는 대로 스스로가 '올곧게 자기 자신을 추스른다는 것'과 '작으나마 성취를 한다는 것'을 하나의 충고로 받아들여 그 후 10년간 스스로의 인생을 결정하겠다는 결의를 다졌다고 한다.[9]

9   ibid., p.43ff.

위의 사례에서 볼 수 있는 바와 같이 역괘의 신비적이고 잠언 형식의 선택이, 그것도 하나가 아니고 둘씩이나 특정인이 처한 신변상의 처지를 암시했다는 사실은 이성적(과학적)으로 도저히 납득할 수 없는 사안이다. 이 양자, 그러니까 선택과 주인공인 아이라 프로고프의 신변의 문제라는 두 가지 사상(事象) 사이에는 어떤 인과관계가 존재할 리가 없다. 거기에는 사태와 사태 사이의 연속성(논리적인)이 없다. 그렇기 때문에 웬만큼 『주역』에 통효한 학자마저 '기괴한 논리'라고 주장했다. 이것을 손쉬운 사례를 들어서 설명하자면 마치 알리바이의 증거에 의해서 범죄가 발생한 시각에 그 현장에 없었다는 것이 분명하게 입증된 피의자를 범인으로 단정하는 경우와 마찬가지의 정황이 된다.

그러므로 설령 그것이 우연의 일치라고 치더라도 지나치게 견강부회적인 해석이라고 아니할 수 없다. 본경의 64괘뿐만이 아니라 집단의 운명을 예언하는 것과 같은 『계사전(繫辭傳)』의 상징적인 서술 등은 20세기 이후 우리가 받아들인 서구적인 과학적 사고를 가지고는 납득하기 어려울뿐더러 전통적인 역사시대의 정통파 주자학의 담론에서조차 거기에 대한 지나친 견강부회적인 해석은 아주 경계했다.

나아가서 존재와 당위, 혹은 사실과 가치의 혼동의 문제이다. 역이란 64괘의 연변(演變)을 가지고 우주의 생성 변화를 총체적으로 설명하는 하나의 상징체계이다. 이것만 놓고 본다면 하나의 우주공학이자 세계를 냉철하게 반영하는 담론의 체계이다. 인식론의 체계이기도 하다. 그런데 도덕률은 인간의 행위와 관련되며, 구체적으로 인간의 정신 활동 영역 가운데 의지(意志)의 문제와 전적으로 관계된다.

그런데 역에서는 자연율과 도덕률이 혼동되어 있다. 예컨대 인간의 행위규범이나 선과 악에 대한 판단이 자연현상과 밀접한 연관이 있다는 뜻이다. 역사시대의 천견설(天譴說) 같은 것이 이 경우에 속한다. 군주의 부도덕한 통치행위가 하늘[天]의 노여움을 사서 한발이나 수해 등 일상적인 자연재해는 물론이려니와 지진이나 해일과 같은 천재지변의 재앙을 가져온다는 믿음인 것이다.

역은 그 성격으로 보아 물적인 자연 세계의 질서와 변화를 설명하는 담론의 체계임에도 불구하고 이와 같이 도덕률이나 가치판단과 관련되는 문제와 구조적으로 얽혀 있어서 바로 이것이 또 하나의 난점이기도 하다.[10] 그리하여 이토록 이해하기 어렵게 복잡한 난제들은 모두가 인과론의 결여라는 하나의 문제로 귀결된다. 그렇다면 인과론적인 사고의 부재가 정녕 역의 발목을 잡고 가치를 떨어뜨리게 하여 결코 넘을 수 없는 아주 높은 장벽인 것인가? 결코 그렇지 않다. 인과율이란 분석적인 사고의 결과이다. 가령 자기 자신의 조상과 자기 자신이 있게 된 사실의 상관관계를 인과율을 가지고 따져 보기로 한다. 부모 대에서는 두 사람이지만 10대를 올라가면 백만을 넘고 30대까지 소급해 올라가면 10억에 이른다[11]고 한다. 이것은 우리의 생명이나 육체는 무수히 많은 조상의 산물이라는 것을 뜻한다.

또 다른 예를 하나 더 든다면 가령 어떤 사람이 어두운 밤거리에서 무단 횡단을 하다가 교통사고를 당했다고 할 때 사고의 원인을 단순히 도로의

---

10 사실과 가치, 혹은 존재와 당위의 문제는 오늘날 법학이나 정치학에서 까다로운 담론을 형성하게 하고 있다. 그런데 사회과학이나 규범과학에서 제기하는 여기에 대한 문제의식은 전적으로 자연의 법칙이 개제할 수가 없는, 다시 말해서 필연의 세계라고 하는 결정론이 지배하는 물리적인 자연세계와의 상관관계에서 그렇다는 게 아니다. 가령 출산이라고 하는 자연적이며 생물학적인 조건 때문에 여성에 대한 차별화와 불평등이 인정되지는 않는다는 따위의 이념과 같은 경우를 생각할 수 있을 것이다. cf. Hans Kelsen, *What is Justice*, University of California Press, 1960, p.175.

11 安康正篤,『易과 人生哲學』, 致知出版社, 1998, 東京, p.107.

'무단횡단'이라고만 규정하는 것은 사고의 수습을 책임진 교통경관이 내릴 수 있는 유일한 결론일 뿐이다. 물론 직접적인 원인은 당사자가 무단횡단을 했다는 사실 그 자체이다. 그러나 당사자가 하필이면 그 시간에 왜 그 자리에서 차량 통행이 뜸한 그 시각에 바로 그 사고 차량에 부딪쳐야만 했는가 하는 근본적인 물음일 텐데, 어느 누구도 거기에 대해서 딱 부러지게 대답할 수 없을 것이다. 왜냐하면 그것은 사고를 당한 당사자의 습관이나 성격에서부터 이제까지 살아온 삶의 과정에 대한 총체적인 진술과 곁들여 사고를 저지른 상대방에 관해서도 역시 마찬가지의 진술이 뒤따라야 할 것이다. 그뿐이 아니라 관련되는 주변 환경에 관한 인적 물적 조건 전부를 검토해야 할 것이다. 왜냐하면 그것들이 결국 복합적으로 사고의 원인이 되었을 터이니 말이다. 이것은 특정의 원인이 특정의 결과를 낳는다는 인과론은 별 의미가 없다는 사실을 웅변으로 말해준다.

그래서 서양철학자인 데이비드 흄은 인과율을 부정했거니와 흄한테서 지대한 영향을 받았다고 하는 칸트는 인과율이란 사물을 인식하는 주체의 선험적인 형식인 것이지 사물 자체에 고유한 속성이 아니라는 사실을 밝혔다. 이와 같이 인간 존재의 생명의 실상이라든지 무심하게 떠오르는 생각이나 꿈과 같은 것은 그저 인과론적인 입장에서 우연이라고 치부해 버릴 수 없는 심오한 의미를 지녔다는 사실을 분석심리학 등에서 밝혀내고 있는 터이다. 가령 이런 경우는 어떤가? C. G. 융과 파울리의 공저인 『자연현상과 마음의 구조』에 나오는 실례이다.

J. K. 단이라는 사람은 보어 전쟁에 종군하던 해인 1902년 봄 어느 날 아주 이상한 꿈을 꾸었다. 어떤 섬에서 화산이 폭발했는데 그 파괴력이 엄청나서 19세기에 일어난 인도네시아의 크라카토아 화산의 폭발과 비슷한 규모라고 생각하면서 희생자가 적어도 4천 명은 될 것이라고 어림짐작을 하

면서 혼잣말로 지껄이는 순간에 꿈을 깼다는 것이다. 그리고 나서는 아무 일도 없었다고 한다. 며칠 후 그에게 배달된 신문에는 프랑스령 마르티니끄에서 화산이 폭발해 4천 명의 희생자가 났다는 사실이 보도되었다. 그런데 화산 폭발은 그가 꿈을 꾼 후에 일어난 일이었다.[12]

이 사실로 볼 때 어느 누구도 단의 꿈과 실제의 화산 폭발 사이에 아무런 상관관계가 없다고 단정하지는 못한다. 이 두 가지 사상(事象) 사이에는 분명 어떤 의미의 관계가 존재한다. 마르티니크의 화산 폭발은 하나의 사건으로서, 그에 앞서 단의 꿈에 나타난 화산 폭발의 영상(影像, image) 사이에는 분명 의미연관(Sinnzusammenhang)이 존재한다. 어떠한 의미연관인 것인가? C. G. Jung은 이것을 가리켜서 공시성(共時性, synchronicity)이라고 했다. 도식하면 아래와 같다. (아래의 도표에서 A는 단에게 나타난 꿈의 영상을 말하고, B는 마르티니끄 섬의 화산이 폭발한 사태를 말한다)

표에서 보듯이 인과율에 따라 계기적이고 연속적으로 진행되는 일회기적인 하나의 영상이나, 또 같은 방식으로 진행되는 하나의 단선형(單線形)의 사태와의 사이에는 인과관계가 아닌 의미연관(수직의 점선으로 표시)이 있다는 내용이 바로 공시성이다.[13]

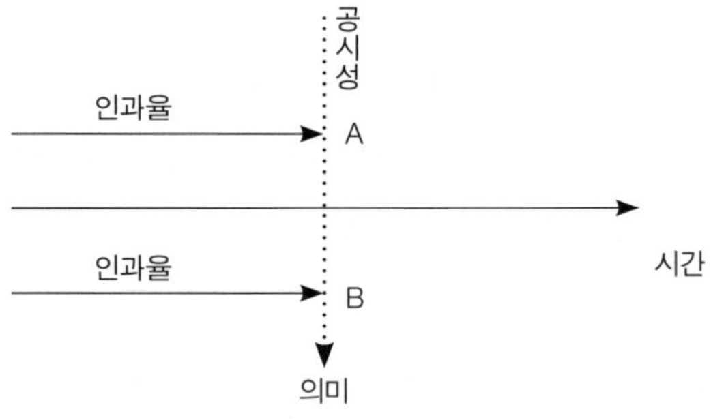

<hr>

12 Ira Progoff, ibid. p.186.
13 Stephen Karcher, Das I Ging: Aurum vlg. 1995, Braunschweig, p.12.

역(易)을 가리켜서 철학·과학·종교를 총체적으로 망라한 예지의 서(書)라고 말하지만 그 핵심은 바로 인과율로부터 자유로운 공시성이라는 것이다. 공시성이란 '공간을 배제한 연속성'이라고 말하는데, 이 지구상에 어떤 예지의 문서도 역만큼 공시성의 원리를 확실히 말해 주지는 못한다. 바꾸어 말하면 공시성이란 C. G. 융의 초인과성(超因果性)을 설명하기 위한 하나의 언어적인 도구에 불과하다. 어떻게 보면 아주 단순한 개념에 불과한 것 같다. 그러나 인과의 법칙을 초월하는 '앎'이란 예지계(睿智界)에서나 가능한 일인데, 바로 그것이 전지전능을 말하는 것이자 개인의 생사에 관한 운명이라든가 역사를 초월하고 나아가 시간·공간을 초월하는 초월자에게나 그러한 능력이 주어지는 것으로 알려졌으나, 바로 역이 그 문제와 직충하고 있는 것이다. 동시에 종교학이야말로 과학이나 철학이 도저히 접근할 수 없는 예지계를 들여다보는 학문이기도 하다.

4. 역의 방위

방위는 공간을 파악하는 기본적인 인식론의 도구라는 것은 이미 위에서 설명한 바와 같다.

우리는 일상생활을 영위하는 가운데 주체인 자기를 중심으로 해서 상하·전후·좌우의 입체 형태로 파악한다. 말하자면 3차원의 공간인 것이다. 이보다 범위를 넓혀서 본다면 우리는 중심점(기준점)을 기준으로 해서 동서남북을 파악하게 된다. 이는 물론 지구자기장의 자북(磁北)인 북극점에서 자남(磁南)인 남극점을 연결하는 축을 기준으로 해서 파악하는 방법이다.

그런데 지도상에 나타나는 방위는 물론 지자기(地磁氣) 현상의 실측을 전제로 해서 주체가 자리하고 있는 위치를 중심으로 간주하고 자신의 몸에서 먼 쪽을 북으로 정하고 오른쪽을 동으로 하고 반대편은 서쪽으로 조정(措定)한다. 지도를 바라보는 관찰자 주체가 어디를 보든(面하고 있든), 그것과는 상관없이 항상 도북(圖北)은 그대로 있다. 따라서 실제의 자북과 일치하는 것은 아니다. 이것은 지도가 하나의 상징물이라는 사실을 암시하는 좋은 사례가 된다. 실재하는 자연지리의 현상과는 일치하지 않는 하나의 모식(模式)에 불과한 것이다. 그러면서도 단순한 흉내가 아니라 사실과 일치하는 의미연관의 체계라는 점에서 앞서 서술한 것처럼 진실을 담고 있다. 그러면 현대 지도에서의 표상 내용과는 위치가 거꾸로 되어 있는 역의 선천도(先天圖)에 대해서 생각해 보기로 한다. 전통적으로 역에서는 동서남북의 방위를 다음의 그림과 같이 표시하는데, 이는 현대의 지도와는 완전히 정반대이지만 그 나름의 이유를 지니고 있다는 것이며,[14] 그것은 역시 선천역(先天易)을 창시한 고대 중국인의 상징적인 공간관을 표상한 것이라고 말할 수 있다. 이와 같이 동서남북의 방위에 건태이진손감간곤(乾兌離震巽坎艮坤)의 팔괘를 배당시킨 것이 바로 복희역(卜羲易)이자 선천역(先天易)이다.

아래의 그림(先天圖)에서 이(離)괘가 태양을 상징하는 것으로 되어 있다. 이(離)는 불을 상징하는 것으로서 불덩어리인 해가 떠오르는 동쪽을 표상하는 것은 어느 모로 보아도 당연하다. 그러나 달을 상징하는 감(坎)괘를 서쪽에 위치하게 한 것은 그것이 해와 대칭상을 이루게 하기 위한 단순한 배치가 아닌 것이다. 해에 비길 때 달은 물을 상징한다.[15] 달이 차가운 이

14 南懷瑾,『易經雜說』, 上海 復旦大學出版社, 2002, p.13.
15 멜시아 엘리아데(李恩奉 역),『宗敎形態論』, 형설사, 1979, 177쪽.

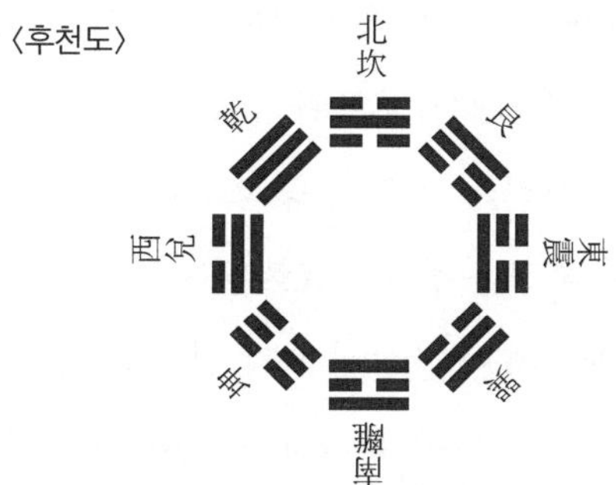

〈후천도〉

미지를 지녔기 때문이다.

　물론 달은 음괘이며 여성을 상징한다. 달이 여러모로 보아 해에 비해서
는 수동적인 이미지를 가지고 있으며, 더욱이나 여성의 월경주기하고 달
력(calender, 월력)이 합치하는 것이기 때문에 여성과의 의미연관은 아주 밀
접하다.

　달이 지닌 이러한 이미지 때문에 광명과 더불어 역동적인 힘의 원천인
태양이 떠오르는 동쪽에 대칭시켜서 서쪽에 달을 배치한 것은 고대 중국
인의 소박한 자연관에서 비롯했다고 본다.[16] 건(乾)을 남쪽에 배당한 것 역
시 광명과 상서(祥瑞)로움을 추구하는 원시적이고 소박한 감정에서 우러나

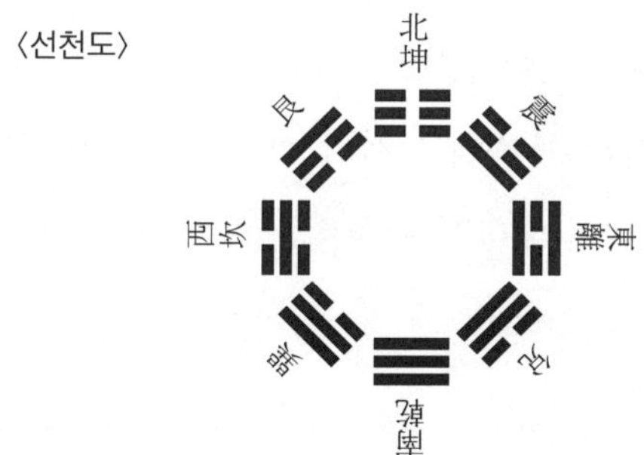

〈선천도〉

16　'인류문명이 최고조의 달했던 빙하기에 달에 대한 숭상을 하게 되면서 달을 물의 이미
　　지와 결부시켰다'는 南懷瑾의 주장은 견강부회적이고 설득력이 없다. 南懷瑾, 前揭書,
　　p.18.

왔다고 본다. 중국이나 한국의 당상관은 모두 북쪽을 등지고 남쪽을 바라보고 앉아 있게 되어 있다. 그래서 높은 관직에 올라서 입신양명하는 당사자를 남면(南面)했다고 말한다.[17] 이것은 중국이나 또는 이를 본뜬 한국의 궁전이나 관아의 건물이 본전을 정남향으로 배치함으로써 정문 역시 마찬가지로 건물의 남쪽에 배치하는 방식에 따라 관부의 최고 수장 역시 집무실에서 남면을 하고 앉는 전통에서 유래하는 것이지만, 그 배경에는 상징적인 남방을 이상향으로 동경하는 사상이 깃들어 있는 것이다.

또한 건괘(乾卦)와 대칭상을 이루는 것이 원리상으로 볼 때 아주 자연스럽다는 관점에서 보면 곤괘(坤卦)가 북쪽에 배당되는 것 역시 타당한 것으로 이해할 수도 있다. 동양의 전통 사회에서 북쪽은 암흑과 죽음을 상징하는 것으로 여겨져서 가령 잠자리에서도 북쪽에 머리를 두지 않는 풍습이 있다. 이것이 태초부터 민중의 뇌리에 깃들어 온 잠재적인 상징의 형식은 아니다. 훨씬 후대에 역사적으로 형성되어 온 관념인 것이다. 사람이 죽으면 북망산(北邙山)에 간다고 하는 생각은 중국의 한왕조 이후에 생겨난 전승적인 관념이다. 후한에 들어와서 도읍인 낙양의 북쪽에 있는 북망산에다가 세력가의 죽은 자를 장사 지내는 데서부터 북쪽이 죽음을 상징하는 것처럼 생각하게 되었다는 것이다.[18]

그보다는 지구의 남쪽과 북쪽에는 각각 큰 바다가 있다고[19] 하는 고대 중국인의 세계관에 좀 더 적절하게 어울리는 후천도(後天圖)의 방위와 거

---

17 논어, 雍也篇, 子曰 雍也可使南面 또는 衛靈公篇에 子曰 無爲而治者 其舜也與 夫何爲哉 恭己正南面而已矣.

18 後漢書, 光武郭皇后紀.

19 莊子, 逍遙篇, 北冥有魚 其名爲鯤 鯤之大 不知其幾千里也 化而爲鳥 其名爲鵬 鵬之背 不知幾千里也 怒而飛 機翼若垂天之雲 是鳥也 海運則將徙於南冥 南冥者天池也.

기에 따른 8괘의 배당이 더 타당성이 있어 보인다. 장자(莊子)는 역사시대의 인물이다. 전국시대(戰國時代)에 초나라에서 활동한 인물로 알려졌기 때문에 신화시대의 기록하고는 달리 당대의 시대정신에 더욱 충실할 수 있었다고 보는 것이다. 다시 말해서 복희역(先天易)에 나타난 바와 같이 막연한 신화시대를 반영하는 세계관하고는 달리 더욱 구체상에 접근하는 것이라고 본다. 어떻게 보면 복희역(先天易)에서 반영하고 있는 세계상은 현대인의 그것과 크게 다르지 않다고 본다. 위의 그림(先天圖)에서 보는 바와 같이 동서와 남북이 각각 대칭상을 이루고 있다는 점에서 그러하다. 다만 남과 북의 위치가 전도되어, 현대의 지도라든지 실제의 자북과 자남이 지니는 구체적인 물리적인 속성하고는 상반되는 방식으로 표상이 되어 있는 것은 역리를 따라 보니까 그렇게 된 것이지 별다른 큰 의미는 없다.

그러면 이제부터 본고의 핵심 쟁점 가운데 하나인 우리나라와 위치의 조정(措定)과 관련된 문제를 따져 보기로 한다.

우선 우리나라를 가리켜서 동방예의지국라고 하는데 이때의 1) '동방'이 역에서는 어떻게 표상되고 있는가의 문제이다. 그다음에는 2) 그것이 어떤 의미를 갖는가의 문제이다.

1)에 관해서는 우선 선천도(先天圖)에 조응해서 본다면 한반도는 의당 해가 떠오르는 방향인 이괘(離卦)의 위치에 배당되어야 한다. 그것이 우리의 민족적 정서나 공속 의식하고도 어울린다. 왜냐하면 우리는 배달민족인데 그것은 밝음을 상징하는 것이며, 언제부터인가 우리가 흰옷을 입는 것도 이와 같이 광명을 재향하는 민족성에 기인한다는 속설이 있어 왔다. 하여간 어떤 민족이건 만약에 두 가지 중에서 선택을 하라고 한다면 암흑보다는 광명을 택하고 석양보다는 해가 뜨는 아침을 자기네 민족적인 표상과 관련지어 보고 싶어 하리라는 것은 불문가지이다. 조선왕조의 국호인

조선(朝鮮)이란 명칭도 문자상으로는 이른 아침의 뜻하며 해가 떠오르는 동방을 상징한다. 그렇게 본다면 의당 이괘(離卦)로 표상이 되어야 마땅하다고 본다.

실제로 구월남(舊越南)공화국의 국기는 노랑 바탕에 빨강색의 이괘(離卦)로 표상하고 있다. 월남의 실제 지정학적 위치는 동남아에 치우쳐 있으므로 그 사실을 그대로 표상하고자 한다면 태괘(兌卦)여야 한다. 하지만 불덩어리처럼 떠오르는 태양과 국운의 의미연관을 표상하려다 보니까 이괘를 쓰게 되었다는 의도를 능히 간파할 수 있다. 실제로 우리나라의 태극기도 이괘(離卦)를 채택하고 그것과 대칭상을 이루게 마주보게 하였다.

물론 태극기에서 채택한 이괘는 가운데의 우주 중심을 상징하는 태극 문양을 둘러싸고 있는 4괘 가운데 하나이므로 구월남공화국의 국기에서 볼 수 있는 것처럼 우리나라의 지정학적인 위치와는 무관하다고 말할 수 있다.

그렇다면 전통적으로 우리 민족은 자신의 나라의 위치를 어떻게 자리매김을 했는가에 대해서 생각해 보기로 한다.

『신지비사(神誌秘詞)』에 보면 지난 시대에는 우리나라를 가리켜서 진단(震檀)이라고 했고, 또 용비어천가에[20]도 나오는 걸로 보아서 역사시대에는 우리나라를 가리키는 이칭으로 진단(震檀)이라고 부르는 데 그다지 저항감이 없었음을 알 수 있다. 그 이유로서는 『신지비사』는 신화적인 내용을 적은 것이며, 그 소종래(所從來)에 대해서 가늠할 길이 없으나 용비어천가에 대해서는 다르다고 말할 수 있다. 왜냐하면 '용비어천가'는 조선왕조를 건국한 이성계의 조국(肇國)의 위업을 길이 보존하겠다는 의도에서 제정된

---

20 龍飛御天歌 제15장.

것이니만큼 당시 중국 문화를 숭상하던 지식인 사대부들의 의식의 면모를 엿볼 수 있는 데다가, 여기에서 일단의 자의식이라고 할까, 하여간 주체에 대한 대자적 인식이 분명히 자리 잡고 있었다는 사실을 알게 된다. 그러니까 그것이 막연하게 그저 해가 제일 먼저 떠오르는 동방이라는 뜻에서 전적으로 추상적인 뜻에서의 이괘(離卦)가 아니라 동북방으로 치우친 진괘(震卦)로 표상된다는 점에서 더욱 그러하다. 역의 괘상(卦象)을 가지고 말한다면 진위뢰(震爲雷)이기 때문에 그것은 상징적으로 태초의 천지조판의 그 시기에 우렁찬 태동을 의미하는 것이라고 말할 수도 있다. 이 역시 매우 동적이고[21] 어떻게 보면 조선(朝鮮)이라는 문자가 지닌 매우 정적이고 은둔적일 성싶은 그런 이미지하고는 상반되는 우리 민족의 웅대한 기상을 내뿜는 그런 영상을 담고 있다고도 볼 수가 있다.

그런데 이 진괘(震卦)와 우합(偶合)하는 위치가 문제이다. 다름이 아니라 그것이 지정학적으로 동쪽보다는 북쪽으로 치우쳐 있는 동북향이기 때문에 그러하다. 문화의 중심인 중국의 지정학적인 위치에 비길 때 우리는 동북방에 위치한 변방이라는 의식이 깔려 있는 것이다. 이상은 선천역(先天易)을 기준으로 할 때 그렇다는 뜻이다. 그렇다면 후천역(後天易)에서의 방위의 설정은 다른가? 물론 다르다. 이미 위의 그림 「후천도(後天圖)」에서 본 바와 같다. 후천역에서는 동북방에 간괘(艮卦)가 배당되어 있다.

우리나라를 가리켜서 간방(艮方)이라고 부르는 이유는 여기에서 비롯했다. 팔괘 가운데 간괘(艮卦)는 산을 상징하며, 착괘(錯卦, 본괘를 뒤집은 것. 예를 들면 육효 가운데 양효가 음효가 되고 반대로 음효가 양효가 된 것.)는 태(兌)이다. 태는 못을 상징한다. 간괘의 괘상(卦象)에 대한 해석은 뭉뚱그려서 멈

---

21 南懷瑾, 前揭書, p.18.

춤을 뜻한다. 인사(人事)에 있어서는 자중을 하고 겸손한 미덕을 갖출 것을 권면한다. 『논어』에 나오는 "군자는 그의 직분 이상의 생각은 말아야 한다."[22]라는 경구(警句)는 바로 역의 간괘(艮卦)의 상전(象傳)에도 똑같이 나온다.

여기서는 문헌적인 계통 관계를 따지려는 것이 아니다. 중국 문명의 시원과 더불어 창제되었다고 하는 역과 유교의 기본 경전의 하나라고 하는 『논어』를 일이관지(一以貫之)하는 정신이 무엇인가에 관심을 갖고자 할 뿐이다. 이 두 고전을 관류하는 사상은 매사에 신중하고 겸허함과 극기복례(克己復禮)의 정신에 있다고 하겠다. 역에서는 특히 겸괘(謙卦)와 더불어 이 간괘가 전체 64괘 가운데 두드러진다. 이러한 행위의 결단이나 의지와 관련되는 문제를 우주론적인 자연의 생성·변화의 문제에 결부시켰기 때문에 역은 앞서 장황하게 설명한 것처럼 그 논리가 기괴하다는 것이다.

그 문제는 일단 논외로 하고 이 대목에서 현안인 우리나라의 지정학적인 위치와 간괘의 속성하고는 어떤 의미연관이 있는 것인가에 대해서는 딱 부러지는 답변이 나올 수 없다. 간괘가 전통적인 역사시대의 우리 민족의 자화상이라고 할 은둔적이며 일사(逸士)풍의 도학자와 같은 처세로 현실 속에서 악착같은 강기(剛氣)가 겉으로 드러나지 않는 성향을 말해 준다는 추론이 성립할지 모른다. 설령 그것을 사실이라고 인정한다 쳐도 역의 괘상(卦象)에까지 반영되었다고 볼 수는 없다. 그런 주장은 결코 설득력을 지니지 못한다.

반대로 선천역의 진괘(震卦)는 활달하고 진취적인 기상을 표상하므로 무기력한 과거를 청산하고 활기에 찬 미래를 약속하는 것이므로 우리나라

22　論語 憲問, 曾子曰, 君子思不出其位.

를 상징하는 데 적합하다는 주장이 나올 수도 있다. 그러나 이것은 미래적인 당위를 말하고자 하는 것이지 사실에 근거한 담론으로 형성되지는 못한다. 물론 이 진괘와 관련된 담론은 조선시대를 통해서 주로 사림(士林)이 주도권을 쥐고 권력을 행사하는 가운데 상위 지배 신분층의 묵시적인 동의가 가능했던 자아 인식이었다고 말할 수 있다.

조선시대는 잘 알려진 대로 유교의 교화주의를 통치의 원리로 전면에 내세운 시기였다. 특히 주자학의 도덕적 합리주의의 세계관이 일체의 이단적 교설을 용납하지 않는 그런 시기였다. 더구나 선천역과 후천역의 차이를 처음으로 주장한 중국 송나라의 소강절(邵康節)의 황극경세가 참위서의 사상과 결부되어 『정감록』과 같은 이씨 왕조의 쇠운을 말하는 비결이 나돌면서 이를 단속하지 않으면 안 되었다. 그럴수록 선천과 후천의 상관관계를 말하는 역의 담론은 특히 조선 후기에 들어와서 걷잡을 수 없이 번져 가면서, 후천역에 의거하여 우리나라를 간방으로 이해하는 전승적인 관념이 민간에 그 뿌리를 깊이 내리게 된다.[23]

그러면 어떤 경로를 거쳐서 이러한 현상이 오늘날까지 사회적 유전으로 침착(沈着)이 되어 왔는가에 대해서 알아볼 차례이다.

---

23 필자가 답사한 바에 의하면 김일부(金一夫)가 수도했다고 하는 계룡산 국사봉 정상에도 간(艮)자가 새겨진 표석이 있다. 그리하여 논산 강경 일대의 황산벌에서부터 남하해서 노령북록까지 이어지는 호남 만경 평야 일대에는 이 간괘에 대한 예언설과 지천태(地天泰)괘와 관련이 된 정치적인 예언들을 쉽사리 접할 수가 있다.

5. 간방(艮方)과 시령(時令)—공간과 시간의 만남

선천도·후천도 중 선천도는 진단(陣搏)이 창제한 것이다.[24] 소강절은 여기에다 후천방위도를 부가해서 이를 널리 퍼뜨려 오늘날에는 이것이 그의 사상에서 우러난 것으로 알려져 있다. 이 선후천 방위도를 포함하는 『황극경세서』의 내용과 그의 사상 전체를 가리켜서 당대의 식자들은 공중누각(空中樓閣)이라고 폄하했다고 한다.[25] 그런데 역사시대에 있어 한국의 민초들에게 매우 큰 영향을 끼친 것은 다른 무엇보다도 『황극경세서(皇極經世書)』의 원회운세(元會運世)설이다. 소강절은 주장하기를 천지만물의 변천은 모두가 일정수의 변천에 따른 필연적인 움직임이라는 것이다. 그래서 12진(辰)이 일일(一日), 30일이 일월, 12월이 일년, 30년이 1세(世)가 되고, 다시 12세(世)가 1운(運), 30운(運)이 1회(會), 12회(會)가 1원(元, 129,600년)이 된다고 한다. 그리하여 1원이 1변천을 이루게 한다는 것이다. 역으로 보면 1원의 변천으로부터 1회의 변천을 볼 수 있고, 다시 1회로부터 1운의 변천, 그리고 1운의 변천에서 1세의 변천을 보게 한다는 것이다. 이 원회운세설은 왕조의 흥망성쇠를 예언하는 참위설과 결부되면서 결과적으로 『정감록』의 비결을 낳게 하고 그리하여 조선시대에 들어와서 저변 농민들의 대소규모의 반란의 불씨에 기름을 붓는 결과가 되었다.

그러나 한편에서 보면 중세적인 정체 사회에서 새로운 시대의 도래를 담보하는 역사 발전의 실마리가 되게 하였다는 점에서 사회운동의 한 원초적 형태의 이데올로기로서 긍정적인 측면이 없지 않다. 그 현저한 실례

---

24 本田 濟, 前揭書, p. 261.
25 島田虔次, 『朱子學과 陽明學』, 岩波新書 C 28, 岩波書店.

가 바로 동학의 창도에서부터 갑오동학농민혁명으로 이어지는 사회과정
이라고 말할 수 있다. 또 한편으로 종교적인 관점에서 본다면 아주 불확실
한 사후의 세계가 아니라 지상천국이라고 하는 낙원의 이상적 세계에 대
한 동경을 말하고 있는 점으로 보아 가난과 병고에 시달리는 민중에게 구
원의 희망을 심어 주기에 족했다고 보는 것이다.

　소강절의 『황극경세서』에 담긴 사상, 특히 후천역의 사상을 개시한 그
의 사상이 역사시대의 이 땅에 어떻게 전래되었는가, 아니면 그토록 어렵
고 심오한 사색의 천착을 요하는 사상이 어떻게 전래되었는가 하는 문제
에 접해 볼 차례이다.

　소강절의 사상은 이미 위에서 언급한 바와 같이 당대 지식인, 특히 이른
바 성리학의 6현[26]이라고 칭하는 학자 가운데서 합리주의적인 성향이 강
한 2정(程) 형제의 호된 공격을 받은 것으로 되어 있다.[27] 이리하여 송대의
성리학은 주희를 정점으로 하는 도학적 합리주의를 지향하는 정통파와 소
강절을 옹호하는 신비주의적인 경향의 두 흐름으로 나뉘었다. 이러한 특
징이 아주 두드러지게 드러나는 것이 바로 조선시대의 사상계의 동향이
라고 하겠다. 조선시대에 접어들면서 주자학이 국가에서 공식적으로 인
정하는 관학으로 자리매김을 하게 되면서 체제 교학으로서 선택의 여지가
없는 정통주의로 인정을 받게 된다. 주자학은 2정 형제와 주자의 교설에
근거해서 그 밖의 여러 학문적인 탐구를 잡학이나 이단 사도(邪道)로 몰아
세웠다. 더구나 신앙의 측면에서도 주자가례에 의거한 신종추원(愼終追遠)
의 의례를 빼놓고는 모두 음사(陰祀)라고 해서 철저히 단속했다. 이처럼 단

26　周敦頤, 張橫渠, 邵康節, 朱熹, 程伊川, 程明道.
27　島田虔次, ibid., loc cit.

일의 신념 체계만을 고집하는 조건 속에서 왕조 교체의 혁세 사상과 관련될 수 있는 참위설은 물론이고 소강절의 원회운세설 또는 후천역에 관해서는 불온사상으로 간주되어 금압을 당할 수밖에 없었다.

이러한 사상적 분위기 아래에서도 중종(中宗)기 성리학자인 화담(花潭)은 정통적인 방법으로 『성리대전』과 역리의 탐구에만 몰두한 게 아니라 후천역에 지대한 관심을 보이게 되었다. 그는 진작부터 소강절과 장횡거(張橫渠)를 사숙하면서 거기에서 도학적인 달관을 터득하게 되었다. 화담이 당시 심학(心學)[28] 일변도의 학풍에서 궤도 이탈을 해서 도학적인 신비주의와 형이상학적인 우주론에 탐닉했다는 사실은 그의 사후 그에 대한 세론의 평가에서도 잘 나타난다. 선조(宣祖) 8년 5월에 조정에서 화담에 대한 포상의 문제가 제기되었을 때 왕이 "그 사람의 저서로 볼 때 기수학(氣數學)에 대한 논의가 전부이고 수신지사(修身之事)에 대한 언급은 전혀 없으니 어찌 이를 학문이라 하겠는가?"라고[29] 한 실록(實錄)의 기사로 미루어 화담에 대한 당대 사회 주류(主流)의 평가가 그렇게 호의적이지만은 않았다는 사실을 알 수 있다. 이는 분명 화담의 사상이 조선조 성리학의 본류를 벗어났다는 사실을 묵시적으로 설명하는 근거가 된다.

---

28 여기서 심학(心學)이라 함은 인의예지(仁義禮智)와 사단칠정(四端七情)의 문제, 인간의 내면세계에 대해서만 궁리(窮理)를 하는 주자학의 특성을 일컫는 말이다.

29 실록(實錄)의 기사에 의하면 선조(宣祖)8년 5월 조정에서 서경덕(徐敬德) 사후의 가자(嘉資)의 추증문제가 거론이 되자 화담의 문인(門人)인 박순(朴淳)과 허엽(許曄)이 그를 변호한 반면, 선조는 "敬德所著書 予取而閱之 卽多論氣數 而不及於修身之事 無乃是數學耶"라고 해서 의문을 제기한바, 李珥(栗谷)가 '敬德之學 出於橫渠 … 敬德則 深思遠詣 多有自得之妙非文字 言語之學也'라고 해서 변호한 사실이 적혀 있다. 따라서 화담의 학설이 이미 당대부터 정주학 체계와는 거리를 두고 있었음을 알게 되는데, 같은 대목의 기사에서도 '微與程朱不同'이라고 적고 있는 것이다.

그러므로 화담이 이른바 "이(理)와 기(氣)라는 것은 전혀 다르다[所爲理與氣 決是二物]."[30]라고 한 주자의 입장을 따르지 않고 주기설(主氣說)을 편 것만 보아도 소강절의 주장을[31] 그대로 지지했다는 사실을 이해할 수 있다. 그런 만큼 주기설이라고 하는 본체론은 물론, 역리(易理)의 해석과 관련된 선후천설에 있어서 전적으로 소강절의 입장을 그대로 답습했다고 할 수 있다.

소강절은 역의 『설괘전(說卦傳)』 제2장에 나오는 '천지정위 산택통기 뇌풍상박 수화불상사 팔괘상착(天地定位 山澤通氣 雷風相薄 水火不相射 八卦相錯)'이란 구절에 의거 선천역의 방위를 설정했다(앞의 선천방위도를 볼 것). 그러나 여기에 대해서는 위에서도 말한 바와 같이 견강부회의 측면이 없지 아니한바, 다름이 아니라 선천방위라는 것은 이미 존재했던 것으로서 천지의 자연적 법상(法象)이 그러한 것인즉 굳이 인위적으로 방위를 조정(措定)해야 할 필요가 있겠는가 하는 주장인 것이다.[32] 이 점에서는 이미 다산 정약용(丁若鏞)도 분명히 밝힌 바가 있으니 그는,

설괘라는 것은 복희씨가 괘를 처음 창제할 때 천체를 관측하고 지리를 관찰하였으며 멀리는 뭇 사물을 취하고 가까이서는 신변 주위의 환경을 면밀히 간파하여 그 상(象)을 창제하되 이는 신명과 의사가 소통한 바이니 공

---

30 朱子大全 卷46, 答劉文叔書.
31 소강절(邵康節)의 주장에 따르면 '기(氣)가 나뉘어지면서 음양(陰陽)이 되고 그리하여 양(陽)의 신령스러운 것이 천(天)으로 판득(判得)이 되고 음(陰)이 많아지면서 땅으로 판득(判得)이 되었다'라고 주장한바, 이는 주자의 이귀기천(理貴氣賤)설하고는 대조가 되는 주기설(主氣說)인 것이다. cf. 졸고(拙稿)「後天開闢과 鄭鑑錄」, 韓國宗敎 23集 圓光大學校 宗敎問題硏究所, p.225.
32 郭建勳譯注 新譯 易經讀本, 臺灣 三民書局, 2002, p.28.

자는 이를 따랐을 뿐이다. 그러므로 괘의 방위에 대해서 말한다면 당우(唐虞, 요순시대)의 원초적인 모습에서 달라진 게 없다.[33]

다산 정약용(丁若鏞)의 이러한 설명은 신비적인 선후천의 방위도를 중심으로 하는 역의 우주론적인 본체론에 관한 설명은 원시 유학의 정신으로 돌아가자고 하는 그의 주장을 뒷받침하는 것이어서 주목된다.[34] 그런데 논리적으로 보면 다산의 주장은 후천방위도를 가지고 쟁점을 삼은 게 아니라 선천방위도를 가지고 문제 삼은 것이 분명하다. 왜냐하면 선천방위도는 위에서 말한 것처럼『설괘전(說卦傳)』제2장에 나오는 '천지정위 산택통기 뇌풍상박 수화불상사 팔괘상착(天地定位 山澤通氣 雷風相薄 水火不相射 八卦相錯)'이라는 구절에 근거해서 동서남북의 방위에 역의 4괘, 즉 이감건곤(離坎乾坤)을 각각 '작위적'으로 배당한 것이니까 시대적으로도 아주 후대에 이루어진 것이 확연한 동시에, 그런 뜻에서 신비적인 은유나 상징성이 깃들어 있다고 보기 어렵기 때문이다.

그러나 다산이 언급하지 않은 후천방위도에 대해서는 다르다. 그것은 『설괘전(說卦傳)』제4장에 구체적으로 방위가 지정되어 있기 때문이다. 다산이나 동시대, 혹은 후대의 성리학자가 그것의 의미를 이해하려고 노력하지 않았을 뿐이지, 그것이 지닌 의미가 훼절되었다거나 값어치가 없는 황탄지설로 묵살되어 버렸어야 한다는 뜻은 결코 아니었다. 오히려 여기에 숨어 있는 의미는 오히려 후에 파락호 혹은 잔반이라고 하는 불우 지식

---

33 丁若鏞 與猶堂全書 周易四箋, 卷二, 說卦者庖犧畫卦之初仰觀天文 頫察地理 遠取諸物 近取諸身 玩其象而命之名以與神明約契者也而俟孔子哉 說卦方位之序唐虞之所不易
34 금장태(琴章泰),『다산실학탐구』, 소학사, 2001, 12쪽.

인들의 인고에 어린 노력으로 그 해명의 실마리가 풀려 나갔다.

다음은 『설괘전(說卦傳)』 제4장의 후천역의 방위도와 관련해서 팔괘를 배치하게 된 배경에 숨어 있는 이치를 말하는 것이다.

1. 제출호(帝出乎「진(震)」), 2. 제호(齊乎「손(巽)」), 3. 상견호(相見乎「리(離)」), 4. 치역호(致役乎「곤(坤)」), 5. 열언호(說言乎「태(兌)」), 6. 전호(戰乎「건(乾)」), 7. 노호(勞乎「감(坎)」), 8. 성언호(成言乎「간(艮)」)

위의 팔괘에 대한 각각의 설명은 다음과 같다.

1. 여기서 제(帝)라 함은 인격적인 존재로서의 주재신이라기보다는 우주만물의 생성과 변화의 조화를 주재하는 어떤 원리라고 해석하는 것이 옳다. 바로 그것이 동쪽이며 팔괘 중 진(震)이 배당된다. 계절적으로는 봄이 바로 춘분(春分)이 된다.

2. 제호손이라고 할 때의 제(齊)는 정제(整齊)의 뜻을 지니며 손괘(巽卦)가 동남방에 배당된다. 계절적으로는 입하(立夏)가 되며, 이때는 천기가 온화한 데다가 만물이 막 성장을 개시한다.

3. 상견호리라 함은 만물이 왕성하게 번성해서 각기 그 고유의 형태를 완벽하게 드러낸다는 뜻이다. 이때 이(離)는 남쪽에 자리매김이 되며 계절적으로는 하지가 된다.

4. 치역호곤이라 함은 만물이 무르익어 가는 국면에 접어드는 즈음이라서 힘써 가꾼다[育]는 뜻을 내포하고 있다. 곤괘(坤卦)는 방위는 서남에 해당하고 계절적으로는 입추에 해당한다.

5. 열언호태라 함은 만물이 완전히 무르익어서 흔쾌하고 기뻐하는 모습을 말한다. 태괘의 방위는 서쪽이며 때는 추분을 말한다.

6. 전호건이라 함은 서로 다툰다는 뜻이자 교접한다는 뜻이기도 하다. 건괘(乾卦)의 방위는 서북에 해당하며 시기는 입동이어서 이때 더위가 물

러가고 추위가 다가오기 때문에 음양이 서로 맞부딪치는 격이 된다.

7. 노호감이란 만물이 피로해서 쉰다는 뜻을 담고 있다. 노(勞)는 피로하다는 뜻이다. 이때 감괘의 방위는 북쪽에 해당하며 계절적으로는 동지가 된다.

8. 성언호간이라 함은 만물이 1년의 생장 주기를 마치고 새롭게 싹이 트는 기미를 보이기 시작한다는 뜻이다. 성(成)은 물론 이룩한다는 뜻이지만 언(言)은 그저 어조사로서 아무런 뜻이 없다. 간괘(艮卦)의 방위는 동북을 가리키며 때는 입춘이 된다.

이제까지의 서술이 이제 간방(艮方)의 총체적인 의미를 규명해야 할 시점에 도달했다.

첫째, 간방은 지정학적 위치로 보아 상대적으로 서쪽에 위치한 중국의 문화중심에서 변방에 위치하는 자리매김이라는 점에서 분명 대자적인 자기 인식에서 우러나온 것임을 부인할 수 없다. 왜냐하면 그것은 지난 역사시대에서 선천역에서의 진방(震方)과 함께 우리 한국이 중국의 동북방에 위치해 있다는 모든 담론을 산출하는 근거가 되었기 때문이다. 특히 민초(民草)들의 전승사물(傳承事物)이나 관념 속에는 막연한 자기 정체성을 나타내는 어떤 신비한 상황의 개념으로 자주 등장하는 것이었다. 그런 측면에서는 진방(辰方)보다는 간방(艮方)이 한층 두드러지는데, 여기에 대해서는 간방과 관련된 담론이 지닌 더 형이상학적인 문제의식에 직충할 필요가 있다.

둘째, 물론 그에 앞서 간방이라는 공간적인 한정을 넘어서 시간과의 만남이 이루어진다.

역은 본디 불역(不易)이면서 또한 변역(變易)이라고 하는 상반되고 모순되는 원리가 변증법적으로 작용하면서 부단히 생멸과 변화를 거듭하는 우주만물의 존재 양식을 상징하는 체계이다. 그런데 선천역에서는 그것이 고정불변의 모습으로 자리매김이 되어 있다. 이미 위에서 여러 차례 진술한 바와 같이 선천역을 가리켜서 건강부회라 함은 그것이 우주 창성 이전의 혼돈의 상태를 의미함에도 불구하고 하늘과 땅에다 우주를 구성하는 기본의 원소(오행 사상에서의)인 물과 불을 고려하면서 동서남북의 4방위를 배치하고 있기 때문이다.

그러나 우주 창성을 위해서는 이렇게 고정된 상태에서 벗어나지 않으면 안 된다. 우주는 창성의 과정에서 스스로를 드러내면서 변화해야 한다. 그래서 주희(朱熹)는 "하늘이 스스로 운전(運轉)하며 방위는 '운동'한다."고 하는 확고한 인식을 가졌다[35]는 것이다. '운동'한다, 다시 말해서 움직인다는 것은 결국 변화한다는 것을 뜻한다. 그것은 "생멸과 변화라는 것이 시간 안에 있다."라는 사실과 다를 바가 없다. 방위가 변화한다 함은 곧 그것이 역시 스스로의 한정을 벗어나서 시간과 조우한다고 해야 할지 모르겠다. 여하간 그와 같은 사태를 상징 형식으로 도시한 것이 바로 후천역의 방위도이다.

'1. 제출호(帝出乎진(震)」'로부터 시작해서 '8. 성언호(成言乎간(艮)」'로 끝나는 순차적인 설명은 바로 시간적인 진행을 암시하기 위함이다. 후천 방위도에서 보면 시곗바늘이 움직이는 방향으로 진행하게 되며 이것은 오늘날의 시계 문자판과 원리가 같다고 할 수 있다.

3. 후천역에서는 시간적인 차원에서는 동북방에 배치된 간괘에서 끝이 난다. 시간적인 의미에서 간괘는 종착점이자 또한 위에서 설명한 것처럼 이제 곧 새싹이 움틀 채비를 하는 입춘에 해당한다. 끝이자 시작인

35　郭建勳譯注, 前揭書, p.28.

셈이다.

후천역에서 시간의 요소와 의미연관을 갖게 되는 후천방위도는 원환적인 모습으로 표상되거니와 이는 끝이 시작이고 시작이 끝인 과정을 쉬지 않고 반복하는 영원회귀를 상징한다. 시간의 흐름은 이와 같이 과거에서 현재를 거쳐서 미래로 진행하는 일회기적인 직선상의 시간이 아니라 똑같은 과정을 자꾸 되풀이하는 영원회귀의 사상인 것이다. 중국에서의 영원회귀의 사상은 골똘한 관념의 세계에 침잠해서 이끌어 낸 심오한 사색의 산물이 아니다. 일상적인 세계에 대한 중국인 특유의 직관적인 관찰에서 우러나온 것이라고 봐야 할 것이다. 특히 정착의 농경문화를 근간으로 하는 중국 문화는 계절적 변화에 아주 민감할 수밖에 없고 일찍부터 천문 관측에 매우 선진적인 업적을 이룩했다. 세계의 주요 문명이 다 천문 관측술에 있어서 그 나름의 유산을 물려준 건 사실이지만, 중국처럼 민중의 일상적 삶의 영역에 깊숙이 스며들게 하지는 못했다.

이리하여 이미 춘추전국시대에 생겨난 12간지나 24절기는 추연의 음양오행과 더불어 팔괘가 가미함으로써 하나의 시공을 망라하는 상징체계가 된다.[36] 기원전 230여 년경에 편찬된 『여씨춘추(呂氏春秋)』는 그러한 원리를 망라한 백과전서적인 역사서이다. 이렇게 본다면 역에서의 시공의 관념은 순수한 사변적인 천착을 통해서 이루어진 순정의 형이상학적인 관조의 세계상이 아니라고 말할 수 있다. 그것은 어디까지나 민중의 총체적인 삶의 궤적이 주름의 무늬를 짓게 한 역사의 형성물이라 아니할 수 없다.

36　窪德忠, 『道敎史』, 山川出版社, 1980, 東京, p.68ff.

6. 결론—종(終) 만물(萬物)의 시(始) 만물(萬物)의 땅[37]

시령(時令)이란 계절의 변화에 따른 그때그때의 실천 과제를 일컫는 말이다. 고대 중국의 농경문화에 있어서 계절의 변화는 농사의 성패를 가늠하는 매우 중요한 변수였다. 최하층의 농민에서부터 군주에 이르기까지 계절의 변화는 그들 각자에게 주어진 임무를 자각하는 관건이 되었다. 군주에게는 그때그때의 정무를 보살피는 시무(時務)가 중요하고 농민에게는 무본(務本)이 강조되었다.

우주만물의 생멸 변화를 관조하는 상징체계인 역도 어쩔 수 없이 거기에 순응할 수밖에 없는 것이다. 결국 추상적인 관념이나 사상 역시 시대정신의 산물인 점은 물론이고 그보다도 역사와의 관계를 단절하고서는 어떠한 사물이나 세계관하고도 아무런 의미연관을 지니지 못한다. 역의 발생이 그러했거니와 중세 때인 송나라에 와서야 역의 사상이 한층 체계화되고 구조적으로 탄탄해지면서 후천역이 등장하는 것도 역시 역사와의 관계를 무시할 수 없는 것이다. 결국 역이란 아무리 초월적인 실재를 지향한다고 하더라도 궁극에 가서는 역사 속에 수렴된 형태이지 않을 수 없다. 여기서 역사란 상대화된 지정학적 공간 속에 수렴된 세속의 역사를 말한다. 한국을 진방(震方)이니 간방(艮方)이니 하는 것은 말하자면 동양사나 세계사 속에서 의미가 있는 것이지 상대적인 시간과 공간을 초월한 절대적 시간과 공간, 다시 말해서 서론에서 말한 시간과 공간의 축이 만나는 초월적이고 종교적인 성스러운 시간을 말하는 것은 아니다. 그런데 한국에서 정역을 창시한 일부(一夫) 김항(金恒)은 이러한 상대개념을 극복하는 초월의

37　李正浩,『正易과 一夫』, 亞細亞文化社, 1985, 143쪽.

공간과 시간을 설파했다. 이는 단순한 지적인 탐구에 의한 추론의 성과라기보다는 신명계(神明界)에 도달한 도각(道覺)의 체험으로서만 가능한 것이었다고 보는데, 아주 간결하고 명료한 정역도(正易圖)를 통해서 새로운 변혁의 도래의 실상을 설명했다.

정역팔괘도

　위의 그림에서 제일 왼쪽의 복희괘도(伏羲卦圖)는 하도(河圖)와 일치시킨 것이기 때문에 단순히 건태이진손감간곤(乾兌離震巽坎艮坤)의 팔괘를 동북·서북·남동·남서의 팔방에 배당한 것에 불과하다. 천지조판(天地肇判)이 이루어지기 전의 선천시대의 태허(太虛)의 허공을 상징하는 표지에 불과하다. 여기서는 팔괘를 상징하는 팔수(八數)가 가장 많은 숫자가 된다.

　그러다가 후천의 시대에 이르면 뇌성벽력의 우렁찬 고동(震卦의 상징)과 함께 천지창조의 서막이 열리면서 간괘(艮卦)에서 완성과 함께 시작을 준비하게 된다는 것이다. 위의 문왕괘도(文王卦圖)가 이를 상징하거니와 여기에는 팔괘가 각각 배당되는 일(一)에서부터 팔(八)까지의 숫자 가운데 오(五)가 보이지 않는 대신 구(九)가 등장하고 있음을 볼 수가 있다. 김일부 선생은 오(五)의 숫자는 귀공(歸空)이라 하여 표시하지 않았는데 그 위치는 중앙에 해당한다고 설명했다. 아래의 왼쪽 그림은 낙서(洛書)이다. 그리고 오른쪽의 도표는 중앙의 귀공상태(歸空狀態)여서 아무것도 표시하지 아니한 (5)를 제외한 낙서(洛書)에 나타난 각 방면의 알맹이의 개수를 숫자로 표시한 것으로서 위 도표의 중앙에 있는 문왕괘도에 대응한다. 따라서 이 그림은 문왕괘도가 어째서 구수(九數)를 표방하는지 그 소종래(所從來)를 밝혀 이해를 돕고자 함이다.

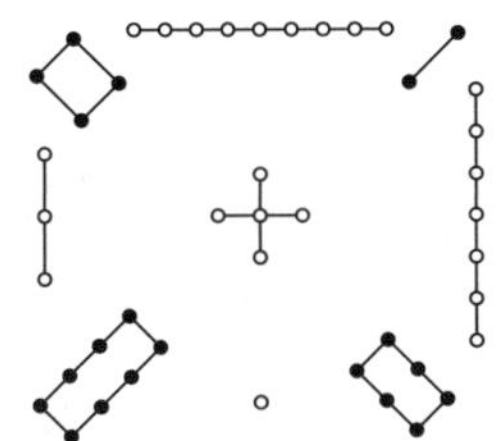

이리하여 문왕괘도(文王卦圖)는 아홉수(九數)를 갖는다고 말한다. 그런데 아홉수가 0에서부터 9에 이르기까지의 성수(成數, 홀수)의 가장 높은 자리에 있다고는 하나, 완전무결한 완성의 단계에 이르지는 못하고 막 구체제를 혁파하고 새로운 질서를 창조하려는 시점에 다다라서 혼란과 모순이 극점에 달하는 상황을 연출하는 모습을 상징한다.

이 단계를 넘어서서 새로운 질서가 도래하는 완성(Vollkommenheit)의 단계가 바로 일부의 정역괘도가 상징하는 단계가 된다. 여기서는 쟁란(諍亂)에서 화평이 실현되며 모든 것이 원만구족한 상태인 인륜과 도의가 실현되어 군군(君君)·신신(臣臣)·부부(父父)·자자(子子)의 각정성명(各正性命)이 이루어지는 유리 세계(琉璃世界)가 온다는 것이다. 그것이 바로 정역괘도에서 각 괘가 천지정위 산택통기(天地正位 山澤通氣)의 대칭상으로 배치되며, 특히 정음정양(正陰正陽)의 평등의 원리가 구현되는 사회질서의 도래를 염원하는 뜻에서 선후천의 역에서 태양과 광명을 표상하는 남방(南方)에 배당되었던 건괘(乾卦)를 추위와 어둠을 상징하는 북방에 배치한바 이는 천존지비(天尊地卑)의 선후천역의 사상이 새로운 질서 안에서는 새롭게 태어나야 한다는 뜻을 표상하는 것이다. 따라서 정역은 완성을 뜻하는 수인 십수(十數)가 된다.

이제 지금까지의 서술을 정리해서 마무리 지을 단계이다.

1) 한국을 말할 때 간방이라고 하는 것은 그 근거가 역리(易理)에서 나온 것이며 지리적인 방위로는 동북방을 말한다. 그러나 이는 지구물리학적인 자북과 자남을 잇는 자오선을 기준으로 한 자연지리적인 설정은 아닌 것이며 역사적으로 문화의 중심으로 간주하는 중국의 문화권에 대한 인식에서의 변방이라는 시각에서 대자적인 인식을 깔고 있는 것이다.

2) 한편 소강절 이래 하도와 낙서에 각각 대응하는 선후천역의 사상이 대두하면서 후천역에 배당된 간방은 만물의 시작과 끝의 반복이라는 영원회귀의 사상과 결부되며, 따라서 공간적인 개념과 시간적인 개념이 융합된다. 그런데 여기서 만물의 시작과 끝이라고 하는 것이 단순한 보본반시의 원환적인 영원회귀의 상태로 귀납될 수 없는 것이, 후천역의 구조가 매우 불안정하다는 데서 더 발전적인 지양이 모색되지 않으면 안 되었다는 점이다. 상징적으로 말한다면 아홉수에 머물지 않고 완벽한 새로운 질서를 모색하지 않으면 안 되었다는 뜻도 된다.[38]

3) 정역의 창시자인 김일부는 십수의 새로운 팔괘도를 제시함으로써 완벽한 조양율음(調陽律陰)의 유리 세계를 표상할 수 있게 했다.

---

38 여기서 엘리아데적인 원형과 반복이 아니라, 어쩌면 니체적인 초월이나 G. Vico의 주
     장과 같이 '발전'이라고 하는 문맥(文脈)에서 이해가 되는 나선상(spiral) 영원회귀를
     생각할 수도 있겠다.

민중의 궁극적 소망과 해방

1978 「후천개벽과 혁세사상」(명지실업논문집, 『한국근대 민중종교사상』)

1979 「민중운동과 종교―종교운동의 본질에 관한 고찰」(『종교학연구』)

1982 「메시아니즘과 민중운동」(『기독교사상』)

1982 『민중종교와 권위신앙』(주류, 문고판)

1983 「후천개벽과 혁세사상―조선말기 민중종교운동을 중심으로」(『한국근대 민중종교사상』, 학민사)

1990 「한국 후천개벽사상과 소태산」(『인류문명과 원불교(상)』, 원불교출판사)

1991 「종말론과 후천개벽」(『민족과 문학』)

1993 「후천개벽과 정감록」(『한국종교』 23)

2000 「무극도에 있어서 노동의 개념에 관하여―태극교의 희망과 좌절」(『신종교연구』)

2000 「보천교: 잃어버린 코뮨 보천교 성립의 역사적 성격」(『신종교연구』)

2002 「신종교와 예언비결: 운세와 운명관의 시대적 추이 비결과 예언의 현대적 의의」(『신종교연구』)

2003 「신종교 발생 배경으로서의 호남 지방 서민 문화」(『신종교연구』)

2004 「대종교의 개천사상과 한국의 미래」(『개벽사상과 한국의 미래』, 한국민족종교협의회)

2004 「전통적 병치료 요법이 신종교에 미친 영향」(『신종교연구』)

2004 「정역으로 본 개벽사상과 한국의 미래」(『개벽사상과 한국의 미래』, 한국민족종교협의회)

2005 「한국 신종교의 특질에 관한 일 고찰」(『신종교연구』)

2006 「동아시아의 사회변혁과 신종교: 동아시아 신종교 운동의 역사적 성격과 그 변용」(『신종교연구』)

<u>2007 「한국 종교사에 있어서 대순진리종교사상의 의의」</u>(『대순진리회 학술논총』)

밑줄로 표시된 부분은 이미 단행본으로 출판된 논문이며, 고딕 부분으로 표시된 3편의 학술지 논문은 이 책에 재수록되어 있는 논문입니다.

위 목록은 황선명이 쓴 한국의 민중종교와 신종교에 관한 18편(1편은 중복)의 논문입니다. 본 편은 앞의 제1절 '종교연구탐색편'과 제2절 '한국종교연구편'에 이어 '민중종교와 신종교'라는 구체적인 종교 주제에 천착한 글들입니다. 여기서는 필자의 민중종교와 신종교에 대한 관심 주제와 연구 방향, 그리고 연구 성과 등을 살펴볼 수 있을 것입니다. 이들 18편 논문 중에서 그의 학문적 입장을 분명히 드러내는 민중운동과 종교, 후천개벽과 『정감록』, 신종교 발생과 호남 지방에 관한 3편의 논문을 골라 이 책에 게재하기로 했습니다.

황선명의 민중종교와 신종교 연구는 19세기 말부터 20세기 초에 이르는 한국 사회 격동기에 민중의 요구와 염원이 다양한 종교운동에서 어떻게 발현되었는지를 탐구한 것입니다. 필자는 한국의 민중종교 운동이 외부의 충격(서세동점·식민지화)과 내부의 사회적 모순(봉건 질서 해체·경제적 궁핍·가치관 혼돈)이 결합된 아노미적 상황에서 발생했음을 역설하며, 그런 사회적·역사적 맥락 속에서 민중종교의 발생·발전·특징·의미를 탐구합니다. 연구에 다차원적인 분석 방법론을 활용했습니다. 그의 연구는 한국 근대화 과정에서 종교가 수행한 역할과 민중의 주체적 자각 운동으로서의 의의를 이해하는 데 중요한 기여를 했습니다. 특히, 민중종교의 실천적·정서적 특성이 권위신앙과 결합할 때 나타나는 양상과 주술적 요소, 그리고 후천개벽사상 등이 민중종교 형성에 미친 영향을 심층 분석합니다. 또한 유교 문화의 한계와 지역별 문화 특성이 신종교의 발생 및 전개 방식에 어떤 영향을 주었는지도 탐구하며, 한국 근대화 과정에서 민중종교가 겪은 변용과 좌절에 대해서도 함께 조명했습니다.

황선명은 민중종교라는 개념을 '종교를 이론적이고 철학적인 국면에서 보다 더 실천적인 국면에서 이해하려고 할 때 아주 합당한 개념'이라고 할 수 있다며, 이는 깊은 이론적 성찰 없이 믿고 행동하는 일반 대중의 신앙 활동이 그의 학문적 관심사가 되었음을 의미합니다. 이러한 관점에서 그는 민중종교 운동을 전통 사회에서 '객체로 역사 속에 매몰되어 왔던 주체로서의 민중적 자각 운동이고, 민중적 요구의 응집이자, 아래로부터 우러난 개혁 의지'로 긍정적으로 평가했습니다.

하지만, 황선명은 민중종교의 한계점 또한 명확히 지적합니다. 이들 운동은 종종 '즉물적(卽物的)이며 자신들을 구속하는 상황에 대한 원초적인 저항이라는 점에서 비합리적이고 주술성에 흐르게' 되는 경향이 있다며, 이에 '민중종교운동을 가장한 정치사회 운동의 성격이 짙다'고 보았습니다. "교조의 이상 체험이나 초인간적인 자질에 크게 기대함으로써 카리스마적인 권위의 형태가 두드러지고 비합리적인 주술종교의 경향을 띠게 한다"고 설명하며, 이로 인해 광기의 현상을 노정하거나 합리성의 결여와 종교 조직 운영의 미숙성으로 인해 '일시적인 광분 상태의 대중운동'에 그치는 경우가 적지 않다고 지적합니다. 그 때문에 민중종교는 때때로 전통주의에로 복귀하게 되는 악순환을 낳을 수 있다는 비판적 시각도 제시합니다.

황선명의 연구는 다음과 같은 주제를 중심으로 전개됩니다.

첫째, 권위의 구조와 종교 변화에 대한 관심입니다. 그는 권위를 사회적으로 인정되는 인격이나 비인격적인 제도와 복종자 사이의 일종의 지배 관계로 정의합니다. 전통적 권위가 극단적인 형식주의와 주술 밀착으로 흐르는 경향이 있음을 분석하고, 카리스마적 권위는 전통을 변혁하고 새로운 질서를 부여하는 능력이 있으나 주술에 의존하거나 시대적 요청에 부응하지 못하면 비로 윤리적·예언적 기능을 상실할 수 있음을 설명합니다. 반면, 근대화와 함께 등장한 의법적 권위는 합법적인 규칙과 합리성에 의해 종교 조직이 종속 관계가 아닌 연대적 관계로 나아가며, 그때 종교 신앙은 합리화로 이어진다고 보았습니다.

둘째, 후천개벽사상과 『정감록』 신앙입니다. 후천개벽은 일부 김항(金恒, 1826-1898)이 독창적으로 이론을 체계화하고 수운 최제우(崔濟愚)와 강일순(姜一淳)이 실천적 종교 활동으로 이끈 한국 민중종교의 핵심 사상입니다. 이는 우주적 시간의 순환에 따른 대변혁과 새 시대의 도래를 의미하며, 특히 조선 후기 사회 혼란기에 민중의 '새로운 시대에 태어나는 기대감'을 반영합니다. 서구의 직선적이고 일회적인 종말론과 달리, 인과론적인 설명이 불가능한 기상천외의 신통자재한 생성 변화의 현상인 화공(化工)에 기반한 동양적 우주론적 틀과 순환적인 시간관을 가지고 있음을 강조합니다. 그리고 『정감록』은 민중의 변혁기에 바이블로 작용했으며, 미륵 신앙과 풍수도참설을 종합한 예언서로서 진인(眞人)의 출현을 대망하는 내용을 담고 있음을 밝혔습니다.

셋째, 동학농민혁명과 민중종교의 발생 배경에 관한 관심이다. 황선명은 홍경래의 난, 삼남 지방의 민란, 동학농민혁명 등 조선 후기의 민중 봉기들이 '운세 사상'과 '참위설'을 바탕으로 체제에 저항하는 성격을 지녔음을 분석했다. 특히 호남 지역의 서민 문화가 신종교 발생의 주요 배경으로 작용했음을 강조했는데, 이는 호남이 유교적 규범 문화가 상대적으로 약하고 자유분방한 정신과 변화를 추구하는 '감성(感性) 문화권'의 특징을 지녔기 때문이라고 설명합니다. 판소리, 진묵 설화 등 호남의 문화적 요소들이 강일순의 해원(解冤) 사상과 같은 민중종교 사상 형성에 영향을 미쳤다고 보았습니다. 최제우(崔濟愚, 1824-1864), 김항(金恒, 1826-1898), 강일순(姜一淳, 1871-1909), 차경석(車京石, 1880-1936, 보천교), 조철제(趙哲濟, 1895-1958, 무극도/태극도) 등 주요 민중종교의 창시자들은 당시 사회 혼란 속에서 새로운 구원과 변혁을 갈망하는 민중의 요구에 부응하여 등장했습니다.

넷째, 치병(治病)과 현세 구원의 문제에 대한 관심입니다. 전통 사회에서는 한방 의술 외에 주술적인 무당의 푸닥거리와 같은 민간요법이 질병 치료에 중요한 역할을 했습니다. 초기 신종교들은 운세론적이고 종말론적인 선택에 치우쳐 일상적이고 개별적인 고통의 문제에는 성의 있는 답변을 유보하는 경향이 있었지만, 강일순의 제생의세(濟生醫世) 사상처럼 치병을 종교적 구원의 차원으로 끌어올린 사례도 있었다고 했습니다. 민중종교들은 주술적인 병굿, 부적 사용, 기도 등 민간요법의 요소를 신앙 치료에 혼입하여 민중의 절박한 현세적 고통에 응답했습니다.

다섯째, 한국 중심 사상에 대한 관심입니다. 일부 김항의 정역(正易)은 간방(艮方)을 동방으로 규정하며 한국을 세계의 중심이라는 관념을 제시했습니다. 이후 증산 강일순은 "천지가 간방으로부터 시작되었다고 하나 이십사 방위에서 한 번에 이루어졌느니라."라고 말하며 좁은 의미의 간방 중심주의를 넘어선 보편적 관점을 제시했다고 설명합니다. 이는 한국의 강역(疆域)이 후천선경이 시작되는 장소라는 믿음과 연결됩니다.

황선명은 한국 민중종교가 조선 말기 사회의 혼란과 민중의 욕구, 그리고 전통적인 종교문화와의 상호작용 속에서 다음과 같은 특질을 형성했다고 분석합니다.

　첫째, 민중 지향적이고 실천적인 성격을 지닙니다. 민중종교는 고도의 지적 훈련을 받은 지성인이나 전문가만을 대상으로 하지 않고, 깊은 이론적 성찰 없이 믿고 행동하는 일반 신도나 대중의 신앙 활동을 주요 관심사로 삼습니다. 이로 인해 내면적이고 지적이기보다는 실천적이며 정서적인 분위기에 좌우되기 쉽습니다. 따라서 현세적이고, 주술 지향적이며, 소박한 종말관을 표방하는 경향이 강합니다.

　둘째, 민중종교는 카리스마적 권위와 동적인 특성을 지닙니다. 민중종교 운동은 카리스마적인 종교 엘리트의 호소력에 귀속됨으로써 자기동일성을 획득하고 집단적인 흥분 상태로 발전하는 경향을 보이며, 때로는 광기의 현상을 드러낼 만큼 매우 동적(dynamic)인 모습을 보입니다. 이러한 카리스마적 지배는 민중에게 색다른 차원의 질서를 부여하지만, 시대적 요청에 제대로 부응하지 못하게 되면 데마고그나 주술사(巫術師)의 위치로 전락할 수 있음을 지적합니다.

　셋째, 후천개벽사상과 종말관입니다. 이 사상은 우주의 생성과 변화를 설명하는 우주론이며, 기존 질서의 종말과 새로운 시대의 도래를 의미합니다. 후천개벽사상은 구한말 민중 사상의 뼈대를 이루고서 민중종교 운동의 모태가 됩니다. 서양의 천년왕국적인 종말론과 달리 순환적인 시간관[循環史觀]에 기반을 두고, 모든 것을 수용해 하나로 하거나 주객을 귀일시키는 동귀일체(同歸一體)의 성향을 보입니다.

　넷째, 전통적 요소와 이단적 사상(민간신앙의 주술적 요소)의 혼합입니다. 민중종교는 전통 유교 문화의 배타성과 형식주의에 대한 반작용으로 나타났습니다. 음양오행설, 운세설, 참위설, 풍수 사상 등 유교 문화의 외연에 자리 잡았던 이단적 사상들이 민중의 세계관을 지배하게 됩니다. 이에 민중종교는 이러한 민간신앙의 주술적 요소를 적극적으로 메시지화하고 통합합니다.

다섯째, 지도자 계층 및 지역적 특성을 고려합니다. 민중종교 운동의 지도자들은 대개 몰락한 양반 계층인 잔반(殘班)이나 불우 지식인으로, 상대적으로 진보적이고 혁신적인 생각을 가졌습니다. 특히 호남 지방은 신종교 발생의 주요 배경이 되는데, 유교적 규범 문화의 통제가 미약했고 도참설이나 미륵 신앙 등이 민중 속에 깊이 뿌리를 내릴 수 있는 토양이 되었기 때문입니다.

여섯째, 사회변혁 및 저항운동의 성격을 지닙니다. 민중종교는 개항 전후 서세동점(西勢東漸)과 민생 파탄으로 인한 아노미적 상황에서 비롯되었으며, 민중적 요구의 응집이자 하층 차원에서의 자발적인 개혁 의지에 의해 형성되었습니다. 그리하여 때로는 종교운동을 가장한 정치·사회 운동의 성격을 띠고 사회변혁이나 저항운동으로 발전되기도 합니다.

일곱째, 지상천국, 즉 자급자족의 공동체(종교 코뮌)를 지향합니다. 일부 민중종교는 세속 사회와의 단절을 추구하며 자급자족 공동체를 지향했습니다. 보천교와 태극도 등은 노동 활동을 통해 경제적 자립을 도모하고 육체적인 노동을 수도의 방편으로 삼았습니다.

여덟째, 질병 치료 및 현세적 구제 기능을 강조합니다. 민중종교는 전통 사회에서 의료 혜택이 미미했던 민중들에게 주술적인 병굿, 부적 사용, 기도 등 민간요법의 요소를 신앙 치료에 혼입하여 질병 치료 및 현세적 구제 기능을 수행했습니다. 증산 강일순은 의통(醫統) 사상을 통해 의술을 종교적 구원의 차원으로 끌어올리는 비전을 제시했습니다.

한편, 필자는 민중종교 운동의 한계를 명확히 제시했습니다. 구한말 민중종교는 카리스마적 지도자의 독주와 일시적인 대중운동 양상을 보였으나, 합리성의 결여와 종교 조직 운영의 미숙성으로 인해 민중적 기반의 지속성을 획득하지 못하는 한계를 드러냈다고 합니다. 그래서 전통주의로의 회귀, 주술성에의 의존, 그리고 내부 투쟁 등으로 인해 교단 발전을 저해하는 경우도 있었다고 합니다. 특히 즉물적이고 원초적인 저항이라는 점에서 비합리적이고 주술성에 흐르기 쉬우며, 때로는 광기의 현상을 노정하기도 한다고 지적합니다.

황선명의 연구는 한국 민중종교 운동이 단순한 종교운동을 넘어, 조선 말기부터 현대사회에 이르는 격동의 시기에 민중의 삶과 의식, 그리고 사회 변화에 대한 염원을 담아 낸 복합적인 문화 현상이었음을 잘 보여줍니다. 이러한 그의 통찰은 한국 사회의 근대화 과정에서 종교가 수행한 역할과 민중의 주체적 자각 운동으로서의 의의를 이해하는 데 중요한 기여를 했습니다. 그의 연구 내용은 한국의 민중종교 혹은 신종교 운동을 다각적인 관점에서 분석하며 한국의 민중종교를 한국 종교사 맥락에서 살펴봄으로써 향후 한국 종교사 서술에 지대한 공헌을 했다고 평가할 수 있습니다.

황선명이 한국 종교사 연구에 공헌한 점을 다음과 같이 정리할 수 있습니다.

첫째, 민중의 주체적 역할을 강조한 점입니다. 민중종교 운동을 단순한 혼란기의 종교적 현상이 아니라, 민중의 능동적인 자각 운동이자 아래로부터의 개혁 의지로 재해석함으로써, 한국 종교사의 주체적 시각을 확장하고 민중의 역사적 역할을 부각시켰습니다.

둘째, 종교를 복합적인 사회 현상으로 이해한 점입니다. 서세동점과 사회 모순이 결합된 아노미적 상황에서 민중종교가 발생했음을 역설하며, 이들 운동이 단순한 종교적 현상을 넘어 당대 민중의 삶과 의식, 사회 변화에 대한 염원을 담아 낸 복합적인 문화 현상이었음을 규명했습니다.

셋째, 한국 고유의 사상 체계를 분석한 점입니다. 후천개벽사상을 서양의 종말론과 대비하여 한국 고유의 순환적 우주론적 틀을 갖춘 사상으로 체계화하고,『정감록』과 같은 민간 비결과 예언 사상이 민중에게 미친 영향을 구체적으로 분석하여 한국 종교사상사의 독자성을 부각시켰습니다.

넷째, 종교 연구에 지역 문화의 중요성을 부각시킨 점입니다. 호남 지방의 서민 문화가 민중종교 발생의 주요 배경임을 강조함으로써, 한국 민중종교 연구에 지역적 특성과 문화적 토양의 중요성을 도입하고 종교현상의 지역적 다양성을 이해하는 데 새로운 시각을 제공했습니다.

다섯째, 종교의 기능적 측면을 재조명한 점입니다. 민중종교가 전통 사회에서 의료 혜택이 미미했던 민중들에게 질병 치료(치병)와 현세적 구제 기능을 수행했음을 밝히고, 강일순의 '제생의세'와 '의통' 사상을 통해 이러한 현세적 구원 개념이 어떻게 종교적으로 승화되었는지 분석하여 종교가 민중의 실질적인 삶의 문제에 어떻게 응답했는지를 보여주었습니다.

여섯째, 민중종교의 양면성 및 한계를 분석한 점입니다. 민중종교의 긍정적 측면뿐만 아니라 비합리성, 주술성, 조직 운영의 미숙성, 전통주의로의 회귀 가능성 등 한계점과 문제점을 균형 있게 지적함으로써, 민중종교에 대한 비판적이고 현실적인 이해를 도모하여 민중종교에 대한 연구의 깊이를 더하였습니다.

Ⅰ. 민중운동과 종교*
─종교운동의 본질에 관한 고찰

황선명

1. 문제의 제기

순수한 관념 형태로서의 교의(敎義)를 수용하는 그릇, 즉 수용체(受容體)는 민중이다. 종교를 행위의 차원(dromena)이라고 하여 이론이나 철학과 구분하는 것도 신앙이라는 행위를 통해 믿음의 내용을 구현하기 때문이다. 믿음의 행위를 구체화하는 무리, 즉 민중이 종교의 담당자이며 그렇기 때문에 종교에 있어서도 민중의 의식을 문제 삼게 된다.

우선 민중으로서는 역사의 전개 과정에 구체적으로 참여하고 당대의 사회적 조건을 개변(改變)케 하는 역할의 담당자를 들 수 있겠다. 또 하나 뚜렷이 드러난 역사의 전개 과정에서의 인과관계(因果關係)에 작용을 미치는 것은 아니지만 기층문화(基層文化)의 담당자이며 잠재적 심층에서 드러나

---

* 황선명, 「민중운동과 종교―종교운동의 본질에 관한 고찰」, 『종교학연구』 2, 1979, 45-70쪽.

지 않은 채 전승태(傳承態)를 지지하는 민중[1]이 있을 수 있다.

여기서 문제 삼고자 하는 민중은 전자, 즉 구체적인 역사에 참여하는 무리를 말한다. 그런데 구체적으로 역사에 참여한다고 할 때는 후자의 경우와 달리 동태적(動態的)인 현상으로 인식되어야 하며, 따라서 운동이라는 문제가 제기된다. 역사의 전개 방식에 간여하고 사회적 조건에 개혁을 가져오게 하는 민중의 존재 방식은 유동적인 연속성과 그것의 동기 및 결과에 대한 추적을 불가피하게 한다.

한편 역사적 경험으로 미루어 볼 때 민중운동의 구심적 역할은 항상 종교가 담당해 왔으며 종교현상으로 간주되는 광조적 열광을 기폭력으로 해서 사회운동이 전개되어 온 것이 일반적 사례이다. 특히 분업적 기능이 철저하지 못했던 전근대사회[2]에서는 민중운동의 핵심이 종교적인 동기에서 비롯한다는 것은 잘 알려진 사실이다. 따라서 이 논문은 민중운동과 종교와의 상관관계를 분석하기 위해서 문제의 핵심을 종교운동과 사회운동의 개념적인 차이에서 구하려 하였으며 이상 세계를 지향하는 종교적 원망(願望)이 단순한 세속적 목표를 추구하고자 하는 목적 집단, 혹은 특정 계급의 사회운동으로 규정될 성질이 아님을 밝히고자 했다. 다시 말해서 종교운동의 본질이 사회운동의 위상(位相)에서 규명되어서는 안 되겠기 때문에 종교운동을 일으키는 제반 사회적 조건을 절제(切除)한 연후에 영구하게 순수 운동으로서의 작용인(作用因)이라 할 종교의 부단한 세계 구성의 의지에 접근해 보려 했다. 물론 당초에 출발하는 작업가설(作業假說)로

1 　최근에 민속학에서도 민중의 개념을 도입하고 있다.
2 　예컨대 제정일치(祭政一致)를 이루고 있는 것 같은 사회(社會)

서 민중의 개념을 규정하려고 한바 이것은 어디까지나 종교운동을 규명하기 위한 편의상의 작업에 불과하다. 또한 무엇보다도 종교운동의 합리적인 측면에만 너무 집착한 나머지 이것을 광의의 민중운동의 범주 안에서 파악하려 하며, 또 종교운동의 원인 및 동기를 사회현상으로 환원해서 분해해 버리고자 하는 시도에 대한 부당성을 밝혀 보고자 한 것이다. 종교현상의 하나로서 종교운동은 단순히 사회구조로서 설명될 수 없는[3] 그 자체의 내재성을 갖고 있다.

2. 민중의 개념

종교를 개인적 체험의 세계에만 묶어 둘 수는 없다. 개인의 신앙은 시대적, 사회적인 연대성을 토대로 성립한다고 보아도 큰 오해는 아니다. 물론 가장 깊은 실존적인 차원에서의 믿음에의 결단과 같은 신앙의 문제는 안외(案外)로 하고 여기서는 역사 사회적 조건에 의해 이루어지는 믿음의 문제를 다루려고 한다. 그러니까 단독자의 주체적 결단에 의해 좌우되는 신앙을 문제 삼는 것이 아니라 시대적 조건, 사회적 환경에 따라 결정되는 믿음의 집단적 양상을 문제 삼으려 한다는 뜻이다.

이미 금세기 초의 사회학자들, 그중에도 특히 뒤르켐[4] 같은 사람이 신앙의 사회적 결정 요인을 문제로 제기한 바 있다. 한데 현상으로서의 종교는 사회와 유기적 관계를 가지며 사회구조의 지속과 변화에 절대적으로 순응한다. 그렇기 때문에 종교는 사회집단과 떼려야 뗄 수 없는 관계이며 종

3　E. E. Evans-Pritchard, *Nuer Religion*, Oxford univ. press, London, p.322.
4　John Hick, *Philosophy of Religion*, Prentice-Hall, p.31.

교 집단 자체가 사회집단이기도 하다. 물론 종교 집단과 사회집단[5]의 합치(合致)는 복합적이고 구조적인 다양성을 지향하는 현대사회에서는 찾아보기 힘들다. 하지만 전근대사회, 특히 미개사회와 같은 무문자(無文字) 사회라든지 비교적 서구화가 덜 진척된 사회에서는 사회의 체계가 종교의 신념 체계를 그대로 수용한다는 사실은 경험적 관찰을 통해 너무나도 뚜렷이 입증되었다. 신앙 집단과 기능 집단을 다르게 구분할 수 있는 현대사회와는 달리 믿음의 공동체가 곧 사회 공동체이며 사회의 성원이 바로 종교의 신도 집단인 경우가 전근대사회 및 비서구사회에서 흔히 볼 수 있는 현상이었다. 따라서 종교적 신념 체계가 사회구조와 일치하는 경우 당해 사회의 소속원이며 그 사회집단의 성원이면 집합체로서 민중이란 개념을 제출할 수 있지 않을까 생각한다.

　실상 최근에 이르러 민중의 실체에 대해 논란이 없지 않지만, 여기에서의 작업은 계층적 혹은 하위 구조(下位構造)로서의 민중의 실체를 인식하려 한다기보다는 공통되는 신앙, 혹은 상징체계를 중심으로 이루어지는 집단의 성원을 단순히 민중이라고 규정하려 할 뿐이다. 종교가 한낱 개인의 실존적 체험에 머무르지 않고 그 체험의 공감대를 전제로 교의(敎義)나 신념의 체계를 다수의 사람들에게 전파하는 것을 목적으로 한다고 할 때 거기에는 반드시 같은 종류의 믿음을 중심으로 모이는 집단을 형성하게 되며, 따라서 이들을 동신자 집단(同信者集團), 혹은 신도 그룹이라고 말할 수 있

5　자연적 유대에 의해 결합된 집단을 자연집단이라고 할 때 자연집단에 있어서는 종교와 사회집단의 합치는 불가피하며 이것을 특수적(特殊的) 종교집단(宗敎集團)과 구별하여 합치적(合致的) 종교집단(宗敎集團)이라고 한다. 물론 여기서는 합치적(合致的) 종교집단(宗敎集團)을 말한다. Joachim Wach, *Sociology of Religion*, Chicago, The University of Chicago Press, pp.55-58, 107-112.

겠다. 물론 이들 동신자 집단은 그들이 지지하는 신앙 내용이 같다는 점에서 서로 이해를 달리할 수 없으며, 따라서 신앙이 다르거나, 혹은 이해가 다른 신도 집단과는 배타적인 긴장 관계가 성립한다고도 볼 수 있다. 하지만 특정의 신도 집단, 혹은 종교 집단은 긴장 관계에 있는 다른 신도 집단에 대한 태도와 마찬가지로 일반적인 사회의 기능집단, 또는 정치집단, 그밖의 특수한 사회적 목적 집단에 대해서도 모두 적대적인 관계, 혹은 긴장 관계에 있다고 볼 수는 없다. 다시 말해서 종교 집단은 일반 사회 기능과 반드시 대립적이고 긴장 관계를 갖는 것은 아니다. 때로는 우호적이면서, 때로는 상호 보완적일 수도 있고 어떤 경우에는 그 관계의 설정이 매우 애매모호하다. 그렇기 때문에 동신자 집단, 혹은 종교적 신념을 같이하는 그룹의 성원을 편의상 여기서 민중이라고 할 때, 일반적인 다시 말해서 역사 사회적 조건에 따라 형성되는 집단인 민중이라는 개념과의 상충을 얘기하게 된다.

　일반적으로 민중이란, 그것이 국왕의 신권(權)을 대행하게 된 다수자의 무리(la foule)[6]이든, 아니면 이념 집단인 조직집단이든, 혹은 무조직 집단인 공중(public)이든 또는 근대 민주주의 사회에서의 대중이든 모두가 대립과 긴장 관계라는 도식(圖式) 안에서만 파악될 성질이었다. 다시 말해서 치자(治者)에 대한 피치자(被治者), 혹은 압제자에 대한 피압제자, 박탈하는 자에 대한 박탈당하는 자, 그리고 소수 정예 엘리트에 대한 대중 등 모두가 대립과 긴장이라는 상황으로만 그 관계가 설명될 수 있겠다.

　근대 시민사회 이래 민중이 자기 동질성을 인식하게 되는 것은 이러한

6　Gustave Le Bon, *La psychologie des foule*, introduction (清水幾太郎, 『社會學講義』, 「岩波書店刊」에서 所收)

대립과 긴장 관계를 통한 자의식(自意識)의 각인에서 비롯했다고 해도 과언이 아니다. 따라서 민중은 그것이 전혀 무조직 상태의 임의적 집단이든, 아니면 이념형의 조직집단이든 간에 여하간 물리적, 혹은 의식적인 소외(疎外)로부터의 극복을 지향하는 무리라고 볼 수 있다.

소외의 문제를 의식하게 되면 중심과 주변(center and periphery)[7], 구조와 반구조(structure and anti-structure)[8]를 거론할 수밖에 없다. 즉 사회현상의 구조적 층서(層序)에는 반드시 중심, 다시 말해서 기존의 질서와 가치 체계를 지지하는 핵심이 있기 마련이며 여기에서 밀려난 주변적(marginal)인 소외된 그룹은 그 핵심 요소와의 대립적인 혹은 긴장 관계를 가지게 된다. 빅토르 터너에 따르자면 기존 가치 체계에 대한 정통성을 지지하는 구조(structure)는 항상 그 외연(外延)에 반구조(anti-structure)를 가진다고 한다. 예컨대 종교의 경우 정통성(orthodoxy)에서 밀려난 반구조로서의 샤먼이나 점술사, 혹은 그 밖의 종교적 인물은 항상 구조와 긴장 또는 대립 관계[9]에 있으며 핵심의 구조에 대해 역작용을 미침으로써 전반적인 문화의 계기적 전개가 가능하다는 것이다.

여하튼 대립적인 긴장 관계라는 점에서 볼 때 민중은 핵심 구조나 전통적인 질서 또는 가치 체계로부터의 소외를 예상할 수밖에 없다. 그렇기 때문에 민중이 조직집단이든, 혹은 무조직 상태의 막연한 일단의 무리이든, 그 나름의 동질성을 확인할 수 있게 된다. 민중의 대다수가 특정의 이념이나 의식을 전제로 하는 목적 집단이 아니라 하더라도 그 나름대로 핵심 구

---

7   Edward Shils, *Center and Periphery: Essays in Macro-Sociology*, Chicago, The Univ. of Chicago press, 1975, pp.3-16.

8   Victor Turner, *Ritual Process*, Aldine Publishing Co. p.233.

9   Ibid. p.236.

조로부터 밀려나고 주변에 머물러 있게 되기 때문에 애매하나마 그 실체를 긍정하게 된다. 따라서 구체적인 운동의 형태로 나타나 사회변동의 계기가 되는 집단적인 행위이든, 혹은 시간적이며 공간적인 변동의 원인이 될 수 없는 잠재적인 현상으로서만 존재하는 다수이든, 하여간 그것이 민중인 한 항상 전통의 질서나 가치 체계와는 대립적이며 긴장된 관계에 있게 된다.

종교에 있어서는 동신자[10] 집단을 민중이라고 할 때, 동신자의 그룹은 대체로 기성 질서나 정통적인 체제와 타협해 오고 사회의 가치 규범을 옹호하는 입장으로 기울어졌던 것이 역사적인 경험이었으며, 그 밖의 교단이나 종파 활동도 대체로 단순한 신앙의 문제에 대한 대립에서 빚어지는 것이 상례였기 때문에 세속 사회와의 유기적인 관계가 간과되기 쉽다. 따라서 우리가 편의상으로 규정한 종교에 있어서의 민중인 신도 집단은 세속 사회에서 엿볼 수 있는 계통 질서나 대립 또는 긴장의 구조로 파악할 수 없다고도 생각된다. 즉 신도 집단 안에서 어떤 계층 질서라든지 억압과 피억압(被抑壓)의 관계, 혹은 가치관의 상충 같은 것을 기대할 수는 없다. 물론 신앙 내용이나 교의(敎義) 해석 또는 이념의 대립에서 오는 분파, 혹은 종파의 활동은 역사적으로 숱하게 전개되어 온 것이 사실이지만 종교 집단의 성원인 동신도(同信徒) 그룹이 반드시 기성 사회의 질서나 사회규범의 정통성에 도전해서 교단 운동, 혹은 종교운동을 이끌어 간 것은 아니다.

왜 그러냐 하면 전근대사회에서는 사회의 가치 규범을 지지하는 것이

---

10   여기서 말하는 동신자 집단(同信者集團)이란 자연적 유대에 의해 이루어진 합치적(合致的) 종교집단(宗敎集團)의 성원은 물론 공통의 신앙, 공동의 체험을 갖는 신도 그룹을 통틀어 말하는 것이며 따라서 대립이나 긴장관계를 기대할 수 있는 어떤 성격이 부여된 뜻에서의 민중이라는 말은 아니다.

곧 종교이며, 또한 종교 집단의 성원은 그대로 사회의 성원으로서 이 두 가지가 합치(合致)했다는 점에서 종교의 기능과 일반 사회의 기능을 분리하기가 어렵기 때문이다. 신앙의 질서는 곧 사회질서이며 기성 교회에 대한 신앙 문제에서의 도전은 곧 사회규범 또는 가치 체계에 대한 반동 행위로 간주되었다. 그렇기 때문에 종교개혁 이래 숱한 신앙의 개혁 운동이 곧 사회 동요로 파급되어 갔던 것이다. 교회가 관장하는 질서는 곧 세속의 질서이기도 한데, 이 교회의 질서에 대한 전면적인 혹은 부분적인 거부는 곧 세속 규범에 대한 저항인 것이다. 교회가 이처럼 세속의 질서 위에 권위적으로 군림하는 방식은 신도에게는 억압으로 느껴질 수밖에 없다. 특히 근세 이래 자연과학의 발달에 따른 종교의 세속화 문제에 덧붙여 인간적 자연(人間的自然)을 해방코자 하는 본래의 욕구가 합법성을 주장하기에 이르렀고, 따라서 세속의 질서나 권위 위에 교회가 군림하려 하면 할수록 일반 신도층은 억압과 소외를 느끼게 될 것이다. 서구 사회에서의 종교개혁 이래의 숱한 종교운동은 이러한 사정을 배경으로 하고 있으며 중세 이래 보편 교회(universal church)에서의 성직(聖職, clergy)과 일반 신도(layman)의 구분과는 달리 동신도 집단(同信徒集團)이라는 데에 특별한 의미가 부여된다. 다시 말해서 중세 당시에는 성직자가 아니면 누구나 신도이기 때문에 신도 집단에 대해 특별한 의미를 부여할 수 없으나 종교개혁운동 이후 숱하게 생겨나는 동신자 집단은 상대적인 박해와 물질적 혹은 정신적 핍박으로부터 자기네 동류(同類) 끼리끼리 모인 이념 집단이라고 볼 수 있겠다. 그러므로 여기에는 정도의 차이는 있을망정 사회현상으로서의 억압과 피억압, 가해와 박해, 소외(疏外)의 문제가 어쩔 수 없이 개재한다.

이제까지 역사 사회적인 조건에 의해 이루어지는 민중을 중심과 주변, 혹은 계층 및 사회의 규범이나 가치 체계에 대한 견해 차이 등으로 빚어지는 대립과 긴장 관계에서 파악하려 한 반면에 종교상의 민중, 즉 동신자 집단은 이러한 대립과 긴장 관계보다는 단순히 신앙을 매개로 한 이념 집단이라고 규정했다. 하지만 자명한 사실은 동신자 집단도 역시 가해와 박해, 억압과 피억압, 그리고 소외와 같이 역사적 조건들 속에서 형성되어 왔다는 점이다. 다시 말하자면 종교 집단은 그 본래적인 사명이 신앙의 문제만을 위한 이념 집단이라고는 하나 어쩔 수 없이 역사적 조건들 속에서 대립과 긴장이라는 사회현상 가운데 그대로 노출되었다는 뜻이다. 그렇기 때문에 종교에서 말하는 민중 역시 핵심에서 주변으로 밀려난 국외자(局外者)나 내지 소외당한 무리들일 수밖에 없고 근세 이래 서구 혹은 비서구 사회를 막론하고 종교운동의 역사적 체험이 이를 실증한다.

　서구에서 종교개혁 이래 계기적으로 발생하는 종교운동은 사회현상의 축도이면서 사회현상에 직접적인 충격을 주고 아프리카나 남태평양, 혹은 북미 대륙 같은 미개사회는 물론 동북아시아와 같이 전통문화를 간직해온 사회에 있어서도 비슷한 양상을 띠는 움직임이 엿보인다. 이들 현상의 배후에는 긴장과 대립 속에서 주변으로 밀려난 민중이 제자리에 복원하고자 하는 역동적인 측면이 엿보인다. 물론 그것이 정치적인 혁명이나 급진적 사회 개혁과 같은 움직임은 아닐지라도 소외를 극복하려는 적극적인 행동 양식으로 나타나는 한 일종의 운동이라는 성격이 부여될 수 있겠다. 다시 말해서 종교운동이 신앙이라는 문제를 제외하고는 사회운동이나 정치운동과 같이 이념적 혹은 조직적인 측면에서 얼마나 세련되어 있느냐에는 문제가 있지만 소외된 믿음의 무리들이 정신적·물질적 대상(代償)을 구하는 행위임에는 틀림없다.

3. 민중운동의 성숙 조건

물론 사회운동이 기성 질서를 뿌리째로 드러내 엎어 버리고자 하는 소외된 그들의 집합행동으로만 볼 수는 없다. 예컨대 기존 질서나 가치 체계를 더욱 강화하려는 뚜렷한 목표를 가지고 전개하는 운동도 있다. 여성의 지위 향상 운동이라든지 도덕재무장(moral-rearmament)운동 같은 것이 적절한 사례라고 보겠다. 그 밖에도 전 국민이 지지하는 내셔널리즘 운동이라든지 극단적인 사례로 나치즘 운동 같은 데서는 구질서에 대한 신질서, 혹은 낡은 가치 체계에 대한 새로운 가치 체계의 대립이나 긴장 관계로 빚어지는 뚜렷한 갈등의 양상을 찾을 수 없다. 또한 서구 사회에서 초기 단계에 볼 수 있었던 사회적 동요나 사회변혁 운동은 하위 계층이 생활 조건의 개선만을 주장하는 소극적인 반발에 그쳤을 뿐 구체제를 획기적이고 전면적으로 개조하려는 동향은 엿보이지 않는다.

하지만 사회운동이 기존의 가치 체계를 전면적으로 거부하는 것이든, 반대로 이를 강화하려는 것이든 거기에는 항상 개개인의 귀속감(belonging)의 문제가 따른다는 사실은 부인할 수 없다. 운동의 양상으로 전개되는 사회적 동요는 그 성질이 여하한 것이든 인습적인 관행으로 지지되어 오던 체제나 가치의 정당성이 문제될 때 비롯한다. 그렇기 때문에 사회의 도처에서 이러한 가치 체계에 대한 도전이 예상되는 것이며 이것이 전면적이든 부분적이든 저항의 형태를 띤다는 데 운동의 특성이 있다.

전기한 부인 운동이나, 혹은 규범의 부흥을 부르짖는 도덕재무장운동과 같은 경우에도 그 운동의 발생 초기에는 인습적으로 관행이 되어 버린 가부장적인 남성 우위 또는 도덕의 퇴행에 대해 저항을 느끼는 무리들의 귀속감이라는 연대를 통한 집합행동이 원동력이 되었다. 민족주의 운동도 마찬가지이다. 자민족 집단(ethnocentric group)에 대한 귀속 감정은 상대방 민족에 대한 배타적인 동질성의 확인으로부터 비롯하며, 그렇기 때문에 극단의 민족주의(chauvinism)는 반드시 다른 민족과의 마찰이나 투쟁을 전제로 하게 된다.

이처럼 집합행동으로 나타나는 사회운동은 어떠한 유형이든 귀속감의 향배와 관련된다고 볼 수 있다. 물론 규범을 부흥하고자 하는 운동이나 부인 운동과 같이 특정의 목적을 성취하려는 운동에 있어서는 집합행동에 참여하는 성원이 뚜렷한 상징에 의해 통합되므로 귀속감의 여부에 관해 문제를 제기할 여지가 없다. 민족주의 운동에 있어서도 마찬가지이다. 귀속감이 없이는 민족 성원에 대한 구심점을 이끌어 낼 수가 없다. 가치 지향(價値志向)[11] 운동의 특색은 이념이나 목표의 설정이 분명하기 때문에 집합행동에 참여하는 성원으로 하여금 쉽사리 귀속감을 획득하게 한다. 이념이나 목표의 설정이 분명하게 되면 바라는 바의 변화를 지향하는 운동이 조직화되고 나아가서 지속성이 있는 기구로 발전하게 된다. 그러므로 근대 사회운동은 그것이 기성 질서를 거부하는 것이든 강화하는 것이든 이념으로서의 이데올로기가 투철했기 때문에 운동의 조직화와 지속성이 손쉬웠으며, 한편으로는 성원의 귀속감을 쉽사리 획득할 수 있었다. 달리 말해서 특정의 사회집단, 가치 체계, 규범 또는 질서에 대한 귀속감을 상실한다 해도 쉽사리 그와 상대하는 집단이나 가치 질서 속에서 귀속감을 얻을 수 있다고 보는 것이다. 왜냐하면 이념이나 이데올로기를 투철하게

---

11 여기서 말하는 가치지향(價値志向)이란 구질서(舊秩序)와 신질서(新秩序)의 대립이나 전통가치(傳統價値)에 대한 거부로서의 새로운 가치(價値)의 도식과 같은 뜻에서가 아니라 전통적으로 지지해 오는 기존의 가치를 보다 약화(弱化)한다는 의미이다.

표출하는 것이 근대 사회운동의 특색이며 여기에는 항상 조직이나 기구, 혹은 지속성이 강조된다는 사실을 들 수 있기 때문이다. 근대적 사회운동이 이념이나 목표의 성취를 위한 조직화된 집합행동이라면, 여기에 대응하는 고전형(archaic)[12] 운동을 상정할 수 있게 된다. 고전형 운동은 사회 변화에 대한 욕구가 비조직적인 집합행동으로 나타나며, 따라서 지속성을 띤다기보다는 우발적이며, 동시에 가치 지향성이 결여된 형태의 운동을 말한다. 이데올로기 자체가 불투명한 상태에서 군집(群集, foule)은 상실한 귀속감에 대한 대상(代償)을 구하지 못하고 단순한 저항이나 기성 질서에 대해 무관심한 태도를 보인다. 이처럼 귀속감을 상실한 군집(群集)은 기존의 혹은 정통의 질서나 가치 체계와 긴장 또는 대립의 관계에 있으며 핵심으로부터 밀려난 무리들이라는 점에서 민중이라 할 수 있다.

사회운동이 민중운동과 동일한 개념이냐는 데에 관해서는 논란의 여지가 많다. 민중운동이 넓은 의미의 사회운동의 하위개념(下位槪念)일 수도 있다. 한데 문제를 더 극명하게 하기 위해 사회운동에서 민중운동을 변별(辨別)할 필요가 있다. 즉 사회운동은 대체로 이념이나 가치 지향성을 전제로 해서 항상 투명한 이데올로기를 표방해 온 것이 역사적 경험이었다. 또한 아무리 너그럽게 보아도 사회운동과 종교운동은 같은 목적과 지향성을 가지고 공존할 수 없었다. 하지만 고전형의 운동(archaic movement)은 그것이 소외된, 다시 말해서 귀속감을 상실한 민중의 집합행동이라는 점에서 어떻게 보면 사회운동의 원초 형태라고도 생각할 수 있겠지만 확실히

---

12 Eric Hobsbawm, *Primitive Rebels: Studies in Archaic Forms of Social Movement in the 19th and 20th Centuries*, 2nd ed., New York Praeger, introduction (東京大學 出版部 刊, 井門富二夫 編, 『講座宗教學』 卷3에서 所收)

그 유형을 달리한다. 운동의 전개 형태가 비합리적이고 추구하는 목표가 현실성과 유리된 점에서 그러하다. 또 조직성을 결여한다는 점 외에도 사회운동이 귀속감을 획득하는 데 반해 민중운동은 귀속감을 상실한 무리의 우발적 충동에 근거를 둔다. 민중운동이 종교적 속성을 띠는 것은 이러한 이유 때문이다.

　민중운동의 시발을 귀속감의 상실과 관련지을 때 사회현상으로서 아노미(anomie) 상태를 들어 설명할 수 있겠다. 아노미는 인간 행위를 규제하는 공동의 가치와 도덕적 기준을 상실한 상태이다. 연대 의식이나 의무감이 없으며 정신적으로 불모의 처지에 이르러 사회적 응집력이 파탄의 경지에 이른다. 특히 사회적 배분의 불균등과 제도적 수단이 이를 적절히 처리하지 못할 때 아노미 상태는 현저하다. 머튼(Robert K. Merton)은 아노미 상태에 있어서 개인의 반응을 ① 내면화된 공조(共調, conformity), ② 개혁(innovation), ③ 종교적 처리(ritualism), ④ 도피(retreatism), ⑤ 반역(rebellion)의 다섯 가지로 유형화[13]했다.

　아노미 상태에서 개인은 상대적인 차이는 있으나 모두 다 귀속감의 상실을 느낄 수밖에 없다. 다시 말하면 교회가 지닌 통제력의 이완이나 전근대사회에서 근대사회로 넘어오면서 촌락이나 소도시의 붕괴 및 동업조직(同業組織)의 해체라든지 급격한 사회 정치적 변동의 양상이 개인에게 고립감이나 목적의식의 상실을 가져오게 했다. 특히 머튼의 다섯 가지 반응의 유형에서 아노미 상태를 내면적으로 극복하는 ①의 경우를 제외하고 하류계층의 혁신적인 의지라든지, 혹은 종교적인 의례를 통한 극복, 혹은 도피형이나 반역형 등이 복합해서 일종의 사회적 발작 상태를 유발할 가능성

13　Robert K. Merton, *Social Theory and Social Structure*, The Free Press, pp.13-140.

이 크다고 보아야 한다.

　그렇지만 사회적 발작 상태를 설명하기에는 아노미 현상만으로는 미흡하다. 물론 아노미에는 단순(單純) 아노미와 급성(急性) 아노미가 있어 전자의 경우 개인이 사회집단에서 점진적으로 이탈하는 반면, 후자의 경우에는 사회의 가치 체계가 삽시간에 붕괴되는 현상을 말하지만, 급성 아노미라 하더라도 반드시 민중운동을 촉발할 동인이라고는 할 수 없다. 왜냐하면 아노미 상태는 잠재적으로 사회구조 심층에 간여하는 현상일 뿐 더 직접적이고 충격적이며 현재(顯在)하는 현상은 아니기 때문이다.

　기존의 사회 질서로부터 소외당해서 귀속감을 상실하는 개개인 사이에 만연하는 감정으로는 르상티망(ressentiment)[14]을 들 수 있겠다. 민중운동의 촉연제로서의 아노미 상태가 충분한 설명을 기대할 수 없다면 르상티망 역시 마찬가지이다. 일종의 증오와 보복의 복합 감정으로서 증오해서 적개심의 대상인 상대방을 직접 공격하려 하지 않고 그 대신 더 나은 가치를 상정해서 그 증오감을 극복한다. 근대 시민사회에서 중산층의 불만은 르상티망의 적절한 사례인 바 불안의 원인을 가치 변혁 또는 파격적인 수단에 의해서 제거하려 들지 않고 대상(代償)이 되는 여타의 가치에 호소하여 자기 위안을 얻는 감정이 바로 르상티망이다. 머튼(R. K. Merton)은 사회구조-르상티망-일탈(逸脫) 행동의 관계를 규명하면서 르상티망과 반항(rebellion)[15]을 엄밀하게 구별했다. 반항이란 진정으로 가치 변혁을 목표로 하는 행위이다. 하지만 르상티망은 분노를 억지로 딴 데로 돌려서 대상을

14　Max Weber, *Sociology of Religion*, trans. by Ephraim Fischoff, Social Science Paper backs, pp.111-117.

15　Robert K. Merton, Op. cit., pp.130-140.

비난하는 대신에 자신의 욕구불만을 나무라는 가치의 전환으로 해서 대용의 가치를 이끌어 내려 한다. 따라서 르상티망의 경우 기존의 가치 체계에 반항을 하더라도 다만 그 가치를 실현하는 제도적 수단에 대한 부분적인 거부일 뿐, 전면적인 개혁을 주장하지는 않는다. 이른바 적응 형식의 반항이라고 볼 수 있다.

예컨대 모든 종교의 신도는 상당수가 부녀자라는 사실을 유의해 보자. 어느 사회이건 전통적으로 가부장의 권위에 절대적으로 복종해 온 부녀자는 남성 우위[16] 사회현상에 대해 직접 항거하는 대신 종교라는 가치를 실현함으로써 반항의 감정을 억누른다. 실상 우리나라에서 조선 말기 이래 종교운동은 이 증오와 보복의 복합 감정으로서의 르상티망과 관련해서 설명해 보면 상당한 조명이 가능하다고 본다. 소수 양반 계층이나 외래 침략자에 억눌린 민중은 사회 질서의 전면 혁신이나 제도적 수단의 개혁을 모색하기에는 힘이 미치지 못하는 데다가 그들에 대한 증오의 감정 못지않게 소수자가 누리는 특권에 대한 선망을 주술적 종교에 열광함으로써 극복하고 또 보복한 것이라고 보아야 한다. 물론 르상티망이 반항과는 성질을 달리한다 해도, 조직적 반항은 르상티망 감정을 가진 사람들을 광범위하게 동원한다는 사실은 틀림없다. 이것은 역시 우리나라에서 동학혁명이라든지 순수한 종교운동으로서 일제 때, 그리고 8·15해방 후에 족출(簇出)한 신흥종교의 교세 확장 사례를 통해서도 여실히 지켜볼 수 있는 현상이다. 따라서 르상티망의 감정은 아노미 상태 못지않게 민중운동의 필요 조건이긴 하나 충분조건이기에는 다소 미흡한 점이 없지 않다.

민중 동요의 직접적이고 충격적인 동인으로는 다른 무엇보다도 상대적

---

16 Peter Worsely, *The Trumpet Shall Sound*, introduction, Shocken, New York.

박탈감(relative deprivation)을 들 수 있겠다. 민중운동, 그중에도 특히 종교운동이 구원의 문제와 관련이 있다고 할 때 잃어서는 안 될 것을 빼앗겼다는 느낌을 갖는 민중은 무엇에서이든 그 박탈에 대한 보상(補償)을 찾을 것이다. 물론 개인적 박탈감은 그 자체가 민중운동으로 구체화되지는 않지만, 글로크(C. Y. Glock)가 유형화한 바에 따르자면 박탈감은 세속적인 보상을 바라는 행위이든 아니면 종교적 구제를 바라는 행위이든 모름지기 조직적인 집합행동으로 전개되어야 할 요건을 갖추고 있다. 즉 글로크의 다섯 가지 유형 ① 경제적 박탈감, ② 사회적 박탈감, ③ 유기체적 박탈감, ④ 윤리적 박탈감, ⑤ 정신적 박탈감[17] 가운데 ①항과 ②항은 조직적 행동이나 운동 형태를 통해서만 보상 방법이 해결될 수 있을 것으로 기대된다. 예컨대 세속적으로는 과격한 혁명의 싹을 간직하고 있는 경우가 경제적 박탈감에 해당하며, 사회적 박탈감은 전면적인 사회 개혁을 주장하는 것은 아닐지라도 부분적이나마 사회적 가치의 전환을 요구하는 것이라고 글로크는 설명한다. 물론 이 경우 종교를 통한 박탈감의 해결은 혁명운동이나 세속적인 조직 행동과는 차이가 있겠지만 배타적이고 과격한 교단(敎團, sect) 운동이라든지 종파 활동으로 번진다는 점에서 역시 집합행동을 통해 박탈감에서 민중을 구제한다는 사실은 마찬가지이겠다.

아노미 상태, 르상티망, 상대적 박탈감 등은 사회구조의 모순을 공통분모로 해서 나타나는 사회병리 현상이다. 물론 여기에 대해 개인적으로 적응 형식을 통해 극복하는 사례는 무수히 많을 테지만 그것은 잠재적인 현

---

17 C. Y. Glock, "On the Origin and Evolution of Religious Groups," in C. Y. Glock (ed.),
    Religion in Sociological Perspective: Essays in the Empirical Study of Religion, Belmont
    California, Worthworth Publishing Co. 1973, pp.207-220. (『講座宗敎學』 卷3 「東京大
    出版部 刊」에서 所收)

상이기 때문에 민중운동이라는 입장에서는 현재적(顯在的)으로 드러나는 집단적 반응만을 문제 삼을 수밖에 없다. 사회구조의 모순이란 사회변동에 따른 개인의 지위나 역할 그리고 소득의 분배가 여의치 못함은 물론 사회 전체가 균형을 잃게 되는 경우를 말한다. 말하자면 내부적으로 빚어지는 사회 불안이 사회구조의 지속과 안정을 위협하는 경우를 말한다.

근대화, 혹은 서구형 사회는 분업에 의해 특징지어지고 개인의 역할이 여기에 따라 결정되기 때문에 제1차 사회관계에 의존하는 비중이 매우 적다. 따라서 전쟁이나 혁명과 같이 근본적으로 생활양식을 개선할 사태가 벌어지지 않는 한 사회변동은 내부의 구조적 모순이라는 요인에 의해서 빚어진다. 그렇기 때문에 민중운동, 혹은 종교운동도 적응 형식으로 그것에 의한 충격이 사회 속에 완만히 흡수되어 예컨대 종교의 경우 교단(sect) 운동과 같이 비록 대립적이고 배타적이긴 하지만 여타의 사회 질서나 종파 활동을 전면 거부하고 개혁하려는 태도는 엿보이지 않는다. 다시 말해서 민중운동의 발생 기반으로서 사회변동을 들 때 거기에 구체적으로 나타나는 현상으로서 아노미 상태, 르상티망 혹은 상대적 박탈감을 설명할 수 있겠다.

한편 비서구형(非西歐型) 전통 사회나 흔히 말하는 개발도상의 사회에 있어서는 사회의 미분화 또는 분업화가 전무하거나 초기 단계에 있기 때문에 제1차 사회관계에 의존하는 비중이 매우 크며 사회구조의 부분적인 변동은 전체 사회에 파급된다. 이런 사회일수록 외래문화와의 접촉에 민감하며 곧 이것이 문화 충격(acculturation)을 가져와서 사회구조의 전면적인 해체나 붕괴의 위협을 받게 된다. 따라서 전통 사회에 있어서의 사회변동과는 구별해야 하며 사회의 구조적인, 아니면 점진적이고 지속적인 변화이기보다는 획기적이고 일시적이며 전면적인 변동이라는 점에서 문화 충격이라는 개념을 쓸 수밖에 없다. 이 경우 단순히 아노미나 르상티망, 혹은 상대적 박탈감과 같은 현상으로만 설명하기에는 부족하며 자문화운동(自文化運動,: nativistic movement)[18]이라든지 재생운동(再生運動, revitalization)[19]이라고 보는 것이 적절하겠다.

서구 사회를 제외한 세계 도처에서 고도의 서구 문화와 접촉한 전통 사회는 획기적인 사회변혁을 가져오는 것은 물론 접촉의 과정에서 열광적인 민중의 종교운동을 낳게 하는바, 이것을 포괄적으로 자문화운동 혹은 재생운동이라든지 그 밖의 고유한 특징을 들어 서구 사회에서의 민중운동과 유형적으로 구별해 보고자 하는 것이다. 19세기 중엽 이래 우리나라 혹은, 중국을 비롯해 그 밖의 미개라고 규정짓는 여러 분절사회(分節社會), 특히 북미 인디언, 서남태평양 제 도서의 원주민, 그리고 아프리카 원주민 등은 서구의 고급문화 또는 종교와 접촉하면서 집단적인 종교운동을 벌였고 오늘날에까지 민중종교 운동에 뿌리를 내리고 있다는 사실은 서구 사회의 변동 양식이나 민중운동과는 다른 점이 있다.

4. 민중운동과 종교운동

종교운동이 민중운동에 대해 독립변수인가, 아니면 종속변수인가 하는 물음에 대해서는 논란의 여지가 많고 아직까지 확연한 선을 그을 수가 없다. 물론 오늘에 와서 종교운동은 민중운동이나 사회운동의 하위개념(下

---

18 자문화운동(自文化運動, Nativistic Movement)은 Ralph Linton이 창출해 낸 개념이다. 'Nativistic Movement' in Reader in Comparative Religion 3rd (ed.), p.497.
19 Anthony F. C. Wallace, *Religion: An Anthropological View*, Random Honse, New York, p.30.

位概念)에 머물고 마는 느낌이지만, 발생 초기에는 민중운동과 종교운동이 미분화 상태임에는 틀림없다. 오히려 초기 단계에서는 종교운동이 민중운동의 상위개념(上位概念)으로 파악될 수 있다고 보는 것이 옳다.

대체로 전근대사회는 제도화된 종교가 세속의 질서를 관리하는, 즉 종교의 신념 체계와 사회의 가치 체계가 합치(合致)하는 사회이므로 기존의 질서나 규범은 신으로부터 부여받은 권위를 갖는다. 기성의 질서나 규범에 대한 도전은 신의 권위에 대한 도전이며, 궁극적으로 당해 사회가 지지하는 종교적 신념 체계에 대한 전면적인 거부라고 간주되기 때문에 단순히 생활 조건을 개선하거나 억압과 박탈에서 세속적인 구제를 받으려는 민중의 집합행동만으로는 도전이 불가능하다. 따라서 신적(神的)인 권위에 맞서기 위해서는 더 강력하고 새로운 종교적 표상 체계를 중심으로 하는 집합행동이 필요하다. 다시 말해서 신적인 권위가 옹호하는 기존 사회의 질서나 제도에 도전하기 위한 집합행동은 세속적인 욕구나 충동에 의한 우발적인 결집만으로는 미흡하다.

앞서 말한 바와 같이 종교는 기존의 질서와 제도에 권위를 부여하며 이를 신비화(mystification)[20]한다. 예컨대 군왕이 갖는 생활여탈의 막강한 권력에 대한 합법성(Le roi le veult)[21], 혹은 불가사의한 현실의 적법성에 대해 의문을 던지지 않고 그대로 종순하는 개인은 더 큰 초자연적인 권능이 이를 감싸 주고 있다고 믿는다. 개인은 태어난 대로의 세계 안에 그대로 살도록 운명 지어졌다고 믿으며, 여기에 대해 하등의 의문도 제기하지 않고 선택적인 것을 운명적인 것으로 받아들인다. 따라서 자신에게 세계를 구성할

---

20 Peter Berger, *The Sacred Canopy*, Doubleday Anchor, New York, p.90.
21 Ibid., p.91.

수 있는 가능성을 있다고는 생각지 않는다. 이것이 말하자면 종교의 성스러운 천개(天蓋, the sacred canopy)의 기능이며, 다시 말해서 세계 유지(world maintaining)[22]의 기능이다. 권위나 질서에 대한 도전은 분노하는 신격(神格)의 응징을 받는 것으로 간주되기 때문에 성스러운 천개가 감싸 주는 사회에서는 절대로 그러한 생각을 염두에 두지 않는다. 초자연적인 절대 존재의 가피(加被)를 입은 정치권력이나 제도는 당연한 합법성을 가지며 사회적인 형평과 안정이 유지됨은 물론이다. 개인은 설명하기 어려운 궁극적 원인에 대해 이것을 자기 의식에로 돌이켜서 합리적으로 통찰하려고 하는 노력을 전혀 안 한다.

하지만 종교가 세계를 유지하는 의미의 기능을 잃을 때, 다시 말해서 성스러운 천개가 한낱 허구적인 것으로 인식될 때 개인이 여태까지 염두에 두지 않았던 세계를 구성하는 힘이 결집하여 폭발할 것이다. 종교는 인간으로 하여금 무한한 우주를 향해 의미를 투영(投影)하게 한다고 볼 때, 의미를 투영한다는 사실을 바꾸어 말해서 끊임없이 세계를 구성해 간다는 뜻을 함축한다. 이렇게 생각할 때 종교는 항상 새로워져야 하는 것을 속성으로 하며 부단히 변증법적인 전개를 전제로 할 때만 생명력을 얻는다. 그러므로 종교와 사회와의 긴밀한 결착(結着)은 본래 운명적인 것이지만 그 결착의 강도가 지나쳐 종교가 스스로 새로워져야 할 사명을 포기할 때 개인의 집합체, 혹은 민중 측에서 새로운 세계를 구성하려는 움직임을 엿보인다.

이 점은 단순한 추상적 서술이 아니라 동서양을 막론하고 충분한 예증을 제시할 수 있는 문제이다. 종교는 초월적인 진실(眞實)이고 사회는 경험

22　Ibid., p.100.

적인 사실(事實)이다. 초월적인 진실이 경험적 사실에 지나치게 밀착해서 현상 유지만을 지지하면 경험적 사실에서 허구성을 깨닫는 개인은 의연 새로운 세계를 구성하려 들 것이다. 서구에서 종교개혁 이래 여러 가지 교단, 교파 활동, 및 신대륙인 미국에서의 디노미네이션(denomination)[23] 운동, 그리고 동양에서 발생한 종교의 역사적 경과와 서구 종교의 수용 과정이 이러한 문제의식에서 해명될 것이다.

사회적 사실은 특정의 시대, 사회적 조건에 따라 다르며 항상 변전한다. 그렇기 때문에 개인에게 궁극적인 만족이나 행복을 가져다줄 수 없으며 초월적인 진실의 가피(加被)를 필요로 한다. 하지만 특정의 시대적, 환경적 조건에 의해 생겨난 사회적 사실에만 고착해 버리면 종교는 그 의미 기능을 잃고 말 것이다. 흔히 말하는 서구의 중세가 바로 성스러운 천개가 절대적으로 엄호를 해 주는, 말하자면 제도로서의 종교와 사회가 완전히 합치하는 사회였으면서도 인간성에 거역하는 부정적, 측면이 두드러졌다는 사실을 여기에서 미루어 짐작할 수 있겠다.

종교는 부단히 새로워져야 하고 전개되어야 하는 까닭에 그것이 세계를 유지하는(world maintaing) 의미 기능을 잃을 때는 또 세계를 뒤엎는 힘(world shaking force)[24]으로 나타나게 된다. 종교는 질서를 지키는 힘에 못지않게 질서에 도전하는 힘을 가지고 있다. 그 힘은 외부적인 조건에 의한 반동으로 생겨나는 것이 아니라 스스로 자신의 의미 기능이 쇠퇴할 때 능동적으로 자동 작용에서 우러나온다. 왜냐하면 종교가 인간으로 하여금 부단히 우주를 향해 의미를 투영하게 하는 기능을 가졌고, 또 그로 인해 항상 새

---

23 denomination은 뜻이 맞는 그룹끼리 동신자 집단을 형성해 가는 교파 활동.
24 Ibid. p.100.

로워져야 하기 때문에 특정 방향의 의미의 지향(志向)이 벽에 부딪치면 곧 다른 방향으로 의미를 찾게 되는 까닭이다. 종교사의 오랜 경과를 통해 이러한 새로운 의미의 추구는 피안(彼岸, other world)의 지향이라는 형태로 나타난 사실이 바로 이를 적절히 설명한다. 피안에 대한 소망은 그것이 개인의 체험적 세계에 머물든, 아니면 집단적이고 절박한 상태에서의 대망(millenarism)[25]이든, 혹은 그 밖의 형태로 실현하려는 것이든, 여하간에 기존 사회질서에 밀착한 종교가 그 본래적인 의미, 다시 말해서 새로워져야 하는 사명을 방기(放棄)할 때 종교 스스로에서 자생(自生)하는 것이다. 그렇기 때문에 종교의 세계 유지 기능과 세계를 뒤엎는(world maintaing, world shaking) 기능, 다시 말해서 종교의 질서유지 기능과 질서에의 도전 기능은 상보(相補) 관계에 있으며 변증법적인 전개 과정으로 볼 수 있겠다.

그렇다면 이제까지 서술한 바에 따라 종교운동이 민중운동의 하위개념이 아니라는 사실이 자명해질 것이다. 즉 종교운동은 엄밀히 말해서 민중운동의 종속 개념이 아니며, 종교 자체가 지닌 항상 새로워져야 하는 본래 속성 때문에 부단히 새로운 운동을 잉태하고 있는 것이다. 우리는 사회불안, 아노미 현상, 상대적 박탈감 등을 민중운동을 촉발케 하는 조건들로서 열거해 왔지만 이것들이 민중종교(民衆宗敎) 운동에 필요조건이긴 하지만 충분조건은 되지 못하기 때문에 민중종교 운동의 근본적 기인(起因)은 사회경제적 조건들에서보다도 종교 본래의 문제에서 찾아야 할 것이다. 사회와 문화가 부단히 의미를 찾는 인간의 기대에 부응하지 못할 때, 종교의 세계 유지 기능이 이러한 비인간화를 엄호하려고만 들 때 종교의 새로워지고자 하는 또 하나의 기능은 인간으로 하여금 도전하는 힘을 준다. 항

---

25 Yonina Talmon, "Millenarism" in *International Encyclopaedia of Social Science.*

용 민중종교 운동의 저변에 깔린 우발적인 결집력을 주술종교적(magico-religious)인 현세 이익의 본능에서 비롯되는 것으로 간파해 버리고 마는 경향이 있지만, 그것은 의미를 투영하고 새로운 세계를 구성해 가려는 인간의 본원적인 종교적 욕구에서 빚어지는 것으로 보아야 한다. 다시 말해서 경험적 사실로서의 현 세계에 만족하지 못하는 인간은 또 다른 세계(other world, 彼岸)를 구성해 가고 거기에 의미를 투영하는 특권을 가지며 그렇기 때문에 모든 민중종교 운동은 이상 세계에 대한 대망사상(待望思想)을 저변에 짙게 깔고 있다.

5. 이상 세계의 대망

모든 종교가 피안(彼岸)에의 대망사상을 갖고 있음은 물론이다. 불교에서의 정토사상(淨土思想), 기독교의 목적론적인 역사관을 비롯해서 자연종교를 제외한 대부분의 역사종교 또는 보편 종교는 종말과 구제의 약속을 강조하고 있다. 이러한 또 다른 세계에 대한 대망사상은 기독교의 경우처럼 인격적인 신의 계시와 심리에 의해 역사의 완성으로 제시하는 경우와 막연히 시간적인 특정한 때나 공간적인 일정 영역을 지정하지 않는 경우 등, 여러 가지로 형태를 달리한다.

그런데 기독교는 목적론적 종말관이 바울 및 요한에 의해 역사화[26]하면서 교의 체계의 근간을 이루기 때문에 이 점에서 다른 종교보다 특히 강조되지만 중세 이래 전례주의(典禮主義, sacramentalism)에 따른 변질이 불가피하게 되며, 따라서 제도 종교(制度宗敎)로 정착하는 과정에서 절박한 시간

26 Rudolf Bultman, *History and Eschatology*, Harper Torch Book, p.50.

적 종말이라는 원래의 관념이 상쇄된다. 더욱이 불사(不死)의 희망에 따른 내세관(來世觀)이 확립되면서 개인의 구제가 문제였으며 종말론에의 관심이 약화되었기 때문에 '절박한, 전체적, 궁극적, 차세적(此世的), 집단적 구제를 대망하는 운동'[27]은 당연히 이단시(異端視)될 수밖에 없었다. 교회가 구제를 받은 무리들의 공동체가 아니라 구제를 해 주는 제도(institution)[28]로 바뀐 상태에서는 도덕규범의 확립과 현세적 질서를 교회가 관장하기 위해서도 피안(彼岸)을 반드시 내세적(來世的)인 것으로 못 박아야 할 필연성이 있었다. 그렇기 때문에 피안을 이 세상에서 실현하려는 행위, 다시 말해서 시간적으로 지금, 공간적으로 바로 이 장소에서 피안의 구제를 받으려는 집단적 행위는 반역으로 간주되어 박해를 당할 수밖에 없었다. 피안을 '이 세상'으로 이끌어 내리고자 하는 행위는 개별자의 힘만으로는 역부족이고 어쩔 수 없이 집합행동으로 나타나며, 따라서 박해받는 무리들, 혹은 특권을 부여받지 못한 계층(non-privileged)이란 그룹을 이룰 수밖에 없다. 이들의 운동이 바로 천년왕국운동(千年王國運動, millennium movement)이며 중세 이래 정통적 기독교 사상과 정립(鼎立)하는 민중 사상의 흐름을 이어 온 것이다. 천년왕국사상은 요아킴(Joachim von Flores) 이래 중세 말의 뮌처(Thomas Münzer)를 거쳐 오늘날 여호와의 증인(Jehova's Witness)에 이르기까지 정통파 신학의 박해를 받으며 민중운동을 통해서만 흐름을 이어 왔기 때문에 숨겨진 역사(secret history)[29]로 표현된다.

동양에서도 이 점은 마찬가지이다. 동양의 정통 사상은 정통파 기독교

27 Yonina Talmon, Op. Cit.
28 가톨릭의 전례주의(典禮主義) 아래에서는 개인의 죄가 전례(典禮)에 의해 해결되는 것이 바로 여기에 해당한다. (indulgence)가 대표적인 사례이다.
29 Peter Worsely, Op. Cit., p.227.

와는 달리 내세(來世) 신앙을 강조한 것은 아니지만 천명(天命)이나 운세(運世)에 관한 해석에 있어 집권 왕조(執權王朝)의 조업(兆業)에 신성성을 부여하는 데에만 엄격히 제한했다. 민중이 천명에 따른 신천지, 다시 말해서 천년왕국의 도래를 예언하고 집단적인 행동으로 이를 실천하려고 들면 철저히 억압했던 것은 미륵강림사상(彌勒降臨思想)이나 중국의 백련교(白蓮敎), 혹은 그 밖의 예언설에 따른 민중운동의 역사적 사례에서 찾아볼 수 있다.

지금 이 순간, 여기에 또 다른 이상적 세계를 실현하겠다는 대망은 어쩔 수 없이 제도화된, 혹은 도그마(dogma)나 이데올로기화된 '성스러운 질서'의 변혁을 요구하기 때문에 억압당하기 마련이며 뿌리째 뽑혀져야 하고, 따라서 비의(秘儀)로 전수되다가 역사의 표면에 민중운동의 형태로 부침하는 것이다. 그렇지만 피안(彼岸)을 이 세상으로 끌어내려 곧 실현하고자 하는 집단적 행위가 절대로 종말관의 세속화(世俗化)를 의미하지는 않는다. 중세 말 뮌처(Thomas Münzer)가 이끄는 재세례파(再洗禮派, Anabaptist) 운동은 원시 기독교의 종교적 이상을 재현하려 했으며, 동양에 있어서도 민중 종교 운동은 새로운 신앙열을 부흥케 한 점이 그러하다.

종말관은 근세 관념론 철학이나 유물론에 의해 그 종교적 의미가 박탈당했다. 특히 기독교적 목적론과 종말관의 신앙은 마르크스의 유물사관에 의해 완전히 세속화[30]된 것이다. 억압자와 피억압자, 착취자와 피착취자 사이의 경제적인 대립이 역사의 움직임을 이끌어 가는 한 역사를 선과 악의 투쟁이라고 본 기독교적 역사관은 세속화될 수밖에 없다. 지상천국=천년왕국은 초월적 존재의 섭리에 의해 이제, 곧 도래하는 것이 아니며 계

30 Bultman, Op. Cit., p.91.

급투쟁이라는 역사의 필연적 과정에 의해 저절로 오게 되어 있으므로 원죄(原罪)인 착취를 근절하는 능동적 행위가 앞당겨서 이상적 세계=장미빛 낙원을 실현하는 길이라는 것이다.

초기의 민중종교 운동이 사회운동과의 성격상 구별이 애매했던 점은 앞서도 지적한 바 있지만 관념론 또는 유물사관을 지지하는 사회운동이 종교운동과 흡사한 점은 바로 종말론적인 비전과 일치하는 이상 세계를 실현하겠다는 의도이며, 따라서 마르크시즘을 포함한 넓은 의미의 사회주의 운동을 의사종교운동(擬似宗敎運動, quasi-religious movement)으로 규정하고 이데올로기를 도그마와 견주는 까닭도 여기에서 찾을 수 있겠다. 종말관의 세속화는 관념론이나 유물사관에 그치지 않고 합리와 진보에 대해 철저한 신앙을 고수한 계몽주의에서도 뚜렷이 드러난다. 마르크스 역시 진보에 대한 신앙을 가진 점에서 '계몽주의의 아들'인 점은 틀림없으나 계몽주의는 인간 이성의 무한한 개화(開花)에 착목한 반면 마르크스는 투쟁과 혁명을 통한 이상적 세계(경제적인 착취가 없는)를 실현하겠다고 한 점이 다르다고 보겠다. 여하간 이 양자는 기독교적인 목적론을 합리화 이성의 빛으로 밝고, 물질적으로 풍요로운 낙원에의 목표로 대체했다는 점에서 같다.

계몽주의 이래 사회사상이 민중운동의 기폭제의 역할을 했고, 민중으로 하여금 세속화한 이상 세계의 대망을 약속받은 것처럼 생각하게 한 것은 바로 궁핍(窮乏)의 문제이다. 실상 인류 역사 이래 빈곤의 문제는 뼈저린 숙제였고, 특히 18세기 이래 상업자본이 산업자본으로 전환하면서 근로대중의 궁핍 현상은 어떠한 형태이건 종말론적인 구제를 절박하게 대망하는 문제로 등장하게 되었다. 그런데 계몽주의의 과학에 대한 절대적인 신봉은 생산수단의 고도화로 물질의 절대량을 극대화하게 하는 뒷받침이 되었고 사회주의 사상은 분배의 형평(衡平)이라는 오랜 난제를 해결하는 것처럼 보였다. 따라서 착취당하고 억압당하는 민중은 기본적 생활 조건을 해결해 주는 이데올로기를 절대적으로 신봉하고 따라서 그러한 조건들이 실현되는 상태를 이상적 세계, 혹은 피안의 현세적 도래로 착각할 수도 있는 일이다. 원만구족(圓滿具足)한 이상 세계를 실현하겠다는 사회운동의 절차(process)[31]가 순수한 종교적인 천년왕국운동의 의례(儀禮, cult)와 너무나 흡사하고 혼동되기 쉬운 점이 바로 전술한 성격 때문이다.

그렇지만 민중이 완전히 궁핍에서 해방된 상태, 기본적 생활 조건에 관한 숙제가 완전히 풀린 상태, 다시 말해서 분배가 고르고 물질적으로 풍요한 이상적 세계가 실현된 뒤에도 전술한 사회사상들이 그대로 민중에게 호소력을 가질 것인가? 또는 그 사상들에 대한 종교적 열정이나 맹목적인 신앙심을 유발할 수 있겠는가? 그리고 그리한 조건들이 실현된 이상적 세계가 기독교적 목적론이 의미하는 것과 유사한 역사의 완성이며 구원(久遠)의 종착점일 수 있겠는가? 여기에 대한 해답은 부정적일 수밖에 없다.

첫째, 마르크스도 말했듯이 능력에 따라 일하고 필요에 따라서 쓰는 장밋빛의 낙원이 도래하면 모든 계급적 차별에서 해방되고 국가를 비롯한 일체의 억압적 기구가 소멸된다 했으므로 더 이상 민중에게 그러한 사실을 설득할 필요가 없을 것이다.

둘째, 그러한 이상의 세계가 도래한 이상 더 이상 맹목적인 신앙을 가지지 않아도 좋을 것이다.

셋째, 가장 중요한 문제로서 계급이 타파되고 물질적으로 풍요하며 일

---

31 과격한 집합행동은 물론 광조적(狂懆的)인 선전행위, 지도자를 메시아처럼 떠받들고 이데올로기를 철저히 사수하는 따위의 행위

체의 억압의 기구에서 해방되었다고 해서 바로 그것이 인간의 구원의 이상의 실현이며 완성이라고 볼 수는 없다. 또 다른 문제가, 또 다른 소망이 싹트고 여기에 대한 성취도의 여부에 따라 각 개인별 차등이 생기며 따라서 상대적인 박탈감이 분명히 뒤따를 것이다.

그렇기 때문에 인간의, 또는 이곳에서 제기된 문제와 관련되는 개념인 민중의 근본적인 문제를 해결해 줄 수 없는 사회사상은 시대적 산물이며 절대적인 구제의 약속으로 받아들여질 수 없기 때문에 이상적 세계(utopia)에 대한 민중의 대망에 부응할 수 없다고 단정할 수 있겠다. 그것은 하나의 고형화(固形化)되어야 할 이데올로기에 불과하다.

일체의 관념 형태는 추종자들에게 설득력을 가지기 위하여 합리적이어야 하며, 따라서 조직과 제도의 뒷받침이 있어야 한다. 사회사상은 이렇게 해서 사상 체제로서의 지위를 확보했고 중세 기독교의 도그마가 의전 체계(儀典體系, sacramentum)로서 교회의 제도화를 확립한 점과 일치한다. 따라서 이데올로기로서의 사회사상은 사회구조(social order)에 핵심적으로 간여하는 소수 그룹, 즉 의식분자(意識分子)의 전유물(專有物)일 뿐 본질적으로 민중에게 귀속하지는 않는다. 근대 사회사상을 체계화하고 사회운동을 이끌어 간 핵심 인물의 대부분이 정신적, 물질적으로 덜 행복한(less fortunate) 계층이 아니었다는 점이 이를 잘 설명한다. 이와 같이 경험적으로 볼 때 이데올로기의 창시자나 조직자의 사회적 배경은 그들의 메시지를 신봉하는 대중(social milieu)과는 다르다. 따라서 이데올로기는 더 나은 기회를 가진 소수 의식분자(意識分子)에게 귀속하지만, 이상적 세계에의 대망은 민중의 것이었다.[32] 그러므로 지금까지 서술한 것을 정리해 보면,

---

32 Karl Mannheim, *Ideology and Utopia,* Routledge & Kegan Paul, pp.173-184.

첫째, 중세(동양에서는 근세 이전)에서는 도그마 또는 왕조의 조업(兆業)을 정당화하는 천명사상(天命思想)은 계층의 상부구조에만 제한적이었고 따라서 피안(彼岸)을 이제, 여기에 실현하려는 즉 이상적 세계를 대망하는 민중의 의지를 억압할 수밖에 없었다. 예컨대 서양의 중세 당시 엄격한 교구(parish) 제도 아래 개인의 신교(信敎) 문제에 있어서는 선택의 여지가 없으면서도 사제(司祭)나 소수 귀족층을 제외한 대다수의 농노(農奴)는 교회와 관계없이, 혹은 도그마에는 전혀 무지인 채 한평생을 보냈다는 사실을 들 수 있겠다.

둘째, 근대 사회사상은 기독교적인 목적론을 세속화하여 억압에서의 해방과 경제적 조건의 해결을 목표로 민중의 이상적 세계를 대망하는 의지에 부합하려 했으나 궁핍에서의 해방이라는 과제가 궁극적으로 해결된 연후에도 민중에게 메시아적인 메시지로 구제의 약속을 할 수는 없기 때문에 결국 시대적인 조건이 만들어 낸 이데올로기에 불과하며 결코 민중에게 귀속하는 것이 아니다.

셋째, 민중은 부단히 새로운 세계를 구성해 가고자 하며 이것이 바로 이상적 세계를 지향하는 종교적 열망의 원천이다. 이것이 때에 따라서는, 즉 시대적 조건에 따라 궁핍에서의 해방, 혹은 억압에서의 해방과 같은 단순한 목적과 결부될 수 있다. 그렇기 때문에 근본적으로는 이상 세계를 지향하는 본래적인 소망에서 우러나오는 것이지만, 상대적인 박탈감, 혹은 피압박감 등이 상승작용을 하여 천년왕국운동과 같은 민중종교 운동으로 발전한다.

넷째, 여기에 이르러 민중운동(혹은 사회운동)과 종교운동의 분계(分界)가 뚜렷해지는바 민중운동은 뚜렷한 목적의식을 가지고 있으므로 그 운동이 목표로 하는 바를 성취하면 일단 그것으로 끝난다. 그러나 종교운동은 부단히 새로운 세계의 창조를 지향하는 것이므로 종말이 있을 수 없다. 만약 이 세계를 완전히 변혁시켜 인간이 성취하고자 하는 확실하고 뚜렷한 목표를 놓고 사회운동, 혹은 민중운동이 계속되었다고 할 때 여러 차례의 실패에 따른 단속(斷續)적인 반복도 있을 수 있지만 결국 그 목표에 다다르면 민중운동은 그대로 완성될 따름이다. 그러나 이상적 세계의 구성을 지향하는 인간의 의지는 항상 창조적으로 전개되기 때문에 종교운동에 관한 한 완성이나 종말이 있을 수 없다. 어떤 의미에서 사회운동은 내포적(內包的)이고 종교운동은 외연적(外延的)이다. 따라서 민중운동을 종교운동의 테두리 안에서 이해할 수도 있다.

이상과 같은 정리를 토대로 종교운동은 본래적으로 개혁이나 혁명과 같은 사건일 수는 없다고 볼 수 있다. 사회운동이나 정치운동이 '종교적'일 수는 있겠지만 종교운동이 정치적·사회적 목적을 달성코자 하는 그 자체는 아니다. 종교는 새로운 이상 세계를 구성하기 위해 부단히 전개되어야 하지만 그 전개가 발전(發展)―예를 들어 역사의 발전, 혹은 절대정신의 자기 발전―과 혼동될 수는 없다. 그렇기 때문에 종교의 자기 전개에는 보수(保守)·반동(反動), 진보(進步)·혁신(革新)[33]과 같은 성격이 부여되지 않는 중립적인 것이다. 또한 항상 새로운 세계에로 지향하는 전개라는 점에서 하나의 종교운동은 그 자체에 또 다른 종교운동을 잉태하고 있는 것이다. 종교개혁 이래 부단히 계기적(繼起的)으로 전개되는 기독교의 교파 운동은 물론 한말(韓末) 이후 우리나라의 신흥종교운동이 이를 실증한다.

이런 점으로 본다면 종교운동에서 이데올로기의 창시자, 혹은 조직자의 역할을 배제하는 것이 너무나 당연하다. 이미 사회운동이나 민중운동에

33 Peter Worsely, Op. Cit., p.XXIX.

있어 서로 이데올로기의 핵심 인물(ideologue)의 역할을 제한한 앞서의 서술에 따를 때 스스로 부단히 전개되어야 할 운명을 타고난 종교운동이 이데올로기적 인간형을 필요로 할 리는 없다. 그런데 정신적으로 물질적으로 불안정하고 결여된 민중은 사고 자체가 비합리적이며 따라서 이들의 이상적인 세계에 대한 대망은 주술종교적 성향을 가지므로 이들의 종교적 광조(狂懆) 현상에 어울리는 특정의 인물이 중심이 되어야만 비로소 운동의 형태로 발전하는 것이 경험적으로 입증되므로, 그러한 인물 다시 말해서 카리스마의 분석을 통해 종교운동의 성격을 확실히 할 수 있겠다.

6. 민중과 카리스마

카리스마가 발하는 메시지가 민중에게 흡수되는 양태를 비합리적[34]인 것으로 설정한 베버(Max Weber)의 소론은 민중종교 운동의 기인(起因)으로서의 사회구조적 조건을 설명하기에는 미흡하지만 운동을 이끌어 가는 핵심인 리더십을 설정하는 데는 더없이 적합하다.[35]

리더십을 합리형·전통형·카리스마형으로 구별한 베버는 카리스마의 특징으로 초자연적 또는 초인간적인 자질을 지녀 정상적인 사람과는 다른 점[36]을 든다. 따라서 정상적인 인격과는 다르며 신적(神的)인, 혹은 특수한 권위를 가졌기 때문에 이러한 특징의 소유자는 지도자로 간주된다는 것이다. 이와 같이 카리스마의 계시적(啓示的, revelatory)인 특성에서 얻은 권

---

34 Max Weber, *Sociology of Religion*, Social Sceince Paper Back, p. 101.
35 Peter Worsely, Op. Cit., introduction.
36 Max Weber, *The Theory of Social Econmic Organization*, Free Press, p. 358.

위는 전적으로 독창적인 것이어서 전통과의 단절을 의미하며 영감이나 이적(異蹟, miracle)과 같은 증거에 의존하기 때문에 기존의 위계질서 같은 것은 전면적으로 무시한다. 따라서 추종하는 무리들은 합리적인 절차에 근거하는 것이 아니라 정서적 체험을 바탕으로 카리스마와 관계를 맺게 된다. 이러한 권위에 따른 운동은 조직이나 체계를 갖추지 않고 단순한 정서적 공동체에 머무는 것이다. 이러한 리더십에 근거한 운동은 경제행위에 있어서도 정상적인 수입에 의존하는 게 아니라 수탈이나 편취를 일삼는다.[37] 겉으로 나타나는 현상만을 볼 때 민중종교 운동에서 이 점이 특히 두드러지며 사회규범에 역기능적인 요소로 간주된다.[38] 따라서 카리스마에는 주술성이 아니라 윤리성이 기대된다. 윤리성이란 기성의 규범을 파괴하고 전통 질서를 거부하는 뜻에서의 카리스마가 아니라 일상화된 카리스마를 말한다. 여기에 이르게 되면 운동은 합리화된 조직과 제도를 갖추지 않을 수 없게 된다. 비제도적(非制度的) 운동으로부터 출발한 운동이 제도화 또는 조직화되면 정서적 공동체(emotional community)로서의 운동은 성격을 탈바꿈한다. 카리스마가 발하는 메시지는 예언자적(prophetic)인 것이 아니라 조직자(organizer)의 정치적인 선동의 성격을 띨 것이며 추종하는 무리들도 그러한 뜻에서의 실제적 행동으로 그 메시지에 응대해 줄 것이 기대된다. 민중은 바라 마지않던 이상적 세계의 현세적 실현 또는 천년왕국의 도래가 아니라 의례화(ritualize)된 조직에 가담하는 결과가 된다. 따라서 운동의 초창기에 보였던 열정은 식고 일상화되며 운동의 구성원은 고정되

---

37 Max Weber, *Sociology of Religion*, p. 333.

38 예컨대 조선 말기(朝鮮末期)에 주술종교적(呪術宗敎的)인 성향을 띤 민란(民亂)에 있어 광혹편재(狂惑騙財)라는 기사라든지 오늘날 신흥종교에서 문제되고 있는 바와 같은 것.

는 대신 무의미화(meaninglessness)[39]의 현상이 일어난다. 이렇게 되면 천년 왕국을 대망하는 본래 뜻에서의 종교운동은 또다시 새로운 운동을 준비하지 않으면 안 된다.

이처럼 운동의 초창기에 두드러지는 카리스마의 예언자적 성격은 운동이 조직화하고 일상화함에 따라 조직자의 그것으로 바뀌는 일방 의례는 형식화하고 대망하던 이상 세계의 종말론적인 실현은 연기[40]되거나 피안적인 것으로 모습을 바꾼다. 그렇기 때문에 조직화, 제도화의 과정에서 카리스마의 예언자적 성격은 희미해지는 대신 상징화 한다. 특히 카리스마의 인간적인 특징은 점점 인멸되는 대신 신비적 존재, 혹은 메시아로서의 이미지가 크게 강조되는데 그것도 카리스마의 사후(死後)[41]에 볼 수 있는 두드러진 현상이다.

이러한 사실은 민중이 구체적으로 조직자로서의 선동적인 인간형을 원하는 것이 아니라 초인간적인 메시아로서의 인격을 기대하고 있음을 뜻한다. 따라서 민중은 구체적 인간이 아니라 상징으로만 존재하는 초인간에 의미를 둘 뿐이다. 그 상징이란 역사를 초월하는 것이며 시대적, 사회적 조건에 따라 생성·소멸, 발전·변화하는 것은 아니다. 말하자면 구원의 이상으로서의 새로운 세계의 실현이라는 대망은 상징화된 것이며 문화라는 수용체(受容體)가 시간과 공간을 초월해서 개개인의 이러한 의지를 결집하는 역할을 한다.

---

39 Max Weber, Ibid., Introduction by Talcott Parsons.
40 예컨대 증산교(甑山教)에서의 후천개벽(後天開闢)이 쉽사리 도래하지 않자 신도집단 내(信徒集團內)에서 동요가 일어난 것 같은 사례
41 최제우(崔濟愚)의 사후(死後) 「교조신원운동(教祖伸冤運動)」의 사례가 그러하며 강일순(姜一淳)도 마찬가지이다.

한편 카리스마가 말하는 메시지는 당해 사회의 시대적 조건을 반영하고 있으며 구체적인 목표를 전제로 한다. 즉 궁극적으로 실현할 수 없는, 그렇기 때문에 무의미에 이르고 마는 이상이 아니라 현실적으로 성취해야 하는 목표를 지향한다. 이런 까닭에 역사상의 사례를 볼 때 순수한 종교운동 또는 천년왕국운동은 곧 정치운동이나 사회운동으로 변질해 버리는 것이 일반적인 경향[42]이다.

카리스마는 당대의 사회적 조건을 반영하는 대신 민중은 항상 초역사적인 상징을 구체화하려 한다는 점에서 이 양자에 대한 인식은 같을 수 없다. 그렇기 때문에 종교는 항상 새로워지고자 하나 그것을 급진적, 혹은 진보적·발전적이라 규정할 수는 없으며, 따라서 종교운동은 개혁이나 혁명과 같은 의미에서 이해할 수는 없다. 왜냐하면 종교운동은 경험적으로, 또 실제적으로 실현할 수 없는 이상 세계를 구성해 가려는 민중의 의지 때문에 결국 무의미화할 수밖에 없으며, 따라서 보수 혹은 정체(停滯)의 상대적 평가인 진보나 발전이라는 개념을 적용할 수 없다. 오늘날에도 활발히 전개되는 교파 운동이나 신흥종교는 이러한 이해 아래 분석이 가능할 것이다.

7. 결론

물론 소외된 믿음의 무리를 편의상 종교에 있어서 민중이라고 전제한 바 있지만 지금까지의 서술의 내용으로 보아 종교에 있어서의 민중은 사

---

42 Thomas Münzer의 재세례파(再洗禮派, Anabaptist) 운동은 물론 조선 후기(朝鮮後期)의 홍경래(洪京來)의 난을 비롯한 동학혁명이 바로 그렇다.

회운동 혹은 사회계층 현상으로 나타나는 특정의 계급이나 목적 집단과는 다소 의미 내용을 달리한다.

우선 사회현상으로 나타나는 목적 집단은 확실한 목표를 설정하고 그 것을 성취하면 일단 민중으로서의 군집(群集)의 의미는 퇴색한다. 소외된 계층, 혹은 계급의 개념이 상대적이듯이 목적 집단은 그 집단이 성취하고 자 하는 목표를 방해하거나 집단을 구성함에 있어 그 구성 자체를 반대하 는 대립적인 그룹을 반드시 인식해야 하는 까닭에 역시 상대적일 수밖에 없다. 따라서 사회운동을 이끌어 가는 목적 집단은 시대적, 사회적 조건에 의해 구성되는 것이다.

반면 종교운동을 이끌어 가는 집단은 실제적인 목표보다는 궁극의 이 상, 새로운 세계의 실현이라는, 경험적으로 볼 때 차세(此世)에서는 성취하 기 어려운 문제를 갖고 있기 때문에 이것을 절박하게 이제 곧 성취하면 무 의미화에 그치고 말며, 따라서 역사성을 초월한다. 따라서 '종교적 민중'이 갖고 있는 이상은 문화 내용 속에 상징 형식으로 수용되어 언제든 조건이 성숙하면 일시적인 운동으로 전개될 수 있게 한다. 이런 뜻에서 '종교적 민 중'은 상대적인 개념이 아닌 언제나 새로운 종교운동을 일으킬 준비가 되 어 있고 또 실상 쉴 새 없이 새로운 종교운동을 전개해 가는 무리들이다.

사회불안, 위기, 혹은 상대적 박탈감 등은 사회운동을 촉발케 하는 데는 직접적이고 구체적인 원인으로서의 사회병리 현상이겠지만, 종교운동에 있어서는 종속적이고 부가적 요건에 그칠 뿐이다. 종교운동에 있어서 이 상 세계, 혹은 천년왕국에 대한 대망은 민중에게 항상 상징적으로서 임재 (臨在)해 있는 것이기 때문에 이것이 운동을 촉발케 하는 근본적인 원인이 며 카리스마의 메시지나, 사회병리 현상은 단순한 촉매작용에 지나지 않 는다.

결국 종교는 끝없이 새로운 세계를 구성해 가고자 하며 이런 뜻에서 절박하게 차세적(此世的)으로 이상향(理想鄉)을 실현하겠다는 천년왕국(千年王國)운동은 원래의 목표를 자꾸만 새로운 것으로 대체[43]해 간다고 볼 수 있다.

우리나라의 신흥종교운동과 각 종교의 교파 활동은 이러한 시각에서 분석할 때 그 문제점이 뚜렷이 조명될 수 있겠다. 다시 말하자면 교파 활동이나 신흥종교를 단순한 교의(敎義)의 해석이나 인간관계 및 그 밖의 사회적 조건에 따른 결과로 보아서는 안 된다는 뜻이겠다. 또 단순한 사회현상으로 간과해서도 안 되며 민중의 새로운 세계에 대한 상징적 이해가 오늘날의 시대적 조건 속에서 어떻게 굴절되는가 하는 민중종교 운동의 차원에서 관찰해야 한다.

---

43 Amitai Etzioni, *Modern Organizations,* Englwood Cliffs, N. J., Prentice-hall, 1964. p.13,

II. 후천개벽(後天開闢)과 『정감록(鄭鑑錄)』*

황선명

1. 서언

후천개벽설(後天開闢說)은 한국 신종교의 근간을 이루는 중심 사상인바 19세기 후반 동학(東學)의 최제우(崔濟愚)가 이를 표방한 이래 여러 종교 단체의 교조(教祖)들이 이를 답습해 왔다. 그러나 이 후천개벽사상(後天開闢思想)은 한국에서 자생적(自生的)으로 우러나온 것은 아니며 그 소종래(所從來)는 사서오경(四書五經) 가운데 하나인 『주역(周易)』에 대한 해석에서 비롯된 것이다. 더 정확하게 말한다면 중국의 송대(宋代)에 성리학자(性理學者)로서 육현(六賢)의 한 사람이라고 하는 소옹(邵雍)[康節: 이하 소강절(邵康節)로 통일함]이 그의 『황극경세서(皇極經世書)』에서 주장한 선천후천설(先天後天說)에 그 뿌리를 둔다. 그러므로 본고에서는 소강절(邵康節)의 사상이 여말선초(麗末鮮初)에 우리나라에 전해지면서 조선 중기에 성리학자 중에도 가장 심오하고 유현(幽玄)한 우주론(宇宙論)에 대해서 주체적(主體的)으

---

* 황선명, 「後天開闢과 鄭鑑錄」, 『한국종교』 23 (1998): 245-262.

로 소화했다는 화담(花譚) 서경덕(徐敬德)에게 어떻게 이해되었으며 나아가이것이 민중의 저변층에 어떻게 이데올로기로 침착되어 가는 것인가를 알아보려는 데 그 목적이 있다. 그렇게 하자면 무엇보다도 동국(東國)의 기서(奇書)라고 알려진 『정감록(鄭鑑錄)』에 대한 검토가 필요하다. 그리하여 본고는 소강절(邵康節)의 선천후천설(先天後天說)이 원국실지(怨國失志)나 파락호(破落戶) 또는 잔반(殘班)이라 불리는 불우 지식인에 의하여 확대 해석되는 가운데 자연스레 성립하는 『정감록』 속에 그것이 수렴되고 그러다가조선 말기의 신종교의 교조(教組)나 예언가들에게 연결된 것이라고 단정할수 있다. 본고는 그러한 관점을 사회사상사적인 틀을 가지고 정리하는 데그 목적이 있다.

2. 선천(先天)과 후천(後天), 그리고 개벽(開闢)

중국 송나라의 소강절(邵康節)은 선천기수학(先天氣數學)을 제창하면서우주 만상(宇宙 萬象)의 생성 과정을 상수(象數)에 의하여 연역할 수 있는 것이라고 주였했다. 또 그는 『주역(周易)』의 〈문언전(文言傳)〉에 나오는 선천이천불위 후천이봉천시(先天而天弗違 後天而奉天時)란 문구에 의거하여 선천(先天)이라는 개념 규정을 이끌어 냈다. 이를 그대로 번역하면 "천에 앞선다고 해서 천이 아니라고 할 수는 없어도 후천에 가서야 천시를 받드느니라."라고 해석할 수 있을지 모르겠으나, 대의(大義)는 바로 우주의 창성(創成) 이전의 카오스의 혼돈 상태, 그러니까 고고한 적막과 암흑 속에서새로운 창조의 태동이 시작되는 기미라고 해석해도 무방할 것이다. 소강절(邵康節)의 이러한 주장은 동학(同學)이자 성리학(性理學)의 창시자로 일컬어지는 주돈이(周敦頤)의 태극도설(太極圖說)과 흡사한 일면이 있다.

무극(無極)이면서 태극(太極)인 것이 있다. 태극(太極)이 동(動)하여 양(陽)을 생(生)하고 동(動)이 다하면 정(靜)이 된다. 정(靜)하여 음(陰)을 생(生)하고 정(靜)이 다하면 다시 동(動)한다.[1]

이상과 같은 주돈이(周敦頤)의 태극도설(太極圖說) 역시 소강절(邵康節)의 선천상수학(先天象數學)과 마찬가지로 우주생성론(宇宙生成論)의 하나라고 말할 수 있다. 그러나 소강절의 경우는 선천상수학(先天象數學)을 제창하면서 잘 알려진 바와 같이 복희씨(伏犧氏)가 만들었다고 하는 선천역(先天易)의 방위도(方位圖)와 문왕(文王)이 만들었다고 하는 후천방위도(後天方位圖)를[2] 제시했으나, 주돈이의 태극도설은 정신적인 내면세계의 표상 작용(表象作用)에 지나지 않는 관념 형태인 것으로 매우 추상적이며 연역적인 성격을 띤다. 다시 말해서 소강절(邵康節)의 경우에는 일종의 우주공학적(宇宙工學的)인[3] 측면을 전혀 무시할 수가 없는 것으로서 물상적(物象的)인 변화와 그 추이에 대한 뚜렷한 암시가 따르는 반면에, 주돈이의 우주론은 완전히 비신화(非神話)한 모습으로서 뚜렷이 본체론적인 성격을 특징으로 한다. 말하자면 전자는 시간과 공간의 범주를 망라하는 오성개념(悟性概念)인 것이며, 후자는 다만 이론(理論)·이성(理性)의 추론적 성격에 머무는 것이라 하겠다.

두 사람의 입론에 있어 이러한 현격한 차이는 그들의 사상이 후계자들

---

1   無極而太極 太極動而生陽 動極而靜 靜極而復動 一動一靜.

2   高田眞治, 後藤基已 역, 易經, 上卷, 岩波文庫, p.94.

3   우주공학(宇宙工學)이라는 말은 종교학사전(宗敎學事典(東京大學版))의 '유교(儒敎)'의 설명 항목에서 따온 것인데 여기서 동중서(董仲舒)의 천인상관설(天人相關說)을 우주적인 변화와 인간사가 상관관계를 이루고 있는 현상을 우주공학이라고 설명했다.

에게 승계되어 가는 과정에서, 그리고 그들의 사상이 사회 정치적인 조건
에 의하여 굴절되는 과정에서 정반대가 되는 입장으로 나타난다. 주돈이
(周敦頤)의 태극도설(太極圖說)은 이정자(二程子: 程伊川·程明道)와 그의 뒤
를 잇는 주자(朱子)의 도덕철학(道德哲學)[4] 체계에서 당초에는 형이상학적
인 이기론(理氣論)으로 전개되다가 결국 심성론(心性論)으로 귀착하게 됨으
로써 우주생성론(宇宙生成論)으로서의 성격은 소멸되는 것이라 볼 수 있다.
이 정주학(程朱學) 체계는 도덕률을 정립하는 실천철학에 근거를 부여함으
로서 지배 구조와의 제휴 관계를 기대할 수 있는데, 과연 정주학(程朱學) 주
자학은 그 후에 중국에서는 송명청(宋明淸)을 통해 그리고 한국에서는 조
선왕조에 들어와서 체제 교학(體制敎學)으로 자리매김을 하게 된다.[5]

　반면에 소강절(邵康節)의 사상은 추종자가 많은 중국에서보다는 특히 조
선왕조에 들어와서 역성혁명(易姓革命)을 도모하려는 불온 분자(不穩分子)
들이 탐닉하는 반왕조적(反王朝的)인 이데올로기로서 간주된다. 그의 입론
이 이러한 부류들과 결탁하게 되는 데에는 근본적으로 소강절(邵康節)의
철학이 신비적인 기수학(氣數學)을 근간으로 하고 있다는 데서 기인하는
것이다.

　소강절의 선천후천설(先天後天說)은 그가 자득(自得)한 것만은 아니라고
한다. 송초(宋初)에 선술(仙術)의 대가(大家)라고 하는 진박(陳搏)으로부터
전수받은 것이라고 한다. 물론 진박(陳搏)의 신선도(神仙道)란 것도 스스로
자득(自得)하여 깨우친 것이 아니라 멀리 한(漢)의 위백양(魏伯陽)으로부터
그 계통을 찾을 수 있겠는데, 위백양(魏伯陽)은 최초로 태극도(太極圖)를 창

4　武內義雄, 『中國思想史』, 岩波全書, p.262.
5　尹南漢, 『朝鮮시대 陽明學의 硏究』, 集文堂, 1986, p.76.

제(創製)한 인물인 바 이 태극도(太極圖)는 당초에 도사(道士)들의 수련을 위하여 만들어진 것이라고 한다.[6] 따라서 당초부터 우주 창성(宇宙創成)의 형이상학적인 원리를 터득하기 위해서 만들어진 것이라기보다는 일종의 양생술(養生術)의 한 방편으로 간주되었다고 볼 수 있겠다. 그러나 여기에서 간과해서는 안 되는 사실이 있다. 위백양(魏伯陽)의 신선술(神仙術)과 태극도의 배경에는 한대(漢代)의 『주역(周易)』 연구의 특징적 성향인 상수역학(象數易學)[7]이 자리하고 있다는 것이다.

상수역학은 역의 괘(卦)와 효(爻)의 상(象) 및 각 괘(卦)와 관련된 도수(度數)의 판단을 통해 개인이나 집단의 미래 운명의 향배를 예단하는 술수(術數)이다. 그리하여 상수역학을 전수하는 한대(漢代)의 역학(易學) 연구는 매우 신비적 경향을 띤다. 물론 한대(漢代)에는 동중서(董仲舒)의 천인상관설(天人相關說)이 국가적 시책으로 채택되었다든지 또는 춘추(春秋)의 해석에 있어 신비적(神秘的) 요소를 강조하는 공양학파(公羊學派)의 등장[8]과 같은 몇 가지의 사태가 역리(易理)를 고구하는 데 있어서도 합리성을 넘어선 초자연성을 전면에 내세울 가능성을 배제할 수 없다. 이런 맥락에서 볼 때 위백양(魏伯陽)의 신선술(神仙術)의 정신을 승계했다고 볼 수 있는 소강절(邵康節)은 어느 모로 보나 신비주의적 색채를 완전히 벗어 버리기는 어려웠다고 하겠다.

물론 앞서 말한 진박(陳搏)은 성리학(性理學)의 개조(開祖)라고 하는 주돈이(周敦頤)에게도 절대적인 영향을 미쳤으나 주돈이(周敦頤)의 사상이 주자

---

6 日本 大百科全書 12권, 小學館, 邵雍項.
7 같은 책, 같은 항.
8 武內義雄, 앞의 책, p.137.

에게 이어지면서 신비적인 성격은 완전히 탈색하는 대신 성리학(性理學)은 인성론(人性論)에 무게를 싣게 되고 우주창성론에 대한 관심은 일단 후퇴하는 것으로 볼 수 있다. 특히 주자는 『주역』은 복서(卜筮)의 서(書)라고 인정하면서도 송대 역리(易理) 연구의 특징인 의리역(義理易)의 입장을 고수하게 된다. 주자가 이러한 입장을 견지하게 된 까닭은 그가 활동하던 남송(南宋) 시대의 정치사회적인 상황이 불가피하게 정윤론(正閏論)이라고 하는 명분(名分)을 중시하는 시대정신을 요청했다[9]는 사실을 이해해야 한다. 이리하여 송대의 역학(易學) 연구의 특징은 의리역(義理易)이라고 말하거니와, 이는 성리학을 대표하는 주자(朱子)의 사상을 그대로 대변하는 것이라고 볼 수도 있다. 그렇다면 여기에서 주자가 『주역(周易)』을 복서(卜筮)의 서(書)라고 인정한 것과 또 한편으로는 의리역(義理易)이라고 규정한 사실의 상반된 입장을 어떻게 조화시키는가 하는 문제가 생긴다.

중국의 한왕조(漢王朝) 이래 동중서(董仲舒)의 천인상관론(天人相關論)과 정현(鄭玄)에 의한 참위설이 구조적으로 긴밀한 연관 관계를 가지면서 고대의 왕조 사회에서는 이것이 천지자연의 변화와 인간사의 모든 면을 지배하는 법칙으로 인식되어 왔지만 중세 이래 점차적으로 합리적 사고에 익숙하게 되면서부터 역(易)과 참위설(讖緯說)의 교호적 상관관계가 근거가 없는 것으로 인식되기에 이르렀다. 더구나 주자에 이르러 인성론(人性論)과 실천철학이 큰 무게를 지니게 되면서부터는 참위설(讖緯說)이나 역에서의 신비적인 요소는 사상(捨象)되기에 이르렀다. 이리하여 『주역』은 군자의 처세도(處世道)를 가르쳐 주는 지침서로서만 의미를 지니며 거기에서 바로 의리역(義理易)이라는 규정이 생겨나게 된다.

9   위의 책, p.254.

주자(朱子)에 비길 때 신비적이라고 평가받는 소강절(邵康節)의 경우에도 그의 관물(觀物) 사상 자체는 초월적이라기보다는 어디까지나 인간 존재의 실체를 극명하게 투시해서 세계를 경륜(經綸)하는 도를 터득하자는 데 그 목적이 있다.[10] 하지만 그의 선천상수 역학(先天象數 易學)은 논리상으로 볼 때 불가피하게 후천역(後天易)을 전제하지 않을 수 없는 것이고, 더구나 우주 생성 전개(宇宙 生成 展開)의 과정과 치란흥망(治亂興亡)을 기록한 역사 연표[11]를 결부시킴으로써 왕조의 흥망성쇠(興亡盛衰)를 예언하는 참위설(讖緯說)과 상응하는 결과로 발전할 가능성을 배제할 수 없게 된다. 실제로 소강절(邵康節)이 내세운 원회운세설(元會運世說)은 왕조의 교체에 관한 상상력을 불어넣는 불온사상으로 간주될 소지가 많았다. 더불어 종말론적인 결구를 이끌어 들이기에 충분한 조건이 성립된다고 하겠다. 여기에 덧붙여서 개벽이라는 발상에까지 미치게 되면 종말의 파국과 더불어 새로운 천지의 창조가 도래한다는 대망을 갖게 되기 쉽다.

실상 중국의 고전에서는 개벽(開闢)이나 개벽사상(開闢思想)에 대한 설명을 찾아보기 힘들다. 물론 개벽이란 말은 『주역(周易)』에서 유래한 것도 아니고 단지 『사기(史記)』의 삼황기(三皇記)[12]에 이 말이 처음 등장하는 것으로 보아 중국의 고대적 사유의 세계에서는 천지개벽(天地開闢)과 같은 돌연한 파국과 신질서의 도래라고 하는 우주론적인 돌발 사태에 대한 상상력은 빈약한 편이었다고 볼 수도 있다. 실제로 음양오행 사상(陰陽五行思想)이나 원회운세설(元會運世說)은 원환적(圓環的)인 시간관(時間觀)으로서

10 日本 大百科全書 12권, '邵雍' 項.
11 같은 책, 같은 항.
12 史記, 三皇記.

인도 종교에서와 같은 유니크한 영원회귀(永遠回歸)의 사상이 아니라 하더라도 종말론적인 파국과 역사의 종말이라는 벼랑 끝으로 몰고 가는 경직성과는 거리가 있을 것이라고 보아야 한다.

그렇다면 본고에서 규명하고자 하는 후천개벽(後天開闢)의 발상은 도대체 어느 무렵에 그 단서가 열리는가 하는 의문이 제기된다. 이제 앞으로 논술(論述)이 전개되는 과정에서 자명하게 드러나리라고 기대하는 것이지만, 분명 선후천 교역(先後天 交易)에 대한 한국적 관견(管見)과 더불어 조선 후기라는 특수한 시대적 상황에 의하여 조건이 지어진 잠재적이고 집단적인 정신-심리의 상태라고 이해해야 하지 않을까. 이 점은 송대(宋代)의 성리학(性理學)의 두 가지의 흐름, 곧 소강절(邵康節)로 대표되는 신비적이고 형이상학적인 우주론에 비중을 두는 경향과 또 하나의 흐름인 실천 위주의 도덕철학적(道德哲學的)인 주자학이 조선시대에 들어와서 어떤 부류에 의하여 어떻게 수용되는가를 살피게 되면 어느 정도 정확한 윤곽이 드러나리라고 본다.

3. 화담(花譚)과 선후천역(先後天易)

화담(花譚)은 조선왕조 중기의 성리학자 가운데 형이상학적인 초월성의 문제에 가장 깊숙이 접근한 학자로 알려져 있다. 또한 그는 성리학적 우주론의 신비의 세계의 이해에 있어 제일 먼저 그리고 어느 누구의 추종도 불허하는 경지에 도달한 도인(道人)으로 알려져 있다. 물론 화담은 소강절(邵康節)의 상수역학(象數易學)를 처음으로 소개하고 또 선후천역(先後天易)의 문제를 심도 있게 이해한 최초의 정통파(正統派) 성리학자로서 소강절(邵康節)의 신비철학을 불온시하는 조선조의 학문적 풍토에서 볼 때 처음이자 마지막으로 이 문제를 천착한 대가(大家)였다고 말할 수 있다. 그렇다면 먼저 화담(花譚)이 어느 정도로 소강절을 사숙했으며, 이것이 후학이나 조선후기 민중종교의 활동에 어떠한 영향을 미쳤는가에 대해 알아보고자 한다. 우선 조선 중기 초까지 역리(易理)에 대한 전문 지식이 어느 정도로 일반에 보급되었으며 또한 이해의 심도가 어느 정도인가가 먼저 해명되어야 한다. 왜냐하면 소강절(邵康節)의 설은 『주역』에 대한 근본적 이해를 토대로 해서 성립되었기 때문이다.

중국에서는 송대(宋代) 이래 주자(朱子)의 『역학본의(易學本義)』를 『주역(周易)』에 대한 공식적 주석서(註釋書)로 채택해 왔다. 아울러 원대(元代) 이래에는 과거에서도 정주학계(程朱學系)의 주석서(註釋書)만이 인정받게 된다. 명대 이후에는 성리학(性理學) 사상의 철저한 저변화를 위해서 국가가 솔선해서 『성리대전(性理大全)』의 간행 보급에 힘쓰게 되는데 물론 이 경우에도 정주학(程朱學) 사상만을 중점적으로 강조했다. 우리나라에 와서는 성리학이 고려 말기에 와서야 신진사대부(新進士大夫)들에게만 처음으로 신사조(新思潮)로서 받아들여진 것이기 때문에 본격적으로 그것이 한국 땅에 토착화해서 퇴율(退栗)의 사상으로 발전하기까지는 적어도 2백여 년이 경과되어야만 했을뿐더러 그 무렵에 와서야 고전 유학의 역학 체계도 어느 정도 저변화된 것으로 추정된다.

이와 같은 사실은 세종대에 이르러서 국가가 중국의 명나라를 본떠 『성리대전(性理大全)』 및 사서오경(四書五經)의 보급을 위해서 종잇값을 대신 변제해 주는 등 강력한 시책을 폈을뿐더러, 또 세조 때에는 역리(易理)를 쉽게 이해할 수 있도록 구결(口訣)로 만들어 암송하는 연습을 궁정에서부터 실시했다는 『왕조실록(王朝實錄)』의 기록을 통해서 알 수가 있다. 조정의 이러한 노력에도 불구하고 『성리대전(性理大全)』의 형이상학적(形而上

學的)인 내용은 물론 역리(易理)의 기초조차도 식자층에게 이해시키는 데 굉장히 어려움이 있었던 것으로 알려져 있다. 그리하여 『성리대전』의 우주론이나 역리(易理)에 통달한 전문가를 구하느라 온갖 노력을 경주한 흔적이 있으니 바로

非因師授 未易究觀 然臣 當盡心 雖欲得師 固難得也[13]

라는 기록을 보아도 잘 알 수 있다. 한편으로 세조의 정난(靖難) 이래 거듭하되는 사화(士禍)를 치르면서 사상계의 동향은 의연 정주학(程朱學) 체계를 유일의 가치로 숭상하는 동시에 의리론(義理論)과 도덕적 실천을 제일의적(第一義的)인 명제로 내세우는 경향이 지배적이게 된다. 이와 같은 도덕 제일주의(道德第一主義)는 백성들의 심성을 순량(醇良)하게 길들여서 물리적인 통제나 형벌에 의한 속박을 가하지 않고도 손쉬운 통치가 이루어지게 하는 동시에 동양적인 왕도 정치를 구현하기 위한 근본적인 강령이기도 했던 것이다. 한편으로 의리론의 강화는 중국(中國)에서와 마찬가지로 왕조의 정통성 확립이라는 명분의 차원에서도 절대로 양보할 수 없는 원칙이었다. 그리하여 도덕 제일주의(道德第一主義)는 중국에서와 마찬가지로 성리학의 심학화(心學化)를 촉진하게 되며,[14] 의리론에의 치중은 자연히 사문(斯文)과 이단(異端)을 변별(辨別)하는 의식을 제고하게 만들었다.

이 양자는 다 같이 조선조 후기 이래 정치 과정 속에 수렴되어 피비린내나는 당쟁으로 발전하거니와 한편으로는 도학적(道學的) 신비주의를 이단

---

13 世宗實錄 卷39, 10年 戊申 3月 2日 條.
14 尹南漢, 앞의 책, p.81.

시(異端視)해서 배척하는 편협성을 드러낸다. 이리하여 조선 초기부터 시책으로 밀어붙여 온 노불(老佛)에 대한 탄압 시책에 덧붙여 신비적(神秘的) 우주론적인 탐구의 영역은 모조리 좌도(左道)로 몰아세우고 그것에 대한 신앙 활동 역시 음사(陰祠)라고 해서 가혹하게 소탕하는 추세였다. 이러한 사상 및 신앙 통제의 분위기가 거의 절정에 달할 즈음에 화담(花潭)이 그토록 난해한 『성리대전(性理大全)』과 역리(易理)의 탐구를 통해서 전인미답의 경지를 개척했다는 사실은 불가사의에 속하는 일이라 하겠다. 화담(花潭)은 진작부터 소강절(邵康節)과 장횡거(張橫渠)를 사숙하게 되면서 거기에서 도학적(道學的)인 달관을 터득하게 된 것이다.

성리학(性理學)에서 정주학 체계(程朱學體系)는 주로 예교(禮敎)를 핵심적 과제로 인식하고 있으며 중국에서는 명대 이래 그리고 조선왕조의 건국 이래 그것을 국가의 체제 교학(體制敎學)으로 떠받들어 온 게 사실이다. 그럼에도 불구하고 화담이 이러한 당대의 시대정신의 본류(本流)를 비켜 가면서 험난한 애로를 택한 것을 불가사의의 하나라고 보겠다. 화담이 당시 소학(心學) 일변도의 학풍에서 궤도 이탈을 해서 도학적인 신비주의와 형이상학적 우주론에 탐닉했다는 사실은 그의 사후에 그에 대한 세론의 평가를 통해서도 잘 드러난다. 선조 8년 5월 조정에서 화담에 대한 포상 문제가 제기되었을 때 왕은 "그 사람의 저서를 볼 때 기수학(氣數學)에 대한 논의가 전부이고 수신지사(修身之事)에 대한 언급은 전혀 없으니 어찌 이를 가지고 학문이라 이르겠는가?" 하는 실록(實錄)의 기사[15]로 미루어 화담(花

---

15 실록(實錄)의 기사에 의하면 선조8년(宣組8年) 5월(5月) 조정(朝廷)에서 서경덕(徐敬德)에 대한 사후(死後)의 추증(追贈) 문제가 제기되자 화담(花潭)의 문인(門人)인 박순(朴淳)과 허엽(許曄)이 그를 두호(斗護)하는 반면에 선조(宣祖)는 '敬德所著書 予取而關之 則多論氣數 而不及於修身之事 無乃是數學耶'라고 해서 의문을 제기한바, 이율

譚)에 대한 당대의 평가가 설혹 이단지설(異端之說)이라고 내몰리는 처지는 아니었다 하더라도 예교(禮敎)에 치중하는 조선조 성리학(性理學)의 본류를 벗어나 있음은 말할 것도 없다. 그렇다면 화담의 선천(先天)과 후천설(後天說)은 어떠한 것인가?

화담은 선천(先天)에 대해서 이렇게 말했다.

> 태허(太虛)는 담연(湛然)하고 형체가 없으니 일컬어 선천(先天)이라 하겠는데 물론 크기도 없고 그에 앞서 시작이라는 게 없으니 그것이 어디서 유래했는지 따질 수조차 없다.[16]

한편 후천(後天)에 대해서는 이미 일기(一氣)라 했으니 일(一)은 바로 이(二)를 포함한다. 일(一)은 이(二)를 생(生)하지 않을 수 없고 이(二)는 저절로 생(生)하고 극한다. 생(生)하면 극(克)하고 극(克)하면 생(生)한다. 기(氣)는 미(微)한 데서 고동(鼓動)하기까지 그 생(生)하고 극(克)하는 것이 그렇게 한다. 일(一)은 이(二)를 생(生)하니 이(二)란 것은 무엇을 이름이냐? 음(陰)과 양(陽)의 시원이요 감(坎)과 이(離)의 본체(本體)이니 심연(湛然)하여 일(一)이 되는 것이다. 일기(一氣)가 나뉘어 음기(陰氣)와 양기(陽氣)가 되니 음기(陰氣)가 극히 고동(鼓動)하면 땅이 된다. 양기(陽氣)가 극히 고동(鼓動)하면 하늘이 되고 음기(陰氣)가 응취(凝聚)하면 땅이 된다. 양기(陽氣)가 극히 고동

곡(李栗谷)이 '敬德之學 出於橫渠 … 敬德則 深思速脂 多有自得之妙非文字言語之學也'라고 해서 변호한 사실이 적혀있다. 따라서 화담의 학설이 이미 당대부터 정주학체계와는 거리를 두고 있음을 알게 되는데, 같은 대목의 기사에서도 '微與程朱不同'이라고 적고 있는 것이다.

16 花譚集太, 原理氣篇, 虛淡然無形 號之曰先天 其大無外 其先無始 其來不可究.

(鼓動)하여 그 정기(精氣)를 결합한 것은 해[日]가 되고 음기(陰氣)가 극히 응취(凝聚)하면 그 정기(精氣)를 결합한 것은 달이 되고 나머지 정기(精氣)는 흩어져 성신(星辰)이 된다. 그것이 땅에서는 물과 불이 되니 이런 것들을 후천(後天)이라 하는 것이니 용사(用事)하는 것이 된다.[17]

라고 했는데 이른바 후천(後天)이라는 것은 바로 선천(先天)에 대응하는 것이다. 따라서 일(一)이 절로 이(二)를 포함했다거나 또는 일(一)이 바로 이(二)를 포함했다고 하는 것은 일기(一氣)[선천(先天)]에 음양(陰陽)·동정(動靜)의 이법(理法)이 있다는 사실을 가리키는 것으로서, 화담(花譚)의 이러한 주장은 소강절(邵康節)이 주장한 바 "일기(一氣)가 나뉘면서 음양(陰陽)이 되고 그리하여 양(陽)의 신령스러운 것이 천(天)으로 판득(判得)이 되고 음(陰)이 많아지면서 땅으로 판득이 되었다."라고 설명한 것과 일맥상통하는 바 있다. 또 한편으로 소강절(邵康節)에 따르면 지상의 원소는 세분해서 수화토석(水火土石)의 네 가지로 나누지만 크게 양분하면 수화(水火)에 불과한 것이니 화담 역시 지상에 있는 만물의 원소는 수화(水火)라 했으므로 그의 후천발생설(後天發生說)은 소강절(邵康節)의 영향을 크게 받은 것이라 아니할 수 없다. 화담은 이와 같이 주기설(主氣說)에 입각하여 이기(理氣)의 불가분리설(不可分離說)을 주장해서 이(理)라는 것은 기(氣)의 내재적(內在的) 법칙이라고 본 데 대해, 주자(朱子)는 이(理)와 기(氣)가 전혀 다르다[所謂 理與氣

---

17 花譚集, 同上篇, 旣曰 一氣一自含二 旣曰太一一便涵二 一不得不生二 二自得生克生則克 克則生 氣之自微以至鼓盪氣生克使之也 一生二二者何謂也陰陽也 動靜也易曰坎離也 一者何謂也 陰陽之始坎離之體淡然爲一者也 一氣之分爲陰陽 陽極其鼓而爲天 陰極其聚而爲地 陽鼓之極結其精者爲日 陰聚之極結其精者爲月 餘精之散爲星辰其在地爲水火焉 是謂之後天乃用事者也.

決是二物[18]고 주장한 바, 이 점으로 보아도 화담은 주자(朱子)의 사상적 노선을 전혀 따르지 않은 것이 명백하다.

이제 화담이 오직 소강절(邵康節)의 철학을 전수했다는 사실은 더 이상 언급할 필요조차 없다. 단지 두 사람이 이해한 선후천역(先後天易)의 내용이 무엇인가에 대한 이해가 뒤따라야 할 차례이다. 소강절이 선천역(先天易)이라고 이름 짓고 그것을 형용하는 복희팔괘도(伏羲八卦圖)를 그리게 된 근거를 『주역(周易)』의 「설괘전(說卦傳)」에 나오는 '천지정위 산택통기 뇌풍상박 수화불상사(天地定位 山澤通氣 雷風相薄 水火不相射)'라는 일문(一文)에서 찾을 수 있다. 후세의 『주역(周易)』 연구가들에 따르자면 이는 어느 면에서는 견강부회(牽强附會)의 측면이 없지 않냐는[19] 것이다.

소강절이 명명한 문왕역(文王易) 또는 후천역(後天易) 역시 똑같은 「설괘전(說卦傳)」 제5장에 나오는 '제출호진 제호손 상견호리 치역호곤 열언호태 전호건 노호감 성언호간(帝出乎震 齊乎巽 相見乎離 致役乎坤 說言乎兌 戰乎乾 勞乎坎 成言乎艮)'에 근거한다. 이 또한 선천역(先天易)과 마찬가지로 견강부회(牽强附會)라 아니할 수 없다. 왜냐하면 역(易)이 우주와 인생의 과정에 밀접한 연관 관계를 설명하는 철리(哲理)의 서(書)인 동시에 팔괘(八卦)는 자연과 인간사(人間事)의 모든 사상을 거기에 배당시켰다고 하나, 소강절(邵康節)의 선후천역(先後天易)의 구분은 인위적이며 역사나 집단의 운명에 대한 구체적이기는 하나 근거 없는 암시를 가능케 함으로써 여러 가지 문제를 야기할 소지가 있다고 본다. 다른 무엇보다도 『황극경세서(皇極經世書)』에 나오는 역대왕조기수도(歷代王朝氣數圖)와 원회운세설(元會運世說)

18 朱子大全 卷46, 答劉文叔書.
19 高田, 後藤 역, 易經, p.30.

은 자연현상으로서의 계절의 원환적(圓環的) 회귀(回歸) 과정을 역대 왕조의 운명과 결부시킴으로써 참위설과 대동소이한 성격을 내포하게 된다.

한편으로 화담은 소강절의 학문을 적극 수용했으면서도 구체적으로 왕조(王朝)의 운수(運數)를 따졌다거나 천문 지리 및 참설(讖說)이나 복서(卜筮)에까지 능통한 술가(術家)로 득세하려 했던 야심가들과는 달리 아주 초연하며 고결한 도학자로서의 일생을 마쳤다. 이리하여 그의 선후천 교역설(交易說)을 현대적인 사고의 지평에서 이해하고자 할 때 순전히 관념적인 것이며, 그가 말한 선천(先天)은 단지 우주 창성 이전의 완전한 혼돈의 상태 혹은 절대무의 상태라고 이해할 수 있다. 그리하여 화담은 이러한 사태를 불가에서 말하는 진공(眞空)[20]이란 개념을 빌려 설명하려 한 것이다.

화담이 이해한 대로라면 앞서 서술한 바와 같이 그의 후천설(後天說) 역시 어떠한 오해의 소지도 있을 수 없는 하나의 우주창성설(宇宙創成說)에 불과하다. 여기서 '오해의 소지'라 하는 것은 왕조의 교체와 관련된 사회변혁의 파국적 체험이거나, 아니면 '후천'이라는 개념이 암시하는 바와 같은 종말론적인 파탄을 의미한다. 하지만 화담이 사색하고 천착한 도학의 경지에서는 전혀 그러한 분위기를 간취할 수 없다. 그도 그럴 수밖에 없는 것이 화담은 그가 재세(在世)했던 것보다 전 시대 사림파(士林派)의 어떤 인물도 개척하지 못한 성리학적 우주론(宇宙論)의 사유에 있어 타의 추종을 불허하는 신경지를 열어 간 조선조 도학(道學)의 조종(祖宗)으로서 앞에서도 서술한 것처럼 단지 주기설(主氣說)을 고집한 나머지 후진들이 이룩해 간 조선조 성리학의 주류에서 다소 소외를 당해야 했던 것뿐이다.

더구나 화담이 재세(在世)한 당시는 여러 차례의 사화(士禍)에도 불구하

20　花譚集, 原理氣篇.

고 조선 사회가 임란(壬亂)의 참화를 겪지도 않았던 시기, 말하자면 비교적 안정적인 중세적 질서가 흔들리지 않았던 시기였다. 이 점에서는 조선조 후기와는 전혀 양상을 달리한다. 이런 시대에 사회변혁을 꿈꾸는 왕조교체의 예언이나 신비적인 사상이 횡행한다는 데 대해서는 그러한 발상조차 불가능했을 것이라 본다. 그러므로 화담이 조선조 사회변혁 사상의 조종(祖宗)이었다는 발상은 전혀 설득력이 없는 것이다. 그럼에도 불구하고 역사시대에 성명(聲名)을 날린 여러 성리학자 가운데 화담만이 유니크하게 소강절의 선후천역(先後天易)를 절대적으로 지지하고, 또 이 점에 있어서 화담만이 전무후무하게 유아독존적으로 우뚝 솟은 인물이라는 점에서 화담은 분명 본인의 의도와는 상관없이 조선 후기에 사회변혁 운동의 민중적 이데올로그로서의 핵심적 역할을 수행한 후천개벽설의 원조라는 지적을 받아도 그다지 빗나간 것은 아니라고 본다.

그렇다면 화담의 순수한 사변적 세계가 어떠한 계기들을 통해 천문(天文)·복서(卜筮)·지리(地理)·역수(易數) 따위를 능통 자재하게 구사하면서 천지개벽과 말세론을 퍼뜨리는 술사(術家)들의 조사로 섬겨지게 되었는가가 규명되어야 한다. 이 점에 대해서 배종호(裵宗鎬) 교수는 화담의 기수학(氣數學)이 토정(土亭) 이지함(李之菡)에게 전해져서 오늘날까지 전해지는 『토정비결(土亭秘訣)』이 탄생했다[21]고 주장한다. 그러나 현재 『토정비결(土亭秘訣)』이 이지함(李之菡)이 저술한 것이라는 확증이 없을뿐더러 이토정(李土亭)은 화담의 문도(門徒)였다거나 직접적으로 화담과 학연이 닿는다고 주장할 만한 증거가 없다. 다만 토정(土亭) 역시 주기론자(主氣論者)로서 당대의 명망가인 화담을 흠모했을 가능성은 충분히 있었다고 본다. 그뿐더

---

21 裵宗鎬, 花譚集 해설, 『韓國의 思想 大全集』, 同和出版公社, 1977, p.579.

러 토정 역시 고졸(古拙)한 도학자로서 사림파의 선비라면 누구나 기피했던 술가(術家)의 잡설(雜說)에 탐닉했으리라고 보지는 않는다.

한편 화담의 문하(門下)에서는 우계(牛溪) 성혼(成渾)과 율곡(栗谷) 이이(李珥) 및 치재(恥齋) 홍인우(洪仁祐), 동강(東岡) 남언경(南彦經)을 배출했으나 이들 역시 앞서 말한 바와 같은 '술가(術家)의 학(學)'과는 거리가 먼 인물들이다. 물론 이보다 조금 뒤늦게 퇴계(退溪)의 문인(門人)인 격암(格菴) 남사고(南師古)가 등장하게 되는데 그는 퇴계(退溪)의 문하에서 쫓겨나는 지경에 이를 정도로 천문(天文)·지리(地理)·참위(讖緯)·복서(卜筮)에 능통했다고 하는 인물인 만큼 어느 형식으로든 화담(花潭)의 기수학(氣數學)에 관심을 가졌으리라는 추측은 할 수 있지만, 확증은 불가능하다. 따라서 이것은 확실성의 문제가 아니라 개연성(蓋然性)의 문제라고 볼 수 있다. 또한 그것이 확실성의 문제는 아니라고 하더라도 화담의 기수학(氣數學)은 어쩔 수 없이 사회변혁을 고대하는 불만층 특히 잔반(殘班)이나 원국실지(怨國失志)의 무리들에게 어느 정도 영향을 주었으리라는 개연성(蓋然性)을 인정해야 할 것이다. 실상 화담은 소강절(邵康節)의 사상을 자득(自得)해서 구경(究竟)의 경지에 도달한 도학자(道學者)로서는 조선시대를 통해서 전무후무한 것이며, 그의 교량역이 없었더라면 조선 후기에 있어 예언서(豫言書)나 비결류(秘訣類)가 후천개벽(後天開闢)의 발상에 접근하는 것이 불가능했으리라 확신할 수 있다. 다시 말해서 『정감록』을 비롯한 비결류가 소강절의 설을 어떤 방식으로든 채택한 것이라면 의당 화담의 교량적 역할이 거론되어야 한다.

4.『정감록(鄭鑑錄)』[22]과 기수학(氣數學)

참위서(讖緯書)로서의『정감록(鄭鑑錄)』등 비결류(秘訣類)의 성격을 규명하기 위해서는 조선조 초기 태종, 세조, 성종대에 걸쳐서 서운관(書雲觀) 및 민간에서 소장하고 있었던 모든 참위서들을 불태웠다[23]고 하는 사실에 주목할 필요가 있다. 따라서 세조·성종실록에 나오는 분서목록(焚書目錄) 가운데『도선항도비기(道詵港都秘記)』나『도선참기(道詵讖記)』등은 오늘날 전해져 내려오는『옥룡자기(玉龍子記)』나『도선참서(道詵讖書)』와 같은 계통일 것이라는 추론이 가능할 수도 있으나, 그 밖의 대부분, 특히『정감록』등 비결류의 중심을 이루는 거개(擧皆)가 조선 초기의 분서(焚書) 이전의 참위(讖緯) 사상과 무관하다는 사실을 이해하게 되면『정감록』의 사상적 배경이 무엇인가 하는 의문에 대한 해답이 어느 정도 나올 수 있을지 모른다.

우선『정감록(鄭鑑錄)』비결류(秘訣類)의 작자가 누구인가 하는 점이다. 일반적으로『정감록』비결류에 등장하는 정진인(鄭眞人)이 조선 초기 개국공신(開國功臣)이면서 정난(靖難)으로 원사(冤死)한 정도전을 의화(擬化)한 것이라는 추단을 근거로 그가 저자라고 주장하는 설이 있다. 또한『정감록』에 대한 최초의 본격적 해설서라고 할 수 있는 차상찬(車相瓚)의『신해정감록 조선삼천년사(新解鄭鑑錄 朝鮮三千年史)』에 따르면,『정감록』비결류에 나오는 지명이 전부 고려 말 조선 초라는 점을 들어 교활하고 노회한 정도전(鄭道傳)이 이성계(李成桂)의 등극과 역성혁명(易姓革命)을 정당화하

22　여기서는 아세아문화사(亞細亞文化社)가 간행한 정감록집성(鄭鑑錄集成)(1981년)을 인용한다.
23　申一澈, 정감록 해제(鄭鑑錄解題),『韓國의 民俗·宗敎思想』, 三省出版社, 1977, 271쪽.

기 위해서 민심을 조작하고자 날조한 것이라고 주장한다.[24] 그러나 이러한 차상찬(車相瓚)의 주장은 근거가 매우 빈약하다. 오히려 시기를 훨씬 낮추어 조선조 중엽의 원국실지(怨國失志)의 무리들이 지었다고 하는 이능화(李能和)의 주장이 충분한 설득력을 지니고 있다.[25] 다른 무엇보다도 『정감록』 비결류에 자주 등장하는 '소중화(小中華)'나 '임진이북 재작호지(臨津以北 再作胡地)'와 같은 문구가 감결류(鑑訣類)에 자주 나오는 동시에 피장처(避藏處)로서의 십승보길지지(十勝保吉之地)가 모두 남쪽에 집중되어 있는 점과 관련해서 볼 때 병자호란 이후 병화(兵禍)에 대한 공포심과 잠재적으로 분출하는 배청(排淸) 감정의 표현이라고 볼 수 있기 때문이다. 차상찬의 주장이 더더욱 설득력을 지니지 못하게 되는 것은 『정감록』 비결류의 대부분이 흥참(興讖)이 아니라 망참(亡讖)[26]이라는 데 있다. 이것은 바로 왜호(倭胡)의 양란(兩亂)으로 피폐해진 조선 사회가 봉건 질서의 구조적인 와해와 더불어 서세동점(西勢東漸)으로 인한 공포에 휩싸이면서 종말론적인 선택을 할 수밖에 없다는 위기의식의 노출이라고 볼 수도 있다. 그러나 이와 같은 주장 역시 조선 후기의 사회 현실에 빗댄 상투적인 수사에 불과하다. 요컨대 본고(本稿)가 의도하는 바와 같이 사상사적인 맥락에서 『정감록』 등 제 비결류가 기수학적(氣數學的)인 배경을 가지고 성립된 것을 확인할 수만 있다면 저작자와 관련된 여러 가지 미해결의 과제나 조선 후기에 있어 구체적인 성립 시기도 어느 정도 밝혀낼 수 있으리라고 믿는다.

실제로 저자와 성립시기를 밝혀줄 단서의 하나인 '묘정도가령보묘요비

---

24 같은 책, 274쪽.
25 같은 책, 같은 쪽.
26 같은 책, 같은 쪽.

록육신요문직해권지이(妙丁道家靈寶妙幼秘錄六神幼門直解卷之二)’에는 “중국 사람 최준(崔峻)이 우리나라에 와서 어떤 도사(道士)에게 주었다.”라는[27] 내용의 글을 적고 말미에 ‘고려(高麗) 화담(花譚) 서거정(徐居正) 근식(謹識)’이라고 밝혔다. 물론 여기에 적힌 화담은 ‘고려인(高麗人) 서거정(徐巨正)’인 것이어서 정작 서경덕(徐敬德)을 지칭한 것이라 볼 수는 없으며, 터무니없는 허구라는 점에서는 재론의 여지가 없으나 그래도 어떤 시사(示唆)가 가능하지 않은가 생각한다. 다시 말해서 화담 자신의 의도와는 관계없이 후세의 호사가(好事家)들에 의해서 『정감록(鄭鑑錄)』 등 비결류(秘訣類)와 화담과의 직접 간접의 연관 관계가 거론될 가능성은 충분하다는 것이다. 그 이유는 다른 데 있는 게 아니라 바로 『정감록』 등 비결류가 기수학(氣數學)을 뼈대로 하고 있다는 사실 때문이다.

우선 『정감록』의 비결류 가운데 핵심 본이라 할 수 있는 동국역대기수본궁음양결급력대왕도본궁수(東國歷代氣數本宮陰陽訣及歷代王都本宮數)라는 것은 소강절(邵康節)의 역사 연표를 그대로 전사한 조선판 역사 연표라 할 수 있다. 말하자면 소강절의 『황극경세서(皇極經世書)』를 저본(底本)으로 하지 않고는 생각할 수 없는 발상이다. 그리하여 『정감록』 등 비결류의 시간관은 모두 소강절의 원회운세설(元會運世說)을 따르고 있음을 알게 된다. 그뿐만 아니라 제 비결류(秘訣類)에서 볼 수 있는 ‘천지종이십이회 천개어자 지벽어축 인생어인 일출어묘 월생어진 칠성생어사(天地終以十二會 天開於子 地闢於丑 人生於寅 日出於卯 月生於辰 七星生於巳)’란 문구[28]는 바로 선천(先天)과 후천(後天)이 교역(交易)하는 우주 창성(宇宙創成)의 모티브라고 하

---

27 安春根, 정감록 해제(鄭鑑錄解題),『鄭鑑錄集成』, 亞細亞文化社, p.11.
28 앞의 鄭鑑錄集成 p.644.

겠는데 여기서 이것이 바로 후천개벽설(後天開闢說)의 단서를 여는 문구라는 확신을 가지게 된다. 따라서 하늘이 열리고 땅이 솟아오르는 후천(後天)의 천지개벽(天地開闢)은 어느 때인가 원초(原初)의 시(時)에 있었던 말하자면 상상의 지평에서만 생생한 실재로서 현현하는 게 아니라 우주공학적(宇宙工學的)인 교역과 현실 사회의 변혁이 맞물려 떨어지는 말하자면 눈앞에 그대로 전개되는 일대의 사변으로서 임재(臨在)하는 것이라고 하겠다. 이것은 어디까지나 환상이나 가공의 허구가 아니다.

동학을 창시한 최제우(崔濟愚)는 후천개벽(後天開闢)에 대한 확신을 가지고 창도한 것이라고 보인다. 왜냐하면 동학의 『동경대전(東經大全)』이나 가사는 모두 『정감록』의 비결류와 긴밀한 조직적 연관성을 가진 채 후천개벽의 필연성을 역설하고 있다. 최제우는 〈몽중노소문답가(夢中老小問答歌)〉에서 동국참서(東國讖書)를 들고 나오는 바 이는 다름이 아닌 『정감록』의 비결류를 일컫는 것임은 자명하다. 그렇다면 지금까지의 서술 과정으로 보아 『정감록』의 제 비결류는 분명 선천후천(先天後天)의 교역(交易)을 기정사실로 전제하고 피장처(避藏處)라든지 정진인(鄭眞人)의 출현을 설하고 있는 것이 확실하다. 그것은 누차 언급한 바와 같이 『정감록』의 비결류가 기수학(氣數學)의 철리(哲理)를 배경으로 하고 있다는 사실에서 충분히 이해가 된다.

그렇다면 개벽, 그것도 우주적인 파국과 더불어 일대 사변으로서 사회의 혁명적인 변혁의 문제는 여기에 어떻게 결부되는 것인가? 바꾸어 말해서 조선 말기에 변혁을 희구하는 말류(末流)의 식자층과 민중은 그러한 전조를 충분히 확신하고 있었다는 뜻인가, 아니면 예의 동국참서(東國讖書)에서나 볼 수 있는 부질없는 선동을 했다는 뜻인가? 매우 헤아리기 어려운 정황이기는 하나 최제우(崔濟愚)에 의하여 후천개벽(後天開闢)에 대한 열화 같은 원망이 행동의 실천으로 구체화되었다는 사실은 더 말할 나위가 없다.

5. 결어

이상 고찰한 바와 같이 오늘날 신종교의 중심 사상인 후천개벽사상은 한국의 자생적인 것이 아니라 송대(宋代)의 신비주의적 성리학자인 소강절 (邵康節)의 철리(哲理)에 그 연원을 두고 있다. 그것이 어떤 여과도 없이 조선 중기 초의 도학자인 화담 서경덕의 사색 속에 일단 머물렀다가 중기 이후 사회 저변의 불우 지식인에게 확산되는가 싶었으나 왜호(倭胡)의 양란 (兩亂)을 거치면서 『정감록(鄭鑑錄)』을 중심으로 하는 비결류(秘訣類)에 흡수되었다고 본다. 따라서 『정감록』 등 잡다한 비결류는 나말여초(羅末麗 初)부터 비기(秘記)로 전수되어 오는 풍수지리설에 가탁한 동시에 소강절의 철리(哲理)를 뼈대로 재조직한 참위(讖緯) 사상이라 보아 마땅하고 현존하는 『정감록』의 조형(祖型)은 18세기 초에 와서야 볼 수 있는 것으로 이해된다. 그리하여 이보다 150여 년 후에 동학의 최제우(崔濟愚)는 『정감록』 비결류의 선후천교역설(先後天交易說)을 토대로 파국적인 사회변혁 운동에 불을 지르는바, 이리하여 후천개벽이라는 보편적인 용어가 자리를 잡게 된다.

Ⅲ. 신종교 발생 배경으로서의 호남 지방 서민 문화*

황선명

1. 시작하는 말

20세기에 들어와서 한국의 신종교의 발생의 원인을 이야기할 때에는 대체로 19세기 초반부터 거세게 밀어닥친 서세동점(西勢東漸)의 현상을 제일 먼저 거론하게 된다. 이는 비단 우리나라에만 국한하는 것이 아니다. 일찍부터 서구 세력이 진출한 전 세계의 비서구 전통 사회에서는 똑같이 서세동점의 결과로 빚어진 뼈저린 체험을 해야만 했다. 대부분의 비서구 전통 사회는 식민지 또는 반식민지로 전락하는 과정에서 주권의 상실과 더불어 경제적인 침탈에다 정신 면에서도 서구 종교로 개종하기를 강요당했다. 그 반동으로서 자문화(自文化)와 종교적 전통을 수호하겠다는 격렬한 민중 운동이 촉발되었다.

우리나라에서도 19세기 후반에 교문을 연 동학(東學)이나 20세기에 들어

---

* 황선명, 「신종교 발생 배경으로서의 호남 지방 서민 문화」, 『신종교연구』 9, 2003, 145-182쪽.

와서 대종교 등 여러 민중종교 단체가 태동하게 된 실마리는 실로 서세동점에 뒤이은 식민지화의 소용돌이 속에서 찾아야만 된다. 발표자는 다른 연구자와 마찬가지로 그러한 담론의 연장선상에서 근현대 한국 종교운동의 양상을 고찰해 왔다. 물론 작금에 신종교 연구에 있어 불모지를 개척한 노길명 교수 역시 민족 간의 모순과 대립 관계와 계급 간의 모순과 대립 관계를 그 발생의 원인으로 본다는 점에서 발표자의 거칠고 세련되지 않은 천년왕국설과 맥락을 같이하고 있다.

그러나 필자는 대략 10여 년 전부터 이제는 그저 구두선(口頭禪)이 되어 버리다시피 한 '천년왕국설'을 폐기 처분하고 다른 대안을 모색하게 되었다. 그러던 중 역사시대에 있어서 영남과 호남의 문화적 차이에 주목하게 되었다. 그리하여 오늘날 우리가 신종교라고 말하는 대다수의 종교 집단이나 이들의 교리와 더불어 종교 활동의 저변에 깔려 있는 의식(意識)의 측면에서 볼 때 호남의 그것이 서민 문화를 바탕으로 하고 있다는 사실을 알게 되었다. 게다가 단순히 오늘날 대부분의 신종교가 호남 지방의 전통적 서민 문화를 답습하는 데 그친 것이 아니라 그 발생 배경의 측면에서 볼 때 그것을 태반(胎盤)으로 하고 있다는 사실을 알 수 있다.

2. 문제의 제기

1871년의 신미년(辛未年)에 동학교도인 이필제(李弼濟)에 의해서 일어난 민란은 계속해서 문경 등지로 번져 갔다. 이필제가 교조인 최제우의 신원

---

*   황선명, 「신종교 발생 배경으로서의 호남 지방 서민 문화」, 『신종교연구』 9, 2003, 145-
    182쪽.

(伸寃)을 한다는 명목으로 영남 각처에 설치된 동학 접소를 근거로 해서 주로 교도들을 선동, 작당해서 관부의 무기고를 습격하는 일련의 반란 행위로 영남 일원들을 들쑤셔 놓은 일련의 사건들은 18세기 말 이래 삼남 지역에서 빈발한 민란과는 판이한 성격을 띠는 것이었으니, 그 특징을 다음과 같이 열거할 수 있겠다.

첫째, 철종 대에 빈발한 민란은 대부분 지방관의 탐학에 항거하는 내용이었으나 이필제(李弼濟)의 난은 교조신원운동을 빙자한 점에서 다르다.

둘째, 철종 대의 민란은 진주민란의 경우를 보더라도 부(府), 목(牧) 범위를 넘지 못하는 고립적인 지방 단위의 민란이었다.[1] 그러나 이필제가 일으킨 일련의 반란 활동은 훨씬 범위가 넓은 삼남 전역으로 번져 갔다.

셋째, 철종 대의 민란의 대부분은 농민들이 생활고를 타개하기 위한 궁극적이고 우발적인 집단행동이었으나, 이필제의 민란은 동학 교문을 이용한 원시적인 혁명운동의 성격을 지녔다는 점에서 다르다.[2]

그러므로 민란의 경우에는 탐학의 행위로 중앙정부가 나서서 지방관을 탄핵하고 농민들을 효유하는 것으로 마무리 짓는 게 정해진 순서인 것이었지만, 이필제 난의 경우는 일방적이고 집중적인 탄압을 초래했다. 민란의 주모자인 이필제 자신은 말할 것도 없고 동학 교문에서 2세 교주로 떠받드는 최시형을 비롯해서 각 접소의 접주나 육임(六任) 등 간부는 물론 대다수의 교도들이 형살(刑殺)의 위험 아래 전전긍긍하면서 태백산과 소백산 준령의 화전민촌의 은신처를 근거로 교문의 전승을 이어 갔다.

그렇다면 이와 같은 관헌의 무자비한 탄압 때문에 동학 교문이 멸문지

---

1   金義煥,『韓國近代史論集』, 成進文化史, 1972.
2   이이화,「李弼濟」,『이야기 한국사』, 한길사, 1993.

환의 지경에 이르렀고, 나아가 동학의 발생지인 영남에서는 완전히 뿌리가 뽑혀서 결과적으로 1894년의 동학농민혁명을 전라도 고부로 양보하게 되었으리라는 점, 그렇기 때문에 오늘날에 이르러서도 동학의 후신인 천도교는 본고장인 영남에서는 세력을 유지하지 못한다는 판단이 설득력을 지닐지도 모른다.

그러나 세계 여러 문화지역에서 새로운 종교가 태동할 때에는 관헌의 가혹한 물리적 탄압 때문에 좌절당하고 뿌리가 뽑히는 게 아니라, 오히려 전통의 규범문화에 쉽사리 동화되지 못하는 이유로 해서 결국 당해 종교가 발생한 터전에 뿌리를 내리지 못하는 현상을 주목할 필요가 있다.

동학-천도교가 바로 그런 경우라고 본다. 반면에 호남, 특히 오늘날의 전북 지역의 증산교를 위시하여 그 밖의 여러 교문이 출현해서 오늘날까지 명맥을 잇고 이 지역을 한국에서 자생한 신종교의 본거지로 간주하게 된 현상의 배경에는 이 지역의 서민 문화의 풍토가 근세 말에서 금세기로 넘어오는 파천황(破天荒)의 사회변혁기에 신종교의 발생을 부추기는 토양을 제공했다는 사실을 간과할 수 없다.

그러니까 차령(車嶺) 이남, 소백(小白) 이서, 노령(蘆嶺) 이북에서 대략 1세기 동안 이 땅에서 태어난 여러 종교 교문이 영고성쇠를 거듭해 온 사실은 결코 역사적인 우연이 아니며 이 지역 문화의 특수성을 규명할 때에만 이 지역의 서민 문화와 신종교 발생과의 상관관계를 어느 정도 이해할 수 있다고 본다. 본고에서 바로 그러한 문제의식을 해명하고자 한다.

3. 역사시대에 있어 문화권의 개념

전근대 역사시대, 특히 조선 후기의 우리나라 전체를 상대로 문화권의 개념을 설정하고자 하는 노력의 흔적은 문화사나 그 밖의 어떤 유사 학문 분과에서도 아주 분석적이고 세심한 연구 성과가 나오지 않은 것으로 알고 있다. 물론 필자가 처음이라고 생각하지는 않지만 하여간 널리 알려지지 않은 문화권의 개념에 대한 조심스러운 접근을 시도해 보고자 한다.

조선 후기 우리나라는 대체로 자연지리 조건과 사회경제적인 시각에서 크게 다섯 개의 지역으로 나누었다고 생각할 수 있다. 이 다섯 지역은 북에서부터 관북 지역, 관서 지역, 왕도인 한양을 둘러싸고 있는 기호 지역, 그리고 영남 지역과 호남 지역으로 나눌 수 있다. 이 다섯 개의 지역은 사회경제적인 조건뿐만 아니라 인문적 조건에서도 타 지역과 뚜렷이 구별되는 독자적 성격을 드러낸다. 가장 손쉽게 드러나는 것이 언어에 있어서 중앙의 표준어에 대응하는 지역 나름의 방언권(方言圈)을 형성하고 있다는 점이다. 이제 각 문화권별 성격을 다음과 같이 서술할 수 있다.

1) 관북 지역 문화권

관북 지역이라고 하는 함경도 지방은 조선왕조를 개국한 이성계의 출신지이다. 전설로 전해 오는 함흥차사(咸興差使)라는 말대로 이성계가 말년에 왕위를 둘째 아들인 방과(方菓, 定宗)에게 양위하고 남은 생을 마친 고장이다. 그러나 역대 왕은 함경도에 대한 차별 시책을 폈으므로 조선 후기에 와서는 왕화(王化)가 덜 되었다고 해서 문화적 조건 면에서 아주 낙후한 지역으로 간주했다.

특히 조선 중기 이후 사림(士林)에 의한 정치체제가 확립되면서 서원이 남설(濫設)되고 유학자들을 크게 우대했으나 이 지역에서는 저명 유학자나 사족(士族)의 존재가 알려진 바 없다. 이 지역은 백두대간의 세장(細長)한

해안선을 따라 동남쪽으로 전개되지만 중앙에서는 철령 이북의 방대한 이 지역을 전부 변방으로 간주해서 사회경제적으로나 문화적으로 전혀 고려의 대상이 못 되는 것으로 간주했다.

2) 관서 지역 문화권

오늘날의 평안남북도와 황해도의 일부가 포함되는 이 지역은 조선시대에 있어서 중국에 이르는 교통로를 끼고 있어서 대중 관계를 고려해 아주 중요한 지역으로 간주되었다. 아울러 북경 및 만주 지역과 무역 거래가 활발해서 역사시대에는 이 고장을 상여지향(商旅之鄉)이라고 불렀다.

1812년 12월에 평안북도 정주성을 거점으로 해서 근 4개월 동안 농성하면서 전투를 벌이다가 관군에게 진압당하게 되는 홍경래의 봉기는 상여지향으로서의 역사시대에 있어 관서 지방의 성격을 극명하게 드러내 주는 동시에 근세사에서 전환점을 기록하는 사건이다. 홍경래 난의 직접적인 동기는 풍양 조씨 세도 정권의 평안도에 대한 차별에 있었다. 적어도 홍경래의 봉기의 격문에서 이 점을 분명히 밝혔으며, 일본인 소전성오(小田省吾)가 1932년에 『청구학총(靑丘學叢)』에 발표한 논문[3]은 그와 같은 시각에서 연구한 성과이고, 이를 뒤집은 것이 고 정석종(鄭奭鍾) 교수의 연구이다.

정 교수는 역사적 발전이라는 근대 사학의 기본 도식에 의거 홍경래의 반란 활동의 주체를 관서 지방의 핵심이자 평안북도와 남도의 접경을 이루는 청천강 유역 일대의 정주 · 안주 · 박천 등지의 사상(私商)층과 광산업자(덕대 및 광부)에다가 개성상인이 합세한, 그러니까 서구의 초기자본주의

---

3   「洪景來亂의 概略과 그 動機에 就하여」, 『청구학총』8-11 (1932.33)

형성기에 등장하는 부르주아 계급과 유사한 개념으로 설정했다.[4]

이 점에서 본다면 철종조에 삼남(三南) 지역에서 잇달아 일어난 민란하고는 판이한 성격을 지녔다고 말할 수 있다. 삼남의 경우는 농민층의 궁핍화에 따른 분해 현상이 심각한 문제의식으로 떠오르고 있었다. 그러나 관서 지방의 경우는 거상과 더불어 자립 능력이 있는 사상(私商)층의 반란이어서 우발적이고 산발적인 것이 아니라 막대한 자금력을 동원한 내란에 버금가는, 동시에 중앙정부의 지배 세력을 직접 겨냥한 조직적인 봉기였다.[5]

『관서평란록』에 대한 또 하나의 주요 관심은 반란의 동기나 경과 또는 그 여파라기보다는 홍경래의 동료이자 일급 참모인 우군칙(禹君則)이라는 인물에 대한 것이다. 그는 기록에는 지사(地師)로 되어 있으니까 풍수가, 혹은 당대에 말하는 술사(術士)였음이 분명하다. 당대의 술사란 음양·역술·천문·지리 등에 달통한 인물을 지칭하며 군사작전에도 일가견이 있는 전문가로 인정을 받았다. 이 동란에서 우군칙의 역할이 판세를 결정하는 데 결정적이었으며 이 점에서는 홍경래를 능가했다는 사실에서 그가 중심인물이었다는 증언의 기록[6]으로 미루어 보아 그는 고대의, 아니면 전근대 시대에 민중의 우상으로 급작스럽게 떠오른 카리스마적 주술사나 그런 유의 예언자를 방불케 한다. 더군다나 홍경래의 난은 『정감록』에 가탁(假託)해서 그를 가리켜 남해에 출도한 홍의 장군이며 진인(眞人)이라고 추켜세웠다.

---

4   여기서 부르주아 계급이라 함은 정교수의 주장이 아니라 필자의 부연 설명인 점을 이해하기 바란다.

5   關西平亂錄, 亞細亞文化社, (일권) 해제.

6   앞의 책, 해제.

이러한 주술종교적(magico-religious) 요소가 홍경래의 난에 이어서 철종기에 잇달아 일어난 민란과 위에서 간단히 언급한 이필제의 난을 비롯해서 1894년의 동학농민전쟁까지를 통틀어서 근대적 지향성과 결연 짓는 데 곤혹스러움을 안겨 준다고 볼 수 있다. 근대성이란 합목적성을 지향하는 역사 변화의 흐름을 지칭하는 것이라고 말하고 싶다. 여기서 주술적(미신적) 요소는 의당 배제되어야 하며, 종교마저도 변화하지 않으면 안 된다. 이때 종교란 성스러움 그 자체로서가 아니라, 역사 사회적 존재로서의 종교자가 당면한 시대적 과제를 돌파하기 위한 하나의 도구로서만 간주될 뿐이다.[7]

필자가 천년왕국설을 걷어치운 것도 바로 그런 배경을 갖고 있다. 종교는 궁극성, 더 나아가 궁극적 실재라는 명제를 전제로 하지 않고는 성립될 수 없다. 객관적으로는 미신으로 간주되는 숭신(崇神) 행위에서도 당사자는 성스러움과 더불어 실재에 대한 절절한 체험을 진실로 받아들인다. 종교학자는 결코 이것을 외면할 수 없다.

이상의 진술은 결코 자기만의 학문 세계에 도취해서 그저 읊조려 대는 독백이 아니다. 홍경래 난은 그렇다 치고 동학농민전쟁에서마저도 종교적 요소가 하나의 도구적 존재에 지나지 않는다는 말인가? 그러한 시각의 연장선상에서 볼 때 현재 존재하는 모든 종교는 역사의 발전 법칙을 역류하는 하나의 시대착오적인 사신(祀神) 행위일 뿐이다.

잠시 이야기가 빗나갔다. 하여간 홍경래 난은 반란 주체의 구성 요소가 관서 지역의 부상(富商)이나 상공 계층이어서 민란에서 발전한 농민전쟁과는 양상이 다른 측면이 있지만, 『정감록』이나 주술적 요소에 지나치게 가

---

7 막스 베버의 입장이 바로 그것이 아닌가.

탁한 반면 성취하고자 하는 목표가 합목적성을 띠지 않은 점에서는 당시의 관서 지방 민중 의식의 진취성을 인정하는 데 다소 주저하게 되는 점이 없지 않다.[8]

그러나 홍경래 난이 일어난 1812년과 갑오동학농민혁명이 발발한 1894년의 어간(於間)인 80여 년은 역사시대의 한국 사회가 서구 사회의 대략 3세기하고 맞먹는 기간에 상당하는 의식의 변화를 일으키게 된 시기였다. 19세기 막바지는 이미 우리가 현재 경험하는 문명의 경이가 선보이기 시작한 동시에 서구의 민권 사상이나 천 년 사직이라는 낡아 빠진 전제 왕조 대신 국민이 지도자를 뽑는 정치제도가 소개되던 시대였다.

이렇게 볼 때 갑오동학농민전쟁보다 80여 년 앞서 일어난 홍경래 난과 관련해서 19세기 초의 관서 지방민의 의식은 비교적 선진적(先進的)이었다고 볼 수 있을 것이다. 이런 바탕 위에 20세기에 들어와서 프로테스탄트 신앙이 쉽사리 접목되고 마찬가지로 천도교가 이 지역에서 대단한 세력을 가질 수 있었다고 볼 수 있다. 관서 지방의 문화적 특질을 정리한다면 다음과 같다.

가. 실제적이며 진취적이다. 외래문화의 수용에 적극적이다.[9] 여기에 프

---

8 예를 들면 갑오동학농민전쟁 때는 분명 척외양창의(斥外洋倡義)와 광제창생(廣濟蒼生)의 기치를 내세우고 동학농민군에 의해 평정이 된 지역에서는 집강소들을 설치해서 구휼(救恤) 사업이나 사후 행정처리방안을 모색한 것 등 뚜렷한 이념설정과 목적 지향적인 활동이 엿보이지만 홍경래 난의 경우에는 그러한 징표가 보이지 않고 그저 '평한(平漢)이라고 차별 대우를 하는 세도권병(世道權柄)의 타도'와 더불어 홍의(紅衣)장군이라고 하는 홍경래의 신통술로 만사가 형통하리라고 믿었다는 점에서 그러하다.

9 일반적으로 서원은 사림의 거유(巨儒)을 추존하는 것이 관례인데 관서지방의 평양의 경우 임란때 원병을 보내는 데 앞장선 명나라의 병부상서 석성(石星)과 명군의 총사령관인 이여송(李如松)을 추존하는 서원의 사묘(祠廟)가 있었다. 그 밖에도 여러 가

로테스탄트 신앙이 쉽사리 접목될 수 있었다.

　나. 정치적인 태도 지향에 있어서는 조정의 집권 세력에 대한 저항 의식이 두드러지면서 반사적으로 변방 의식이 짙다.

　다. 고구려의 벽화에서 보는 것 같이 씩씩하고 남성적이어서 섬세한 정서적 취향에는 조금 거리를 두는 편이다.

3) 기호 지역 문화권

　기호 지역은 왕기(王畿)인 한양을 에워싸고 있는 한반도의 중심 부분에 해당하는 지역이다. 북으로는 임진 이남, 남으로는 차령 이북으로 보면 된다. 한양이 오늘날의 수도 서울과 마찬가지로 정치·경제·문화의 중심이었던 만큼 역사시대에서도 그다지 다른 모습은 아니었을 것이다. 그러나 오늘날처럼 중앙 집권적인 메트로폴리스의 성격을 띤 것은 아니고 어디까지나 지역 문화권 가운데 하나로서 경쟁적 우위의 관계에 있었던 것이지 오늘날처럼 배타적인 우위를 지니고 있었던 것은 아니라고 본다. 그것은 조선시대의 정치 지배의 양상에 있어서 지방행정을 철두철미하게 장악했던 것이 아니고 영남 지방이나 관서 지방보다 더 철저한 아우타르키를 실현하고 있었던 까닭이라고 볼 수도 있다.

　조선 후기에 내려올수록 경강(京江)상인들의 활약이 커지면서 대외무역면에서 개성상인이나 관서 지방의 사상(私商)들을 앞질러서 경제적 부의

　　지 사례를 들 수가 있겠는데, 개화 이후 평양의 신학교에 최초의 졸업생인 길선주(吉善宙) 등 8명은 원래 한학을 수학하던 이들이다. 그러던 인물이 삽시간에 방향을 바꾸어, 그것도 전통적 가례를 미신의 우상숭배의 풍습으로 여기는 기독교의 목사가 되었다는 사실만 보더라도 그만큼 외래문화에 쉽사리 동화된다고 볼 수 있지 않을까.

축적 면에서는 타 지역의 추종을 불허하게 된다. 다만 상주인구에 비례해서 농지가 협소한 데다가 척박하고[10] 농업 종사 호구 수가 평야 지대보다 상대적으로 적은 탓이기도 하겠거니와, 하여간 민란이 그다지 빈발하지는 않았다고 볼 수 있다. 이는 경제-사회와 더불어 자연지리적 조건 못지않게 지식층의 성향이 왜곡된 현실을 합리적으로 개선하고자 하는 실용주의적 노선을 확고하게 견지했기 때문이 아닌가 한다.

그러니까 신비적인 운세 사상이나 왕조의 교체와 같은 파국적인 변혁 사상을 퍼뜨리는 따위의 주장이나 비밀스런 모의에 가담하지 않았다. 경세제민이라는 전근대사회의 지식으로서 마땅히 가야 할 정도를 벗어난 일이 없다. 그렇다고 해서 지방의 유림들과 같이 형식주의적인 예론이나 바리새인적인 엄격주의에 빠져든 것도 아니었다. 이 점은 조선 후기의 실학의 종사(宗師)로 추앙받는 성호 이익 학파와 거기서 배출되는 숱한 현사(賢士)들의 활동상을 통해서 능히 가늠할 수 있다. 실학과는 나중에 북학으로 이어지면서 중국을 경유지로 하는 서구의 과학 문명과 그 정신에 눈뜨기 시작했다. 신서파(信西派)가 천주교에 잠시 빠져들었던 것이 사실이지만 이들은 신앙에 경도해서 자기 자신의 정체성을 상실한 것이 아니었고 원래의 자리로 돌아갔다. 여기에 덧붙여 김매순(金邁淳)이나 홍직필(洪直弼)과 같은 대가가 거론되어야 한다. 안동 김씨의 세도 정권에 간판격인 어용 학자였으나 지조라는 것을 고려에 넣지 않는다면 당대 사상계의 우이(牛耳)를 틀어쥔 또 다른 그룹의 지식인으로 빼놓을 수가 없는 존재들이다. 실

---

10 성호(星湖) 이익(李翼)은 자신이 우거하던 남한강과 북한강의 합수점인 양수리 근처는 바늘 꽂을 땅 한 빼기 없다'고 개탄했다. 이는 차령 이북의 경기지역일대는 평택평야를 빼고는 이렇다 할 평야지대가 없고 토지가 또한 비옥하지 못하다는 사실을 상징적으로 암시하는 것이라고 본다.

학자와 함께 이들 어용 지식인 그룹의 학풍은 존재론적인 이기설에서 헤어나지 못하는 가운데 성리학적 정윤론(正閏論)에 목숨을 건 그런 도학자들의 학풍하고는 달리 융통성이 있는 다방면의, 말하자면 유럽의 계몽주의 시대의 백과전서 학파와 흡사한 데가 있다고 보겠다.

문화의 꽃이라고 할 예능의 방면에서 본다면 우선 회화의 장르에서 단원 김홍도나 혜원 신윤복·오원 장승업과 같은 거장을 배출할 수 있었던 것은 주자학적인 근엄한 중세적 질서의 질곡에서 근대 세계로 진입하는 한줄기의 양광이라 아니할 수 없다. 이는 사상계에 있어서 실학의 백화제방적인 개화에 발맞추어 서민 문화의 발흥을 재촉하는 시대적 요청의 일단이었다고 본다. 만약 이러한 기운이 19세기의 서세동점과 일제의 강점에 의해 좌절당하지 않았더라면 우리 나름의 시민 문화로 곧바로 발전하면서 우리 나름의 근대화를 성수하는 데 큰 저력을 발휘했을 것이다.

물론 이러한 영·정조기 이래의 서민 문화의 발흥을 가리켜서 한국의 르네상스 운동이라고 하지만 이것이 기호 지역 문화권에만 머무른 채 주변 문화권으로 널리 번져 가지 못한 아쉬움을 갖게 한다. 그런 데다가 이 기호 문화권의 창작 활동의 주인공들은 관원의 신분이었다는 점에서 본격적인 서민 문화의 기수였다고 평가하기에는 아쉬운 점이 많다. 이들은 주문 예술가로서 활동한 것이기 때문에 서민의 질박한 생활 세계를 그대로 반영하지는 못했다. 혜원의 풍속도에서 보듯이 에로틱한 관능의 세계가 여지없이 노출되는가 싶지만, 그것은 상민의 오장육부에서 폭발할 듯이 끓어오르는 춘정을 여과 없이 노출하는 게 아니라 어디까지나 주체인 양반계급의 절제된 여속(女俗)의 '훔쳐보기'에 그친 감이 있다. 오원 장승업의 분방한 삶의 궤적 역시 지주 후원자(patroon)로서의 세도권병(世道權柄)을 향한 하나의 '짓 어린 투정'으로 비치는 듯싶다. 시민사회 예술가들의 난장

판의 생애 과정에서 엿보이는 '창조적 악행'하고는 조금 거리감을 보이는
게 사실이다.

　그렇다고는 하나 회화의 장르에서는 그래도 종래의 문인화(文人畵)의 아
취를 과감히 벗어던지고 묘사의 대상을 종전에 금기로 여기던 세계로 막
파고들어 갔다든지 대담한 기법을 구사한 점에서는 새로운 물결을 이끌어
냈다고 하는 평가를 아끼지 말아야 한다. 다만 영·정조기 중앙의 문화 중
심이라고 할 기호 문화권에서 이렇다 할 공연 문화의 새바람을 일으키지
못한 것은 두고두고 아쉬움을 남기는 대목이다. 이것은 기호 문화권에 국
한하는 것이 아니라 한국의 근세 민중 문화의 한계를 증거하는 여실한 실
상이라고 말할 수 있다. 오늘날까지 잔존의 습속으로 남아 있는 서울 주변
의 오광대놀이라든지 산대놀이 따위는 세시풍속의 한 부분으로 명맥을 이
어 온 것이 분명하다.

　조선시대 후기에 와서도 서울 장안에는 상설 극장과 같은 시설이 전무
했다. 공연 문화가 지니는 대중성이나 공감 가치의 파급효과를 염두에 둘
때, 주자학적인 정체된 세계 질서를 고집해야 하는 지배 세력으로서는 그
런 야단스런 패거리의 난장판을 근엄한 왕도의 한복판에 끌어들일 엄두를
내지 않았을 법하다. 또 지주 후원자(patroon)가 선뜻 나서지 않는 마당에
그런 대중문화가 융성하고, 또 거기에다가 요모조모로 학적 세련미를 다
듬어 가는 전문가 그룹이 생겨날 여지는 없다. 서구에서의 오페라와 연주
회, 그리고 연극이 시민 문화의 전주곡이었다는 사실은 타산지석이 아닐
수 없다. 오페라나 음악의 연주 활동과 연극은 남녀 사이의 진한 애정 관
계나 귀족 사회 또는 지배 세력에 대한 통렬한 풍자로 민중의 카타르시스
를 이루고, 이것이 부지불식간에 자유주의 사상과 더불어 정치적 혁명을
부추기기도 하는 것이 근대 서구의 격심한 사회변동기 사회에서 경험한

일련의 풍경들이다.[11] 공연문화가 지닌 대중성은 민중의 정서적인 공감 가치에서 우러나오게 된다. 민중들에게는 이런 공연문화가 일상적인 억압과 고통 속에서 의식의 저변에 압축된 폭발적 에너지를 일시적으로 해소하는 해우소이거나 아니면 또 다른 사회적 집단행동을 실천하기 위한 연대 의식을 다지는 장이 될 것이다.

특히 종교 활동에 있어서는 대중의 정서적 공감대를 이끌어 내는 것이 선교 활동에서 가장 중요한 요소라고 본다. 본디 종교가 이지적인 사유 작용에 바탕을 둔 이성의 작용이 아니라 감성적인 정서에서 우러나온다고 주장한 인물이 바로 독일의 철학자 슐라이어마허(Schleiermacher)이다. 마레트(R. R. Marret)가 미개사회의 조사 연구에서 "원시종교란 춤을 통해서 우러나온다(Primitive religion is danced out)."고 말한 것도 이러한 배경과 무관하지 않다. 연극과 같은 공감 가치를 전제 조건으로 꼽는 공연 활동을 활성화시키지 못한 기호 문화권은 같은 텃밭에서 자라나는 종교문화가 숨 쉴 여지를 헤아려 줄 줄을 몰랐다. 그리하여 외래의 종교인 천주교가 왕도인 서울을 중심으로 기세를 떨치려고 벼렀다가 여러 차례의 박해 끝에 기호 지역에서는 완전히 뿌리가 뽑히고 지방으로 숨어들어 가고 말았다. 천주교가 공인을 받고 서울에서 교회당을 짓고 정식으로 종교 활동을 시작한 것은 20세기의 문지방을 넘을 즈음이었다.

11 구 소련의 볼셰비키 혁명 당시도 그렇거니와 중공의 대국민당 및 대일투쟁 당시 연극이나 공연활동을 선전용으로 크게 이용한 것이 모두 이런 배경을 지니고 있다. 그래서 연극을 러시아어로 sympha라고 하고 이것은 바로 이런 공연문화가 지닌 공감가치를 최대한으로 노린 게 아닌가.

4) 영남 지역 문화권

　영남 문화권은 오늘날 경북 지역을 말하는 추로지향(鄒魯之鄕)의 안동 일원과 경주 주변 지역, 그리고 오늘날 서부 경남이라고 말하는 진주의 북쪽으로 지리산의 동쪽 기슭과 덕유산의 남록(南麓), 그리고 가야산의 서쪽 기슭에 전개되는 지역의 문화권을 통틀어서 말한다. 추로지향으로 알려진 문화권은 원래가 사림(土林)의 본고장이다. 김종직과 그의 문하생인 김굉필에 이어 이언적을 배출하고 퇴계가 안동의 도산서원에서 칩거하면서 한국적 성리학의 확고한 터전을 다지게 되자 이 고장은 조선 말기에 이르기까지 추로지향으로서 요지부동의 위치를 견지할 수가 있었다. 의당 안동과 경주 일원의 추로지향으로 불리는 문화권에는 거경궁리(居敬窮理)와 성경(誠敬)을 가치의 중심으로 삼는 성리학적 이념이 향촌의 일상적 기풍을 무겁게 짓눌렀음에 이론의 여지가 없다. 엄격주의적인 기풍은 생활 세계의 구석구석까지 스며들어서 일시적이나마 파격의 난장판 같은 것은 기대할 수 없었다. 형식적이고 엄격한 규율이 도덕이라는 이름 아래 일상을 지배하고 있었다고 말할 수 있지 않을까.

　오늘날 서부 경남이라고 부르는 지역은 조선 중기 초의 성리학자 남명(南溟) 조식(曺植)이 독보적인 지위에 있던 고장이다. 이 지역은 지리산과 덕유산, 그리고 가야산이 병풍처럼 둘러치고 있는 가운데 해안선이 매우 불규칙한 바다를 남면(南面)하고 있어서 외지와의 소통이 비교적 활발하지 못했다고 볼 수가 있다. 그런대로 지역의 특성을 간직한 채 최근까지 성리학적 전통을 이어 온 사례가 여러 가지 있지만 타 지역 문화권과의 접촉의 면에서는 이렇다 할 경험을 축적하지 못했던 게 사실이다. 그럼에도 규범적인 측면에서는 추로지향과 크게 다를 바가 없다고 생각이 되며 따라서 안동·경주 지역과 더불어 이 고장을 규범문화권이라고 규정하고자 한다.

5) 호남 지역 문화권

호남이라고 하면 행정구역으로 보아 전라남북도 일원을 가리키고 있지만 전근대의 역사시대에 있어서는 문화적인 근친성으로 보아 차령 이남, 소백 이서의 전역을 호남 문화권이라고 규정하는 것이 타당할 것 같다. 코스모폴리탄적인 기호 문화와 규범 지향지형인 영남 문화와는 뚜렷이 대조가 되는 서민 지향의 문화적 특질을 지니고 있다고 보겠다.

그러면 서민 문화라는 것이 무엇을 말하는지 그 개념 규정을 시도하려 할 때, 무엇보다도 그것과 대응하는 규범문화를 먼저 정의하는 게 순서라고 본다.

잡박한 설명을 피하기 위하여 하나의 예를 들어 이야기하기로 한다. 서편제 판소리의 종장(宗匠)이 된 신재효는 소리꾼을 쫓아다닐 때 집안에서 양반 가문에 먹칠을 했다고 해서 문중의 재판을 받게 되었고, 덕석말이라는 판결이 내려 죽기 전에 마지막으로 소리나 한마디 하겠다는 소청을 하니 문중 어른들이 듣고 이를 허락했다는 것이다. 그가 계면조로 슬프게 한 곡조를 뽑자 날아가던 기러기가 그 소리를 듣고 화답을 했더라고 한다. 그 광경을 보고 문중의 어른들이 하늘이 낸 목소리이니 살려 주어야 한다고 해서 향리를 떠나 멀리 가서 살라고 하면서 출향(黜鄕)이라는 벌로 대신했다고 한다.

곡절과 사연이 많은 명류(名流)의 삶과 활동상에 관련이 되는 유사한 설화는 역사시대 이래 숱한 전설이나 설화로 남겨져 있지만, 신재효와 관련

된 설화는 규범문화의 지말(枝末)이라고 할 풍교(風敎)의 문제가 중심이 되
는 화두였다고 본다. 풍교란 주자학적 세계관만을 배타적인 가치의 중심
으로 인정한 조선시대에 있어서 유교적 덕목의 근간을 이루는 예교(禮敎)
의 정신을 향촌 사회에 실현하는 구체적 실천 강령이라고 할 수 있다. 풍
교를 바로잡는다 함은 곧 향촌의 공동체에서 순량(醇良)한 양속(良俗)이 흔
들리지 않게 한다는 뜻이기도 한데, 이는 곧 유교의 예교 정신으로부터 이
끌어 내야 한다. 물론 가무라든지 음사(陰祀)라고 말하는 숭신(崇神) 행위나
금기 선을 넘어선 음양 잡술은 모두 풍교를 해치는 일이 되며 규범문화가
절대시하는 예교의 정신에 위배된다.

여기서 규범문화는 바로 예교(禮敎)를 근간으로 한다는 사실을 알게 된
다. 이 예교와 대응하는 개념이 바로 잡기(雜技)-유속(流俗)이다. 그렇다면
서민 문화는 어쩔 수 없이 상고적인 유교의 예교 정신과는 어긋나는, 봉건
적인 억압에서 해방을 지향하는 자유분방한 정신을 저변에 깔고 있을 터
이므로 그 내용인즉 가무나 숭신 행위 또는 음양 역술과 같이 사회의 변혁
을 추구하는 내용이다. 그러므로 규범문화의 입장에서는 이를 잡기나 유
속으로 폄하할 수밖에 없을 터이다.

위에서 광역의 호남 문화권은 차령 이남 전부를 말한다고 했는데. 아래
로 내려올수록 편차를 드러내고 있는 것이 사실이다. 우선 오늘날 전라남
도와 전라북도의 경계를 이루는 노령을 경계로 해서 남쪽을 가리켜 오늘
날에도 예향(藝鄕)이라고 부르거니와 여기서는 조선 중기 이래 시문(詩文)
과 회화의 분야에서 다른 지역의 추종을 불허하는 선진적인 수준을 유지
해 왔다. 이 두 분야에 관해서는 창작자나 향수자가 대체로 양반 사대부층
이었으므로 본격적인 서민 문화라고 부르기에는 다소 무리가 없지 않다.
더욱이 노령 이남의 지역에서 이 두 분야의 예술 활동이 수준 높은 완성

도를 견지할 수 있었던 것은 1) 풍토적인 조건,[12] 2) 조선 중기 이래 유배지로 간주되어 기호 문화권에서 유배를 온 정철 · 윤선도 · 정약용 · 김정희와 같은 걸출한 문화인이 지방 문화의 수준을 향상시키는 데 크게 기여한 점,[13] 3) 장성의 필암(筆巖)서원[14]과 장흥의 존재(存齋) 위백규(魏伯珪) 등이 서민 취향의 문화가 풍교를 어지럽히는 방향으로 발전하지 않게끔 방파제 역을[15] 했다는 사실을 거론할 수 있다.

12 풍토적인 조건에 있어서는 노령 이남의 호남문화권(오늘날의 전라 남도 지역) 일원은 뒤로는 소백산맥의 지맥인 노령이 병풍처럼 둘러져 있고, 바다를 남면(南面)하고 있는 데다가 해안선에서 멀지 않은 곳이 다도해 지역으로 여러 섬들이 흩어져 있어 그림 같은 풍광에다가 고요하고 사색적인 분위기에 적절한 지형이다.

13 조선 중기 가사문학의 선구자로 알려진 정철(鄭澈, 중종31-선조26)은 서울 태생이지만 조부의 유택이 있는 담양이 근거지였으므로 오늘날에는 전라북도에 속한다고 하겠다. 그러나 정철보다 뒤늦게 태어난 윤선도는 해남이 고향이어서 지방문화의 발전에 적이 기여했다. 한편 추사 김정희가 선승 백파 긍선과 교유한 사실과 다산 정약용이 초의선사와 교유한 사실은 확실히 남도 문화의 수준 향상에 절대적으로 기여했다고 본다

14 전남 장성에 있는 필암(筆巖)서원은 조선 중기의 유학자 김인후(金麟厚)를 배향(配享)한 서원으로서 고가령(高歌命)을 배향(配享)하는 광주의 표충사 및 최치원을 제향(祭享)하는 태인의 무성(武城)서원과 더불어 대원군의 서원철폐령 때 존치가 결정이 된 전라도의 세 서원 가운데 하나이다. 그런데 표충사와 무성서원은 사우(祠宇)의 성격이 짙어서 지역 유림(儒林)의 활동 본거지라고 할 데는 오직 필암서원뿐이어서 이른바 천주학을 환두개명(幻頭改名)한 것이라고 비난을 퍼붓고, 동학을 비롯한 향풍을 어지럽히는 일체의 규범일탈 행위에 대해서 엄격한 태도로 일관한 데는 오직 이곳뿐이라고 생각한다.

15 존재(存齋) 위백규(魏伯珪)는 전남 장흥 출신으로 평생 이곳을 떠나지 않은 골수의 향신(鄕紳)이다. 정조 재위시의 인물(1727-1798)인 그는 생전에는 주자학적 이념의 사회적 실천을 위해서 진력한 것으로 알려지고 있다. 그는 따라서 봉건적 사유체계에 입각한 공동체의 안녕과 질서의 구현을 목표로 했다는 점에서는 당대의 기호문화권에서 활동한 실학자에 비긴다면 선진적인 시대정신에 부합하는 것은 아니었다고 본다. 李海濬, 「存在魏伯珪의 社會改善論」, 『韓國史論』 5, 서울대 국사학과, 1979, 232-303쪽.

이렇게 본다면 노령 이남의 호남 문화는 일사적(逸士的)인 자적한 관조의 세계를 탐닉하는 성향을 보임으로써 노령 이북의 문화에 비길 때 정적이며 한 폭의 산수화와 같은 분위기를 느끼게 한다. 반대로 동적이며 축적된 에너지가 일시에 폭발하는 듯한 노령 이북의 문화는 판소리의 가락이나 그것의 시연(施演)의 행태와 관련되는 기질상의 특성을 보면 잘 알 수 있다. 판소리는 유랑하는 광대패가 그 원조[16]라는 것이며 가사로서의 춘향전의 가창(歌唱)이 모태가 된다고 한다. 이것만을 가지고 노령 이남의 호남 문화권에 대응시켜서 전북의 기질이라고 못 박기에는 근거가 너무나도 빈약하다.

또한 앞에서 노령 이남 지역의 문화가 유장한 데다가 관조적인 특질을 갖고 있다고 주장했지만, 오늘날 전남 주민의 기질은 오히려 일상적인 활동의 영역에서 훨씬 성급하게 보이는데 무엇보다도 언어(방언)에서 그런 특질을 보인다는 평판이다. 그러나 만경 평야를 거슬러 올라가서 황산벌과 여기서 이어지는 논산벌은 지난날 백제의 고토(故土)로서 종교문화 면에서 미륵 신앙이 치성(熾盛)했던 고장이다. 직접적인 연관 관계를 유추한다는 것은 무리일지 모르나, 하여간 말법 시대에 미륵의 하생을 대망하는 미륵 신앙이 이 지역 문화의 저변에 축적되었으리라는 가정이 전혀 근거가 없다고 보지는 않는다. 오늘날에도 이 지역의 신종교의 교조들은 미륵에 가탁하고 있다. 말법 시대에 임박했다는 초조감에서 우러나오는 사회 변혁에 대한 기대가 강경과 김제 만경을 잇는 곡창지대의 민중들의 심성 속에 벌써부터 자리매김하고 있었던 게 아닐까.

남쪽의 호남 문화와 같은 안정감이나, 아니면 기호 문화권의 절묘한 균

16　金東旭, 『增補春香傳硏究』, 1976, 연대출판부, 導說, 6쪽.

형 감각이라기보다는 강력한 미래 지향성과 터져 오르는 듯한 자기 표출의 역동적인 의지가 뚜렷이 드러나는 것이 노령 이북의 호남 문화의 특질이다. 그런 데다가 규범문화의 시각에서 보면 잡기(雜技)와 유속(流俗)에 흐르고 있다고 하겠으나, 그보다는 세련성이나 합목적성이라는 관점에서는 결성개념(缺性概念)이 두드러지며 귀족적인 자적(自適)과 소요(逍遙)의 안락(安樂)을 추구하는 면모가 전혀 엿보이지 않는다는 데서 남도의 문화보다도 한층 서민적이라고 하겠다.[17]

　　결국 지역 문화권의 그 나름의 성격이란 것은 전통 사회의 당해 지역사회에서 누가 주도권을 쥐느냐에 따라서 그 색깔이 달라질 수밖에 없다. 사대부가 주체가 되면 지역 문화는 관료적인 색채를 띨 수밖에 없고, 사림(士林)=향신(鄕紳)층이 주체가 되면 주자학의 교조적인 도덕 지상주의의 엄격주의에 빠질 수밖에 없게 될 것이다. 그러나 향신이 아니라 농민층 또는 18세기 이후 역사에 등장하는 지방의 토호나 양반층으로 갑작스럽게 행세하게 되는 계층이 주체가 되는 지역문화는 서민 문화로서 투박한 질감을 그대로 드러내면서 즉물적(sachlich)인 정서의 발로를 서슴지 않을 것이다. 본고는 바로 그것이 신종교의 태동에 어떤 영향을 미쳤는가를 따지려 하는 데서 결론을 이끌어 내려고 한다. 그러기 위해서는 이제 최근세까지 지방 사회에서 향권(주도권)의 추이가 어떠한가를 알아보는 게 다음의 순서라고 본다.

17　이러한 설명은 역사시대. 전근대적 전통사회의 여러 가지 기준점의 단서들을 가지고 그 나름의 특질을 가늠해 보는 것일 뿐, 오늘날의 전남북이나 또는 다른 지역문화와 비교가 되는 그런 특징들은 아니다.

4. 지역 문화권에서의 향권의 추이와 향풍 확립의 문제

먼저 향(鄕)에 대해서 생각해 보기로 한다. 동양 문화권에서 향이란 자신이 태어나고 자란 고장이란 뜻 이상의 의미를 지닌다. 그것은 독일어의 하이마트(Heimat)에서 풍기는 낭만의 정서가 물씬 풍기는 그런 공간이 아니다. 오히려 향이란 지배와 피지배, 수탈과 피착취라고 하는 살벌한 투쟁이 전개되는 그런 몰풍경한 장소이다. 향의 성격이 그럴 수밖에 없게 된 데에는 이 말이 오늘날의 뜻(중국 문화권에서의)으로 정착하게 되는 중국의 춘추시대의 사정을 이해해야만 한다. 중국의 춘추시대는 부족 연합의 도시국가들이 독립해서 경쟁하는 그런 단계였다. 그게 바로 향이었다. 각 향을 다스리는 것은 세력 있는 씨족 가문이었다.

중국이 통일국가를 이룩하면서 한나라 이래의 전제 왕조는 군현제를 가지고 지방민을 직접 지배하려고 했지만 워낙 방대한 영토를 다스려야 하는 관계로 중앙정부에 의한 각 지방민의 직접 지배는 형식적인 겉치레에 그치는 것이었다. 주자는 이런 양두구육의 지배 형태를 청산하고 지방자치의 형태를 고안해 냈다. 물론 그것은 오늘날의 민주주의적 방식의 지방자치가 아니라 현지에 주재하는 사(士)에게 지배권을 주는 그런 방식이었다. 말하자면 그는 지주로서 농업 노동에 종사하지 않고 향 안에 사는 주민을 소작인으로 삼아 그들로부터 도조를 받아서 생활하게 되는 방식이다. 다만 소작인들인 향민(鄕民)들을 다스리는 방식이 형정(刑政)을 앞세운 폭력에 의지하는 방식이 아니라 도덕적인 교화를 가지고 선도하는 방식인 것이다. 이리하여 향약이 나오고 사창(社倉)이니 하는 구휼 제도가 생기게 되었다.

주자학을 체제 교학으로 삼은 조선조의 사대부 정권은 중국의 본을 받아서 폭력에 의지하지 않고 백성을 도덕적으로 교화시켜서 손쉽게 통치하는 방법을 강구했다.[18] 중국이나 우리나라나 농업을 위주로 하므로 정착 농민이 동요하지 않고 잘 복종하게 길들이자면 자연 마을의 최소 단위인 향촌 사회부터 꽉 잡아 놔야 한다. 그래서 향약이 생겨나고 여기에 부수하는 각종 덕목들이 저절로 일상화되어 갔다. 유교의 가례가 가족적인 규범이자 사도덕(私道德)이라 한다면 향약과 여기에 부수하는 덕목들은 공도덕 또는 사회도덕이라고 할 수 있다.

그리하여 이황과 이이는 기존의 향약을 손질해서 각각 당대 조선의 실정에 맞게 예안향약과 해주향약을 만들었다. 한편 이황은 조정의 부름을 뿌리치고 향리인 안동의 도산서원에서 자적한 만년을 보내게 된다. 이황이 향리에 정착할 무렵에 이르러 조선 사회의 향촌은 사(士)에 의한 지배가 일상화된다. 그들은 당대에 그치지 않고 자자손손이 대를 물려 가면서 향촌을 장악해 가게 된다. 여기서 바로 사족(士族)이라는 말이 나오게 된다. 사족은 사의 직계의 혈연상의 후예뿐만이 아니라 방계 가족도 향촌 사회에서 경제적으로는 지주로서 정신적으로는 향촌 사회의 지도적 인사로서 지배권을 대물림해 가게 된다. 더구나 학덕고재(學德高才)의 저명한 사(士)일 경우 그를 따르는 제자나 문도(門徒)들이 스승의 사후에는 서원을 세워서 스승의 학덕을 기리는 동시에 그곳을 학문 연마의 도장으로 삼게 되는

18 선조 8년 5월 조정에서 화담(花潭)에에 대한 사후(死後)의 포상문제가 논의되었는데 그때 선조왕이 그 사람은 저서를 볼 때 기수학(氣數學)에 대한 논의가 전부이고 '수신지사(修身之事)'에 관한 언급은 전혀 없으니 어찌 이를 가지고 학문이라 이르겠는가 (敬德所著書 予取而關之 則論氣數 而不及於修身之事 無乃是學耶)라고 말하고 있다. 선조의 이러한 지적은 조선 중기에 들어와서 중국 송대의 성리학자 6현 가운데 우주론적 신비주의에 흘러버린 소옹(邵擁)을 사숙한 서경덕을 배제하고 도덕적 교화주의를 주장한 정주학(程朱學) 체계로 굳혀가는 사실을 말하는 아주 중요한 대목이다.

데, 이것이 바로 서원이다. 그런데 시대가 아래로 내려올수록 사(士)의 후
예인 사족보다도 제자들의 후예인 문도(門徒)들이 뭉쳐서 떼거리를 지어
자신들의 집단적 이익을 도모하려는 움직임을 보이게 되었다.

　임진왜란 때 원군을 파병해서 우리나라를 도와준 명나라의 신종 황제를
배향(配享)하는 만동묘는 노론의 영수 송시열을 따르는 화양동서원의 유
생들의 소굴이라는 좋지 않은 평판이 나서 대원군이 철폐한 사실은 잘 알
려져 있다. 그러나 퇴계 이황뿐만이 아니라 저명사족(著名士族) 다수가 할
거하는 추로지향에서는 20세기로 넘어오면서까지 향촌 사회에서 그들의
영향력은 무시할 수 없었다. 이들이 향촌 사회의 질서를 꽉 잡고 있었음은
두말할 여지가 없다. 추로지향은 경제적으로도 자급·자립의 정도가 되
어 아우타르키의 실현이 가능했던 듯하다. 따라서 중앙정부에 세미를 공
납하지 않았다는 뜻이다.

　실제로 조선 후기 안동 지방에서는 감영이나 관찰사의 행정명령이 향촌
사회에서 먹혀 들어가지 않는 실정이었다고 한다. 한 가지 실례를 들어 보
면 영조 14년에 안동에 노론의 영수이자 척화파의 대표라고 할 김상헌(金
尙憲)의 서원을 세우려고 건물을 지었는데 현지의 좌수와 교임(校任)이 작
당을 해서 기와를 전부 헐어 버리고 건물을 훼손했다는 것이다. 경상 지방
장관이 "감사로서도 어쩔 수 없다."고 중앙에 보고한바, 정부에서도

　안동의 향권을 나라에서 억제해 보려고는 하나 그것이 불가능하다(安東鄕
　　權 自國爲抑奪 亦不能矣).[19]

19　承政院日記 第48冊, 英組 14년 7월 16일.

이것을 확대 해석한다면 안동의 향권은 국왕으로서도 좌지우지할 수 없다는 뜻과 같다고 본다. 물론 이렇게 막강한 향권의 배후에는 사족과 사림의 후예들이 버티고 있었음은 더 말할 나위가 없다.

그러나 김인걸(金仁杰) 교수는 1981년에 발표한 논문에서 18~19세기에 있어서 향촌의 지배권의 변화를 논하는 가운데 사족이 장악하고 있었던 향권이 점차 수령에게 넘어가는 것으로 파악했다. 그리하여 사족은 이제 향촌의 지배 세력으로부터 소외된 가운데 단지 명목상으로 유림(儒林)으로만 존재하게 되어 간다는 것이다.[20]

이 논문은 거금 20여 년 전에 발표된 것이므로 그동안 전문적 연구 분야에서 아직까지 김 교수의 주장이 그대로 설득력을 지니고 있는지는 필자가 알 도리가 없다. 또한 전문가가 아닌 만큼 이러저러한 평가를 내릴 만한 위치에 있지 아니하다. 그런데 김 교수의 이러한 주장은 앞서 사례로 설명한 안동 지역의 사례하고는 상반되는 것이다. 왜냐하면 안동 지역에서는 수령이 지방의 사족 세력을 통제하지 못한 것으로 설명이 되었기 때문이다. 그렇다면 여기서 김 교수의 주장과는 상반되는 결과를 어떻게 정리해야 할까가 딜레마이기도 하다.

한 가지의 해결의 실마리를 찾는다면 위의 김 교수 논문에서 사례로 든 향촌 지역이 순암(順菴) 안정복(安鼎福)이 수령으로 재임할 당시의 충청도 목천현(木川縣)이라는 점이다. 그렇다면 이 지역은 안동을 중심으로 해서 뭇별과 같은 저명 사족들이 중앙정부를 아랑곳하지 않고 향촌의 실세로서 군림하는 추로지향하고는 달랐을 것이라는 심증을 전제로 해서 당대의 실

---

20 金仁杰,「朝鮮後期 鄕權의 추이와 지배층 동향」,『韓國文化』 2, 서울대학교 한국문화 연구소, 1981.

정을 인식해야 하지 않을까 하는 생각이다. 여기에만 그칠 게 아니라 당시 (18-19세기)의 목천현의 사정에 대한 인식은 향권이 확실히 사족의 손아귀에 있는 영남 지역 문화권하고는 다르지만, 지역적으로 지근거리에 있는 호남 지역 문화권에는 근사하게 접근한다고 볼 수 있지 않을까 하는 유추를 해 볼 수 있다.

그렇다면 안동 일원의 추로지향을 제외한 삼남 지역에서 사족의 향촌에 대한 지배권이 쇠퇴해 가는 대신 수령권이 강화된다 함은 무엇을 의미하는가? 이 점에 대해서 다음과 같이 유추를 해 볼 수 있지 않을까 한다.

첫째, 사족과 수령의 역할이 다르다는 점에 주목해야 한다. 사족은 향촌 안에서 양인이나 천민(私奴婢)과 더불어 사는 공동체의 구성원이다. 사족의 향촌 지배권은 향풍의 규찰(糾察)이라든지 양속을 권장하고 완악하고 퇴폐한 풍조를 미연에 방지해서 공동 질서를 구현하는 데 있다. 따라서 도덕적 교화가 주임무이다. 그러나 수령의 경우는 국왕이 직접 임명한 품관(品官)으로서 무엇보다도 향촌에서 세수와 부역 및 군역을 확보해야 한다. 한데 조선 후기에 내려올수록 전국 규모에서 볼 때 인구는 불어나고 방대한 재정 수요를 충당하기 위해서는 조세 및 부역의 관리가 매우 중요한 과제였다. 그러기 위해서는 인구의 동태 파악이라든가, 세원의 확보와 같은 문제에 있어서 종전보다는 더욱 행정력을 강화할 필요가 자연히 대두되었을 것이다. 더구나 삼정이 문란해지면서 지방관들의 탐학이 가중될수록 인민에 대한 직접 지배는 강화될 수밖에 없다. 불법이든 합법이든 수령은 자신이 가진 행정 사법권을 가능한 한 최대로 활용해서 향촌 사회를 꽉 장악하려 들었을 것이다. 여기에 비해서 행정 사법의 권한을 갖지 못한 사족

의 권위는 점점 위축될 수밖에 없는 것이다.[21]

이런 시각에서 본다면 서원의 숫자나 그 역할이 영남 지역 문화권에 비해서 열세의 국면에 있고, 또 저명(著名) 사족의 세거지(世居地)가 숫자로 보아 영남에 비해 역시 열세에 있는 호남 문화권—그중에도 오늘날의 전북 지역에서는 향촌에서 풍교(風敎)를 바로잡는 사족(士族)의 적극적 역할을 기대하기가 쉽지 않았다고 볼 수 있지 않을까? 그와는 정반대로 오히려 잡기나 유속(流俗)에 비교적 관대했다고 볼 수도 있지 않을까?

둘째, 조선 후기에 있어서 신분 변동과 관련되는 문제이다. 노비나 상민이 양반 행세를 하고 족보를 위조한다든지 혹은 지방의 부호는 공명첩 같은 것을 사서 벼슬한 것처럼 위장을 해서 양반에 입적했다든지 하는 사례들은 역사에 관심을 갖는 사람에게는 상식에 속한다. 사실 조선시대에 양반이라는 것은 법제나 제도상의 개념이 아니라 역사적 형성물이다. 신분 향상은 사회적 위신의 과시와 또 거기에서 오는 반사적 이익—가령 군역이나 부역을 면제받는다든지 하는—을 무시할 수가 없는 터이므로 형세가 닿으면 누구나 상위 신분으로의 상승을 꾀하지 않겠나 하는 것이다.

물론 반촌의 규범문화가 일찍부터 정착해 있었던 영남 지역에서는 이런 신분 향상의 노력이 그다지 무심하지는 않았으리라고 본다.[22] 다른 시기에 비해 18~19세기에 들어와서 급격한 신분 향상이 이루어지는 경향이 있었다 하더라도 호남 문화권처럼 치성(熾盛)하지는 않았을 것이라고 본다. 호남 문화권의 경우, 특히 전북 지역에 있어서는 가령 동학에서 주모자 역할

---

21 위의 글, 181쪽.
22 일제 강점기에 조선후기 사회경제사를 연구한 일인 학자 사방박(四方博)은 숙종 연간 대구의 호적을 조사해서 급격한 신분 상승의 현상을 밝혀냈다. 영남의 핵심부가 그랬다면 다른 지역은 말할 것도 없지 않은가.

을 한 전봉준이나 김개남, 손화중을 비롯해서 소극적으로 가담만 했다고 하는 강중산 등 모두가 양반의 적에 올라 있는 인물이며, 또 종사했던 일이 독서를 하고 아이들에게 글 가르치는 훈장이었던 만큼 양반 신분층에 상응하는 식자(識者)들이었다. 그러나 이들 모두는 비록 서출일망정 분명히 사족의 후예였던 최제우하고는 다르다. 이들은 사족의 후예도 아니었을뿐더러 그렇다고 조상 가운데 과거 문과에 급제한 인물이 있다거나 적어도 품관을 지낸 경력이 있는 인물이 없다. 조선 후기의 와중에서 갑작스럽게 신분 상승의 기회를 잡은 이들의 후예라고 보는 것이 적절할 것이다. 사족의 후예도 아니면서 더구나 사족이 해야 할 풍교를 바로잡는 역할이 전혀 도외시되는 그런 풍토에서 이들 식자가 탐닉하게 되는 것은 자연히 정통의 도학이 아닌 잡술이나 좌도, 그러니까 천문·지리·병서·참서나 상수역학(象數易學) 따위여서 유림에서는 금기시하던 것들이었다.

셋째, 영남 문화권에서는 사족(士族)이 향촌을 완벽하게 장악하고 있어서, 지역의 서원을 거점으로 한 유림들이 들고 일어나서 동학교도들의 집회 활동을 배척한 일을 직접 사례로 들어 보고자 한다. 그리하여 영남의 규범문화는 풍교를 어지럽히는 음사 신앙으로 간주되는 동학이나 나아가 사신(祀神) 행위를 절대로 용납하지 않았는데 이 점에서는 오히려 수령이나 중앙정부 측보다도 더 강경했다.

1862년 9월 최제우가 '해민패속(害民敗俗)'한다는 죄목으로 경주 진영(鎭營)에 구금되었는데 이 '해민패속'이라는 말은 서원에서 유림들의 소장에서 나온 말이지 관에서 직접 그런 죄목으로 최제우가 작죄했다고 단정한 게 아니라 한다.[23] 또 1863년 9월 13일에는 상주군 우산리(愚山里)에 있는

23 崔承熙, 「書院勢力의 東學排斥運動小考」, 『韓佑欣博士停年記念 史學論叢』, 1981, 지식

우산(愚山)서원에서 같은 군의 도남(道南)서원으로 '동학을 배척'하라는 통문을 보낸 사실[24]로 보아서 이것은 단순히 상주군 안의 서원에서만 이런 통문이 나돈 게 아니라 영남 전역에 걸쳐서 서원이나 유림이 주동해서 동학을 천주교 이상의 사학으로 규정하고 한사코 배격하는 움직임이 있었다는 판단이 과히 틀리지 않는 것이라고 했다.[25]

여기에 대해서 유림의 세력이 자치적인 규범의 확립에 힘이 미치지 못했던 호남 문화권에서는 비판적인 입장에서 보는 '동학의 창궐'을 수수방관하는 수밖에 없었다고 본다. 호남 문화권에서도 노사(蘆沙) 기정진(奇正鎭)이나 간재(艮齋) 전우(田愚)와 같은 성리학자가 조선 말기의 주자학의 전통을 마지막으로 장식했지만 자유분방한 서민 문화의 난만한 분위기를 구속하기에는 때가 늦었다.

5. 신종교의 태반(胎盤)—서민 문화

1) 서민 문화의 전도사—광대와 판소리

호남 지역 문화권의 서민 문화적 성향의 원류는 멀리 삼국 정립 시대까지 소급해 올라간다.

백제와 고구려가 망하자 두 나라의 악인이 천인화(賤人化)하여 유랑창자(流

산업사, 550쪽.
24 위의 글, 552쪽.
25 위의 글, 554쪽.

浪唱者)로 나섰다. 전라도가 예부터 많은 명창·광대의 산지로 나선 것으로
도 추측된다.[26]

　라고 김동욱 선생은 그의 저서에 적었는데, 통일신라를 거처 고려와 조
선의 두 왕조의 허구한 세월 강산이 족히 수백 번을 바뀌었을 거라는 얘기
는 시사(詩詞)에나 오르내릴지는 몰라도, 풍토는 역시 예스런 그 모습 그대
로의 전라도의 그 모습이 아닌가. 천 년이 아니라 만 년의 세월이 흐른들
땅이 꺼지고 산이 바닷속에 잠기는 상전벽해의 개벽이 그렇게 쉽게 일어
날쏜가. 하여간 그런 천인 유랑창자가 고대부터 그 유습을 근세까지 이어
온 것도 그다지 달라지지는 않았으리라 본다.
　추수 때면 각설이나 배뱅이굿 타령을 하면서 이 동네 저 마을에서 산 설
고 물 설은 낯선 고장을 마다 않고 떠도는 광대 신세 … 동헌 마당에서 줄
타기 재주를 넘다가 해질녘이면 양반 대갓집 잔칫상 앞에서 구성지게 목
청을 돋우는가 하면, 때로는 장마당에서 계면조 가락으로 뽑아 아낙들 눈
시울 적시게 만들었던 그들 … 여기저기서 거둬들인 추렴으로 그저 삼 시
세 때 배나 곯지 않는 걸로나 부자 된 기분인 그네들 … 어찌 그것이 광대
만의 삶이었겠나. 전라도, 충청도, 경상도를 가릴 게 없이 지난 역사시대
에 찌든 가난 속에 고난의 생을 마지못해 엮어 가야 했던 숱한 민중들의
일상이 바로 그게 아니었던가.
　남보다 목청 좀 잘 뽑는다고 광대인가, 아니면 재주 좀 잘 넘는다고 광대
인가, 아니 눈 맞으면 손쉽게 부부 되고, 얼굴 좀 반반하면 수령방백 잠자
리 시중들고, 허기진 배 채우려고 코끼리 가죽의 영감쟁이 씨받이 노릇도

26　金東旭, 앞의 책, 19쪽.

마다하지 않으니 '그 광대라는 천하의 잡것들' 하면서 빈축했을 터이다. 팔천(八賤)입네 인종지말이네 하는 소리 들었을 터이다.

하지만 이네들이 뿌린 씨는 약과로 봐 넘겨서는 안 된다. 고을에서 고을로, 아니 그게 아니라 전라도에서 경상도로 다시 경기도에서 전라도로 요새의 시쳇말로 멋이라고 할까, 유행이라고 할까, 아무튼 그런 비슷한 것 마치 돌림병 나돌 듯 전염하고 돌아다녔을 테니 말이다. 남녀무별(男女無別)에다가 유무상자(有無相資)라고 해서 사족이나 유림들이 대경실색하는 해민패속(害民敗俗)만은 아닐 터이다. 무언가 가슴이 찡하게 하는 그네들의 몸짓이, 못내 아쉬움이 남는 그런 동정심과도 같은 정서가 광대와 민중과, 아니면 양반 샌님네와 이심전심으로 이어 주는 그런 연결 고리가 아니었을까. 이것이 바로 전라도의 서민 문화를 일구는 텃밭이 되었을 터이다.

이렇게 해서 전주의 대사습(大私習)이 탄생했고 송흥록 모홍갑 같은 판소리 명창이 나왔다. 또 판소리가 없었더라면, 아니 광대가 없었더라면 소설 춘향전이 어떻게 생겼겠나.[27] 남원이 어떻게 전라북도의 또 하나의 문화 중심으로 발돋움을 하였겠는가.

2) 상상과 문화

꿈은 하나의 고즈넉한 영상일까? 아니면 김은호 화백의 미인도에 나오는 선녀와 같은 모습의 아리따운 아가씨의 영상일까? 하여간 그것이 또렷한 영상이든 아니면 짙은 안개가 낀 파지장을 걷는 분위기의 흐리멍텅한 관념의 세계이든 간에, 그것이 현실이 아닌 상상의 세계임에는 틀림이 없

27 위의 책, 8쪽.

다. 그렇기 때문에 상상의 세계로서의 영상은 한층 또렷하게 리얼한 실재로 다가오는 것인지도 모른다. 전라도 사람에게 있어서, 아니, 아니 모든 한국 사람의 꿈속에 영상으로, 현실보다 더 리얼한 상상으로, 그리고 꿈속에 그려 보는 춘향의 자태는 어떤 것일까? 어쩌면 그것은 미인도에 나오는 그런 모습이 아닐지도 모른다. 얼어붙은 듯이 박제로 정물로 존재하는 그런 모습은 정녕 아닐 터이다. 청정한 밤하늘 구름에 떠가는 달이라고나 할까? 선운사 연못에 함초롬히 떠 있는 연꽃의 자태일까? 그럴지도 모르지, 달이나 연꽃이나 연꽃의 이미지는 깨끗하며 범하기 쉽지 않은 청초한 이미지를 갖고 있으니까 말이다. 그러나 우리의 구원의 여인 춘향이는 그렇게 냉랭하고도 고고한 요조숙녀의 자태만으로는 상상의 세계를 생생하게 채워 주지 못한다. 그런 오로지 미인도의 화폭에서 보는 박제의 이미지에 생명감을 불어넣는 데 그쳐야 한다. 그녀는 생글거리는 미소와 능숙하면서도 천격스럽지 않은, 그리고 여성의 특유의 은근함과 온화함으로 사나이의 무딘 기질을 녹여 버리는 힘이 있어야 한다. 그래서 춘향이다. 도저히 현실 속에서는 있을 수가 없는, 그저 상상 속에서나 있을 수 있는 그런 춘향의 이미지를 만들어 낼 수 있는 것이 판소리이자 문화의 힘이다. 또 그것이 호남의 서민 문화이다.

3) 효와 자비

실제로 살아 있는 현실의 인간보다도 더 생생한 춘향의 영상을 만들어 내는 게 서민 문화의 힘이다. 이런 힘을 구사한다면 소설 이외의 장르에서, 종교에서는 기적에 가까운 성취를 이룩해 낼지 모른다. 한 가지 실례로 호남 문화권에서 잘 알려진 진묵의 설화를 가지고 생각해 보기로 한다. 진묵은 조선 중기인 명종 때 지금의 전북 만경강 하구 근처에서 태어난 승려이다. 그는 역사상 이름을 남긴 숱한 고승(高僧)들하고는 아주 다른 특징이 있다. 사실 기록을 남긴 것이 별반 없어 후에 초의가 지은『진묵조사유적고(震默祖師遺跡攷)』라고 하는 8가지의 진묵의 이적(異蹟)을 적은 기록이[28] 전부이고 이것은 구전으로 전해 오는 설화를 글로 쓴 것이다. 무엇보다도 그는 이적(異蹟) 못지않게 여러 가지 기행(奇行)으로 유명한데 그중에 제일 많이 알려진 것이 술을 곡차라고[29] 하면서 즐겨 마셨다는 사실이다. 이적 가운데에는 어머니에 대한 효성이 지극해서 어머니를 괴롭히는 모기를 퇴치하고자 산신령하고 대화를 해서 목적을 달성했다는 효행 설화가 전해진다. 오늘날에도 만경사에는 진묵의 어머니 묘라고 하는 큰 산소가 있다.

진묵의 특징은 다른 선사들처럼 불교의 전통 작법에 얽매이지 않고, 세간의 중생과 다를 바 없이 처신했으면서도 고승 대덕의 도를 닦은 점이다. 그래서 다른 승려와는 차이가 드러나는 설화를 남겼다. 또 하나의 이적 설화로서 자비를 말한 것 중에는 길을 지나가다가 아이가 물고기를 끓이는 것을 보고 그것을 다 먹고 나중에 뒤를 보아서 살려 보냈다는 이야기가 있다. 어머니를 위한 모기 퇴치 설화나 물고기 설화는 모두가 있을 수 없는 그런 상상의 세계를 말하고 있다. 그것을 글로 적어서 남긴 초의선사조차도 정말이 아니었을 것이라는 사실을 누구보다도 잘 알았을 것이다.

그렇다면 이들 거짓말인 설화들이 지니는 가치는 무엇인가? 그것은 그런 상상을 통해서 사실 이상의 진실을 말하고 있다는 것이다. 신화나 전설은 논리나 이성으로 해명이 안 되는 특질을 지니고 있다. 결국 그것은 마

28 일옥 항, 한국정신문화대백과사전 18.
29 高橋亨, 李朝佛教, 복각본, 527쪽.

음의 문제, 느낌(feeling) 정서의 문제[30]이다. 신화나 전설은 따져야 할 대상이 아니라 느껴야 할 대상이라는 뜻이기도 하다.

따라서 진묵의 설화는 그것이 형식화된 덕목으로서의 효도가 아니라 자식으로서의 전인격을 투여한 어머니에 대한 애틋한 마음이라는 데 큰 뜻이 있다. 물고기를 살려 주었다는 이야기도 마찬가지이다. 판에 박힌 그런 자비행이 아니라 본심에서 우러나오는 자비행의 실천이라는 점에서 다르게 보아야 한다. 물론 진묵의 사례가 독특하다고는 하나 승려의 세계에서 있을 수 있는 이야기들이다. 그런데도 이를 달리 평가하지 않을 수 없는 것은 다른 어떤 승려보다도 진묵의 일화는 전북의 그가 살았던 주변 만경강 하구와 멀리 변산반도까지 번져서 살아 있는 전설로 누구나가 기리고 있기 때문이다. 그리고 호남 문화권이 낳은 종교 천재 증산 강일순도 진묵을 가장 존경하고 사숙하는 스승으로 여겼다고 한다.

필자로서는 진묵을 카리스마적으로 신격화하지 않은 채 그의 설화를 실제인 것처럼 이야기하고 또 그런 이야기를 만들어 낼 수 있는 호남 문화권의 상상력이 바로 신종교를 탄생케 한 힘이라고 본다.

4) 해원 사상

해원 사상에 대해서는 증산교계의 사람들이 주장하는 일방적인 교조 찬양 일색의 해설을 넘어 좀 더 근원적인 문제에 접근해 가고자 한다.

직접적으로는 동학농민전쟁 때 관군과 동학군의 공방과 난리의 평정 후에 발생한 보복 행동을 보고 증산 강일순이 화해의 정신을 교리로 말하는

---

30 Ernst Cassirer, *An Essay on Man*. Yale Univ. Press, 1963, p.81.

가운데 성립된 사상이라고 한다. 동학농민전쟁 때 전봉준, 손화중과 더불어 반란 지도자 중 한 사람인 김개남은 아주 과감한 성격으로 관군이나 관리를 잔인한 방법으로 처치했는데, 그에게 살해당한 남원 부사 이용헌(李龍憲)의 아들이 처형당한 김개남의 사체에서 간을 꺼내서 먹었다는 것이다.[31] 이 잔인한 보복의 악순환이 증산으로 하여금 해원 사상을 말하게 했다고 본다.

그보다는 신원(伸寃) 설화에서 보듯이 민간전승으로 내려오는 신원 사상이 그 바탕에 깔려 있다고 말하지 않을 수 없다. 최제우의 억울한 죽음을 되돌이켜서 그 원을 풀어 주겠다는 빌미로 이필제가 신원 운동을 벌여 줄 것을 최시형에게 강청했다가 뜻을 이루지 못하고 결국 각처에서 농민들을 선동해 민란을 일으킨 행위가 그러하고, 또 1894년 동학농민전쟁이 일어나기 전에도 신원 운동을 빌미로 취회(聚會)했던 일이 그러하다.

이 신원 의례는 굿이나 기타 민간신앙에서 중요한 모티브가 되고 있는데, 유독 전라도 지역만 신원 사상의 흔적이 짙은 그림자를 드리우고 깊은 뿌리를 내린 건 아니라고 본다. 단지 서민 문화의 한 요소로 거기에 녹아들어 갔다고 말할 수가 있다. 강일순이 『대순전경』에서 "요자단주(堯子丹朱)의 깊은 원을 끌면 그 이하 수천 년 동안 쌓여 내리는 일체의 원(怨)이 마디와 고리가 풀릴지니라."[32]라고 말하는데, 여기서 요자(堯子)는 요임금의 아들 단주(丹朱)를 말한다. 단주는 전설에 의하면 사람 됨됨이가 모자라서 아버지인 요임금이 왕위를 아들에게 물려주지 아니하고 순(舜)에게 선위했다고 한다.

31 김재영, 『내 고장 역사의 숨결을 찾아서』, 해와달, 2001, 108쪽.
32 大巡典經, 제9장 5.

오늘날에도 중산계의 종교 단체에 가면 제단 위의 여러 위패 가운데 반드시 단주의 신위가 있는 것을 발견하게 된다. 이것은 니체가 말하는 르상티망[33](ressentiment)의 한국적인 모습의 하나일 것이다. 르상티망은 위에서도 말한 정신적인 복수(Geistlich Rache)의 감정을 칭하는 말이다. 니체는 '어떤 물리적인 해악을 끼치지 않는 상상적인 복수(eine imaginaere Rache schdlos halten)'라고[34] 했다. 앞서 김개남의 사체를 열고 간을 씹어 복수했다는 이야기도 르상티망의 또 다른 모습이라고 보겠는데 동학농민전쟁 당시 고부와 그 일원에서만 유독 그랬던 것은 아니다. 미개사회에서 이른바 혈가(血價, blood revenge)라고 부르는 이와 같은 복수의 행위는 갑오농민전쟁이 있은 후 얼마 안 있어 상하이에서 암살당해 시체로 돌아온 김옥균의 시신에 대해서도 김개남의 주검에 대해서 한 것과 같은 똑같은 의례가 갑신정변 때 억울하게 죽은 이들의 유족들에 의해서 치러진 모양이다.[35]

우리 민간신앙에는 억울하게 죽은 이들의 넋을 달래는 여러 가지 형태의 의례가 있고 그러한 저명 사례들을 찾자고 들면 부지기수이다. 가령 무당들이 당집에 모시는 신위 가운데 선호도가 높은 최영, 임경업 장군은 너무나도 잘 알려져 있다. 최영 장군과 비슷한 시기에 왕자 방원에게 선죽교에서 척살당한 정몽주는 서원 이외에는 무당이나 민간신앙에서 선호해서 모시는 신위에 들어가지 않는 게 필자로서는 불가사의하다. 그건 아마도 포은이 설령 절명할 당시는 명부의 끝까지 사무치는 원념을 품고 눈을 감았겠지만, 사망한 지 1백 년이 못 되어 구름 떼처럼 헤쳐도 헤쳐도 그칠 줄

---

33 R. Nietzsche, *Jenseits von Gut und Boese, Zur Genealogie der Moral* (선악의 피안, 도덕의 계보), dtv/de Gruyter Verlag, s. 270-2
34 같은 책, 같은 쪽.
35 黃玹, 梅泉野錄 권2.

모르고 운집하는 이 나라의 사림(士林)들의 으뜸이었으니까 그럴 테지 하고 스스로의 물음에 혼자서 모범 답안을 작성해 보지만 연구 과제의 하나이기는 하다.

전라도로서는 어느 모로는 그런 원한의 정서를 삭이기에 1천 3백여 년의 역사로도 모자랐을 법하다. 오늘날에 와서 광주사태니 혹은 영호남 차별이니 하는 생경한 얘기를 끌어들이자는 게 결코 아니다. 통일신라 이후 지난날 찬란한 백제 문화에는 이끼가 서리고 차츰 그 흔적마저 희미해 가는 터에 왕실의 피붙이나 공경대부의 후예들은 목구멍에 풀칠이라도 하기 위해 봉두난발에 걸레 조각 같은 옷가지로 알몸이나 가린 채 걸립을 한답시고 각설이 타령이나 하고 탁배기 한 사발 얻어 마시려고 몸 팔고 잠자리 시중드는 일 마다하지 않았다는 거 앞에서 얘기하지 않았던가. 일천 년 세월 그렇게 보냈으니 이제는 설움에 겹다 못해 이제는 눈물에 겨워 눈물도 씨가 말랐던가 보다. 그나마 오직 믿을 데라고는 아직까지 모악산 자락에 떡 버티고 있는 이 땅의 미륵 신앙의 본산 금산사이다. 견훤이 세워 놓고 말년의 한을 다 삭이지 못했다. 그러다가 얼마가 안 있어 역시 백제의 고토(故土) 변경 지경에서 난 진표(眞表) 율사가 망국 백성의 설움을 달래느라 미륵님에게 도솔천 왕생을 빌면서 말년에 주석한 호남 문화의 '상상의 복수'를 증거하는 거찰 금산사이다. 증산 강일순도 미륵이고 일부 김항도 미륵이다. 하여간 자칭 타칭으로 둘 다 미륵을 모칭(冒稱)했다. 강일순은 물론 금산사 미륵일 테고, 김항은 향리가 은진 미륵의 옆 동네 아닌가.

5) 후천개벽

강일순이 김항(金恒, 1826-1898)에게 사사했다는 설이 무게를 싣고 있다.

물론 이 점에 대해서는 반대하는 사람들도 있다. 증산이 천하를 대순(大巡)했다고 해야 삼천리 이 땅이다. 아마도 가기로 마음먹었으면 전주에서 논산까지는 골백번을 다녀오고도 남았을 성싶은 넉넉한 시간에다가 그야말로 엎어지면 코가 닿는 거리이다. 지금에 와서 밝혀진 여러 가지 자료로 보아 강일순의 생존 시에 이미 김항은 그의 향리 연산 일대는 물론이고 황산벌 너머 만경들까지 이름이 알려진 도사였던 것 같다. 지금 그 실상의 여부가 희미하게 가려져 있지만 김항에서 유래하는 남학(南學)이 전북 일원을 근거지로 했다지 않은가. 절대로 강일순이 나 몰라라 했을 리 없었을 터이다.

그렇다면 김항의 후천개벽의 유리 세계하고, 강일순의 후천선경이 무엇이 그리 다르다는 말인가? 마치 뉴턴과 라이프니츠가 각각 따로따로 미적분 수학을 발견하듯 했다는 건가? 강일순이 역의 지천태(地天泰)를 보고 "음과 양을 말할 때 음을 먼저 읽나니…."[36]라고 했다는 문구도 그렇다. 여자를 먼저 내세우는 세상이 바로 후천선경이라는 뜻으로 말하는지도 모르겠으나 이는 원래 역이 생길 때부터 천지부(天地否)괘는 흉이고 그다음에 오는 지천태괘는 길이라는 것은 역을 조금 아는 사람이면 다 알고 있다.

강일순을 하자(下呰)하는 의도는 아니다. 또 오늘날 증산 교단의 존재 방식이나 또는 성도 1백 년의 결과가 어떠하니 하는 공과(功過)를 따지려는 의도는 전혀 없다. 오히려 그가 근대 한국이 낳은 오직 유일한 종교 천재라는 점에서는 최제우를 앞선다는 점은 누구나 인정해야 된다. 단 강일순의 득도한 후천개벽의 이상 세계에 대한 비전은 호남의 서민 문화가 산출해 낸 역사의 형성물인 것이지 그의 개인적 독창에 의한 것이 아니라는 점

36 대순전경, 제6장 3, 4.

을 인정하면 말이다.

6) 디오니소스와 곡차의 만남

전라도 땅에 그리스도의 복음이 전파된 것은 대략 갑오개혁 이후인 1890년대 말쯤인 것으로 알려져 있다. 군산을 통해서 들어왔는데 차츰차츰 전라남도 쪽으로 선교권을 확장해 간 모양이다. 전라도 땅을 선교권으로 할당받은 교파는 보수계의 미국 남장로교회였다. 시간이 가면서 직접 선교에서 점차 간접 선교 방식으로 바뀌었으며 전주의 기전 여학교나 김제의 개정 병원 등은 대표적인 간접 선교 기관들이다. 강일순이 『성서』와 접하게 된 것은 아마도 러일전쟁 전후가 아닌가 한다.

> 향렬(亨烈)을 명하사 야소교서(耶蘇敎書) 일 책을 구하여 오라 하시거늘 …
> 신약전서(新約全書) 일 책을 … 선생이 받아서 불사르시고[37]

라고 한 무렵이 아마도 그때쯤인가 한다. 한편 『대순전경』 3장 42절에 보면

> 하루는 용화사동(龍華寺洞) 박봉민(朴奉民)의 주점에 이르사 술을 찾으시니 마침 술이 떨이졌다 하거늘 선생이 술을 빚었던 그릇을 가져오라 하사 물을 채워 부으시고 손으로 저으신 후에 마시며 여러 교도에게 나누어 주시니 그 맛이 본래 빚었던 술과 같으니라.

37 전경, 3-6.

  이 대목은 어쩌면 「요한복음」 2장에 나오는 가나의 결혼식에서 예수가 맹물로 포도주를 만드는 이야기와 그렇게도 똑같을 수가 있을까. 이것은 예수가 행한 여덟 가지의 기적 중 다섯 번째에 해당하는 인구에 회자하는 모티브이다. 토마스 아퀴나스도 이 대목에 관해서 장고했으며, 러시아의 도스토옙스키의 소설 『카라마조프가의 형제들』에서는 한 절을 할애하고 있다. 필자에게는 그게 문제가 아니다. 증산이 「요한복음」을 베꼈다는 주장을 하려는 것도 아니다. 예수와 증산의 둘 가운데 누가 거짓말을 하느냐는 필자하고는 상관없다. 다만 절대로 사실일 수 없는 이 내용이 어째서 만날 수 있느냐는 것이다. 우선 서양 쪽의 주장에 눈을 돌리자. 칼 슈나이더(Carl Schneider)는 「요한복음」의 예수, 특히 이 가나의 결혼식에서의 예수는 그리스의 포도주의 신 디오니소스임이 분명하다고 주장한다.[38] 필자로서는 그의 주장이 너무나도 마음에 든다.

  증산은 그가 존경해 마지않는 진묵의 분신이다. 진묵은 막걸리(곡차)의 화신이다. 증산도 마찬가지이다.

  자, 그렇다면 포도주와 막걸리, 혹은 디오니소스와 곡차 도사의 만남은 어떤가. 이것은 절대로 빈정거림의 패러디가 아니다. 지금 이 순간 여러분의 영상에는 그런 이미지가 떠오르지 않는가? 물론 증산은 곡차 도사답게 여광여취(如狂如醉)의 최후를 맞았다. 디오니소스가 포도주에 취해서 그랬던 것처럼…. 디오니소스가 올림포스의 정기와 짙푸른 에게해와 그리스의 찬란한 태양에 도취한 채로 사람의 눈에서 멀어져 갔다면, 증산은 지리산의 기와 김제 만경들의 풍요한 대지에서 호남 서민 문화의 영웅으로 증산교 단체에서 말하듯이 화천했다.

---

38 Carl Schneider, (Das Christendum) in Propylaen Welt Geschichte, Bd. 4, s. 438.

6. 맺는 말

마지막으로 한마디만 하고 끝을 맺고자 한다. 수운 최제우와 일부 김항은 각각 탄생 연대가 1824년과 1826년이어서 수운이 두 살 손위이다. 원광대 김홍철 교수는 두 사람이 다 같이 연담(連潭) 이운규(李雲圭) 밑에서 동문수학했다고 썼다.[39] 그렇다면 이것은 보통 사건이 아니다. 한데 현재 이것을 확신할 수 있는 단서가 희박하다. 수운은 유불선 삼교를 합했다고 하지만 그의 『동경대전』이나 〈도덕가〉 등 가사집은 역시 정통 유교와 주자학 사상으로 일관하는 것처럼 보인다. 그러나 수운의 주장의 핵심은 역시 후천개벽의 신시대가 도래한다는 것이므로 역시 이는 체제 지향의 주자학적 가치를 절대시하는 영남 문화권의 사유하고는 빙탄 불상용이다. 수운이 대구 감영에 붙들려 들어갔을 때, 수많은 교도들이 농성을 했는데, 계룡산에 진인이 출도하면 개벽의 새 세상이 열린다고 한 황현(黃玹)의 증언[40]도 이를 간접으로 반증하는 바와 같이 후천개벽과 관련되는 일련의 이미지들은 어디까지나 호남의 서민 문화의 발상이다. 또 확실한 증빙의 자료는 없지만 울산에서 조그만 규모의 자영업에 종사하다가 행방이 잠시 묘연해진 동안 전라도에 왔었다는 이야기도 있다. 그리고 『동경대전』이 그때에 전라도의 식자가 써 준 것이라는 설도 있다. 진부야 여하튼 동학 역시 발생 초기부터 호남의 서민 문화의 영향을 짙게 받았을 가능성은 전혀 배제할 수 없다.

39 한국정신문화대백과사전 5, 16쪽.
40 梅泉野錄 권2.

2002 「민중의 성지 십승지지(1)」(『종교문화비평』)

2003 「민중의 성지 십승지지(2): 가활만인지지(可活萬人之地) 유구(維鳩)」(『종교문화비평』)

2003 「민중의 성지 십승지지(3): 계룡산1 계룡산의 기억」(『종교문화비평』)

2004 「민중의 성지 십승지지(4): 계룡산2 정역 김일부」(『종교문화비평』)

2005 「민중의 성지 십승지지(5): 계룡산3 점과 꿈」(『종교문화비평』)

2005 「민중의 성지 십승지지(6): 풍기 금계촌 이야기」(『종교문화비평』)

2006 「민중의 성지 십승지지(7): 단양-영춘」(『종교문화비평』)

고딕으로 되어 있는 논문은 이 책에 실려 있는 논문입니다.

'종교문화기행편'은 황선명이 『종교문화비평』에 '종교문화기행, 민중의 성지 십승지지'라는 제목으로 연속적으로 게재한 기행문입니다. 한국의 특정 지역과 문화 현상을 역사, 풍수지리, 종교적 관점에서 비교적 자유롭게 쓴 글입니다. 특히, 유구 지역의 역사적 중요성과 박헌영(朴憲永, 1900-1956)의 재해석, 그리고 계룡산과 풍기 금계촌 같은 십승지의 의미를 탐구하며, 『정감록(鄭鑑錄)』과 같은 비결 사상이 민중의 삶에 미친 영향을 고찰합니다. 또한, 주역의 점복적이고 동시에 윤리적인 성격과 그 시간 개념을 동서양의 사회문화적 맥락에서 비교하고, 나아가 한국 신종교의 개혁 의지에 대한 비판적 시각을 보여주었습니다.

여기서 필자는 자신의 개인적인 경험과 사유를 통해 한국인의 종교적 심성과 사회문화적 특징을 깊이 있게 통찰하고 있습니다. 서양의 '성지' 개넘은 기적이나 교조의 탄생·사망과 같은 특정 종교적 사건과 연관된 공간인 반면, 한국의 십승지지(十勝之地)는 이러한 전통적인 성지 개념과는 거리가 있다고 설명합니다. 한국의 십승지지는 오히려 한국의 자연지리적 풍토와 역사적, 인문적 조건이 어우러져 민중의 소박한 꿈이 담긴 '관념상의 공간'이라고 규정합니다. 이는 조선시대 불교 탄압으로 인해 사라진 순례 종교문화의 대안으로 제시되었다며, 어느 특정 종교에 구애받지 않고 민간전승을 바탕으로 민중의 심상에 깊이 자리 잡고 있다는 점을 강조합니다.

이런 십승지지와 깊이 연관된 『정감록』은 비록 황당무계한 예언서이지만, 조선 후기 민초들의 삶과 꿈, 그리고 난세를 피하고자 하는 절박한 소망이 담겨 있기에 특별한 애착을 느낀다고 고백합니다. 특히 병자호란 이후 북방 민족에 대한 공포증이 만연하고 민란이 잇달아 일어나던 시기에 유언비어의 형태로 널리 퍼지며 민중의 피난처 담론으로 기능했음을 지적합니다. 이는 단순한 피난처를 넘어 외부 간섭 없는 유토피아적 공동체를 실현하고자 하는 민중의 염원이 응집된 공간으로 해석될 수 있다고 봅니다.

그는 이러한 한국적 '성지'의 핵심에 풍수지리(風水地理)가 있다고 보며, 이를 '지인상관설(地人相關說)'로 재정의할 것을 제안합니다. 그는 풍수가 궁극적으로 인간 존재의 고향에 대한 회귀 본능, 특히 어머니의 모태(母胎)로의 회귀와 관련된 그리움과 소망을 현실 공간에 구현한 것이라고 주장합니다. 명당(明堂)자리가 여성의 성기[女陰]를 닮은 것은 비옥한 생산력과 생명의 탄생, 그리고 궁극적으로는 태초의 혼돈 속에서 새로운 생명이 잉태되는 어머니의 자궁을 상징한다는 파격적인 해석을 제시합니다. 그러나 필자는 한국의 풍수가 개인이나 가문의 이익만을 추구하며 미신적으로 흐르는 폐단을 비판하기도 합니다.

한편, 필자는 이들 기행문에서 한국의 신종교에 대해 회한에 젖은 비판적 시각을 드러냅니다. 상당수 신종교가 지도자나 그 혈육의 '핏줄 신비화와 신성화'에 과도하게 의존하여, 폐쇄적인 가족 중심주의에 갇혀 있으며, 이는 교단 내 계파 갈등의 원인이 되며 민주적인 의사 결정과 교단의 발전을 저해한다고 주장합니다. 또한, 일부 신종교 집단에서 나타나는 반사회적이고 비윤리적인 행태(예: 재산 편취·성적 비행·폭력·암매장 등)를 고발하며, 이러한 문제들이 한국 사회의 '법의식 부재'와 종교 단체가 실정법의 법외 지대에 존재하는 관행에서 비롯된다고 강하게 비판합니다. 반면, 예외적인 사례로 천도교를 들며, 합리적인 사고와 근대적인 교단 운영을 통해 민족의 정신적 스승으로서의 역할과 독립운동에 기여했던 점을 높이 평가했습니다. 또한 종교 지도자의 철저한 금욕적 삶과 민주적인 리더십이 교단 민주화와 사회적 신뢰 회복의 시작이자 마지막이라고 강조합니다.

Ⅰ. 유구(維鳩), 가활만인지지(可活萬人之地)[*]

황선명

1. 가활만인지지(可活萬人之地)

'유마양수지간 가활만인(維麻兩水之間 可活萬人)'이라 했던가. 하여간 이 글을 쓰려고 벌써 세 번째 유구 땅을 찾아가는 길이다. 당대 국토 풍수의 명인 최창조 씨를 닮지 못한 게 한이다. 아니 언감생심 내가 어찌 그런 대가를 꿈꾼단 말인가. 그런 대가를 그림자 쫓듯 따라붙지는 못할망정, 먼발치에서 쳐다보기만 했더라도 이 고생을 안 하는 건데 하는 후회를 골백번 해 봤자 소용없는 노릇이다. 도시 뭐가 뭔지 종잡을 수가 없다. 그 협착한 산골짜기의 손바닥만 한 땅뙈기에 어떻게 1만여 명이 병화(兵禍)를 피해서 배를 주리지 않고 너끈히 지낼 수가 있단 말인가.

필자가 손금 들여다보듯 하지는 못해도 그 풍수인가 뭔가 하는 거, 눈대중으로 그저 읊어 댈 줄만 알았어도 이렇게 머릿속에서 갈피를 못 잡고 갈팡질팡하지는 않았을 텐데 말이다. 이런 생각을 하면서 소피도 볼 겸 느지

---

[*] 황선명, 「민중의 성지 십승지지(十勝之地)2」, 『종교문화비평』, 2003.

막하니 점심 요기라도 할 요량으로 차동고개 못 미쳐서 예산군 신영면의 면사무소가 있는 신영리에 차를 세웠다.

언뜻 지난번 유구 탐방 때 노인회장 박동석(78) 씨한테서 귀동냥으로 들은 이야기가 머리를 스치고 지나가는 것이었다. '그렇지 그래. 바로 남로당 두령 박헌영의 생가터가 이 고장에 있다고 그랬지….'

낯선 동네를 이리저리 갈지자로 휘젓고 다니다가 드디어 당도한 곳이 면사무소였다. 역시 나이 먹고 보니 조금 다른 데가 있기는 하다. 옛날 같으면 간덩이 작은 필자로서는 엄두도 못 낼 용기였다. 하여간 박헌영에 관한 사연을 거리낌 없이 묻고 다닐 수 있다는 것만으로도 세상은 많이 변했다. 그래서 만난 사람이 부면장 격인 총무계장이었다.

"아이구 이 고장 시방은 많이 달러졌지면서두 우리 코흘릴 적만 혀두 아주 숭악헌 산골이었슈. 아 지차질[鐵路] 있는 예산까지만 혀두 여기서 삼십 리인디유."

박헌영이 대지주의 아들이었느냐는 물음 끝에 나온 대답이었다. 땅이 워낙 척박해서 이 고장에는 10리 길 남의 땅 안 밟고 다녔다던 대지주는 없었다는 얘기였다. 다만 박헌영의 영해(寧海) 박씨는 신양면과 청양군의 접경에 있는 죽성리에 모여 사는 대성 씨족이라고 했다. 그래서 박헌영의 유일한 혈손인 따님과 신륵사 주지로 있는 아들이 가끔 그곳을 찾아 일가들에게 문안을 드린다고 했다.

2. 박헌영의 생가터

박헌영의 생가터는 지금 다방으로 변해 있다. 그의 부모는 죽성리에서 나와 이곳 면 소재지에서 여인숙을 경영했다고 한다. 총무계장을 하직하고

나와서 두서없이 불쑥불쑥 튀어나오는 생각들을 정리할 겸 지난 4월 중순
에 유구에 왔을 적에 박동석 씨한테서 들은 이야기를 다시 한 번 떠올렸다.

"워낙 똑똑헌 사람이니께유. 동네 사람들이 많이 따렀쥬. 그러니께 해방
되구 나서는 줄창 자기 집에 박혀 있었는디유 … 그러다가 가끔 운동허러
서울에 다녀오곤 했쥬."

사실 내가 아는 박헌영에 관한 지식은 남로당 두목이고 굉장히 선동적
인 인물이었는 데다 휴전 후에 미국의 스파이 노릇을 했다고 해서 김일성
에 의해 비밀재판에 회부되어 총살당했다는 것이 전부였다.

'그렇다면 박헌영에게 또 다른 일면이 있었단 말인가?…'

그런 생각이 문득 머리를 스치면서 어릴 적, 그것도 아주 어릴 적 일을
생각하게 되었다. 그러니까 요즈음으로 말한다면 유치원에 들어갈 정말
코흘리개의 나이에 필자는 외갓집이 있는 충북 음성에서 외할머니의 품
안에서 자라고 있었다. 나중에 생각하니 그게 아마도 여운형이 암살당한
사건 때문이었음이 분명하다. 어느 날 장터에서 놀고 있던 나는 어른들이
"여우가 죽었다."고 수군대는 걸로 알고 외할머니에게 달려가서 그 사연을
고해바쳤다가 호되게 야단맞은 일을 기억하고 있다.

여운형의 암살뿐만 아니라 지금에 와서 해방 공간이라고 부르는 그 시
절에는 그러니까 함경도 삼수갑산에서부터 전라도 무주 구천동까지 '전
조선(全朝鮮)'이 속절없이 술렁대던 참이었다. 사기꾼·협잡배·모리배·
친일파는 물론이고 독립운동가·해외 귀국파·공산주의자·민족주의자
가 한데 어울려 저마다 신기루 같은 그 무엇을 잡으려고 허둥대던 그 무렵
이었다.

"광복한 광야에 날뛰는 인간아 너는 무엇을 찾으려 하느냐…."

왜정 때 윤심덕이 이바노비치의 왈츠곡인 〈다뉴브강의 잔물결〉에 제 나

름의 가사를 붙여 젊은이의 가슴을 설레게 했던 이 노래가 해방 공간에서 허둥대는 무리들을 풍자하는 타령으로 둔갑했던 시절이었다.

바로 이 시절에 박헌영은 예산 땅과 서울을 오가며 무슨 불측스런 흉계를 꾸몄단 말인가. 그것이 정판사 사건인가, 아니면 대구 폭동인가? 또 그게 아니라면 이강국의 애인 김수임을 미군 대령의 품에 넣어 기밀을 빼내는 그런 미인계를 획책한 건가? 억지로 쥐어짜 내 봤자 이게 필자가 알았던 박헌영의 전부가 아닌가. 그런데 나이가 먹어서 그런 것일까, 아니면 사람의 마음이란 원체 이토록 간사스런 것인가. 하여간 지금까지의 박헌영에 대한 그런 사나운 이미지는 어느 결에 스르르 사라져 버린 게 아닌가. 그와는 달리 향리에서의 박헌영은 시골의 우직한 청년 후배들을 모아 놓고 토지개혁이며 예당 저수지에 수력발전소를 건설할 계획, 나아가 친일파들을 청소하고 '해방 조선'을 억압당하고 착취당하는 노동자 농민들의 세상으로 만들 청사진을 펼쳐 보이는 박헌영의 모습을 떠올려 본다.

1세기가 어떻고 반세기가 어쩌니 하면서 아주 손쉽게 이야기는 하지만 100년 50년은 고사하고 불과 10년이나 5년 후의 앞일을 내다보지 못하는 게 사람의 일이다. 다름이 아니라 그처럼 팽이 돌리듯 빨리 도는 박헌영의 두뇌 회전으로도 5년, 10년의 앞일을 내다보지 못해서 자기를 낳아 준 고장에서는 '골수 빨갱이'로 낙인이 찍히고 넋마저 고향 땅에 머물지 못하는 신세가 아닌가. 또 자신을 결과적으로 이용한 '위대하신 그분'으로부터는 '미제의 간첩'으로 낙인찍히는 배신이 전부였지 않은가.

하지만 왜정 때 그 좋은 머리로 고문파스⟨?⟩를 해서 입신양명해 가지고 일본놈 밑에서 식민지 엘리트 관료로 출세하는 길을 택하지 않은 것만으로도 그는 제 이름값은 했다는 게 필자의 생각이다. 그렇게 본다면 훗날 한반도 안에서 대결과 증오가 완전히 사라지고 과거에 대한 공정한 논공

행상이 이루어질 무렵에 가서 박헌영은 아마도 격동의 20세기를 살다 간 한국인 혁명가의 반열에 오르지 않을까 하는 부질없는 생각도 해 본다.

좌우익을 떠나서 박헌영은 그래도 일제 암흑기에 그 좋은 머리를 써서 자신의 영달을 꾀하지 않고 애오라지 조국의 광복에 희망을 걸고 생사를 넘나드는 질곡의 옥살이를 마다하지 아니한 그였지 않은가. 가난한 노동자, 농민의 숨통을 트는 정부를 세우겠다던 그의 단심이 지금 당장은 서슬 퍼런 역사의 심판대에서 '빨갱이'로 판결이 나기는 했다. 그렇지만 언젠가는 실패는 했으나마 위풍이 당당한 혁명가로 복권이 될 날이 올지도 모르지. 그래서 넋이나마 차령산맥 끝자락의 고향 땅 예산군 신양면으로 금의환향할지도 모르지. 물론 이 땅에 관용과 화의 분위기가 완전히 조성되는 즈음을 겨냥해서 하는 말이다.

따지고 보면 어찌 박헌영 한 사람뿐이겠나. 예산 땅이 드세어 그런지 아니면 차령의 기슭이 풍수적으로 혁명가나 풍운아를 배출하는 땅기운을 뿜어내는 건지, 하여간 일제의 단말마기에 상해의 홍구 공원에서 왜놈 백천(白川) 대장의 눈깔을 빼고 나중에 외상이 된 중광(重光)이를 절름발이로 만들어 우리 대한 남아의 기개를 만방에 떨친 윤봉길 역시 예산 사람이 아닌가.

거기서 멀지 않은 역시 차령 기슭의 홍성은 그 지조가 백 번 천 번을 찍어도 부러지지지도, 휘어지지도 않고 대꼬챙이처럼 꼿꼿하게 초지일관한 만해 한용운의 고장이요, 거기서 조금 더 내려간 보령은 김좌진 장군이 태어난 땅이다. 거기서 다시 북동으로 거슬러 올라가서 천안 삼거리에서 머지 않은 병천에 이르면 아우내 장터에서 대한 독립 만세를 외치다가 꽃다운 나이에 형장의 이슬로 사라진 한국의 잔 다르크 유관순의 고장이 나온다. 어찌 그뿐인가. 거기서 다시 조금 동남향으로 치우치면 절필의 『조선상고

사』를 써서 민족혼을 일깨운 단재 신채호의 고장 미원 땅이 나온다. 물론 33인 대표 의암 손병희도 그 근방 사람이다.

모두가 다 차령산 기슭의 물을 먹고 그렇게 백절불굴의 기개를 만방에 떨쳤으리라. 그러니 이 산의 특별한 영기(靈氣)는 이렇게 속된 물만 마시고 상스런 생각이 머리에 꽉 들어찬 저질 인간하고는 인연이 먼 게 아닐까.

3. 유구 역사(驛舍)

하여간 이런 생각에 골똘한 채 차령 끝자락의 잘록한 허리목이 될 법한 차동고개를 넘어 유구 땅에 들어섰다. 흘끔 뒤를 돌아보니 차령의 연봉이 유구 땅을 병풍처럼 아늑하게 둘러싸고 있다. 이미 그런 말을 들어서인지 하여간 차령의 연봉은 비둘기의 형상을 닮은 듯도 했다. 유구(維鳩)라는 명 칭이 여기서 유래했다던가.

어느 결에 필자가 당도한 지경은 유구 삼거리였다. 이곳은 예산에서 넘 어오는 국도 32번과 아산에서 넘어오는 국도 39번이 만나는 지점이다. 지 난날 이곳에 역사(驛舍)가 있었다고 한다. 그리고 보니 이제야 안개가 걷혀 가듯 유구의 지난날의 모습과 이 고장이 십승지지 가운데 우두머리로 등 장하게 된 사연을 읽어 낼 것만 같았다. 다름이 아니라 필자가 넘어온 차 동고개의 국도 39번은 지금부터 50여 년 전까지만 하더라도 이 고장 사람 들이 예산으로 장보러 갈 때나 왕래하는 아주 형편없는 신작로에 불과했 을 터이나, 반대로 아산으로 가는 길은 조선시대부터 한양에서 곡창인 호 남 땅뿐만이 아니라 삼남(三南)으로 가려면 이 길을 통하지 않고서는 달리 방도가 없었던 거였다.

경부선이 부설되고 호남 가는 철도의 분기점으로 등장한 대전이 크게 발전하면서 조선시대의 공주목(公州牧)은 뒷전으로 밀려나 버렸다. 그러다 보니 거기에 딸린 유구읍(維鳩邑)의 존재 역시 차령 골짜기의 두메로 전락하고 만 사정이 손금 들여다보듯 환하게 떠오른다. 백여 년 전만 하더라도 이곳 유구 역사는 한양 가는 과객으로 문전성시를 이루었을 법하다. 각종 물화를 바리바리 실은 나귀며 조랑말이 콧소리를 지르며 들이닥치는 곳이 역사런가. 그뿐인가 더그레 입고 패랭이 쓴 나졸이 죄수를 결박해서 질질 끌고 가다가 이곳에 들러 탁백이 한 대접으로 목 축이고 갔을 게 아닌가. 어찌 나졸이나 장사꾼 보상배(褓商輩)뿐이었겠나. 식년시(式年試)에 응시하려고 손위의 아내가 꾸려 준 엽전 열닷 냥을 괴나리봇짐 속에 깊숙이 넣은 젊은 생원님 하룻밤 행장 푸는 여각(旅閣)이 바로 예 아닌가.

그리고 보니 이렇게 인마(人馬)가 연락부절하고 물산(物産)이 들락날락하는 이 유구 역참(驛站)에는 물산(物産) 객주가 하나쯤은 있었을 듯도 하다. 물산 객주란 지나가는 나그네 잠재워 주는 게 전업이 아니라 물화를 잡고 돈도 꿔 주고 하니 요즈음으로 말한다면 은행보다는 조금 처지는 새마을 금고와 전당포를 합친 성격이라고나 할까.

물론 사람만 잠재우고 먹여 주는 것이 아니다. 교통수단인 조랑말이나 당나귀를 재워 주고 여물 먹이는 마굿간도 곁들여야 제격이 아닌가. 어디 이것뿐이었을까. 돈과 사람이 오가고, 그것도 억센 남정네가 무시로 드나드는데 그게 없어서야 될 말인가. 다름이 아니라 눈웃음 살살 치는 은근짜[隱君子]들 말이다.

"아침에 퀭하니 십리나 쑥 들어간 두 눈을 비비면서 허둥대는 봉두난발의 장돌뱅이 박 서방 꼴 좀 보소. 그런데 저건 뭐여. 저 야살 떠는 은근짜 각시 꼴값하는 거 참말 눈뜨고 못 보것네. 빛바랜 자주색 치마에 땟국물 흐르는 노랑 저고리 받쳐 입은 게 어쩐지 촌티가 나는구먼. 트레머리는 형클어져 손 좀 봐야 쓰것구 말여. 그러나저러나 저 각시 뒷물은 자주 허는 겨. 박 서방 밤새 육수물 깨나 뺀 것 같은디. 저 각시 그 나이에는 쌀뜨물에도 애가 선다는 데 말이여. 어찌 박 서방뿐이겠나. 이눔 저눔 청탁을 가리지 않구 말여 … 그러다가 아비 없는 자식 내지르면 임자도 고생이고, 그 녀석두 평생 받는 설움은 말할 것도 없지. 참말루지 이효석의 소설 메밀꽃 필 무렵에 나오는 오 서방 같은 사람은 성인군자여 … 오 서방처럼 내 새끼라고 덥석 안아 갈 임자가 어디 흔칸디.”

4. 호서 제일관

이렇게 인마와 물화가 야단법석을 떨다가 차령고개를 넘으니 그 마루를 가리켜 호서(湖西) 제일관(第一關)이라고 불러 보는 게 어떨지. 그럴 수밖에 없는 것이 옛 시절 한양에서 호남에 이르는 경호가도(京湖街道)의 긴 여정을 떠올려 보자면 과천을 지나서 수원의 지지대고개와 평택의 쑥고개를 빼놓고는 이렇다 할 지형상의 장애가 없는 일망무제의 들판의 연속이라고 말할 수 있다. 그러다가 천안을 지나서 다가오는 차령산 줄기의 험산 준령이 떡 막아서고 있는 형세로 눈앞에 들어오며 길을 막는 게 아닌가. 그래서 차령고개 마루를 나름대로 호서 제일관이라고 불러 본다. 마치 영남에 가는데 앞을 떡 가로막는 문경 새재가 영남 조령(鳥嶺) 관문이고 그곳이 옛적에는 요세로 되었듯이 말이다.

아마도 천험(天險)의 요새가 될 만큼 태산준령이 떡 버틴 게 아니라서 관문을 설치하지는 않았으리라. 그러나 한양에서 이곳 차령에 당도하기까지 변변한 천연의 장벽이 하나도 없다시피 한 형세이니, 이곳에서 병란을 피하고 보자는 심리적 마지노선 같은 안도감을 갖기 십상이었으리라. 다른 누구보다도 팔도강산을 종횡무진으로 누빈 풍수가, 그것도 임진왜란과 병자호란의 가혹한 기억이 생생한 당대 술가(術家)의 눈에는 차령고개 밑의 유구야말로 으뜸가는 피장처(避藏處)이자 보길지지(保吉之地)로 보였을 게 아닌가.

유구를 십승지지와 관련시킨 기사가 중종 때 편찬한 『신증동국여지승람』에는 한 줄도 없다. 그러다가 그보다 2백여 년 후에 나온 이중환의 『택리지』에 비로소 등장한다. 『택리지』에는 '유마양수지간이 남사고(南師古)의 비기(秘記)에 이르기를 일만여 명의 목숨을 구할 피장처'라고 적혀 있다. 그런데 남사고는 임진왜란과 병자호란을 모두 겪기 이전의 인물로서 그가 이들 병란을 대비해서 십승지지를 예언했으리라고는 생각할 수 없다. 아무래도 유구에 관한 여러 가지의 풍설은 조선 후기, 그것도 최근세에 이르러 호사가들이 입방아를 찧는 가운데 생겨난 이야기라는 게 필자의 생각이다. 우연인지는 몰라도 유구에 관한 감결(堪訣)이나 비기의 내용이 제대로 적중한 것은 아이러니컬하게도 서양 문물이 홍수처럼 밀려들고 과학 사상이 만발한 20세기의 한복판인 6·25전쟁 기간이었다. 6·25전쟁 기간 동안 인민군 3개 사단이 이곳을 거쳐 갔는데 손가락 하나 다치지 않았다는 것이다.

차동고개 너머 예산 땅 신영면에서는 박헌영 덕분에 인공 치하에서 득세한 박씨네 일문(一門)이 조금 으스대기도 했고 그 바람에 아군이 들어온 다음에 다소 보복성 박해 사태가 생겨서 '피 좀 보았다'고 한다. 그렇건만 유독 유구에서만 피아간에 어느 쪽에 의해서든 다친 사람이 없었다는 거였다. 그러니 『정감록』의 비결이 6·25 때 적중했다는 얘기가 나온다. 지금 젊은 축들은 거의 무시하거나 숫제 알지도 못하지만 얼마 전까지 비결깨나 따지던 이들이 눈이 시퍼렇게 살아 있었을 적에는 입에 침이 마를 세라 '유구야 『정감록』에 나오는 보길지지'라고 되뇌었을 터임이 틀림없다.

하기야 지금도 『정감록』이라면 사족을 못 쓰고, 그래서 『격암록』이니 『격암유고』니 하는 비결서류가 판을 거듭하면서 무슨무슨 교를 한다는 이들이 이걸 미끼로 손님 끄는 데 눈을 까뒤집고 기를 쓰는 판세라는 걸 알 만한 사람은 다 안다. 더구나 요사이가 어느 시절인가. 한반도에 핵전쟁이 나느니, 아니면 이라크에 뒤이어 초토화의 전쟁이 터지느니 하는 시절이 아닌가. 그런데도 피가 말 구비까지 차게 출렁대고 어디로 피난을 가야만 사느니 하는 예언 비결류 따위가 쑥 들어간 것은 불가사의하기조차 한 일이다.

생각건대 아마도 그것은 유도탄이 날고 인공위성이 스파이 노릇을 하는 초현대적 과학전 덕택이 아닌가 한다. 지금 시절에 피장처니 보길지지니 하는 따위가 무슨 소용이 있단 말인가. 이제는 전쟁이 나면 전선과 후방이 따로 없다고 하지 않는가. 그래도 귀에 못이 박히도록 『정감록』이야기를 듣고 자라고 늙어서도 비결 얘기에 절 대로 절은 노인장에게는 그 얘기라면 언제 해도 신명이 나고 새로운 모양이다.

5. 상여지향의 사람들

유구읍 노인회관에서 만난 오춘근(吳春根) 노인은 금년 여든 살인데 아직도 오토바이를 타고 마실 다닐 징도로 정정하다. 황해도 출신인 오 노인은 조부 때 이 고장에 왔다고 한다. 물론 『정감록』의 비결을 믿은 조부가 가솔을 이끌고 이 고장으로 피난 아닌 피장(避藏)을 하러 온 셈이니, 오늘날의 상식으로 판단하자면 도저히 납득이 안 가는, 어쩌면 몽매한 거동으로 비칠지도 모르겠다. 그렇지만 이중환의 『택리지』에 나오는 '복거(卜居)

총론'을 보면 그렇지만도 않다.

지난날에는 요즈음처럼 평생직장에 각종 후생 급여나 국가의 복지 제도에 의한 사회보장이라는 안전장치가 마련되어 있는 게 아니었다. 그러니 지난날 전체 가족과 후손들의 안녕을 최우선의 과제로 염두에 두어야 하는 대가족의 가장의 어깨는 여간 무거운 게 아니었다. 자연재해나 각종 질병을 비롯해서 언제 닥칠지 모르는 액운에 전전긍긍해야만 했다. 그러자니 명철보신하는 묘통 수를 찾아야 했고 궁여지책으로 비결에서 점지하는 대로 따랐을 뿐이 아니겠나.

그렇게 따진다면 요사이 미국 이민 떠나는 대부분 가족들의 거취하고 크게 다를 게 없다. 말이 아메리칸 드림이지 일가권속을 이끌고 미국 이민 가는 사람은 오죽해야 그런 막다른 선택을 했겠는가. 동정심이 들 정도이다. 마찬가지로 지금부터 50여 년 전 아니면 제2차 세계대전이 시작되기 훨씬 이전에 『정감록』의 비결을 믿고 십승지지를 찾아 이곳 유구 땅에 정착한 이북 출신 가구주도 다 나름의 사연이 있었을 것임에 틀림이 없다. 특히 6·25를 전후해서 이주해 온 축들로 말하자면 공산 학정에 시달리다 못해 남행길에 올랐던 가족들이라고 보면 틀림이 없을 터이다.

여북해야 산 설고 물 선 이 충청도 두메산골을 찾았겠는가 하는 연민의 정 같은 충동을 느끼게 하는 장면이 아닐 수 없다. 해방 후 이북 사람들이 서울로 몰려들어 남산 밑에 판잣집을 짓고 이른바 해방촌을 일구어 양초며 메리야쓰며 간장 같은 것을 만들어 남대문시장을 근거로 상권을 확장해 갔던 일을 염두에 둔다면, 이 척박한 차령 골짜기를 찾아온 축들은 그래도 순박한 농심을 그대로 지녔었으리라고 볼 수 있지 않은가. 그래서

"에라 우리는 배운 것도 없고, 그렇다고 장사에도 소질이 없으니 충청도 산골 십승지지라는 데 들어가서 화전이나 부쳐 먹고살지."

하고 작심한 이들이 대부분이 아닐까 하는 생각을 해 보기도 한다. 이렇게 해서 이곳으로 몰려든 인구가 어림잡아 현지 출신 대비 3분의 1은 된다고 하니, 유구에 등록된 인구 1만 4천 명(1995년 기준) 가운데 적어도 5천이 조금 못 되는 숫자가 이북 출신의 후예들이다. 전체 가구수를 4천 정도(가구당 3.5명)로 잡으면 1천 3백가구 이상이 이북 출신이라는 얘기가 된다. 이렇게 따진다면 이 좁은 바닥에 상당한 숫자의 이북 사람들이 득시글거렸던 것을 알 수가 있다. 그런데도 그렇게 많은 타관 사람들을 하대하거나 멸시하고 떠나라고 데모한 사실이 있는 것 같지 않으니, 이들과 오순도순 어울려 의좋게 지낸 충청도 인심도 어지간히 무던하다는 생각이 든다.

이들 이북 출신들은 산비탈에서 화전을 일구어 생계를 잇는 축들도 적지 않았지만, 상당수는 읍내에서 장사를 하거나, 수직 옷감 생산과 유통에 손을 대어 견실하게 생활 토대를 구축했던 모양이다. 원래 관서 지방의 평안도를 상여지향(商旅之鄕)이라고 하지 않는가. 그들의 생활력이나 장사 수완은 해방 직후부터 동란기를 거치는 동안 서울의 남대문시장이나 부산의 국제시장에서 정평이 나 있었다.

그것이 이 충청도의 두메산골 유구 땅에서도 예외는 아니었다. 이북 출신들이 직물업과 유통업을 장악한 이래 유구는 고사리나 뜯고 약초나 캐며 황토 흙먼지 풀풀 날리는 시골 촌 동네를 한 세대라는 비교적 짧은 세월 안에 제법 그럴싸한 부자 읍내로 바꿔 놓은 모양이다. 직물업은 서울에까지도 그 성가가 알려졌고, 지방의 마을금고도 제법 알차다는 평판이 난 듯하다. 물론 이북 출신의 역할이 컸음은 더 말할 나위가 없다.

이제는 이북 출신도 선대의 일은 까맣게 잊어 가는 것인지, 70~80대 노인 세대마저 조부나 아버지에게서 들은 『정감록』 비결 이야기와 유구 땅에 오게 된 사연을 정확히 짚어 내는 이가 없다. 그나마 오춘근 노인이 아니었더라면『정감록』비결 타령도 직접 유구 사람의 입에서 듣기가 어려웠을 뻔했다. 오 노인은 말문이 열리고 나니까 계속해서 비결 이야기를 폭포수처럼 쏟아놓았다. 어조가 조금 느릿느릿하고 자꾸만 한 얘기를 되풀이해서 그렇지 칠언절구(七言絶句) 형식으로 읊조리는 비결 구절을 줄줄 꿰어 냈다.

6. 임진년에 이재송송

오 노인이 얘기하는 비결 가운데 '임진년(壬辰年)에 이재송송(利在松松)'이라는 비결 문구는『정감록』에서 자주 눈에 띄는 것이었던 탓인지 금세 알아들을 수 있었다. 임진왜란이 일어났을 때 명나라 원군을 인솔하고 온 장수 이여송(李如松)을 가리킨다는 얘기는 이미 잘 알려진 것이라서 그저 건성으로 귓전에 흘릴 내용이었다.

이곳 유구에 입주해 온 이북 출신에 대해서는 '선입자는 환이요, 중입자는 생하고 후입자는 불급[先入者還 中入者生 後入者不及]'이라는 알 듯 모를 듯한 말을 했다. 그 뜻을 청해 물으니 제2차 세계대전 발발을 전후해서 유구 땅에 온 이북 출신을 선입자라고 하는 데 이들은 이미 다 외지로 나가 버렸고, 중입자는 8 · 15 직후에 온 이들을 말하는데 이들은 대체로 성공해서 터전을 닦았으며, 6 · 25 전후해서 온 후입자는 대부분 정착에 실패했다는 뜻이란다.

오 노인을 붙잡고 더 길게 얘기를 하고 싶었지만 자리를 털고 일어나는 바람에 더 이상 수작을 건네지는 못했다. 그래서 다시 찾아간 분이 바로 추성리의 김관태(金官兌) 옹이었다. 듣기로는 유구에서는 한학에 가장 밝은 노인이라는 것이며 아주 존경을 받는 원로인 듯싶었다. 김 옹은 87세의 고령이었다. 그런데도 그 연세의 노인답지 않게 장화를 신고 밭일을 하고 있었다. 허리도 굽지 않고 시력도 좋아서 눈살도 찌푸리지 않고 잔글씨를 술술 읽어 내려갔다. 원래 선대는 황해도가 근거지였는데 조부 때에 강원도 횡성으로 이주했으며 자신은 27세에 이 고장으로 와서 정착했다고 한다.

"이 집이 51년째 내가 살고 있는 집이요." "한창 젊었을 때인데요. 어떻게 서울로 안 가시고 이곳으로 오시게 되었어요? 그러면 무슨 사연이라도 있었나요? 가령 『정감록』에 나오는 십승지지를 찾아서 이리 오시지는 않으셨어요?"

7. 혹신(或信) 혹불신(或不信)

"그거 비결이라는 거 혹신(或信) 혹불신(或不信)이요." 그게 무슨 뜻인지를 몰라서 몇 번이나 묻고 또 물었다.

"비결 지킨 사람도 자손 못 지키고, 비결 안 지킨 사람도 운 닿으면 잘 살고…." 그제서야 어렴풋이나마 '혹신 혹불신'이란 말의 뜻을 알 수 있었다. 그러니까 『정감록』의 비결을 맹신해서는 안 된다는 뜻인 게 분명했다.

물론 김관태 옹이 혈기방장한 나이에 여느 젊은이하고는 달리 두메산골이 유구 땅에 삶의 보금자리를 틀려고 찾아온 것은 그 나름의 포부와 꿈이 있었겠지만, 그래도 승지(勝地) 가운데에도 으뜸가는 승지라는 비결에 대한 확신과 선고(돌아가신 아버지)의 간곡한 당부가 크게 작용했던 것 같다. 강원도 벽촌에서 신학문 공부하고는 전혀 인연이 없었으나 어릴 적에 사서(四書) 공부를 한 바탕으로 이곳에 와서도 능통한 한문 선생으로 위아래의 존경을 받는 것 같다. 그런 가운데 농사일로 한결같이 팔십 평생을 훌쩍 넘기고 이제 몇 해만 있으면 구십을 맞게 된다.

이북에서 내려와 터를 잡고 비결은 물론 풍수지리나 잡학에 아주 통달한 도인이기를 바랐는데 막상 기대한 수준에는 크게 못 미쳤고, 더구나 비결에 대해서는 아주 부정적인 생각을 갖고 있는 것 같아서 실망이 컸다. 그러나 이야기를 마치고 자리를 털고 일어날 즈음 무언가 김 노인에게서 풍기는 범상치 않은 인품의 무게를 느낄 수 있었던 점이 아직도 여운이 가시지 않은 채 신선한 충격으로 남아 있다.

그렇다. 김 노인은 동네의 비슷한 연배의 노인들이 고명한 한학자로 추대하고는 있지만 그저 사서를 달달 외우는 정도의 수준에 지나지 않는다. 그러나 김 노인도 한창이던 청년 시기에는 남과 같이 발신의 기회를 잡으려고 서울이나 대도시로 진출해서 고진감래라는 말처럼 자기 나름대로 성공해서 지금쯤은 자적한 노후를 보낼 생각을 왜 안 했을까? 그러나 이 벽촌에서 한평생 화전에 매달려 집터도 한 번 바꾸지 않고 50년을 살았다고 하니, 그것만으로도 범상치 않은, 그러니까 유례가 드문 일이 아닌가. 전국에서 만장(輓章) 지어 보내 달라는 간청이 오고 시문을 지어 달라고 졸라댄다고 전혀 자랑하는 투가 아닌 아주 겸손한 말씨로 자기를 소개했지만, 하여간 무언가 유구가 자부하는 이 차령 골짜기의 어르신네로 한 치도 부끄럼이 없다는 생각이 들었다. 헤어질 때,

"서울은 지금 사람이 넘치오. 비결이라는 게 다른 게 아니오. 전쟁이 나고 난리가 나는 게 걱정이 아니오. 물이 그릇에서 넘치면 어떻게 되겠소. 사람도 마찬가지요. 서울은 사람이 넘치고 있소. 그게 비결의 내용이요."

이 알 듯 모를 듯한 시쳇말로 독백 비슷하게 한 마지막 말이 진한 메시지로 필자에게 다가오고 있으니 이게 또한 무슨 조화인가.

김관태 옹을 하직하고 이내 유구 새마을 금고 이사장으로 있는 옥광수(玉光洙) 씨를 찾아갔다. 이북 출신을 만나서 이곳에 정착하기까지의 지나

간 이야기, 그중에도 『정감록』의 비결과 관련된 드라마틱한 이야기를 듣고자 무진 애를 썼다. 여러분을 만나기는 했지만 오춘근 옹이나 김관태 옹처럼 선대가 황해도나 평안도에 살았다는 정도의 내력밖에 밝히지 못해서 실망이 컸는데 이제는 제대로 임자를 만난 것만 같았다. 옥광수 씨의 인상을 말하자면 짧은 스포츠머리에 피부는 탄력이 있어 50대 초반으로 보였다. 그래서 나이를 물었더니 70세라고 해서 깜짝 놀랐다. 하여간 오 씨의 원적이 평북 정주라는 말을 듣고서는 적이 안심은 됐다.

"『정감록』 비결을 믿고 여기 오셨다면서요?"

"나 그거 암것두 물러유."

"집안 내력을 묻는 건데요 … 그래도 아버님이나 그 윗대의 조상분이 평북에서 여기로 이주해 오실 때 무슨 동기가 있으셨을 거 아닙니까?"

"그 얘기는 들었슈. 우리 할아버지가 원래 계룡산이 있는 두마(豆磨)루 오셨대유. 사교(邪敎)에 빠져서 그랬대유. 그러다가 이리 오셨쥬."

사교라는 말에 귀가 번쩍해서 몇 번을 묻고 되물어서 상제교(上帝敎)라는 사실을 알아냈다. 오광수 씨는 아주 거북살스러운 듯이 자리를 피하려고 했다. 처음에는 나를 외판원으로 잘못 알았다가 자꾸만 집요하게 물어보니까

"이런 거 아서서 뭘 헐라구 그래유?" 하면서 귀찮다는 듯이 손을 저었다. 더 이상 붙잡고 물어볼 생각이 나지 않았다.

소득이라면 김관태 옹의 말대로 유구 현지인이 관권(官權)을 잡은 대신 외지 사람, 특히 이북 출신은 상권(商權)을 잡아서 유구의 읍세(邑勢)를 이만큼 끌어올리는 데 공을 세웠다는 점을 다시 눈으로 확인했다는 사실이다.

유구읍의 중심가를 나와서 사방을 두리번거리다가 서울로 돌아갈 생각을 하니 참으로 난감하기 그지없었다. 유구의 십승지지 내력에 대해서 베

낄 만한 책이나 자료가 마땅한 것도 아니고, 그래서 고로(古老)를 만나서 귀동냥을 해서 무언가 얘기를 엮어 보려던 참인데 그게 도무지 뜻대로 되지 않는 거였다. 다름이 아니라 십승지지 얘기는 이제 전설 속에서나 찾아야 하는 것처럼 모두 도리질을 하는 통에 취재할 거리가 없었다.

하여간 여기 온 김에 마곡사나 둘러본다고 작심하고 그쪽으로 차를 몰았다. 그런데 이런 경우를 가리켜서 우연이라고 해야 하는지, 아니면 쓰레기 더미 속에서 다이아 반지를 주운 거나 마찬가지라고 해야 하는지, 하여간 우연히 지나치는 길에 들른 '세동골'이 바로 유마양수지간 가활만인지지로 지칭되는 것임을 알게 되었다.

8. 승지(勝地) 중의 승지

풍수에 백지 문외한이라도 십승지지나 피장처에 대한 초보적 지식만 갖고 있으면 이곳이 바로 그런 승지라는 사실을 금세 알게 될 것 같기도 하다. 이곳은 마곡사가 있는 계곡과 가파른 산을 사이에 두고 있는 골짜기이다. 1914년까지도 이곳은 신풍현에 속했었다고 한다. 그러니까 유구와는 조금 거리가 있다. 남사고가 여기를 왔는지는 모르지만 하여간 조선 8도 방방곡곡을 뒤지다가 여기에 와서 무릎을 치며 "바로 여기가 최고의 승지다."라고 탄성을 질렀을 듯 싶다. 하여간 조선시대의 술사(術士)의 그 극성맞은 탐구열을 탄복해야 하는 건지, 그런 게 아니라 몇백 년 혹은 천 년 앞을 내다보는 그들의 혜안에 고개를 숙여야 하는 건지, 하여간 『정감록』이든 무엇이든 그런 발자취를 남기지 않았더라면 필자가 여기 와서 고개를 끄떡일 필요는 없지 않았을 게 아닌가. 대관절 누군가가, 그것도 한두 사람이 아니고 오목조목 샅샅이 훑고 다녔다고 보면 탄복이 저절로 나올 지경이다. 하지만 여기서 분명히 해야 할 사실은 필자가 그런 술사의 안목을 가지고 바로 이곳이 유마양수지간의 승지 중의 승지라는 사실을 알아차렸다는 건 아니다.

마곡사로 가는 길을 잘못 들어 어떻게 지형도 잘 모르는 데에 다다라서 고개를 몇 번 넘고 나니, 아마도 시방 계절이 바로 만화방창하는 봄도 한가운데에 들어서니까 그랬나 보다. 다름이 아니라 전설에 나오는 복사꽃이 피는 무슨 도원경인가 하는 마을에 들어온 그런 이상한 기분이 들어서 우연히 동네 사람한테 유마양수지간의 가활만인지지가 어디냐고 물었더니 서슴지 않고 "바로 여기가 기유."라고 하는 게 아닌가. 처음에는 필자의 귀를 의심했다. 그러다가 몇 번 되풀이해서 같은 말을 물어봐도 성가시다는 표정 한 번 짓지 않고 여전히 똑같이 대답하는 거였다. 그 사람은 차림은 그저 여느 농사꾼이나 다름이 없지만 사람 대하는 품이 마치 선경에 사는, 그러니까 서양말로 샹그리라의 주민인 것처럼 태연스러운 게 마치 필자를 구면인 양 대해 줬다.

그의 설명에 따르면, 이 근방 차령 줄기에서 제일 높은 국사봉(해발 590미터) 아래 큰 계곡에는 다시 올망졸망 하니 '명가울', '고지울', '구사울', '달울', '가래울'이라는 다섯 개의 울이 있다는 것인데, 이곳이 바로 다섯 울에 둘러싸인 금동이라 한다. 바로 『정감록』에서 말하는 금동(金洞)이 이곳을 가리키며, 동시에 이곳은 소지명이 세골[細洞]이라는 거였다.

이곳 다섯 울로 들어오는 어구는 다섯 울을 오른쪽에서 휘감아 도는 유구천과 왼쪽으로 휘감는 마곡천이 만나는 합수(合水)점이기도 하다. 그래서 유마양수지간이란 말이 나왔으며 호리병의 주둥이처럼 좁아 드는 지형으로 되어 있다.

반대로 말하자면 이 좁아 드는 병 주둥이 같은 어구를 통해 들어가면 마치 커다란 능침(陵寢) 모양으로 다섯 개의 구릉상의 뫼들이 전개되는데, 그것이 위에서 말한 다섯 울이다. 또 그 다섯 울에 아늑하게 둘러싸인 채 세골이 수줍은 듯 자태를 드러낸다는 말이다. 이것은 『정감록』을 떠나서 풍수설에 나오는 본격적인 길지(吉地)의 형상이다. 풍수설에 따르면 음택이든 양기(陽基)든 뒤에 금·목·수·화·토의 5성이 병풍처럼 둘러쳐서 감싸 주어야만 명당자리라는 것인데, 세골의 지형적 조건은 너무나도 그런 구비 조건을 두루 갖추고 있지 아니한가. 더구나 배산임수 지지가 절대적 조건이라 한다면, 개울이 그냥 마을 앞으로 스쳐 가는 게 아니라 좌우를 감싸 듯 흘러서 장풍득수(藏風得水)의 조건을 완벽하게 구비했다고 볼 수 있다.

물론 선무당 사람 잡는다는 격으로 필자가 장풍득수니 어쩌고 하면서 풍수사가 읊어 대는 소리를 몇 마디 지껄인다고 해서 거기에 현혹될 사람이 어디 있겠는가. 그러니 조금 색다른 시각에서, 그렇지만 가장 정공법으로 풍수의 원리라는 걸 한번 정리해 볼까 한다.

9. 풍수의 기본 원리

필자는 풍수가 근본적으로 인간 존재의 정신적 지평에 잠재하는 고향에 대한 회귀본능에서 비롯하는 문제라고 생각해 왔다. 십승지지의 관념도 마찬가지가 아닐까. 거기에 대해서 분명 확신을 가지고 이 글을 쓰는 것이다. 물론 유마양수지간도 거기에서 벗어나지는 않는다고 본다. 오히려 그러한 사실을 아주 여실하게 증거해 줄 완벽한 조건을 구비하고 있다고 본다. 우선 고향이라는 것에 대해서부터 생각해 보기로 하자.

고향에 대한 회귀본능을 아주 그럴싸하게 묘사하는 고사성어 가운데 수구초심(首邱初心)이란 말이 있다. 이 말의 뜻은 여우가 죽을 때는 자기가 태어난 굴 쪽으로 머리를 둔다는 뜻으로 고향을 그리는 애절한 마음을 우회적으로 표현할 때 자주 쓰는 숙어이다. 역사시대에 수많은 시인 묵객들이 이 수구초심의 절절한 고향 생각을 시나 부(賦)의 소재로 삼았다. 그런 고향의 의미가 지금은 많이 퇴색했다.

오늘날 한국 사람의 경우 수륙만리 산 설고 물 선 낯선 미국에 이민 간 1백만 가까운 사람이 그런 망향의 엘레지에 젖어 살 것도 같지만, 비행기 한번 타면 10시간 내외에, 그리고 다시 지상 교통수단으로 바꾸어서 5~6시간 안팎으로 고향 땅 부모의 산소 앞에 엎드려 절하고 일가친척 만나는 시대가 되었다. 지구촌을 운위하는 시대인데 고향이 무슨 의미가 있다는 말인가? 망향이라는 말 자체도 그렇지만 이제는 어디를 가나 정들면 내 고향이다. 그러나 그런 토포스(topos, 현실의 공간)로서의 고향보다는 유토피아(utopia, 이상향)로서의 고향에 대한 그리움은 아직도 우리의 무의식의 지평에 큰 무게를 지니고 있는 게 아닐까.

실상 동양에서의 고향에 대한 발상은 어디까지나 토포스적이다. 무의식의 지평에 아롱진 망향의 정서하고는 거리가 먼 것이었다. 고향을 하나의 유토피아로 심상 속에 간직하고 있는 그런 발상하고는 아주 거리감이 있는 고향에 대한 생각이다.

이제 한시 한 구절을 적어 놓고 다시 얘기를 이어 가기로 한다.

戍鼓斷人行 邊秋一雁聲

수루에 인적이 끊기니, 변방의 가을 하늘에 외기러기 소리

露從今夜白 月是故鄉明

이슬은 이 밤에 한층 희구나, 저 달은 역시 내 고향도 비추겠지

두보(杜甫)의 〈달밤에 동생을 생각함[月夜憶舍弟]〉이란 시의 한 구절에서 따온 것이다. 여기에서 우리는 절절한 망향의 정서를 읽을 수 있다. 두보는 비슷한 투의 망향의 시를 여러 편 남겼다. 한결같이 고향에 돌아가지 못하는 한을 읊은 절필들이다. 어찌 두보만이 그런가. 망향의 시문이나 그런 정서를 나타내는 문장은 중국 고전에는 발부리에 챌 정도로 많다. 중국뿐만이 아니다. 한국에도 선대의 우리네 시인 묵객이 그런 글을 통해 망향의 정서를, 고향에 못 돌아가는 한을 토로하곤 했다.

그러나 다시 한번 생각해 보면 그러한 망향의 정서는 그것이 아무리 절절하고, 또 고향에 가지 못해서 맺힌 한은 그것이 아무리 사무친다고 하더라도 결국은 한 번의 귀향으로 해소될 수 있는, 또 자주 고향을 드나든다거나 고향에 아주 정착해 버리면 완전히 카타르시스가 되어 버릴 그런 그리움이다.

이와는 대조적으로 영원히 카타르시스가 되지 아니하는 그런 그리움이, 그런 망향의 정서가 있다. 그것이 비록 애간장을 태우게 절절한, 아니면 한 맺힌 설움을 안기는 그런 망향의 정서는 아닐지언정 그래도 현실적이고 세속적인 토포스로서의 공간인 고향 땅을 밟으면 해소가 되는 그런 망향의 정서와는 또 다른 유토피아적 고향에 대한 그리움이라고나 해야 할까.

이것을 그리워서, 사무치게 그리워서 못 견디는 그런 여인과의 관계에 비유해 보면 어떨까 싶다. 그녀가 아무리 그리워서 못 배기는 모나리자와 같은 그런 존재라 하더라도 일단 가까이하고 나서, 속된 말로 목적을 달성하고 나면 그때부터는 싫증을 느끼기 시작한다. 천하에 둘도 없는 절색과 짝을 지어 초야를 보내고 난 이튿날부터는 이웃집 곰보딱지가 더 예뻐 보인다지 않는가. 예술가가 변덕쟁이이고 행동거지가 자유분방한 것도 그 때문인지 모른다. 예술가가 추구하는 세계는 마치 독일 낭만주의 시대의 최고봉의 시인 노발리스가 애절하게 읊은 '파랑새'와도 같은 존재가 아닐까. 영원히 따라가 잡을 수 없는 파랑새. 그것은 바로 칸트가 말한 '목적 없는 목적성(Zweckmäβigkeit ohne Zweck)'일 수도 있다.

토포스적 현실의 공간이 아닌 유토피아적 고향에 간다는 건 현실적으로 불가능하다. 그건 도대체 장소적인 규정성을 갖고 있지 않으니 말이다. 공간적인 실재가 아니니까 말이다. 실향민이 고향에 한 번, 아니 자주 혹은 아주 영원히 고향 땅에 뿌리를 내리게 돼서 목적을 달성하고 목표를 성취하는 그런 귀향하고는 또 다른 망향의 정서가 바로 유토피아적 고향에 대한 그리움이라고 해야 할까. 그렇다면 그러한 '유토피아적 고향에 대한 정서'를 상상 속에서나마 실현시킬 수 있는 장(場)은 어디인가? 아니면 무엇인가?

필자는 그것이 '어머니와의 일치'라고 단언한다. 우리가 이러니저러니 해도 고향이라고 하면 역시 어머니의 모태가 아닌가. 그렇다면 유토피아적 고향에 대한 '귀향'의 정서는 어머니와의 일치, 그러니까 모태에의 회귀를 통해서만 이루어질 수 있다. 그런데 문제는 모태라는 것은 겉으로 드러난 음문(陰門)이라는 창을 통해서만 타자와의 관계가 이루어진다. 한편 타자에 있어서 음문이라는 창은 세 가지 방식으로 관계를 가질 수 있는 장이다.

10. 어머니와의 일치

첫째, 성행위이다. 타자는 음문이라는 창구 안으로 양물을 밀어 넣고 흥분의 절정에 달하면 그 안에다 토정을 해 버린다. 하여간 이런 경우를 우리는 에로티시즘의 카테고리 안에서 생각할 수 있다. 이 카테고리는 인간의 원시적 본능과 밀접한 관계가 있으므로 우리를 흥분케 하고 일상생활에서도 주요 관심사가 된다. 그런데 이 카테고리에서의 어머니와의 일치는 인류 사회의 근본규범이 철저히 통제하고 있다. 상상의 세계에 있어서도 이 경우만은 용납이 안 된다. 프로이트식으로 말한다면 초자아라고 하는 양심의 영역이 그러한 욕구를 꽉 누르고 있다. 그러한 욕구 일부의 조각이 저 무의식 세계의 영역에서 한 귀퉁이를 차지하고 있는지는 모를 일이다.

둘째, 생식 행위이다. 이 카테고리는 첫 번째 경우와 동전의 앞뒷면의 관계이기는 하다. 그러나 논리적 절차를 따진다면 그대로 에로티시즘에서 촉발된 성행위와 생식 행위는 엄격히 구별되어야 한다. 이 점은 일부다처의 고대사회의 풍습이 남권 중심의 섹스의 향락의 편의를 위한 제도가 아니라 자손을 많이 낳기 위한 계세(繼世) 사상에 근거하고 있다는 사실만 보아도 이를 잘 알 수 있다. 내세속적 금욕을 철저히 강조하는 프로테스탄트에서조차도 자식을 낳기 위해서만은 섹스는 권장되며, 그것의 즐거움을 허용하며 신의 축복으로 여기라고 말한다. 그러나 이 카테고리에 있어서도 어머니와의 일은 생각할 수가 없다. 신화의 세계에서도 이런 일은 없었다. 오이디푸스는 어머니인 조카스타와 결혼하지만 자신의 씨앗으로 어머니를 회임시켰다는 이야기는 없다. 이 경우 윤상의 차원을 넘어서 인류 사회의 기본 질서를 흔들어 놓는 일이므로 첫 번째 카테고리와 마찬가지로 상상 속에서도 허용될 수 없는 일이다.

세 번째의 경우는 첫 번째하고 두 번째와는 정반대로 물리적으로는 불가능하지만 상상 속에서는 얼마든지 가능한 일이다. 이 경우 어머니와의 일치는 곧 인간 존재의 고향인 어머니의 모태, 곧 자궁으로 돌아가는 것을 말한다. 이것은 토포스적 공간으로서의 고향으로 돌아가는 '귀향'과는 다른 개념으로 설명되어야 한다. 뭐라고 할까, 회귀 혹은 불교에서 말하는 회향이 좋을 듯싶다. 불교에서는 '회향(廻向)'이라고 하지만 여기서는 '회향(廻鄕)'이라고 하는 게 어떨지 모르겠다. 아니면 태아(embryo)에의 복권(復權)이라고 불러도 좋을지 모르겠다. 속담에 늙으면 애 된다고 하지만, 융(C. G. Jung) 역시 노년기에 이르러 이러한 모태에로의 회향을 말했다. 그렇다면 십승지지는 인간 존재의 본래적인 고향인 모태에의 회향과 관련된 그리움과 소망을 토포스적인 현실의 공간에 실현된 것으로 보면 된다. 풍수의 모성 원리를 이해하고 나면 분명 그렇게 이해될 수밖에 없다.

11. 모성의 원리와 여음(女陰)

우선 풍수설에서 말하는 명당자리가 하필이면 여성의 성기를 쏙 빼놓듯 닮은 까닭이 무엇일까에 대해서 먼저 따지고 들어가기로 한다. 필자가 30대 초반이었을 때 처음으로 어떤 스님한테서 풍수를 기본으로 삼는 절터는 여음(女陰)의 형상을 쏙 빼놓았다는 말을 듣고 반신반의하면서 도리어 그 스님을 이상스럽게 생각했다. 그런데 나이가 들어서 풍수에 대해서 조금 지식을 얻을 요량으로 책을 보다가 퍼뜩 오래전에 들은 그 이야기를 떠올리면서 그 스님의 말이 옳았다는 것을 그제서야 깨닫게 되었다.

물론 풍수 책에는 명당자리가 여음을 닮았다는 그런 구절은 일언반구도 안 비치지만 명당자리를 그려 놓은 숱한 개념도들은 한결같이 장성한 여자의 생식기를 형용하고 있다. 우선 위부터 보자면 위의 풍수에서 말하는 주산(主山)이라는 부분은 여자 음부 위의 치골이 툭 튀어나온 형상을 빼놓듯이 닮아 있다. 그 밑에 두뇌(頭腦)라는 부분은 음핵(공알)을 형용하며, 또 아래의 혈(穴)이라는 것은 바로 질구와 위치가 똑같다. 그런가 하면 내청룡, 내백호와 외청룡 외백호를 흐르는 수(水)라는 것은 여성의 신체에서 가장 음습한 부분인 성기에서 나오는 음수(陰水)의 흐름을 형용하는 것이라고 보아야 하지 않는가.

또한 내백호와 내청룡이 소음순이라면 외백호와 외청룡은 대음순에 해당한다고 보겠다. 이것은 결코 필자가 흥미를 끌려고 일부러 추접스런 이야기를 이끌어 들여 멋대로 꾸며 낸 것이 아니다. 명당(明堂)이 여음과 똑같은 형국을 해야만 하는 당위성을 설명할 자료는 무궁무진하다. 무엇보다도 모성 원리라는 것을 염두에 두어야 한다. 그리스 문명권에 가 보면 넓은 들 비옥한 평야가 펼쳐진 지역에는 반드시 아르테미스 신전이 있기 마련이다. 아르테미스는 유방을 주렁주렁 달고 있으며 농업 생산을 주재하는 여신이다. 이는 비옥한 생산력을 상징하는 것일 게다.

앞서 예산이 배출한 명망가를 얘기하는 대목에서 빠뜨린 것이 있다. 수덕사에서 주석한 대선사 만공 스님이 막 출가해서 인사하는 일엽 스님을 친견하는 자리였다고 한다. 얼마 전에 입적한 일엽 스님은 잘 알려진 바와 같이 춘원 이광수를 사모하다가 뜻을 못 이루고 속세를 떠나 여승이 된 바로 그 분이다. 원래 성격이 호방한 데다 대선사로서 거칠 것이 없이 파격의 사자후를 토해 내는 만공 스님은 처음 보는 일엽에게 "네 년이 젖통이 그렇게 크니 중생들이 배는 곯지 않겠다."면서 껄껄 웃었다고 한다. 만공 스님의 대갈일성에는 풍요와 비옥함이라고 하는 아르테미스 여신의 이미지가 그대로 투영되어 있다. 그러나 여성의 성적 기능을 말할 때는 이보다 더 근본적으로 생식, 혹은 생산이라는 기능을 먼저 들어야 한다. 물론 이 두 가지는 불가분리의 상관관계가 있다.

일상적으로 사회생활의 장에서 아기를 낳아서 키우는 것을 겸해야만 완벽한 모성이 구현되는 것과 같다. 그러나 생산을 비옥함에서 떼어서 그 이미지만을 확장시켜 보면 거기에서는 그 나름의 특별한 형이상학적인 이미지가 산출된다.

아주 오래전에 어떤 일본 사람이 쓴 단편소설의 한 대목이 생각나는데, 막 사춘기에 접어든 소녀의 시체가 해부대 위에 누워 있는 장면이다. 그녀의 벌어진 두 다리 사이의 생식기에서 뾰족하게 내민 클리토리스(공알)를 작가는 봄철의 '새싹의 순[齒]'과 같다고 표현했던 것으로 기억한다. 이 역시 탁월한 상징적 의미 부여라고 생각한다. 여음과 생명의 탄생과의 의미 연관 관계를 절묘하게 묘사했다고 본다. 봄철에 새싹의 순은 막 얼어붙었다가 녹기 시작하는 황량한 대지를 뚫고 나온다. 연약한 새순의 그 엄청난 생명력에 탄복하기 전에 우리는 '황량한 대지'라는 창조가 이루어지는 사건의 존재 상황을 살펴야 할 것이다. '황량한 대지'는 곧바로 창조와 새 생명이 탄생하기 직전의 태초의 그 적막함, 교교함을 의미한다. 그것은 마치 『주역』의 셋째, 괘(卦)인 둔(屯)괘의 이미지와도 같다. 역으로 『주역』의 둔괘는 그러한 이미지를 은유적으로 암시하기 위해서 바로 하늘을 표상하는 건괘와 땅을 표상하는 곤괘 다음에 나오게 되었다.

흔히 혼돈의 와중이라고 하면 어수선한 야단법석의 아수라장을 뜻하는 것으로 알지만, 실제로는 캄캄절벽의 칠흑 같은 암흑과 태초의 적막함 그 자체가 혼돈이라고 말해야 옳다. 새 생명의 탄생과 창조라는 사건의 존재 상황은 바로 그 혼돈의 이미지와 결부되는 것이다. 그것이 바로 둔괘이다. 둔괘는 새싹이 돋아나는 이미지와 겹쳐서 그런 교교한 적막과 태초의 침묵이 무겁게 짓누르는 혼돈의 대지를 상징한다. 거기에는 피아가 없다. 마치 치열한 전투가 벌어지는 아수라의 전투 현장에 찾아온 잠시 동안의 정전의 현장, 적과 동지가 한데 어울려 담배도 나누어 피우고 우애를 다지는 그런 장면과도 같다. 불교에서 말하는 아상(我相)이라고 하는 차별상이 전혀 없는 그러한 장이다. 천진무구 그 자체이다. 종교학에서는 이것을 뱀이 꼬리를 물고 있는 형국인 '우로보로스적 혼돈'이라고 그랬던가. 또한 니체는 이것을 생성의 무구(無垢, Unschuld des Werdens)라고 규정했다.

　그렇다면 그러한 존재 상황이 실현되는 구체적 장은 어디인가? 다시 말해서 『주역』의 둔괘가 형상화되는 장은 어디인가? 다른 데가 아니다. 바로 어머니의 자궁(maternal womb)이다. 모든 문화의 현장에 등장하는 모성의 원리는 바로 어머니의 자궁, 그러니까 모태를 형상화한 것이라고 보면 어떤가? 어떤가? 하고 반문하기보다는 바로 그것이라고 단정적으로 말해야 한다.

12. 커다란 모태

　아직도 가시지 않은 혼란스러움을 극복할 겸 생각을 뚜렷하게 가닥 잡기 위해서 한양 도읍과 관련된 풍수의 원리를 생각해 보자. 도읍을 정하는 국도 풍수 역시 묘지 풍수의 명당자리 잡는 것과 마찬가지이다. 물론 여자의 성기를 닮은 모성 원리가 여기에도 적용된다. 북악산은 음핵에 해당하는 두뇌이고 경복궁이 음혈이 있어야 할 자리를 차지하고 있으며 양옆으로는 소음순에 해당하는 인왕산과 낙산이 있고 그 사이에 음수라고 할 청계천과 대학천이 흐른다. 조선의 도읍 한양은 가히 여성의 음부로 창구가 난 커다란 모태라고 부를 만하지 않은가. 나아가 만백성이 계급의 차별이나 신분의 높낮이에 구애됨이 없이 국가라는 커다란 자궁 안에서 '국태민안'의 태평성대를 계속해 가는 게 나라의 존재의 근거가 아닌가.

　'국태민안의 태평성대'가 굉장히 중요하다는 생각이 든다. 오늘날 같으

면 국가의 이상은 경제성장을 지속시켜서 국민의 복지를 향상케 하는 일
이다. 그러나 지난날의 전제 왕조, 특히 동양 사회에서는 그러한 경제력
의 증대, 그러니까 생산력의 증대보다는 국태민안을 최우선시했다. 형이
상학적으로 설명을 한다면 혼돈의 사태, 다시 말해서 주객이 미분화된 사
태, 마치 태아의 그 천진무구한 존재 방식, 그것이 바로 태평성대이며 그
러한 사태를 전 왕토 안에 실현하는 것이 국가의 이상이었다고 볼 수 있지
않을까?

'유마합수지간 가활만인'이라는 비결의 구절이 지닌 뜻은 피장처라는 말
과 함께 외부로부터 어떤 간섭이나 위협을 받지 않는 하나의 유토피아적
공동체를 실현하고자 하는 소망의 표현이라고 볼 수가 있지 않을까? 그러
한 유토피아적 사태는 어머니의 모태에서만 실현될 수 있는 것이 아니고,
현실의 토포스적 공간에서도 충분히 실현될 수 있다는 민중의 원망(願望)
이 응어리진 것이라고 보면 어떨까? 승지와 관련된 신앙의 성격을 조금 더
구체화하기 위해서는 명당자리를 찾는 묘지 풍수, 혹은 음택 풍수를 다시
한번 더 생각해 보는 게 어떨까 싶다.

묘지 풍수는 한마디로 후손들이 잘되게 해 달라고 하는 공리적인 타산
에서 비롯된 것이어서, 그 폐해도 많았고 여러 가지의 억지나 부작용이 뒤
따랐다. 조선 후기에 묘지 풍수가 하도 성행해서 나라 걱정하는 뜻을 지닌
선비들의 비판의 목소리가 그치지 않은 것도 사실이다. 그러나 십승지 경
우에는 혹세무민을 한다거나 이를 기화로 재신을 편취하는 따위의 사례가
있을 수도 없고 그렇다고 개인의 사정 보장을 위한 것도 아니어서 사회적
으로 물의를 자아낸 적도 없다. 흠결이라면 도피적이고 소극적이어서 운
명을 적극적으로 개척하려는 의지가 부족하다는 점 정도이다.

또 다른 시각인 형이상학적인 원리에서 본다면, 전자(묘지 풍수)는 모성

원리 가운데 생산적인 지평을 선호하는 반면, 후자(십승지)는 역시 같은 모성 원리이기는 하나 좀 더 근본적인 모태에의 회귀 원망(願望)의 구체화라고 보는 것이다. 따라서 승지 신앙은 어디까지나 공동체 구성원으로 하여금 질박하고 겸손한 일상을 이어 가는 구도자적 자세를 견지하도록 한다. 이는 결코 머릿속에서 필자가 일부러 지어낸 상투적인 어법이 아니라, 실제로 김관태 옹에게서 그러한 신념에 찬 삶을 영위하는 자세를 똑똑히 읽을 수 있었던 것을 이번 유구 십승지 답사의 큰 보람으로 여긴다.

이런 생각을 하면서 필자는 돌아가는 길은 아산 쪽으로 통하는 39번 국도를 타기로 했다. 야산 등성이를 하나 넘으면 바로 승지 중의 승지인 세동골이 나오는 추계리를 지나서 차령고개의 막바지를 오르게 된다. 돌이켜 생각해 보니 지저분한 생식기 얘기로 말미를 장식하면서 이런 말 저런 말 쓸데없는 얘기를 막 해 댄 것 같다. 그러나 종교학자인 필자로서는 풍수설을 꼬투리를 물고 늘어질 수도 없고 이렇게밖에는 달리 말할 건더기가 없지 아니한가. 차령고개를 넘으면서, 처음에 보고 느낀 대로 이곳이 삼남으로 가는 교통로였기 때문에 사람들이 연락부절하는 가운데 여러 사람의 눈썰미가 스치고 지나가면서 자연스럽게 이곳이 십승지지로 떠올랐다는 걸 다시 한번 스스로 확인했다.

II. 풍기(豐基), 금계촌(金鷄村) 이야기[*]

황선명

1. 금계촌의 유래

태백산맥을 가리켜 한반도의 척추라는 뜻에서 과거에는 척량산맥이라 했고 지금에 와서는 민족의 자긍심에 걸맞게 백두대간이라 부른다. 그 태백산맥의 산줄기가 태백산에 이르러 두 갈래로 갈라지면서 하나는 동해안을 휘감아 돌고, 또 하나는 소백산맥이라 하여 내륙을 관통하면서 삼남(三南)의 경계를 만들어 놓는다.

풍기(豐基)는 바로 태백산과 소백산이 갈라지는 틈바구니에서 조금 비켜 자리하고 있다. 그러기에 풍수에서 말하는 국(局)에다 큰대[大]와 작을 소[小]를 각각 붙여서 우선 '대국적'(大局的)으로 따진다고 할 때, 소백과 태백을 좌청룡 우백호의 고굉(股肱)으로 삼아 장풍(藏風)을 득했으니, 풍수는 백두대간의 제일 명당 중의 명당이라 불러 손색이 없지 아니한가! 다만 한 가지 흠결을 말하라면 장풍은 득했으되 득수(得水)는 못 했다는 점일 게다.

---

* 황선명, 「민중의 성지 십승지지(十勝之地)6」, 『종교문화비평』, 2005.

태백산 동녘의 황지못에서 샘솟기 시작한 낙동강은 풍기에서는 한참 떨어진 영주 땅을 외줄기로 흘러가는 바람에 풍기 고을은 큰 내가 비켜 가는 꼴이 되고 말았다. 큰 내는 아니더라도 어중간한 개천끼리 만나는 양수합수지간(兩水合水之間)의 머리 위에 반듯하게 자리했더라면 아마도 도읍 자리라고 해서 숱한 술가(術家)의 가슴을 설렁이게 만들었을지도 모른다.

그러나 이 고장이 천험의 소백산 준령을 진산으로 하고 있어서 삼국시대의 신라 때부터 북쪽에서 내려오는 외지인의 접근을 차단하는 데 안성맞춤이 아니었던가 하는 생각을 갖기에 충분하다. 풍기읍의 한가운데서 바라보는 소백산은 천문대가 있는 연화대를 왼쪽에 두고 오른쪽에는 도솔봉이 치솟은 가운데 그 사이에 잘록하게 안부(鞍部)를 이루고 있는 죽령마저도 하늘 아래 첫 동네라고 불러 손색이 없는 지경이니 과거에는 인마(人馬)의 통행이 거의 불가능하지 않았었나 하는 생각을 해 보게 된다. 그러니 『정감록』에서 말하는 병화(兵禍)를 피하는 피병지로서는 십승지지 가운데서도 일등급으로 손색이 없었을 것이다.

과연 이번 답사를 통해서 알게 된 것인데, 지금으로부터 120여 년 전, 그러니까 한말(韓末) 나라의 장래에 먹구름이 드리워지고 나라의 풍운이 어지럽게 돌아가던 즈음, 평안북도 영변에 사는 어떤 도사가 이곳을 둘러보고 돌아간 다음 그 고장 사람들이 대거 남부여대(男負女戴)하고 내려와 산기슭에 화전을 일구어 악착같이 견디며 살려고 발버둥이를 치다가 결국에 가서는 견디지를 못하고 대부분이 고향으로 발길을 되돌렸다는 것이다. 그러다가 중일전쟁이 터지고 그것이 태평양전쟁으로 번지면서 시국이 돌아가는 사정을 좌불안석으로 지켜보다가 안 되겠다 싶었던지 다시 일단의 영변 사람들이 떼 지어 이 풍기 땅을 찾게 된 것이다.

그건 이제 차차 이야기하기로 하고, 어째서 금계촌인가 말이다. 예사롭지 않은 작명이다. 현재 금계촌은 풍기읍 동쪽의 비로봉에서 흘러나온 산자락 기슭에 자리하는 동네를 말한다. 그런데 행정상 지명도 금계동으로 되어 있으니, 『정감록』에 나오는 금계촌의 전설이 아주 오래전부터 뿌리를 내리고 있었던 게 아닌가 한다. 계룡산이 그렇듯이 말이다. 하여간 금계촌이든 계룡산이든 모두 '계(鷄)' 자가 들어가는데 거기에 또 무슨 사연이 숨어 있는 것은 아닌지 궁금증이 생기는 것도 사실이다.

한자의 자전과 각종 백과사전류를 뒤져 보니 '계(鷄)' 자는 서쪽의 방향을 가리키는 뜻이라는 사실을 알아냈다. 십이간지(十二干支)에서 닭을 가리키는 '유(酉)'가 '서방(西方)'을 가리킨다고 한다. '계룡(鷄龍)', '계림(鷄林)'이 다 그런 뜻이라고 한다. 서쪽에 있는 어떤 선경(仙境)이라는 뜻이라 한다. 그런데 금계에는 또 이런 뜻이 있다고 한다. 하늘나라에는 신선과 금빛 나는 닭이 사는데 이 닭이 새벽녘에 울기 때문에 모든 닭이 그 소리를 듣고 뒤따라 울게 된다는 것이다. 풍기 땅에서도 이 금계촌은 어마어마한 소백의 험산준령에 둘러싸여 있는 데다가 금목수화토(金木水火土)의 오성(五星)의 형태가 뚜렷한 진산을 뒷등성이로 하고 있어 그야말로 한다하는 풍수쟁이의 눈에는 서기(瑞氣)가 어린 예사롭지 않은 산동네였을 법하다. 그것이 요사이 한결 바람을 일으키고 있는 『격암유록』의 장본인인 전설적 풍수쟁이 남사고인지, 아니면 그의 뒤를 이은 숱한 술가 중 어느 누구의 작명이었는지는 모르겠다. 하여간 금계촌이란 이름에 홀려서 엉뚱하게도 본고장 사람이 아닌 영변 일대 사람들이 떼 지이 몰려오는 현대판 소(小)민족이동의 기현상을 빚었던 것이다.

2. 40년 전 이야기

기억이 가물가물한 거의 반세기에 버금가는 40여 년 전의 이야기를 꺼내려 드니 가슴이 뭉클하게 아련한 추억 속으로 빨려 들어간다. 그것이 대학교 4학년 때인 것 같은데 어떻게 해서인지 장병길 선생님하고 단둘이서만 답사길에 오르게 되었다. 사실 종교학 답사라는 것이 역사나 고고학이나 국문학 하는 이들하고는 달리 딱히 이렇다 할 정해진 목적지 없이 대개가 주먹구구식으로 휴가 겸해서 떠나기가 십상인 건 예나 지금이나 마찬가지일 터이다. 그때 풍기의 금계촌을 찾게 된 동기는 중앙의 어떤 일간지에 실린 그 지방에서 상당히 유명한 인물로 알려진 양(梁) 교장에 관한 기사 때문이었다. 물론 풍기를 거쳐 최종 목적지는 태백산에 올라가서 산정에 있다는 어떤 종교 시설을 조사하겠다는 것이 사전의 계획이었다. 그렇지만 당시 태백산의 종교 시설이나 종교인들의 활동 상황은 너무나도 기대에 못 미치는 것이었다. 그 대신 금계촌의 양 교장은 40년이 지난 지금에도 또렷하게 그 영상이 남아 있는데, 그의 대단한 도력(道力) 때문이었는지 모르겠지만 신기한 지경이다.

양 교장의 성명은 양원빈(梁元彬) 씨이다. 지금 생존해 있으면 101세라고 하니까 그 당시 우리가 만났을 때는 대략 환갑 전후였을 것이다. 우람한 체구의 장골(壯骨)인 데다가 목소리가 어찌나 큰지 때로는 천둥에 벼락을 치는 굉음이 폭포수 떨어지는 소리처럼 그치지 않고 쏟아 내는 그런 느낌이었다. 지금도 눈에 선한 건 양원빈 씨가 그 거구의 몸집을 흔들면서 "한경직 목사를 오라고 그래! 한번 만나자고 그래!" 하면서 기염을 토하던 그 장면이다. 양원빈 씨는 그때 서울대 교수와 그 제자가 직접 찾아왔다고 하니까 고무가 되었던 듯했다. 우리 일행을 칙사 대접을 한 것은 아니지만,

하여간 집 밖에까지 나와 뒷산의 오성을 짚어 가면서 바로 자기의 집터야 말로 수소폭탄이 터져도 끄떡도 안 할 그런 길지(吉地)라면서 장광설을 늘어놓던 그 장면이 지금도 기억에 생생히 떠오른다.

지금의 젊은 층은 수소탄이 무슨 말인지, 또는 핵전쟁이라고 하면 북의 핵 문제가 그때부터 문젯거리였던 것인지 아리송할 것이다. 핵폭탄의 위력은 일본의 항복과 제2차 세계대전의 종전을 가져오게 한 히로시마와 나가사키의 원폭 투하로 입증되었다. 그러나 핵병기에 대한 공포가 절정에 달했던 시기는 바로 필자가 대학에 다니던 1960년대 초반이었다. 이때 미국과 소련이 앞다투어 수소폭탄을 터뜨리며 상대방을 위협하고 공갈을 때리는 작태를 서슴지 않았고, 특히 쿠바 위기 때는 제3차 세계대전이 터지는가 해서 이 극동의 구석 나라 한국에서도 전전긍긍하던 터였다. 그 무렵 필자의 집에서는 학교 성적이 부진한 필자의 동생에게 왜 그렇게 공부를 안 하느냐고 야단을 치자 "아버지가 그러시는데, 수소탄이 터질 텐데 공부는 해서 뭘 해!" 하고 퉁명을 떠는 그런 배꼽이 빠지게 가가대소할 일이 있기도 했다. 하긴 1962년인가 중국(당시는 중공)에서 비밀리에 핵실험을 한 것을 미국 중앙정보부에서 발표하자 세계의 종말이 오기나 한 것처럼 벌벌 떨기도 했다. 학도병으로 필자보다 먼저 군대에 간 동창은 휴가를 와서 작전권을 쥐고 있는 미군 사령관이 명령하면 그대로 전쟁이 붙을 그런 아슬아슬한 순간을 한두 번 넘긴 게 아니라고 얘기해 주기도 했다.

고인이 되신 필자의 아버지는 정규교육을 받지 못한 분으로서 박람강기는 참으로 대단하셔서 지금의 필자 나이 무렵에 『천수경』이며 『금강경』이며 하는 한문 경전을 깡그리 외우시고 한 것이 그만 그 유언비어나 공황 심리에 취약한 게 흠결이었다. 아, 그러나 양 교장으로 말하자면 일본의 중앙대학을 나온 터에 장녀는 공주사범에, 그리고 장자는 경북대에 진학을 시킨 대단한 교육열의 장본인이자 인텔리임에 틀림이 없었다. 그러기에 풍기읍의 유일한 초등학교 교장까지 역임한 게 아닌가. 지금에 와서 초등학교 교장이라면 그 수효가 시루 안의 콩나물에 비유할 지경이 되었으나 해방 직후에는 웬만한 군수나 경찰서장은 뺨칠 정도의 명예직이었다. 그런 지도급의 인텔리 명망가가 황당한 『정감록』을 되뇌이며 수소탄에도 끄떡없는 피병지라고 장광설을 늘어놓는 광경을 지금 재현한다면 일종의 코미디 같은 정경을 방불케 할지도 모른다.

양 교장뿐만이 아니다. 장 선생님하고 억수같이 쏟아지는 장대비를 맞으며 장마에 물이 불어 급류가 쏟아져 흘러내리는 계곡을 겁도 없이 무수히 건너가며 당도한 비로봉 밑의 달밭골[月田谷] 마을은 산동네라고 말하기에 좀 뭣한 그대로 산판이었다. 거기서 만난 40여 년 전의 그 노인은 지금쯤 백골마저 진토가 되었으리라. 하여간 그 노인이 "달밭골이야말로 진짜 『정감록』에 나오는 금계촌이어서 여기가 바로 수소탄이 터져도 끄떡없는 지경(地境)이다."라고 우겨 대던 말은 그때의 생각에도 우매하기 짝이 없는 황당한 얘기처럼 들렸다. 그러나 40여 년이 지나서 다시 이 달밭골을 찾아보고서는 그때 그 노인은 물론이고 양 교장의 그 장광설에도 역시 '사연이 있었구나.' 하는 필자 나름의 깨달음이랄까 하여간 그런 영상이 머릿속을 슬쩍 스치고 지나갔다. 이것만으로 40여 년 간 필자의 머릿속을 떠나지 않았던 수수께끼가 확 풀린 것은 아닐지언정, 그나마 시원스레 해답의 실마리는 풀려 나간 게 아닌가 해서이다.

사실 필자는 이 골짜기가 꼭 40년 만은 아니다. 23년쯤 되었나 하여간 요즈음(3월 초)보다 훨씬 추운 엄동의 계절에 학생들하고 소백산을 등산하던 하산길에 이 달밭골을 지나친 일이 있다. 물론 그때에도 학생 시절 만난 그 노인에 대한 생각을 떨칠 수가 없어 수소문을 해 보았더니 『정감록』

이야기는 까마득한 옛날이야기가 되어 버린 듯했다. 더군다나 등산길에 주마간산으로 지나친 것이기 때문에 자세히 알아볼 염(念)도 내지 못한 아쉬운 그런 형편이었다.

이번에 찾은 달밭골은 너무나도 달랐다. 국립공원의 등산로 초입인 탓도 있겠지만 한국의 산하가 최근 십수 년 이래 이렇게 환골탈태한 모습으로 바뀐 것을 눈부신 경제성장의 혜택으로 봐야 할까…. 이런 상전벽해의 지경에서 그래도 옛날 일을 기억하고 띄엄띄엄 끊어진 기억의 토막들을 잇게 해 준 이가 있으니, 그 아니 고마울손가. 66세의 최현관(崔鉉寬) 씨는 아버지를 따라 풍기에 왔다가 이 골짜기까지 들어왔다고 그랬다. 그의 부친은 『정감록』이라기보다는 불교 신앙에 깊이 빠져서 이곳으로 오게 되었다는 것이다. 특히 비로사가 영험이 있는 절이라고 했다.

하긴 소백산 줄기의 남록에는 유달리도 유명 사찰이 많다. 추풍령 아래의 직지사에서 시작해서 영주 땅의 부석사에 이르기까지 대소 사찰이 촘촘히 박혀 있다. 지금은 그런 이야기가 통할 나위가 없지만, 아주 옛날에는 사람의 접근이 거의 불가능하다시피 한 험준한 준령의 산 아래 동네에 물산도 그렇고 얼마나 많은 인총이 모였다고 이렇게 절이 많은 건가. 아마도 통일 이전 신라의 국경이 바로 이 소백산하고 일치해서 불력으로 진호국가를 발원하는 의미가 담겨 있었던 게 아닌가 하는 생각이 가끔 필자의 머릿속에 떠오를 때가 있다.

풍기 땅에 속하는 소백산계의 절 가운데 으뜸은 역시 연화봉 아래의 희방사이다. 이 절에는 초조 훈민정음의 경판이 보관되어 있었는데, 전쟁 통에 절이 폭격을 맞는 바람에 모두가 잿더미로 사라지고 말았다. 금계촌이 병화를 피하는 명승지라고 하나 그건 명철보신(明哲保身)을 꾀하는 몇몇 재간 좋은 사람들에게나 해당하는 사항이지, 천년의 고찰이나 돈으로는 따질 수 없는 민족의 문화재는 속절없이 병화(兵火)와 포화의 '밥'인 모양이다. 어찌 그것이 희방사뿐이겠나. 해방 이후 혼란의 도가니가 시작하는 무렵에서부터 동족상잔의 혈투가 벌어지는 과정에서 수다한 민족의 보배가 한 줌도 남지 않고 오유(烏有)로 사라져 버리고 말았다. 『정감록』이 그걸 예언했더라면 시대와 양(洋)의 동서를 초월하는 불멸의 예지서로서 한민족의 자긍심을 한층 드높였을지 모를 일이다. 그런데 웬걸 운수대통의 발복(發福)에 무게가 실려서 그만 예지서(叡智書)의 턱걸이도 못 한 꼴이 되었다.

3. 달밭골의 돈더미

최현관 씨의 말에 의하면 월전곡(月田谷) 아래 정안동(正安洞)은 당골에서 흘러내려오는 내와 당골에서 내려오는 물이 합해지는 양수합수지간이라고 해서 처음에는 이북 사람들이 여기에 몰려들었다는 것이다. "그래서 정안동 골짜기에 별안간 돈이 산더미처럼 쌓였다는 거요." 자신의 눈으로 직접 봤다는 얘기는 아닐 테고, 필경 떠도는 소문을 웃어른한테서 들었다는 뜻일 터이다. 왜냐하면 시기로 봐서 해방 전후는 아닐 터이고 아마도 1930년대 말에서 1940년대 초의 일일 테니 말이다. 그게 아니라면 19세기 말에 영변 사람이 처음 왔을 때 이곳의 땅을 마구잡이로 사들였다는 뜻일지도 모른다.

어쨌든 『정감록』이 이 벽지의 시골 땅에 사재기 열풍을 불러일으키고 발복과 자손만대의 재운이 트는 요행을 바라는 사행 심리의 폐풍을 조장시켰다는 얘기로 들릴 수도 있다. 『정감록』을 가지고 딱히 그런 문서라고 주장할 근거는 없다. 그러나 순탄하지만은 않을 것으로 예상되는 개인이나 집단의 미래 운명에 과감히 도전해 볼 생각은 하지 않고, 어떻게든 요리조리 험한 전도를 피해 가면서 안심입명을 하게 하는 요행의 심리를 조장하는 측면이 있다는 것은 의심할 여지가 없다. 불확실한 미래에 대해서 차분하고 냉정하게 대처하는 게 아니라 요행을 바라는 사행 심리를 가지고 대처한다는 뜻이기도 하다.

실상 관서 지방, 그중에도 평안북도는 특히 상여지향(商旅之鄕)이라고 해서 상업 활동이 왕성한 지역이었다. 이 고장이 그럴 수밖에 없었던 것은 중국에 가는 길목에 해당하는 지리상의 위치 때문에 각종 상인의 출입이 잦고 따라서 물자의 이동이 많았던 까닭이다. 그런가 하면 산지가 많고 따라서 광산 자원이 풍부해서 조선시대부터 광업이 발달했다. 개항 이후 이 지방의 운산 대유동의 금광 채굴권을 미국 상인에게 헐값에 팔아넘긴 사실은 역사책에도 나온다. 그때 광산의 인부들이 순금 함량이 많은 광석을 슬쩍하는 것을 볼라치면 '노터치' 하면서 불호령을 내렸는데 이것을 인부들이 '노다지'라고 부르게 되었고, 1930년대에 들어와서는 전국 방방곡곡에서 노다지 한번 캐내 가지고 팔자 고치려는 노다지꾼들이 웬만한 계곡은 모조리 뒤지고 돌아다녀서 어디 성한 데가 없는 지경이었다고 한다. 그렇게 해서 한몫 잡고 떼부자 된 사람은 천에 하나 만에 하나도 어려운 게 아니었던가. 그런데 최창학은 1930년대에 정말 노다지로 한몫 잡아서 갑부가 된 인물이다. 하기야 그때 민족자본이란 것이 있을 리 만무고, 기껏해야 김성수 일가가 경영하는 경성방직이 한국 사람이 주인 노릇하는 유일한 대기업이었으니, 그저 돈 빌리면 곡괭이 들고 산판을 뒤지고 돌아다니다가 괜찮다 싶은 광산에서 간신히 덕대 노릇 해 보다가 정말 천운이 오면 노다지 한번 크게 잡는 것이 아니었던가. 필자의 아버지는 생전에 "그 최창학이가 노다지 잡을 때 말이야 괭이로 찍으면 척척 소리가 났다지 뭐냐."고 말씀하셨다. 다름이 아니라 금의 함량이 워낙 많다 보니까 곡괭이가 돌에 부딪치면서 튀는 게 아니라 그대로 금덩이 속에 파묻혔다는 형용을 하시면서 혀를 내두르는 것이었다.

그런 필자의 아버지도 필자가 이 세상에 태어날 즈음 노다지 한번 잡아 보시려고 폐광인지 하여간 금광에 가서 많이 고생을 하셨던 것 같다. "야, 아침밥을 벤또에 담아 가지고 가잖냐. 그러면 점심때는 그게 얼어서 돌덩이처럼 되지 뭐냐." 어찌 필자의 아버지뿐이었겠나. 있는 사람이건 없는 사람이건, 일제 때 큰 돈 작은 돈, 하여간 돈 구경 좀 했다고 하면 그거 금광이든 미두(米豆)든 간에 투기해서 번 게 고작이었다고 한다. 아, 그러니까 화신백화점을 지어 현재 신세계 자리에 있었던 일본계 삼월(三越)백화점하고 맞섰던 박흥식은 어떻게 재산을 모았겠는가? 다름이 아니고 홍콩에 빈 배를 가지고 가서 종이를 모조리 사들여서 배 한구석을 채우고 나니 시장에서 종이가 동이 나 값이 천정부지로 뛰어오르자 그것을 고가에 되팔아 가지고 그 돈으로 다시 종이를 사들이니 이번에는 한 배 가득 채울 수가 있어 그걸 한국 땅에 싣고 와서 큰 이문을 남겼다는 게 아닌가.

『정감록』 얘기하다가 엉뚱한 데로 흘러간 감이 있는데, 기실은 거기에 담긴 정신이랄까 아무튼 뭐 그 가르침이란 것이 난세에 어떻게 명철보신 하느냐 하는 것과 더불어 요행이나 투기하는 것과 같은 그런 생각이 밑바탕에 깔려 있다는 말이다. 그러니까 일테면 경제 활동에 있어서 근면과 성실과 정직으로 그 적정의 대가를 따먹는 방식하고는 거리가 있다는 말이다. 그것 말고도 또 다른 게 있다.

4. 공황의 심리

18세기엔가 러시아 볼가강에서 일어난 반란의 수괴 중에서 스텐카 라친과 푸가초프가 있다. 스텐카 라친은 러시아 민요로도 나올 정도로 널리 알려진 민중의 우상이었다. 우리 어릴 때 전설적인 러시아의 베이스 성악가 보리스 샬리아핀이 탁한 목소리로 부르던 그 노래를 유성기로 들을라치면 참말이지 동편제의 명창 송만갑이 목청껏 뽑는 '수심가'는 저리 가라였는데 말이지….

그런데 러시아에서는 스텐카 라친보다는 푸가초프가 더 유명하다. 여북하면 푸시킨의 소설에도 등장하였겠나. 하여간에 푸가초프는 수만 군중이 지켜보는 가운데 단두대에서 목이 잘렸는데도 현장에 있었던 사람조차 그가 죽지 않은 것은 고사하고 시방 볼가강에서 대군을 이끌고 쳐들어온다고 떠벌리고 다녔다는 것이다. 그래서 유언비어가 삽시간에 번져 나갔더란다.

사실 『정감록』에 나오는 이야기나 그 파자(破字) 풀이라는 걸 따지고 들면 그게 모두가 유언비어의 뭉치가 아닌가 말이다. 아, 그러니까 6·25 때 미국의 트루먼 대통령을 '진인(眞人, true+man)'이라고 그러고, 아이젠하워를 '아이정(鄭)하워'니까 정도령이라고 그러고, 하여간에 그런 게 다 『정감록』의 발상에서 우러나온 유언비어가 아니고 무어란 말인가. 1980년 12·12 때는 전두환의 전(全)이 김(金)에서 두 획이 떨어져 나간 것이므로 양김(兩金)을 젖히고 대권을 잡았다는 유언비어가 나돌았다. 물론 이 유언비어의 배후에는 공황 심리가 도사리고 있는 것이다.

작고한 양 교장의 제일 큰따님인 양온신(梁溫信, 75세) 할머니의 이야기를 들으면 『정감록』의 비결을 믿고 풍기 땅에 대거 몰려온 일제강점 말기 영변 사람들의 심리 상태를 이해할 만도 하다. 더 말할 나위 없이 공황 심리가 팽배했었다고 할까, 아무튼 끝장나는 줄 알았다고 한다. '나는 공주 여자사범 나왔는데 어른들이 풍기에 이사하기로 작정하고 고향을 떠나 그

학교에 입학시켰드랬시오." 풍기로 와서는 살기가 어땠었냐는 질문에, "아이구 말도 마시라요. 우리 집은 소월 시에 나오는 바로 약산 밑이야요. 여기 오니까 사방이 다 돌밭이고 농사가 돼야지요. 우리 고향에서는 콩 이파리 같은 거는 거들떠보지도 않았더랬는데, 별거 다 먹었시요." 그러면 뭣 때문에 그렇게 살기 좋은 고향 땅 영변을 버리고 이 척박한 땅 소백산 밑으로 피난 아닌 피난을 왔느냐고 물으니, "아이고 어른들이 일본이 이 전쟁에 지면 공산당이 들어오고, 그러면 땅마지기나 짓던 사람 모조리 죽으니까 피난처를 찾아가야 한다고 그러셨어요. 그래서 학교 갔다 오면 지도를 펴 놓고 수군수군 의논을 하시는 거였어요. 지도에는 이 풍기 땅에 빨간 금이 그어져 있었어요. 그러고는 밖에 나가서 그런 말 하면 절대로 안 된다는 거였어요." "그렇다면 6·25 때 굉장히 고생하셨겠네요." "그래서 아버지(양 교장)하고 나하고 내 남동생은 부산으로 피난을 갔었시오."

40여 년 전 양 교장한테서 들은 이야기로는 일본에서 대학을 마치고 돌아온 그를 부친이 불러서 '임진이북(臨津以北) 재작호지(再作胡地) 팔월반전락(八月半田落)'이라는 글귀를 써 주었다는 것이다. '임진이북(臨津以北) 재작호지(再作胡地)'는 『정감록』에 아주 자주 나오는 문구인 데다가 미리 이야기한 바 있으니 새삼스럽게 설명할 필요가 없을 것이다. '팔월반전락(八月半田落)'도 이미 이야기한 바 있는데, 다시 그 당시, 그러니까 막 태평양전쟁이 발발하던 무렵의 상황과 결부해서 이야기를 하자면, 본디 이 비결은 일본 본토의 점술가 사이에서 시작되었다는 것이다. 역(易)의 임괘(臨卦)에 나오는 팔월흉(八月凶)이라는 괘사를 가지고 일본이 팔월에 패망한다는 설을 퍼뜨렸다는 것이다. 그래서 오늘날 우리의 합참본부 격인 대본영(大本營)에서 유언비어의 진원을 발본색원해서 그 뿌리를 뽑아 버리라면서 철저한 단속을 했었더란다.

당시 한반도, 특히 만주와의 접경에 있던 평안도 일대의 주민들, 특히 땅 마지기나 짓고 안정된 살림을 하던 이들은 공황 심리에 휩쓸릴 충분한 이유가 있었다. 제2차 세계대전이 발발하기 전에 주코프의 탱크부대가 노모항에서 일본 관동군의 정예부대를 식겁하게 만들어 놓은 것도 이미 말했지만, 중국 본토의 모택동의 그 팔로군(八路軍)이라는 거, 울던 아이도 이야기만 들으면 울음을 멈춘다는 게 아닌가. 그런데다가 날이 갈수록 백만 관동군도 시나브로 밀리는 기운에다가 만주에서 활동하는 공산당 세포들에 대한 이야기만 들어도 간담이 서늘한 판국이 아니었는가 말이다.

그래서 영변 사람을 중심으로 알게 모르게 연줄이 닿는 다른 군(郡)의 사람들, 그리고 『정감록』의 비결을 꼭 신봉하지 않더라도 공산당이 들어오면 아무래도 불리하다고 판단한 천석꾼 만석꾼은 진작 전답을 헐값에 방매하거나 소작에 붙이고 낯선 땅 소백산 아래 금계촌을 향해서 남행길에 올랐던 것이다. 그래서 몇십 년 전만 해도 풍기읍 인구의 절반 이상이 그렇게 내려온 사람들이었고 이 고장 말씨도 순수한 경상북도 방언이 아니라 두 고장의 말이 짬뽕이 돼서 새로운 방언을 만들어 내게 되었다. 그런 점에서 본다면 『정감록』 비결의 예언은 어느 정도 적중했는지도 모르겠다. 그 비결을 신봉해서 진즉에 고향 땅을 등지고 피난 온 이들은 결과적으로 볼 때 현명한 결단을 내렸다고 판단할지도 모른다.

원적이 평안북도인 이들 월남민 주민과 현지 토박이는 사회 활동 면에서 게임이 안 될 정도로 차이가 났다. 지금은 여러 세대를 거치는 동안에 이주민과 현지 주민 사이에 서로 통혼도 하고 완전히 상대방에 동화가 되다시피 해서 별반 차이는 없는 것처럼 보인다. 그러나 몇십 년 전만 해도 월남 이주민의 사회 진출은 두드러졌다.

잘 알려진 대로 3공 때 사성장군(四星將軍)까지 올라갔다가 대통령 비서

실장을 지낸 김계원 씨가 바로 풍기의 월남 이주민 출신이다. 음악평론가로서, 그리고 국회부의장을 지낸 박용구, 박용만 씨 형제도 마찬가지이고, IMF 때 재무 관료의 최고위직에 올랐다가 곤욕을 치른 강경식 씨도 역시 마찬가지라고 한다. 더 찾아내면 중앙은 아니더라도 지방에서 활동하는 중견 인사들까지 합치면 군웅(群雄)을 이루고 있으리라고 본다. 여하간 이런 시각에서 본다면 지금 지하에서 잠들어 있는 이주 제1세대들은 후손들의 발신(發身)을 대견스러워 하면서 남행의 결단을 내린 것이 참으로 잘한 일이라고 안도할지도 모르겠다.

5.『정감록』의 운세

이 글을 쓰면서 줄곧 머릿속에서 떠나지 않는 것은 도대체 이제 와서 시정(市井)의 가십거리도 되지 않을 이런 얘기가 종교나 문화하고 무슨 상관이 있느냐 하는 의문인 것이다. 글을 쓰는 장본인인 필자로 말하자면 만담 풍의 아주 소잡한 문장을 처덕처덕 갔다가 붙여 나가는 서식(書式)을 취하고 있다. 그런데다가『정감록』이라는 게 워낙 황당하고 솔직히 말해 술가(術家)의 끼가 있는 필자와 같은 잡인(雜人)이나 탐닉할 그런 물건이어서 정갈하게 공부하는 학자님들은 가까이 할 물건이 못 된다. 억지로 갔다가 붙인다면 서양의 종말론이니 천년왕국이니 그런 주제에다가 잡아넣을 수 있을지 모른다는 건 신통치 않은 이 글의 독자들이 더 잘 알 터이다.

다시 최현관 씨와의 대화를 떠올려 본다. "그래 대학교수님이시라니까『정감록』에 대해서 어떻게 생각하는지 한번 말해 보시소." "글쎄요 … 나는 사실 별로 아는 것도 없고, 또 학생 가르치는 사람이니까 이치에 맞는 이야기 하는 데만 이골이 났으니,『정감록』에 나오는 비결이나 예언을 곧 이곧대로 믿고 있다고 말할 수는 없습니다. 오히려 최 선생이 이 십승지지에서도 으뜸가는 고장에서 평생을 사시면서 어떤 생각을 가졌는지 고견을 듣고 싶소이다.” “나는 운이라는 게 있다고 봅니다. 『정감록』은 고려 말에 나옹 선사가 이성계한테 이씨 왕조는 5백 년이 간다고 예언한 것에서 비롯했지요. 그 말이 맞거든요. 한양의 운이 다 했소이다.”

이야기는 어느새 행정수도 신설 문제로 옮겨 갔다.

박정희 덕분에 우리가 이만큼 잘살게 되었다고 정색을 하며 말하던 그는 행정수도의 신설 문제만은 힘을 주어 반드시 성사되어야 한다고 주장했다. 물론 수도권의 인구 집중 문제가 근본 원인이겠으나 운세론을 들어 그 타당성을 적극 주장하는 거였다.

이 운세론이란 것이 말하자면 『정감록』의 키포인트이다. 『정감록』의 형이상학적 근거를 뒷받침해 주는 역(易), 특히 소강절역(邵康節易)의 근간이 운세론인 것이다. 그런데 그것이 말이 형이상학이지 실제로는 아주 통속적이고 다소 신비적인 추리에 근거하는 속설이라고 봐야 하지 않을까 생각된다. 왜냐하면 왕조의 교대를 우주 운행의 법칙에다 결부시켰기 때문이다. 말하자면 한대(漢代) 이래 참위설과 더불어 크게 유행한 천인상관설(天人相關說)을 좀 더 구체적으로 왕조의 교체 문제와 결부시킨 것이다. 그렇기 때문에 리하르트 빌헬름의 아들인 헬무트 빌헬름은 소강절역의 시간을 왕조시(王朝時, Staat Zeit)라고 말한 깃이다.

여기서 동양이 서양보다 못하다는 이야기를 하려는 것은 아니다. 다만 양자 사이의 사고의 차이를 말하고자 할 뿐이다. 서양의 경우에도 몇천 년이 지나면 우주의 종말이 오고 예수님이 재림한다고 하는 종말론은 아주 몽매하고 황당한 주장이다. 그것도 아우구스티누스와 같은 대철학자가 그런 주장을 했으니 그렇게 따진다면 황당한 점에서는 동양하고 피장파장이지 뭔가. 다만 그건 인정해야 한다. 서양의 분석적 사유 방식은 시간의 문제에 관해서 천착의 천착을 거듭해 왔다. 그 결과 시간의 문제는 오늘날에 와서는 종교나 철학이 아니라 이론물리학에서 따지는 중심 과제로 바뀌었다.

금년은 아인슈타인의 특수 상대성 원리가 발표된 지 1백 년이 되는 해라고 해서 지금 독일에서는 과학계보다는 오히려 사상계가 떠들썩하다. 필자가 이해한 바로는, 아인슈타인의 특수 상대성 원리는 정지 체계의 운동 법칙하고 움직이는 체계의 운동 법칙은 다르다는 것이다. 물론 시간도 다르다. 아, 그 〈타임머신〉인가 하는 영화에 나와서 잘 알려졌다시피 광속도로 운행하는 로켓 안에 탄 사람은 전혀 늙지 않고 항상 그 모습 그대로라고 하지 않는가. 시간의 정지라고나 해야 할까, 다른 말로 한다면 이 우주 안에는 절대시라는 게 없다는 말이다. 지금 이 순간이 우주 저 끝에서 똑같이 마찬가지의 지금이 아니라는 뜻이다. 아, 우주의 극히 작은 일부분인 블랙홀 안에서는 시간이라는 게 없지 않은가.

그러니 아주 속되고 상스러운 말로 '배꼽 시 털 분'이라고 하지 않는가. 그 말은 아마도 공복을 느끼게 되는 시점에 따라 각자의 시간은 다르다는 뜻을 함축하는지 모르겠다. 하여간 시간은 주체가 처한 상황, 혹은 물리학에서 말하는 좌표계에 따라 천차만별인 것이다. 예를 들어 우리는 하루살이가 인간의 수명의 3만분의 1도 안 되는 시간을 산다고 하찮게 생각하지만 하루살이의 주체적 시간은 우리의 1백 년하고 맞먹는지도 모를 일이다. 아니 그건 너무나도 상대적이어서 절대적 기준이 없는 것이므로 비교의 상대가 되지 않는다.

6. 신데렐라와 시계

신데렐라 이야기는 우리나라의 콩쥐팥쥐 이야기하고 같다. 계모의 친딸과 구박받는 전처의 자식과 얽히고설킨 이야기인 것이다. 세계의 여러 문화권에는 비슷한 유형의 설화가 숱하게 있다고 민속학자들은 밝히고 있다. 그렇다면 이 신데렐라 이야기의 특징은 무엇인가?

다름이 아니라 그 이야기에 등장하는 시계인 것이다. 12시가 땡하고 치면 신데렐라는 다시 그 초췌한 원래의 모습으로 돌아간다. 시계가 등장하는 이 설화는 도대체 어느 누구들에 의해서 처음 이야기되던 것일까? 설화는 전설하고는 달리 옛날 옛적, 그러니까 시작을 알 수 없는 태곳적 어느 때의 이야기인 것이기에 아주 자연스럽게 그런 거짓부렁을 받아들이고 거기에 감동한다. 그러나 신데렐라 이야기는 시계가 등장하는 걸로 보아 분명 까마득한 신화시대의 이야기가 아니고 분명 근세에 와서 지어낸 이야기일 것이다.

그건 사실이다. 이 신데델라 이야기는 그림 형제가 수집을 해서 『그림 동화집』에 실려서 세상에 널리 알려졌다. 그림 동화의 원산지는 독일의 헤센 지방으로 되어 있다. 그래서 신데렐라 이야기는 독일어로 '재를 뒤집어쓴 아이'라는 뜻에서 그 원래의 이름이 아쉔브뢰델(Aschenbrödel)이다. 그러면 신데렐라 이야기를 지어낸 헤센 지방 사람들은 어떤 이들인가? 인종적으로 다른 건가? 그건 사실이다. 이들은 원래 프랑스 사람들이다. 신교도의 위그노들이다. 독일은 원래 종교개혁의 본고장으로 루터파만 있는 줄 알지만, 서남쪽은 가톨릭이고 가뭄에 콩 나는 식으로 프랑스계의 위그노들이 칼빈파 교회를 중심으로 살고 있다.

평안북도에서 『정감록』을 신봉하는 이들이 산 설고 물 선 소백산 풍기 땅에 와서 피땀을 흘리며 노력해서 자수성가해서 사회적으로 여러 명의 명망가를 배출한 것처럼, 독일의 위그노들도 비옥한 옥토 고향 땅을 떠나 척박하고 기후도 나쁜 독일에서 이를 악물고 노력해서, 독일 사회에서 우뚝 서는 인물은 물론 인류 역사에 큰 발자취를 남긴 인물을 여럿 배출했다. 다 주워섬길 수는 없고 정치가만을 든다면, 칼 마르크스의 제자이고 오늘날 사회민주당(SPD)의 전신인 독일노동자연맹을 결성한 지도자 페르디난드 라잘레가 위그노의 후예이고, 현재 독일 수상의 라이벌이었던 라퐁텐느 역시 마찬가지이다. 그런가 하면 구(舊)동독이 해체될 즈음 과도정부 총리를 맡았던 바이올리니스트 출신의 드메지에르 역시 마찬가지이다. 정치가만 있는 게 아니다.

그림 형제에게 자기 고향의 민담을 수집해 보라고 권한 국제법학의 창시자 샤비니도 마찬가지이다. 부르주아 사회학을 건설한 막스 베버가 칼빈파의 이상형을 자본주의 정신의 모델로 삼은 것도 다 그럴 만한 이유가 있다. 그의 모계에 위그노 계통의 피가 흐르고 있었던 것이다. 위그노, 다시 말해 칼빈파의 공통된 특징은 내세속적 금욕이자 근면과 성실의 덕목을 삶의 좌우명으로 삼는다는 데 있다. 주로 소규모의 가내수공업 분야에 많이 종사하는 것이 그 때문이기도 하다. 근면과 성실은 철저한 시간관념과 불가분의 관계가 있다. 부지런하다는 게 뭔가, 시간을 아껴 쓰는 게 아닌가. 벤저민 프랭클린이 "시간은 돈이다."라고 그랬다. 영국 칼빈파의 저명한 목사인 백스터는 "제일 못된 도둑이 시간 도둑이다."라고 일갈했다. 말하자면 칼빈파는 절박한 종말관의 교리에서 유래한 종교적 시간관념을 사회적 시간관념으로 정착시키는 데 큰 역할을 수행한 것이다.

그도 그럴 것이 농사꾼들은 농번기만 되면 땅거미가 짙어서야 집에 들어오고 잠시 눈을 붙인 다음 새벽별 보고 들에 나가지만 농한기에는 화투나 치고 막걸리 사발이나 기울이면서 세월아 네월아 하고 살기 때문에 순전히 자연적인 시간의 리듬에 따라갈 뿐 다른 사람과의 약속에 의해서 이루어지는 사회적 공간에서의 시간에는 구애받을 필요가 없다. 근대화 이전 주로 농업에만 종사하면서 농력(農曆)에나 익숙해 있던 동양 사회의 시간관과, 거기에서 연유하는 운세관을 가리켜서 전문가들은 동양이 원환적인 시간관을 갖고 있다고 주장하며 서양과 구별하는데, 실상 서양의 시간관이란 것은 사회적인 집합표상의 산물이고, 그것은 칼빈파를 그 원조로 한다.

한마디 더 아는 체를 한다면 이렇게 칼빈파에서 유래한 사회적 시간관은 영국의 산업혁명 초기에 그대로 사회적 관습으로 받아들여지게 된다. 작곡가 하이든이 영국의 런던에 갔다가 사람마다 호주머니에서 시계를 꺼내서 들여다보는 걸 보고 하도 신기해서 오스트리아로 돌아오자 '시계교향곡'을 작곡했다는 이야기가 있다. 그것은 산업혁명을 처음 시작한 영국에서는 하등 이상할 게 없는 예사로운 풍경이다. 영국의 수필가 해즐리트가 썼던가 하여간 그와 비슷한 인물이 쓴 게 분명한 짤막한 수필을 읽은 기억이 난다. 어떤 사람이 아침에 시계를 가지고 나오지 않은 사실을 알고 집에 되돌아가서 시계를 가지고 오면 시간이 얼마나 더 걸리나 해서 호주머니에서 회중시계를 꺼내서 보았다는 이야기인 것이다. 산업혁명으로 우후죽순처럼 생겨난 공장과 사업장에서 일하는 근로자는 아침에 일이 시작하는 시각에 대서 가려면 시간관념이 철저해야 한다. 또 사업주는 피고용자의 임금을 시간급으로 주니까 시간을 철저히 체크해야 한다.

필자가 여기서 말하고자 하는 것은 양(洋)의 동서를 막론하고 시간에 관한 생각은 어떤 원리로서 존재하는 것은 아닌데, 그것은 각 주체마다 시간이 다르기 때문이라는 말이다. 그러나 서양에서는 칼빈파에 의해 시간이 곧바로 사회적인 규범으로 정착되어 버렸다. 다시 말해 철저한 시간관은 다른 사람과의 관계에 있어서 성실성과 정직성을 가늠하는 눈금이 되는 동시에, 주체적으로 근면하고 절도 있는 생활을 영위할 위무를 스스로가 자각하게 만든다. 이것이 요즈음 화두가 되고 있는 개혁인 동시에 자기 혁신인 것이다.

그러나 『정감록』의 운세관은 마치 연시감이 떨어지기를 바라며 하늘을 쳐다보고 입을 벌린 형국에 비유한다면 어떨까? 거기에는 주체적이고 능동적인 자기 개혁의 의지가 전혀 보이지 않는다. 그저 명철보신하는 소극적인 자세로 일관하는 것이지 난세를 극복하고 과감하게 개척한다는 그런 정신이 엿보이지 않는다. 전통에 안주하는 방식인 것이다.

7. 샤리테 병원

그곳은 겨울철에 때 아니게 댓줄기 같은 장대비가 퍼붓고 광풍이 휘몰아치는 점심 무렵의 베를린의 조오 가르텐 부근이었다. 빗물에 젖어서 천근이나 나가는가 싶게 무거운 배낭을 맨 채 경중 걸음으로 쿠퍼스텐담의 버스 정류장 쪽으로 가고 있었다. 그렇게 해서 빗물에 흠씬 젖은 점퍼를 그대로 입은 채 두 시간짜리 시내 관광버스에 올라타게 되었다. 먼 데서 유난히도 높고 볼품없는 건물을 바라보면서 속으로 '아하 저것이 그 유명한 샤리테 병원이로구나.' 혼잣말을 입속으로 중얼거리는 사이에 어느새 눈앞에는 다른 장면이 나타났다.

베를린 대학의 본래 명칭은 훔볼트 대학인데 그거야 창립자의 이름을 딴 것이니까 의당 그러리라고 생각할 수도 있겠다. 그러나 이때 부속병원의 명칭을 하필이면 지난날에는 원수지간이었던 프랑스의 말 '샤리테

(charité)'를 갖다 붙인 것은 아무래도 무슨 사연이 있는 것만 같다. 서울대 부속병원을 일본의 그 무슨 '야하다' 병원이라는 식으로 작명했다면 용납이 될 일인가. 프랑스어의 샤리테는 영어의 '채리티(charity)'와 마찬가지로 '자선'이라는 뜻의 라틴어 '카리타스(caritas)'에서 유래했다. 물론 독일어에도 자선을 뜻하는 '바름헤르치카이트(Barmherzigkeit)'라는 단어가 있다. 그런데도 왜 하필 프랑스어를 가져다 쓴 것일까? 여기에도 역시 칼빈파의 위그노교도들과 연관된 사연이 깃들어 있다.

18세기 중엽 프로이센의 계몽 군주였던 프리드리히 대왕은 당시 선진국이었던 프랑스의 문물을 적극적으로 받아들이고자 해서 이교도였던 위그노를 크게 환영했다 한다. 그래서 프로이센의 직물공업이 획기적으로 발전하고 문화적으로 세련미를 갖추게 되었다는 것이다. 물론 오늘날 독일 전역에서 프랑스계 위그노의 후손들이 독일인과 차별을 받지 않는 것은 그 당시 위그노의 활약 때문이기도 하다. 이들이 거지나 부랑자나 행려병자들을 돌보아 주고자 자선병원을 세운 것이 오늘날 샤리테 병원의 모태가 되었다. 그것은 어떤 정치적인 제스처이거나 망명자로서 그들을 받아준 나라의 군주나 실력자들에게 잘 보이기 위한 사탕발림의 수작 따위가 아니었다. 오직 이웃 사랑이라는 『성서』의 가르침이 곧 신의 소명이므로 자기 자신보다 가난하고 어려운 이웃을 보살펴야 한다는 자각에서 우러나온 행위였던 것이다. 물론 같은 기독교인 가톨릭도 자선의 행사에서는 오래 전통과 노하우를 갖고 있다. 그러나 가톨릭의 자선 활동은 상당히 형식적이며 제한적이고 차별적인 성격으로서 시혜의 성격이 짙은 것이었다.

이에 비해 프로테스탄트는 오직 모든 인간은 조물주 앞에서는 동등하므로 똑같이 대접받아야 한다는 정신에서 조금치도 어긋나지 않게 이웃을 자기 자신 이상으로 아끼고 감싸 주는 인인애(隣人愛)인의 마음으로 이웃 사랑을 실천하는 것이다. 이것이 곧 박애의 정신이며 프랑스 혁명이 이것을 정치적으로 세속화시켜 버렸다. 여기서 말하는 '세속화'란 언짢은 뜻의 '저열화'와 같은 의미로 쓰고자 하는 의도는 전혀 없다. 종교의 울안에서, 성스러운 공동체 안에서 이웃 사랑을 실천하는 데 그치지 않고 더욱 널리 모든 이들, 심지어 신앙이나 생각을 달리하는 이들마저 감싸 주는 사랑의 정신을 실천하려면 아무래도 세속 사회를 주관하는 권력의 힘을 빌리지 않을 수 없다는 뜻에서 '박애의 정치화'를 말하고자 한 것이다.

　물론 그렇게 되려면 '모든 인간은 신 앞에서는 다 똑같다'는 평등권의 권리선언이 있어야 한다. 여태까지 필자는 프로테스탄트는 그것이 지닌 세속 사회에서의 역할이나 의미는 역시 종교적인 울타리를 박차고 그 한계를 극복할 수 없다는 생각을 해 왔다. 그러던 것이 제네바의 종교개혁 광장에서 펼쳐진 그 웅대한 무언의 역사 드라마에서 크게 깨달은 바가 있었다. 당연히 제네바에서 말하는 종교개혁은 칼빈을 중심으로 삼아야 한다. 그러나 그 옆에 크롬웰 장군의 부조상이 새겨져 있는 것은 무슨 연유인가? 영문으로 새겨진 명문을 보니 크롬웰의 명예혁명을 통해 그 유명한 「권리장전(Bill of Rights)」을 선포한 것을 기리기 위함이었다.

　하긴 그렇다. 사람이 자기 자신을 마음대로 할 권리가 없이 시키는 대로만 해야 하고 또 억울한 일을 당해도 항의할 길이 없다면 정치적인 민주주의는 애당초 생각도 하지 못할뿐더러, 종교적인 자선이나 박애가 무슨 큰 의미를 지니겠는가 말이다. 그럴 경우 종교에서 말하는 자선 행위란 그저 언 발에 오줌 누는 격에 그치고 말 것이다. 그렇지 않은가? 요즈음에는 복지사회니 그런 말을 하는데, 끼니를 못 이어 가는 사람이 있을 경우 교회나 사찰에서 음식을 날라다 주는 정도로는 해결되지 않는다. 불구 폐질이나 경제적·사회적 약자들은 인간의 보편적인 가치로서 평등의 권리를 주장함으로써 자기 자신의 능력이 모자라 스스로가 해결할 수 없는 문제들을 권리로서 당연히 요구할 수 있어야 한다.

물론 이런 과정이 저절로 이루어진 것은 아니다. 그동안 피어린 투쟁이 있어 왔다. 계급 간의 대립이니, 나아가 국가 간에는 제국주의적인 방식의 억압과 피억압의 관계니, 언짢은 말들이 수없이 돌아다니기도 했다. 하여간 이렇게 해서 세계의 모든 나라가 국민의 평등을 각자의 존엄하고 양보할 수 없는 권리로서 지켜 주는 것을 정치적 이상을 실현하는 궁극적 목표로 삼고 있는 것이다. 다름이 아니라 역사에 있어서 이러한 장족의 발전을 한 데에는 바로 칼빈파의 위그노들의 노력이 실마리가 되었다는 말이다.

『정감록』의 정신이나 사상이라는 말도 조금 남세스럽기는 하나, 한국의 모든 신종교는 『정감록』을 외면하고서는 설 자리가 없게 된다는 점을 감안할 때, 역시 거기서 어떤 존재 이유를 이끌어 내야만 될 것이지만, 참으로 안타까운 것은 뭐 이렇다 할 게 없다는 것이다. 서양의 프로테스탄트 정신을 끌어다 대서 타산지석으로 삼으라는 뜻인 것처럼 장광설을 늘어놓은 것이 조금 민망한 지경이기는 하다. 그리고 이렇게 훈계조의 교훈적인 주장으로 끝을 맺을 생각은 미처 하지 못했지만, 생각하면 할수록 『정감록』과 거기에 머리를 두고 있는 한국 신종교에서는 정말 이렇다 할 자기 개혁이나 자기희생의 정신이 조금 부족한 것 같아서 이렇게 적어 본 것이다.

제3부

기억과 회고

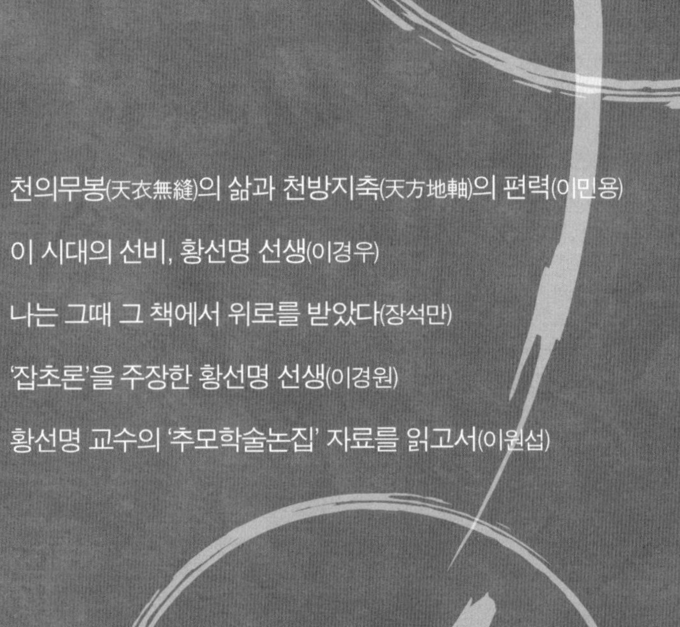

천의무봉(天衣無縫)의 삶과 천방지축(天方地軸)의 편력

이민용 _한국종교문화연구소 이사장

고인이 된 한 분을 추모하는 지금 나는 '누구를 추모하는 것이지' 하는 착각에 빠진다. 나와는 너무 가까웠고 친숙했던 분이기 때문이다. 흔한 말로 이 분은 나의 분신(分身)처럼 느낀다. 그래서 내가 나를 기억하려는 것은 아닌지 하는 의구심마저 든다. 혹 나 자신을 타자화하여 황선명 선생을 기억하려는 것은 아닌지 하는 혼란에 빠진다.

천의무봉(天衣無縫)의 삶

세속의 인연만 따져도 그렇다. 경복중고등학교를 함께 다녔고, 대학은 서울대 문리대 종교학과란 특이한 학과에서 젊은 시절의 노도질풍(Strum und Drang)의 시대를 함께 겪었다. 우리는 소위 4.19세대로 각종 데모에 참여하며 거의 거리에서 살았다. 같은 계열의 종교학이란 학문을 공유하였으나 후에 나는 동국대학교로 옮겨 인도학[불교학]을 전문 분야로 택하였다. 반면 나의 지우(知友)였던 황선명 선생은 서울대 대학원으로 진학하여 그간 거리에서 소진시켰던 열정을 학문적 호기심으로 충족시켰다. 당시 교과 운영의 파행을 거듭하던 종교학과의 학문적 오리엔테이션과 신사훈 주임교수의 기독교 중심의 독선적 수업에 식상했던 나는 동국대학교로 옮거 가는 것으로 불만의 해결책을 찾았다. 그러나 황선생은 그곳에서 나름의 해결 방식을 찾았던 듯 서울대 대학원으로 진출하였다. 나는 지금 "나름"이란 말로 그의 행적을 특징짓고 있다. 대학을 마쳤으니 관행적으로 그 대학원으로 진출했다는 말로는 설명될 수 없는, 고답적인 행태는 아니기 때문이다. 그의 이 "나름"은 어느 누구도 모방하거나 따를 수 없는 유니크한 행동이었다. 주변의 어떤 변화, 또는 파행적 모순들을 무시하고 자신의 관심사에만 천착했다. 그에게 닥친 외적 여건들을 말 그대로 "깡그리" 무시하고 자신의 온몸으로 감내하며 자신만의 방식대로 행동했고 자신의 의도를 그대로 추진시켰다.

짐작컨대 이 사이 그가 겪는 희생은 적지 않았으리라. 그의 독자적 행위, 그만의 행태에 대한 외부의 따가운 시선들이나 평가들을 모두 묵살했다. 그래서인지 그의 주변을 떠도는 에피소드는 풍성하다. 60년대의 우리들은 술 문화와 얽혀 많은 일화들을 남기고 있다. 우리는 단연 이 술 문화 에피소드의 주인공들이었다. 후회되는 일들이 많아 잘못된 행태들이 오롯이 떠오르지만, 그를 생각하면 그는 어린아이와 같았다. 그가 저지른 에피소드는 기상천외의 일이 많았다. 그러나 그는 항상 순수하게 보였다. 그래서 우리는 오히려 그를 이방인시했다. 그를 이방인으로 치부하는 촌평들은 오히려 그를 더욱 부추기는 동력으로 작동하는 듯 보였다.

특히, 옷의 차림새만 해도 그렇다. 그가 제대로 차려입은 것은 학교 교복뿐이었다. 교복은 제복(制服)이니 입으면 그대로 단정해진다. 특별히 차려입을 것이 없는 것이 교복이다. 그의 집안은 비교적 여유가 있기에 필자와는 상황이 전혀 달랐다. 나는 깨끗이 차려입으려고 노력했지만, 그는 우리와 달랐다. 항상 털털한 옷만 입고 다녔다. 그럼에도 항시 표정만은 태평이었다. 그리고 우리는 표준적 정형을 따라 외형을 갖추려고 했지만, 그는 오히려 내면의 자유로움을 간직한 느긋한 자세. 그런 태도와 자세는 평생 그를 지탱시킨 학문적 태도이기도 했고 학자로서의 행동 양식이기도 했다.

그는 독학(獨學)이 몸에 밴 "나 홀로"의 인생 터득과 학습 방법을 취했다. 그는 무엇이든지 홀로 하였다. 특히, 홀로 한 그의 외국어 습득력은 놀랄 정도였다. 영어와 독일어는 고등학교에서 대학 진학을 위해 연마해야 했지만, 대학에 입학하자 일본어를 독학으로 돌파했고 그의 불어 독학은 군에 입대하며 주머니에 찔러 넣었던 작은 불어사전 한 권으로 마스터했다.

언젠가 외국 학술회의에 참석해 그가 인용한 고전어 및 외국어는 7-8개 국어에 달할 정도로 광범위했다. 하나의 에피소드가 있다. 필자 역시 참석했던 일본에서 개최된 "세계종교학회의" 한 분과에서의 일어난 일이다. 그가 항시 그렇듯 많은 외국의 자료들을 인용하며 원어 그대로 자신의 발표문을 읽어 가니 사회자의 주의가 떨어졌다. "발표자께서는 한 가지 외국어로만 국한해서 발표해 주시기를 바란다"는 주의 사항이었다. 인용문에 대한 해석을 그대로 그 원어로 설명하려고 시도한 것이었다. 당시 공용어인 영어나 일본어를 벗어나 불어와 독일어를 그대로 청중에게 발표하니 사회자로서는 난감할 수밖에 없었던 것이다.

한때 중앙일보 기자로 근무하며 월간 중앙에 외국 관계 소식과 외국 책들을 번안(翻案)하는 직책을 맡고 있었다. 하루는 내 연구실을 찾아와 『월간중앙』 한 권을 불쑥 내밀며 "민용아, 이게 뭔지 아니!?" 하며 흥분해 있었다. 지금은 이미 영화로까지 제작되어 세계 구석구석까지 잘 알려져 있는 '빠삐용(Papillon, Henri Charriere의 자전적 소설)'이란 자전적 소설의 우리말 요약본이었다. "야, 이런 인물이 있고 이런 기상천외한 사건과 모험을 겪은 현대인이 있어!" 그리고 자신이 요약하지 못한 부분을 계속 설명하며 흥분해 있었다. 결국 우리는 동국대 근처의 막걸리 집으로 향하였고, 그 밤을 함께 보냈다. 한국에서 최초로 빠삐용을 소개한 것은 황선명 선생이었다. 이 빠삐용은 나에게도 큰 영향을 끼쳐 그렇지 않아도 프랑코파일(Francophile)적인 나를 더욱 불란서적인 문화에 젖게 만들었다. 무엇보다 그 사건은 그가 훗날 책을 보다 관심이 있는 곳이라 생각되면, 무조건 봇짐 하나 싸들고 이곳저곳을 찾아 떠돈 방랑벽과도 무관하지 않을 듯했다.

당시는 4.19세대가 갇혀 있던 상황, 즉, 박정희 정부의 억압적이고 폐쇄적인 사회와 문화 분위기를 그는 그렇게 탈출했다. 그 당시 누구도 모를 그만의 책 리스트를 작성하여 독파해 나갔다. 읽다가 참지 못하면 주변의 아무나 붙들고 열변을 토했고, 그런 이론적이고 이상론적인 저술을 자신의 바이블이나 불경으로 삼고, 그 교리/학설로 주변을 설득해 나갔다. 그는 종교학 전공을 표방하였지만, 그의 독서와 연구 분야는 정말 다양했다. 과거에 황선생과 가까웠다고 주장하는 분들이 있었다면, 언제인가 한두 번 붙들려 하루 나절 또는 한두 학기를 귀가 닳도록 그의 강의를 들어야 했을 것이다. 내가 미국으로 이민의 길을 떠나기 전 나는 그의 이런 강의를 가끔 수강해야 했던 좋은 희생물이었다고 자부한다.

그의 박학다식은 머릿속 지식의 축적물만은 아니었다. 책을 통한 다른 세계로의 침잠(沈潛)이었고, 그가 새롭게 만들어 내는 신세계였다. 그런 일에 그는 거의 몰입의 경지에 있었고 주변의 시선을 아예 무시했다. 자신의 독서 세계를 자신에게 현전(現前, visualization)시키는 듯이 보였다. 따라서 그의 행동은 거의 천의무봉(天衣無縫)이라고 할까, 소위 우리 세대의 학자를 지향하는 행동 양식과는 거리가 멀었다. 무엇을 '갖추어야 한다'는 형식주의를 그는 극도로 피했다. 그의 이런 '갖춤기피'의 행태는 심지어 돈 씀씀이에도 무관심으로 나타났다. 있으면 쓰고 없으면 그만이었다. 네 돈 내

돈에 대한 관념도 거의 없는 듯 했다. 또 한번 나는 그의 용돈 희생물이 되었다. 생활비를 아껴야 했던 내 주머니였지만 한 달 예산만은 항상 준비되어 있었으니 말이다. 그의 집안 경제 사정은 나와 달리 여유가 있었다. 이승만 대통령의 비서관이었던 선친(황규면)의 집안 재력은 나와는 전혀 다른 차원이었다. 그러나 그는 자신의 여유로운 환경을 과시하거나 자랑한 적도 없고, '여유 있는 자제들'의 헤픈 소비 형태와도 전혀 달랐다. 그는 우리와 같이 항상 가난하였지만, 그에게는 오히려 매사에 남다른 여유가 있었다, 고등학교 시절 우리는 학교와 가까운 거리에 있던 그의 집을 자주 찾았다. 아직도 기억에 남아 있는 추억이 있다. 고전 음악에 달통한 그는 베토벤이니 브람스 같은 익히 알려져 있던 음악은 제쳐 두고, 우리가 잘 모르는 음악들만을 소개했다. 자신이 즐겨 듣던 폴란드계의 작곡가인 비에니아프스키(Henryk Wieniawski: 1835-1880)의 '모스크바의 추억(Le Souvenir de Moscou)'이란 바이올린 곡을 틀어주며 우리의 무식을 탓하기도 하였다. 나는 아직도 이 음악을 그의 곡으로 감상하고 있다.

천방지축의 학문

그의 학문적 폭이며 학자적 풍모는 여러 분야에 걸쳐 추모집에서 다루어질 터이지만, 그의 학문적 정향은 앞서 예중한 에피소드들의 행태가 그대로 투사된 것으로 비친다. 그는 나처럼 고정화된 틀인 불교학이거나 인도학이라는 정형화의 길을 따르지 않았다. 오히려 인류학적 혹은 역사학적 접근이라고 할까, 그리고 세상으로 열려진 창을 통한 현장적 이해를 추구했다. 따라서 같은 종교학을 추구했지만 나는 규범적인 교리적 이해를 추구하였고, 그는 폭넓은 사회인류학적 혹은 종교사학적 관점에서 접근했다. 한국의 종교 현상들이 이미 인류학적, 사회학적, 역사학적 접근을 필요로 한 것은 사실이었지만, 당시에는 시도조차 쉽지 않은 작업이었다. 그의 열린 시각과 광범위한 지식은 이 분야로 매진(邁進)케 했다. 마치 성장기의 흥미를 쫓아 아무 곳이나 마구 내달리던 습벽이 크게 작동한 듯하다. 그가 박사학위 논문을 작성했다가 철회하고 출판한『조선조 종교사회사 연구』(朝鮮朝 宗敎社會史硏究, 1985, 일지사)"는 이런 그의 학적 행태의 결실이라 생각된다. 아마 한국 최초의 종교사회사적 저술이라고 생각되지만, 그런 복잡한 사정이 그 책의 내용에 깃들어 있지 않을까 짐작해 본다. 이 저술 목록의 한 장 한 장의 제목은 그의 이런 관심의 폭과 깊이를 웅변해주고 있다.

그리고 한국의 종교현상에 대한 작업도 민속학적인 분류와 사회-역사적 연관 속에서 추구하는 듯 보였다. 한국의 민중종교에 대한 천착 역시 그의 이런 학문적 접근을 그대로 노출시키고 있다. 그가 한국신종교학회를 창설하고 그 첫 회장을 떠밀리듯 맡을 수밖에 없었던 것은 그의 행태의 당연한 결과이었다. 이 사건은-나는 그가 세속적 "무슨 장(長)"의 소임을 맡은 것을 하나의 사건으로 생각한다--우리와 같은 "세속적 창설자"이거나 "회장의 자리"와는 무관한 "떠밀림"의 결과였을 것이다. 결국 그도 이제 늙어가는 모습을 우리에게 보여 준 셈이었다. 나 역시 미주의 사업을 정리하고 귀국해 있던 2000년대 어느 시기에 그의 초대를 받아 이 신종교학회에 한 번 참석한 바가 있다. 당시 서울대 종교학과 학과장인 고 윤이흠 교수 역시 이 자리에 축사자로 함께 초청되어 있었다. 나에게는 만감이 교차하는 순간이었다. 대학 초년 우리는 계룡산 일대를 답사하며 신흥종교 교주들을 맞대면하고 그분들이 알려준 주문(呪文)들, '훔치훔치 태을천상원군 훔리치야도래 훔리함리 사바하(태을주)'이거나 '시천주조화정 영세불망만사지(시천주)' 등을 요즘의 랩뮤직처럼 되뇌이며 산길을 걷던 정경이 떠올랐다. 건장한 모습에 키 큰 그가 앞장서서 이런 주문들을 선창하곤 했다.

이 기억의 회상들은 그러나 25년간의 단절과 간극이 있다. 정확할 수 없다. 내가 한국을 떠난 것이 1976년 여름이었고 돌아온 것이 2000년 봄 학기이었으니 말이다. 한참 성숙한 학문적 활동을 하던 그의 시대를 나는 놓치고 있었던 셈이다. 그 사이 시공의 간극을 종교학이란 소재로 서로 교감하며 공유하고 있을 뿐이다. 이 공감의 연대를 근거로 황선명 선생을 추념할 뿐이다. 상당한 부분 나의 이미지에 떠오른 나를 자신화한 황선생을 기억할 뿐이다.

우리 유교적 전통의 학자의 모습, '소매자락을 휘이 휘이 펄럭이며, 세상만사 나 몰라라 하듯, 무연한 표정으로 세상을 바라보며 걷는 모습.' 그것이 내가 기억하는 황선명 선생의 이미지이다. 그는 실로 천의무봉적 백면서생의 모습을 우리에게 보여 주었다. 또 천방지축의 행보로 자신만의 학문적 길을 찾는 종교학자의 족적을 남기고 계시다.

그립기 짝이 없는 도반(道伴), 먼저 가 계시오. 항시 그렇듯 나 역시 뒤늦게 쫓아가리다.

이 시대의 선비, 황선명 선생

이경우 _한국새종교연구원장

황선명 선생님과의 인연은 만남에 앞서 이미 글을 통해 친숙해 있었다고 봅니다. 1982년 서울 종로서적에서 선생님의 저서인 『종교학개론』을 구입해 강단에서 교재로 사용한 일이 있고, 그 뒤 『민중종교운동사』 등 몇 편의 논서를 보면서 참 해박하고 글도 잘 쓰는 분으로 기억했습니다. 1985년 한국민족종교협의회(이하 민종협)의 창립 때 창립 실무에 관여하고 있었던 차, 학술위원으로 참석하신 황선생님을 처음으로 만났는데도, 가깝게 느껴진 것은 아마 글 때문이었을 겁니다. 이를 계기로 인사동에 있던 저의 새종교 연구원에 이따금 들려서 학문적 조언을 해주었고, 이는 당시 신종교에만 몰두해 있던 저의 안목을 틔우는 데도 많은 도움이 되었습니다.

1990년대는 세기말인데다 휴거소동(1992)과 노스트라다무스의 대예언(1999, 지구종말) 등 시한부 종말론으로 인해 사회가 어수선했고, 여기에 기독교 이단 연구를 하던 탁명환 소장이 모 교단에 의해 피살되는 사건(1994)이 있었으며, 또한 신종교 연구에 저의 은사와 같았던 이강오 교수님도 타계해(1997) 공허함이 매우 컸습니다. 이에 신종교에 대한 올바른 이해와 학술적 연구의 장이 필요하다고 판단해 1998년 가을 어느 날 황선생님과 만나는 자리에서 신종교학회 설립을 상의하니, 스스럼없이 "나는 무조건 찬성이요. 해 봅시다." 라고 하여 학회 창립하는 일이 순조롭게 진행되었습니다. 그해 12월 종로 한일관에서 첫 발기인 대회를 가졌고, 다음 해 2월까지 세 차례 모임이 있었는데, 황선생님이 창립 준비위원장을 맡는 데 별다른 이견이 없었습니다. 모임의 주요 안건은 학회 명칭과 방향 설정 등이었는데, 명칭은 여러 가지가 나왔으나 신흥종교와 신종교 중 국제적인 추세에 따라 가칭 '한국신종교학회'라 했고, 참여 범위는 학계 연구자와 신종교 각 교단이 함께 참여해 학문적 지식과 수행의 지혜가 함께 결집하는 형태를 취했으며, 회원 워크숍을 가질 때 교단을 답사해 자료 발굴과 더불어 종교의례 및 수련을 직접 체험하자는 데에 의견을 모았습니다. 또한 학회 회칙을 정하면서 창립 목적을 "신종교를 연구하고 진단하며 정기적인 학술발표회를 거쳐 학회 학술지를 간행함으로써 인류의 정신문화 창조에 기여한다."라고 했는데, 이 대목은 황선생님이 작성했습니다.

1999년 3월 한국일보사 내 송현클럽에서 한국신종교학회 창립대회 및 총회를 개최했습니다. 여기서 회칙이 통과되었고, 임원 선출에서 황선명 선생님을 초대 회장으로 선임했습니다. 학계 및 종교계 인사 등 120여 명이 참석해 초반 다소 엄숙한 분위기였으나, 회장 취임 제1성이 "평생 반장 한번 못해 보았는데 회장을 잘 할 수 있을지 모르겠다."고 해 장내 웃음꽃이 피었습니다. 민종협의 한양원 회장이 "신종교학회와는 동지간이요 형제간"이라고 하면서 협력을 다짐했고, 윤승용 박사가 특유의 논리성으로 기념 강연을 해 학회다운 면모를 갖게 했습니다. 이날 행사에는 황선생님과 인연이 깊은 종교학의 선구자들과 젊은 학자들이 자리를 함께 했고, 신종교에서는 14계통 중 13계통의 교단들이 동참해 마치 종학일여(宗學一如)를 이룬 듯했습니다. 당시의 방명록을 보니, 동학계의 천도교, 수운교, 정역계의 천일교, 일부선생기념사업회, 증산계의 증산교본부, 증산법종교,

순천도(법문파), 양산도, 대순진리회, 단군계의 대종교, 단군마니숭조회, 광명봉천미륵진법회, 각세도계의 각세도당골도관, 각세도천지원리교, 갱정유도계의 갱정유도, 물법계의 성덕도, 신불교계의 대한불교범상종 연암성회관, 신도교계의 천존회, 신기독교계의 통일교, 우주일주평화국, 신외래계의 대한천리교, 무계의 도솔암(윤선녀교), 독립교단의 원불교, 금강대도, 영주교 등이었고, 일관도계는 불참했습니다.

당시 학회 창립의 반응은 대체로 긍정적이었습니다. 특히 신종교계에서 매우 고무적인 입장을 보였습니다. 신종교는 1970년대 증산사상연구회(배용덕)의 학술지를 통한 노력과, 80년대에 민종협의 결성과 활동에 힘입어 유사 사이비 종교의 오명을 벗고 사회적인 위상은 높아졌으나, 각 계통 창시자들이 창명한 개벽 사상들이 아직 객관적으로 조명되지 않았고, 또한 종교체계를 이루는 내용들(교리, 의식, 계율, 수련, 조직, 제도, 교회, 신행, 문화, 예술 등)에서도 신종교만이 갖는 특성들이 학술적으로 정립되지 않은 상태여서, 이제 학회가 나서서 이를 집중적으로 연구 분석한다면, 신종교의 진면목이 제대로 드러나리라는 기대감이 있었습니다. 그들의 표현대로라면 시운(時運)이 맞았다고 합니다. 이에 여러 교단에서 학회의 방문을 요청했고 황회장님도 그것을 감사하게 받아들였습니다(신종교에서 기대했던 창시자의 사상 및 종교 내용은 뒤에 학술지『신종교연구』와 유관 자료에서 대부분 고찰되었다고 봅니다).

한편 학계는 학회 창립을 환영하는 속에서도 조금은 유보적인 태도를 보였습니다. 종교사의 전환기인 근대부터 발생해 현대 다종교 사회의 한 축을 이루고 있는 종교에 대한 연구는 필연적이며 또한 미개척 분야여서 학계의 관심들은 많지만, 연구의 실용성에 대한 의구심과 연구 과정에 생길 수 있는 위험성, 그리고 교단과의 관계 설정에서 조심스러워하는 부분이 있었습니다. 충분히 이해가 되는 문제였습니다. 여담이지만, 노학자 한 분은 창립 축하 자리에서 신종교는 아직 종교학회 분과 수준이지 독립된 학회로 나서는 것은 이르지 않느냐 했습니다. 이에 황회장님과 임원들은 그냥 응답하지 않고 웃고만 있었습니다. 이후 그 분은 신종교 답사에 몇 차례 동행해 보고는 학회 만들기를 참 잘했다고 만족해하였습니다. 그런 가 하면 학회의 도움을 받아 신종교의 정치 사상으로 학위를 취득한 후 다 시는 돌아보지 않은 분도 있었습니다. 이런 제반 문제들을 안고 학회가 출 범한 관계로 인해 황회장님의 어려움이 컸을 것이고 고민도 많았을 터이 지만, 워낙 낙천적이고 활달한 성격이라 내색은 전혀 하지 않았습니다.

신종교학회는 사무실을 저의 연구원에 두었으므로 황회장님과는 만날 기회가 자주 있었고, 임원 등 조직구성과 회원 확대를 위한 문호 개방과 운영 문제 등을 저와 심도 있게 논의했습니다. 그는 치밀한 성격에 정확성 을 꾀했으나 과욕은 하지 않았고, 자신은 학회가 영구히 발전할 수 있도록 기틀을 다지는 데 최선을 다하겠다고만 했습니다. 그의 노력으로 각 대학 에서 다양한 전공분야의 학자들이 참여했고 젊은 연구자들이 다수 입회 했으며, 특히 종립대학인 원광대, 선문대, 대진대의 적극적인 참여가 학회 의 큰 힘이 되었습니다. 이를 바탕으로 그는 학회의 가장 큰 과제인 제1차 학술대회를 1999년 10월 "새 시대의 신종교"란 주제로 개최했고, 12월에는 『신종교연구』 창간호를 간행했습니다. 이후 학술대회 개최와 학술지 간 행은 매년 춘/추 2회로 지금까지 진행되고 있습니다.

학회는 학술 연구와 현장 답사를 겸행하는 것을 특장화했으므로 한 해 에 두 세 차례는 워크숍을 겸해 각 계통의 교단을 지역별로 방문했습니다. 답사 교단이 수십 곳이 넘었습니다. 몇 곳만 열거하면, 전북 남원시의 갱 정유도회 본부와 그 지부인 지리산 청학동의 도인촌(한국 전통의 한복과 보

발과 갓 착용), 경남 김해시의 삼법수도교화원(물법계, 찬물요법과 심수법), 충
남 논산시 연산면의 동학천진교, 강원도 홍천의 천존회(천도선법의 기수련
체험), 전북 김제시 만경면의 조암사(현존하는 유일한 대화교 지부), 강원도 평
창의 청옥산심도원(참 섹스로 참 인물 만드는 사람세탁전문연구소), 서울 청파동
의 대한천리교(농아교인들의 수화예배) 등입니다. 충남 세종시의 금강대도는
이제헌 박사의 초청으로 여러 번 방문해 학술세미나와 토론회 행사 참배
등을 가졌습니다. 도덕의 종가답게 인사 언어, 예법, 청결이 인상적이었고
그 중심 신앙인들이 젊은 세대라는 점에서 고무적이었습니다.

　기억을 다시 더듬어 보면, 황선명 선생님은 이 시대의 선비였습니다. 비
록 학회를 매개로 몇 년간의 교분에 그쳤지만 소탈한 인품에 학문에 있어
서는 철저한 자존의식과 카리스마가 넘쳤고, 반면에 본인이 모르는 것이
있으면 겸손한 자세로 배우고자 하는 열정이 대단했습니다. 그리고 신종
교학회를 진솔하게 사랑했던 분입니다. 2024년 춘계학술대회 때 휠체어
를 타고 영상대담을 했던 그 모습이 다시 떠오릅니다. 아마 신종교학회 후
학들이 당신을 잊지 않을 것입니다.

나는 그때 그 책에서 위로를 받았다

장석만 _전 한국종교문화연구소 소장

내가 군대 가기 전에 황선명 선생님을 뵈었는지는 잘 모르겠다. 혹시 그랬을 수도 있으나, 내 기억에는 없다. 내 기억에 남아 있는 그때는 데모대와 전투경찰의 살벌한 대립, 그리고 체포되어 끌려가는 학생들의 모습뿐이다. 1970년대 후반은 박정희 정권의 폭력성이 그야말로 극으로 치닫던 때였고, 대학 캠퍼스는 이미 최루탄이 자욱한 전쟁터가 되어 버린 상태였기에 교실에 들어가 수업을 듣는 일에는 아무도 신경을 쓰지 않았다. 꼬박꼬박 강의를 듣고 좋은 학점을 받는 학생이 있다면 모두 경멸을 보내도 마땅하다고 여긴 때였다.

박정희가 암살당한 것은 내가 제대를 얼마 남겨 두지 않은 때였다. 해가 바뀌어 제대해서 와 보니 대학 캠퍼스는 불안한 열기로 들끓었다. 집회가 끊임없이 이어졌고, 엄청난 함성이 울려 퍼졌으나, 그 밑바닥에는 두려움과 불안감이 가득했다. 쿠데타로 권력을 장악한 전두환이 정치 전면에 나설 구실을 만들고 있다는 소문이 파다했다. 학생들은 군대와 맞서 싸워야 할 것을 생각하며 두려워했고, 곧 광주 5.18의 참상에 맞닥뜨려야 했다.

그때 나는 어정쩡한 처지였다. 2학기를 마치지 못하고 군대에 끌려갔기 때문에 1학기에 복학해 강의를 들을 필요는 없었다. 그동안 데모의 선봉

대가 바뀌어 내가 아는 얼굴도 없었다. 캠퍼스는 진지전에서 게릴라전의 전쟁터가 되어 더욱 황폐해졌다. 내가 『민중종교운동사』를 읽은 것은 그런 엄혹한 시절이었다. 그리고 종로서적에서 나온 빨간색 표지의 그 책 안에서 '카고컬트'(荷物의례)를 다시 만나게 되었다.

내가 '카고컬트'에 대해 처음 알게 된 것은 「몬도가네」라는 영화를 통해서였다. 그것은 이탈리아에서 1962년도에 만든 다큐멘터리 영화인데, 세상의 괴기하고 충격적인 장면들을 잔뜩 모아 놓은 것이었다. "개 같은 세상"(Mondo Cane)이라는 뜻의 영화 제목은 아는 이가 드물었지만, 당시 몬도가네라는 말이 1960년대의 한국에서 기괴함을 나타내는 유행어가 될 만큼 이 영화는 흥행에 성공했다. 1972년에는 재개봉했으며, 그 이후에도 세계 곳곳의 괴상한 풍습이나 충격적인 모습을 보여주는 다큐멘터리가 계속 상영되었다. 1973년에 상영된 「검은 태양」(Il Pane Amaro)은 「몬도가네」보다 더 자극적인 장면들이 가득해서, 아직도 공포에 사로잡혔던 그때의 기억이 남아 있다. 「몬도가네」는 한편으로 세상의 끔찍하고도 이상한 풍습을 집중적으로 보여줘 놀라운 충격을 던지고, 다른 한편으로 따뜻한 느낌의 주제가가 강물이 잔잔하게 흘러가는 것처럼 배경에 깔리기 때문에 관객은 두 가지 분위기가 결합하여 빚어내는 묘한 정감(情感)에서 빠져나오기 어렵다. 그래서 사람들은 기괴한 장면에 대해 혐오 감정을 느끼기보다는 쉽게 표현하기 힘든 알 수 없는 느낌을 안고 극장을 나오게 된다. 그 '뭔가의 감정'은 아주 복합적인 것이다. 슬픔도 깃든 애틋한 연민, 그리고 좀 더 그들에 대해 알고 싶은 호기심 등등이 섞여서 저절로 깊은 한숨이 나오게 만드는 그런 감정이다.

거기에 그 장면이 나온다. 뉴기니섬의 원주민들이 공항의 철조망에 붙어 비행기가 뜨고 내리는 것을 온종일 하염없이 보고 있는 모습, 이어서 그 비행기의 모양을 흉내 내어 얼기설기 비행기를 만드는 모습…. 원주민들은 생각한다. 착륙한 비행기에서 나와 서양인이 가진 물건은 자신의 조상이 주는 것인데 어찌해서 자신들은 조상의 물건을 받지 못하는가? 곰곰이 생각하다가 마침내 그들도 서양인 것과 같은 "큰 새"를 만들어 조상으로부터 물건(선물)을 받을 준비를 하는 것이다. 죽은 조상이 돌아와 후손들에게 많은 물건을 선물해 줄 것이라는 원주민의 생각은 서구의 영향이 밀려온 19세기 말부터 시작되었지만, 멜라네시아의 원주민들의 "큰 새" 만들기는 제2차 세계대전이 터진 후, 비행기가 자주 출몰한 연후에 이루어진 일이다.

황선명 선생님의 '멜라네시아와 폴리네시아의 민중종교 운동'을 읽으면서 나는 그때 원주민들이 비행기 이착륙하는 것을 보던 모습을 떠올렸다. 그들의 시선이 담고 있는 것은 조상과의 단절, 서양인의 풍부한 물자에 대한 선망, 그리고 서양 비행기를 모방하려는 욕망 등이었고, 그런 점에서는 사실상 우리나라 사람들도 그들과 다름이 없다고 생각했다. 그런 생각 때문에 「몬도가네」의 다른 장면과는 달리, '카고컬트'의 뉴기니 원주민은 쉽게 잊을 수 없었다. 내가 교양과정 3학기가 지난 후에 과(科)를 정해야 할 때, 종교학과를 선택한 것도 「몬도가네」의 '카고컬트' 장면이 영향을 미쳤다고 본다. 물론 당시 인류학과 과목을 여러 개 들으면서, 크게 실망한 점도 적지 않게 작용했다. 종교학과에 배정을 받고 나니, 란테나리(Vittorio Lanternari: 1918-2010)의 『피억압자의 종교』(The Religions of the Oppressed: A Study of Modern Messianic Cults, 1963)나 피터 워슬리(Peter Worsley: 1924-2013)의 『나팔이 울려 퍼질 것이다: 멜라네시아의 하물숭배에 대한 연구』(The Trumpet Shall Sound: A Study of "Cargo Cults" in Melanesia, 1957)와 같은 책들이 강독 교재로 쓰인 것을 보게 되었기에, 적어도 인류학과로 넘어가지 않은 것이 잘한 선택임을 확인할 수 있었다. 여기에 황선명 선생님의 『민중종교운동사』는 미친 독재자의 폭압 시대에 내가 학문적 관심을 포기하지 않고 유지하는 데 적지 않게 기여하였다. 게다가 책 제목에 '민중종교'라고 밝혀준 것이 알게 모르게 얼마나 위안을 주었던 것인지! 아마도 그 잔인한 시대를 실제 겪지 않은 사람들은 그런 위안 받음에 '갸우뚱'할지도 모르겠다.

그리고 『민중종교운동사』에 이어 나온 『조선조 종교사회사연구』(1985) 역시 '종교사회사'라는 매력적인 분야를 우리에게 소개해 주었으며, 우리 역사적 자료를 통해 공부하는 것이 중요함을 알려주었다.

30년도 지난 일을 떠올리고 있으니, 황 선생님이 계시던 학교의 빈 강의실에서 정기적으로 소규모 모임을 하던 때가 생각난다. 황 선생님이 발언을 하기 시작하면, 모임의 분위기가 더는 가라앉을 수 없게 된다. 높은 피치의 목소리, 속사포 같이 터져 나오는 알찬 지식, 그리고 알고 보면 별거 아니라면서 와글와글 웃음으로 마무리하는 모습에 어찌 조금 전 그대로 머물 수 있겠는가? 어떤 모임이든 조정하고 진정(鎭靜)하는 쪽과 문제를 던지고 흔드는 쪽이 모두 있다고 한다면, 황 선생님이 후자에 속한다는 것은 분명했다.

아마 내가 황 선생님을 마지막으로 뵈었을 때, 황 선생님은 예의 들뜬 목소리로 그동안 무엇을 배웠는지 이야기해 주었다. 요즘 다시 독일어를 공부하고 있으며, 독일어 『바이블』을 읽는 중이라고 했다. 그러면서 황 선생님은 한참 동안 독일어 『바이블』을 읽으며 터득한 내용을 후학들에게 알려주었다. "니네들은 이거 모르지? 모르지?" 하면서 황 선생님은 그칠 줄 모르는 호기심을 자랑하였다. 새로운 여행길의 황 선생님은 그 호기심을 거두었을 리 없다. 그의 배움은 무궁무진하고, 배운 것을 후학들에게 가르쳐주기 위해 뭐라도 애쓰고 계실 것이기 때문이다.

'잡초론'을 주장한 황선명 선생

이경원 _한국신종교학회 회장/대진대학교 교수

"… 이박사! 내가… 갈려고 마음을 먹었는데 사정이 여차해서, 내가 무리는 할 수 없고… 정말 안타까운데, 가고는 싶은데 객관적 사정이 그런데 어떻게 해요?"

전화기 너머로 들려오는 선생님의 목소리는 다소 떨리면서도 아쉬움이 물씬 느껴지는 한탄의 음성이었다. 결국 나는 선생님을 현장에 모시는 대신에 화상 프로그램을 활용하여 온라인으로 뵙기로 하였다. 이렇게 황선명 선생님의 모습을 화상으로나마 뵙고 마지막 말씀을 듣게 된 것은 2023년 5월 13일 한국신종교학회 춘계학술대회 행사 때였다. 이후 전화로 안부를 여쭙기는 하였으나 다시는 얼굴을 뵙지 못하고 이듬해 2024년 2월 15일 부고를 받고 황망하게 선생님을 떠나보냈다.

황선명 선생님과의 인연은 오로지 한국신종교학회 활동을 통해서였다. 학연, 지연, 혈연도 없는 선생님을 처음 만나서 인연을 맺게 된 것은 1999년 3월 27일 한국신종교학회 창립대회에서이다. 순한 인상에 악기라고는 조금도 찾아볼 수 없는 선생님은 말투까지도 어눌하게 하시니 영락없이 순한 양이었다. 알 수 없는 이끌림 속에서 우연히도 필자의 부친과 연세가 같은지라 친근함이 느껴졌다. 하지만 그 순한 외모와는 달리 많은 사람들이 모인 가운데 한국신종교학회 초대 회장으로 선임되고, 수락 연설을 하는 순간 뜻밖의 비장함과 깊은 울림이 전해졌다. 그것은 바로 원대한 목표와 장밋빛 미래를 약속하는 지도자의 웅비라고나 할까. 그다지 선명하지 않은 말투 속에 담긴 학문적 진정성만큼은 참석한 사람 모두를 감동시키기에 충분했다. 이렇게 호기심 반, 기대 반으로 참여한 한국신종교학회 행사에서 처음 만난 선생님은, 25년이 지나서 내가 학회장이 되기까지 소중한 기억과 애정으로 남아 있다.

황선명 선생님은 한국신종교학회에서 초대부터 3대에 걸쳐 회장을 연임하였다. 굳이 연임하고자 하신 것이 아니라 학회 초기의 대체불가 인물이기 때문이다. 신종교학회의 학술 창간호가 발간되던 날 창간사에서 언급한 황선생님의 말씀은 학회지 발간 50집을 앞둔 시점에 필자가 집필한 '한국신종교학회의 성과와 전망'에서 화두로 삼았다.

'신종교는 잡초다'라는 화두 말이다. 밟고 밟아도 돋아나는 질경이 풀보다도 더 질긴 잡초, 이게 바로 신종교의 실상이다. …이름 모를 풀 한 포기 하찮은 나무 한 그루를 정성스레 가꾸고 돌보지는 못했을망정 그나마 지키고, 매정스런 세파에 휩쓸려 숫제 인멸될세라 기억해 두고 꼼꼼히 챙겨 두는데 그 나름의 정성은 다했지 않은가 말이다. 어찌 보면 우리가 부끄럽기는 해도 그 나름대로 '종교생태계'를 지켜온 파수꾼역을 해왔다는 데서는 누가 알아주지는 않을망정 그래도 부끄럽지는 않다.

그렇다. 황선명 선생님은 잡초에 비견되는 신종교 그 자체였다. 선생님의 논문들은 언제나 기성의 주류 종교학보다는 세간에 소외되거나 무관심한 혹은 억압받는 종교들을 줄기차게 연구해 왔다. 일제강점기 한국의 민족종교는 물론 풍수, 역학, 점술, 무속 등의 민간신앙 그리고 민중종교운동 등은 황선명 선생님이 비유한 잡초와 같은 종교들이다. 여기서 잡초는 단지 이름을 모른다는 것뿐이지 결코 하찮은 식물이 아니다. 후에 알게 된 사실이지만, 잡초는 생존을 위해 '타고난 약함을 전략적 강함'으로 승화시켰다고 하고, 그 생존전략의 핵심은 '인내심'과 '다양성'이다. 흔히 생각하듯 잡초는 '밟고 밟아도 돋아나는' 것이 아니다. 오히려 잡초는 밟으면 돋아나지 않는다. 자신이 싹을 틔우기에 가장 적합한 환경이 조성되었을 때 웅크렸다가 비로소 돋아난다고 한다. 또한 잡초는 환경에 따라 끊임없이 자신의 번식 방법을 바꾸고 종의 특성을 다양화해서 살아남는다는 것이다. 식물학자의 말에 따르면 아이러니하게도 잡초가 계속 번식하는 것은 인간 때문이라고 한다. 인간이 자연계의 천이(遷移) 과정에 개입하여 잡초를 계속 뽑아서 초기화시키기 때문에 계절 따라 잡초는 계속해서 싹을 틔울 수 있게 된다는 것이다. 그래서 인류가 존재하는 이상 잡초는 인류를 따라서 계속 존재할 것이라고 한다. 이러한 잡초의 모습이야말로 역사적 신종교 현상과 너무나도 맞닿아 있다. 어떤 종교라도 역사적으로 신종교가 아니었던 때가 있었던가. 오늘날 인공지능이 출현하여 앞으로 인간의 대부분 직업을 대체할 것이라고 선전하지만, 심지어 인간의 기존 직업이 다 없어진다 하더라도 여전히 신종교는 그 모습을 바꾸어 출현할 것이라는게 나의 생각이다. 이쯤 되면 신종교는 인간이 존재하는 한 영원할 것이고, 잡초와 같은 생명력을 발휘할 것으로 내다본다.

일찍이 황선명 선생님은 이와 같은 신종교의 특성을 간파하고 아마도 당신의 종교학이 영원한 생명력을 가지도록 하기 위해 잡초 같은 신종교 연구에 몰두하셨는지 모른다. 그래서 한국신종교학회에 누구보다도 강한 애착과 열정으로 학회 발전을 위해 무던히도 노력하신 것 같다. 학회를 창립한 지 1년 만에 워크숍만 8회를 하고, 학회지 제1호를 발간하자 기쁨에 겨워 창간사에서 "기필코 우리의 숙원사업인 '태학'을 우뚝 세울 원대한 비전을 꿈에도 잊어서는 안됩니다."라고 일갈하신 것은 일반 회원들의 상상을 훨씬 뛰어넘는 발언이었다. 30년이 다 되어 가는 지금 시점에도 이 '태학'은 요원하다. 하지만 오늘날의 신종교학회 임원들이 가지고 있는 학회에 대한 애착은 아마도 이러한 황선생님의 간절함이 유전된 탓이 아닐까 생각한다.

25년간의 만남을 통해 느꼈던 황선명 선생님의 인격은 이제 와서 생각해 보니 잡초 같은 신종교 연구에 애착을 가진 만큼 선생님 자신이 바로 잡초와 닮아 있었던 것 같다. 주류 종교학계에서 별로 주목받지는 못하신 것 같고, 정치력도 별로 없는 것 같고, 하지만 연구의 열정은 누구보다도 강하고, 다른 종교학자들이 관심 갖지 않는 부분들만 골라서 연구하는 것 같고, 그럼에도 불구하고 한국의 종교학 전공자로서 아주 이른 시기에 『종교학개론』(1982)을 집필하신 것은 후대의 종교학자들이 미치지 못하는 선생님의 저력이다.

2005년 일본 동경에서 개최한 세계종교학회(IAHR)에 황선명 선생님을 모시고 같은 세션에 참가하였다. 여기서 선생님은 '한국신종교의 특징'을 주제로 발표하면서 개인 20분 발표시간을 200분으로 착각하신 것 같았다. 영어, 일어, 한국어, 중국어, 불어 등등 몇 개 국어인지도 모를 수많은 종류의 언어가 무차별적으로 튀어나왔다. 서론도 다 못하고 20분이 넘어 버렸다. 한창 열이 오르는 듯했지만 계속 하겠다는 실랑이 끝에 주변의 만류로 아쉽게 막을 내렸다. 이 날 저녁 나는 선생님과 마주 앉아 맥주를 마시며 발표장에서의 소회를 나누었다. 선생님은 평소 술을 마시지 않으면 저녁

에 잠을 잘 수 없다고 호소하였다. 아마도 선생님의 뇌는 깨어 있는 동안
에 수많은 생각으로 선생님을 괴롭히는 것 같았다. 모르긴 해도 선생님은
오랜 기간 불면증에 시달렸던 것이 분명하다. 그렇게 잠들지 않는 뇌가 끝
까지 선생님을 사로잡은 것은 결국 신종교 연구에 대한 생각이었고, 이것
은 국제학회에 나가서 당신의 회한을 푸는 것으로 귀결되었던 것이다.

황선명 선생님이 잡초 같은 인생을 내려놓기 전 마지막으로 공식 석상
에서 발언하신 것은 한국신종교학회의 행운이었다. 화상으로나마 선생님
이 한국신종교학회 춘계학술대회에 참여하셔서 학회에 대한 덕담을 말씀
하신 것은 두고두고 기억될 일이다. 화상 시스템 덕분에 선생님의 모습과
육성을 그대로 녹화할 수 있었고, 또한 다시는 듣지 못할 선생님의 말씀이
소중히 기록되었다. 선생님을 떠나 보낸 지 1년이 지난 지금, 이 지면을 빌
려 선생님의 마지막 육성 내용을 그대로 적어두는 것이 후학들을 위해 보
탬이 될 것 같다. 편집위원회의 혜량을 구한다.

(중략) … 지금 종교 관련해서 전 세계적으로 특히 우리나라도 선진국화 되
면서 신도 수도 확 줄어들고 종교의 여세가 정말 10년 전 20년 전만도 못하
거든요. 그럼에도 불구하고 우리나라에서 특히 신종교라는 명칭 아래 그
범주 안에 들어가는 모든 종교 종단을 비롯해서 여러 가지 무수한 활동은
여전하다고 생각하는데요. 다만 여태까지 그 연구 방법에 있어서 지금까
지는 대체적으로 각 교단의 교화 활동 중심으로 설명이 되고, 그런 담론이
형성돼 왔다는 점에 대해서는 이제 조금 방향을 바꿔서, 이렇게 변화하는
시대에, 그 기성 종교 말고 대 종교 말고, 우리 신종교 또는 소종단이라고
할까요? 여기서 어떤 역할 혹은 기능을 가지고 있느냐, 이런 문제를 좀 생
각하는 게 더 바람직하지 않을까 하는 생각도 해봅니다.

그리고 한 가지 좀 아쉬운 거는 예전부터 그런 생각을 해 왔는데, 내 역량이 부족해 가지고 도저히 그걸 할 수가 없어서, 딴 게 아니고 신종교에 관련되어서 여러 가지 문항이나 자료 이런 거를 좀 한 군데 모아가지고 아카이브를 만들어야지 않을까 생각합니다. 지금 신종교 사전도 나오고 한 것을 제가 알고 있습니다. 또 원광대학이라든지 여러 대학에서 관심을 갖고 있는데, 그러나 이제 그걸 모아서 아카이브를 하나 만들고,

또 하나 좀 우리가 염두에 둘 거는, 과거에는, 아니 지금까지도 그게 좀 낡은 인습이라고 그래서 타개를 해 왔고, 그런데 말하자면 무속이라든지 또는 정감록 신앙이라든지 또 풍수설 같은 게 거의 인멸돼 가고 있다시피 하는데, 이걸 신종교학회에서 그런 전승들을 부정적인 역기능적인 측면에서가 아니라, 이것을 나는 한국의 아주 훌륭한 문화적 전승의 하나라고 생각하는데, 그런 가치들을, 이걸 연구하고 보존하는 노력이 필요하다고 생각합니다. 내가 여기서 좀 제안하는 건데, 어젯밤에 그런 생각을 했어요. 그걸 한번 좀 연구해 보시는 게 어떨까 합니다.…(중략)

이제 연구 대상이나 종교학계 쪽에서는 현재 종교학이 현장성이 떨어진다 그런 얘기를 하는데요. 신종교학회의 활동이야말로 정말 굉장히 풍부한 편이죠. 그래서 종교학회가 연구 대상으로 하는, 말하자면 거대 담론, 또는 신종교학회가 학문 연구의 대상으로 하는 다소 축소된 그런 현장성 이런 걸 뭐 그렇고 그러지 말고, 이제 뭐 거침없이 실력이 약해도 그 뭐랄까 연구 방향이라든지 학문적 이념을 보다 더 확장하고 심도 있게 추진해 나가는 게 바람직하지 않을까, 그런 생각입니다.

'추모학술논집' 자료를 읽고서

이원섭 _서울대 종교학과 박사과정

2025년 1학기를 마치며 시간에 쫓겨 밀렸던 과업을 마무리하고 약간의 여유를 갖던 중, 7월 말에 고(故) 황선명 선생님의 여러 논문들을 읽고 검토할 뜻밖의 기회를 얻었다. 필자가 선생님의 글을 처음 접했던 것은 2-3년 전에 '협의의 정감록'으로 분류되는 감결류 문헌들을 읽고 공부할 때[1]였다. 다만, 그때 선생님의 '십승지(十勝地)' 관련 글[2]을 접한 이후로는 부끄럽게도 황선명 선생님에 대해 과문했던 처지였다. 늦은 감이 있지만, 한국 종교에 관심이 있는 후학으로서 선생님의 문제의식과 다양한 논의 점들을 글을 통해 소통하며 즐거운 배움의 기회로 삼을 수 있었다.

내가 읽은 글들은 현재 진행 중인 '황선명 선생님의 추모학술논집'에 수록될 만한 선생님의 대표적 논문들이었다. 1979년 '민중운동과 종교'에 대한 논의[3]부터 2007년 '간방(艮方)'에 대한 논의[4]까지 13편의 글들을 검토했

---

1   이원섭, 「『정감록』에 나타난 피장(避藏)의 논리 고찰」, 『종교학연구』 41 (2023): 51-72.
2   황선명, 「십승지 고(考)」, 『종교와 문화』 5 (1999): 157-171.
3   황선명, 「민중운동과 종교 - 종교운동의 본질에 관한 고찰 -」, 『종교학연구』 2 (1979): 45-70.
4   황선명, 「艮方考」, 『신종교연구』 17 (2007): 99-137.

다. 검토한 13편은 선생님의 글 중에서 3가지 주제, 종교학 이론(4편), 한국 종교(5편), 민중종교와 신종교(4편)로 선별된 것이었다. 읽고 나서 처음 머릿속에 남았던 전반적인 인상은 선생님의 문투와 글쓰기 방식이다. 단순하게 생각한다면 30대인 필자가 느끼는 일종의 세대 차이일 텐데, 한국의 종교문화를 연구하기 위해 참고할 만한 선행연구도 제대로 없었던 그 당시에 선생님께서 치열하게 고민하셨던 흔적들이라는 생각이 든다. 선생님은 '-인바', '-에 있어서', '보다', '내지', '-하겠다', '어느 모로 보나', '-일 수밖에 없다' 등의 표현들을 자주 쓰셨다. 이는 서구와 비서구, 제도종교와 민중종교(운동)의 차이를 주목하고, 한국사의 맥락에서 형성된 종교문화의 요소들을 연결할 때 주로 쓰신 표현들이다. 그 당시에 비해 지금은 각주 및 참고문헌을 꼼꼼하게 달아야 하는 것이나 서론-본론-결론의 구성을 지키는 것 등 글쓰기 방식이 변화된 부분도 있겠지만, 이러한 표현들은 거시적인 시각에서 논의를 전개할 때 취하게 되는 글쓰기 스타일이라는 생각이 들었다. 이 점이 눈에 띈 것은 오늘날에는 논증이 탄탄하도록 주제 범위를 가능한 한 좁게 잡는 경향이 있기 때문이기도 하겠다.

또한, 선생님께서 연관된 주제들을 더 커다란 문제의식으로 엮어서 발전시키신 점이 인상적이었다. 물론 주제에 따라 선별된 글들을 읽었기 때문에 든 인상이기도 하다. 하지만, (개인적인 경험상) 특정 주제를 다루더라도 지금의 논의가 더 큰 맥락 속에서 어떻게 위치되는지를 놓치기 쉬운데, '한국의 종교문화사를 어떻게 서술할 것인가', '한국인의 종교심성의 특징을 어떻게 잡아낼 수 있을 것인가' 등의 문제의식을 중심으로 관련 내용들을 항시 연결하여 논의하셨다. 19세기 이후 한국의 신종교가 형성될 수 있었던 자연지리적 조건과 사회문화적 요소(주역, 선사상, 정감록 비결류, 풍수지리, 조상숭배, 주자학적 질서의 강도…) 등을 각 논문을 통해 논의하고, 이를 전체적으로 묶어 내셨다는 점이 놀라웠다. 즉, 좁은 주제를 다루면서도 자신의 주된 물음이 무엇인가, 문제의식이 어떠한가를 놓치지 않고 전체 구성의 한 부분으로서 글들을 써 내려간 연구자의 모습을 잘 보여주셨다고 생각된다. 후학으로서 큰 배움을 얻었다. 종교사학자로서 어떤 문제의식을 갖는가가 매우 중요하다는 점, 구체적인 주제를 다루더라도 한국의 종교문화사 차원에서 바라보는 안목을 길러야 한다는 점, 종교전통별 교단사에 대한 관심뿐만 아니라, 한국의 사회문화적 요건과 자연지리적 요건 또한 중요하게 바라보아야 한다는 점 등이다. 특히 시대사에 대한 인식, 적어도 한국의 근대를 다루고자 한다면 조선 중·후기에 대한 폭넓은 이해를 바탕으로 역사적 변화를 염두에 두어야 한다는 점은 나에게 큰 숙제가 되었다. 돌이켜 생각하면, 20세기 동학 교단인 시천교에 대한 연구[5]를 진행했을 때 한국사적 흐름과 그 속에 펼쳐진 한국의 종교문화의 지형을 제대로 고려하지 못했음을 실감한다.

한편, 선생님의 연구 작업을 어떻게 이어받아 발전시킬 것인가에 대한 생각도 하게 된다. 거시적인 시각과 함께 구체적인 역사상을 진지하게 탐구하여 그려내야 할 것이고, 문제의식을 탄탄히 뒷받침하기 위해 그동안 축적된 선행연구에 대한 검토는 물론 필요할 것이다. 다학문 간 연구, 융복합 연구가 확대되는 흐름 속에 있지만, 한국의 종교문화사, 한국인의 종교심성을 분석해 낼 방법론을 고민하고 발전시키는 일 또한 한국 종교 연구자로서 마땅히 계승해야 할 문제의식이며, 후학에게 남겨주신 유산이라고 생각한다.

5   이원섭, 「시천교인의 교단 활동과 수도 생활 연구-1906~1924년 시천교의 창립과 교단 분열의 역사를 중심으로-」, 서울대학교, 석사학위논문, 2024.

'추모학술논집' 발간을 마치며

1. '황선명 선생의 추모학술논집' 발간 계획

가칭『민중종교와 종교사회사』 발간 사업은 한국 종교학의 기틀을 다지는 데 크게 기여한 황선명 선생의 학문적 유산을 재조명하고, 후학들의 입장에서 그의 연구가 제시하는 학문적 방향과 과제를 점검해 보기 위해 기획되었습니다. 본 발간추진위원회(위원장 이민용)에서는 추모학술논집 발간 사업을 (사)한국종교문화연구소(소장 이욱)와 한국신종교학회(회장 이경원)가 공동으로 추진하되, 한국종교문화연구소가 편찬 실무를 주관하기로 하였습니다. 황선명 선생에 대한 단순한 추모 형식의 사업을 넘어 선생의 학문적 업적의 소개와 평가, 그리고 향후 후학들이 계승할 만한 현대 종교학의 방향과 과제를 발굴하는 데 중점을 둔 추모학술논집의 형식으로 발간하기로 하였습니다. 선생님의 학적 업적을 소개·정리하고 평가하며, 이를 통해 향후 종교학, 특히 선생님의 저술과 논문, 그리고 소설만을 대상으로 하며, 후학들이 선생의 연구 주제를 중심으로 당시 상황과 이후 학계의 전개 과정을 충분히 고려하고 학적 평가와 연계된 과제를 제언하도록 할 것입니다.

선생님은 장병길 교수의 학문적 전통을 이은 서울대학교 종교학과 박사이자 초기 한국종교문화연구소(한종연)의 회장을 역임한 분입니다. 1960년대 후반 한국 종교학이 나아갈 길을 모색하던 시기에 개별 교학 연구를 넘어 여타 인문사회과학과 연계하여 종교학을 체계적인 학문으로 정초하고자 한 종교학자로 평가됩니다. 비록 종교학 연구에 전념하지 못했다고 하더라도 그의 통찰력 있는 종교 연구들은 오늘날 후학들이 종교 연구의 방향과 과제를 성찰하는 데 중요한 단초를 제공하고 있습니다.

■ 추모학술논집의 주요 내용 및 구성

본 학술 논집은 총 700쪽 규모로 기획될 예정이며, 크게 두 부분으로 구성됩니다. 제1부는 황선명 선생의 대표 저서 소개와 그 책의 주제에 대한 논평을 시도해 볼 예정입니다. 선생의 대표 저서 세 권, 즉『조선조종교사회사 연구』,『민중종교운동사』,『종교학개론』, 그리고 소설 두 권 즉『달과 전쟁』과『평양에서 만나요』에 대한 주제 서평의 글을 중심으로 구성합니다. 각 주제 서평에서는 해당 저서에 대한 심도 있는 개설과 학적 평가, 그리고 향후 연구 과제를 제시할 것입니다. 제2부는 부문별 개설 및 대표 논문을 수록할 예정입니다. 아직 책으로 출간되지 않은 선생의 대표 논문들을 가능한 한 다양하게 선별하여 수록할 예정입니다. '종교연구탐색편', '한국종교연구편', '민중종교와 신종교편', '종교문화기행편' 등 네 분야로 구분하고, 각 분야는 해당 주제에 대한 개설과 소개, 그리고 선생의 종교 연구 논문 중 대표적인 논문들을 재수록하기로 합니다. 특히 선생의 박사학위 논문인「근세한국종교문화와 후천개벽사상에 관한 연구」를 비롯하여「후천개벽과 정감록」,「한국 신종교의 특질에 관한 일 고찰」등 한국 종교학계에 큰 영향을 준 논문들이 포함될 예정입니다. 또한 선생의 '민중의 성지 십승지지' 시리즈와 같은 종교문화 기행문도 수록하여 선생의 폭넓은 연구 스펙트럼을 보여줄 것입니다.

■ 발간 추진 일정 및 예산

발간 추진 일정은 2024년 6월 주제별 필자 섭외 및 편찬위원회 구성을 시작으로, 동년 9월부터 11월까지 집필 기간을 거쳐, 2025년 2월 황선명 선생 1주기에 즈음해 출판하는 것을 목표로 삼았습니다. 출판 경비는 후학들의 모금을 통해 조달하기로 하고, 경비 내역은 주로 필자 원고료, 편집위원회 회의비, 자료구입비 등 필자 지원과 원고정리비에 활용합니다.

* 모금에 참여하신 분: 김방룡, 박규태, 송현주, 신광철, 신종교학회, 윤승용, 이교선(사모님), 이교철(처남), 이대화, 이민용, 이용범, 이욱, 이진구, 이혜숙, 장석만, 조성환, 최유진, 최정화 등(이상 가나다순)

2. 황선명 선생의 추모학술논집 집담회 보고

황선명 선생 추모집 발간을 위한 집담회는 2025년 2월 20일 서울대학교 호암교수회관 메이플홀에서 황선명 선생 추모집 발간추진위원회(위원장 이민용) 주관으로 개최되었습니다. 이 자리에 박규태, 조현범, 한승훈, 신광철 교수 등 14명의 학자와 유족 및 지인 3명을 포함한 총 17명이 참석하여 선생의 학문적 업적과 그 의의에 대해 깊이 있는 논의가 진행되었습니다. 본 집담회에서는 추모학술논집 발간 실행계획(안)을 공식적으로 설명하고, '발간추진위원회'의 다양한 의견을 수렴하여 실행계획(안)을 최종적으로 조정, 정리하고 확정하는 중요한 자리였습니다.

이날 집담회는 황선명 선생의 주요 저작들을 중심으로 네 가지 발표와 심도 깊은 논평 및 질의응답으로 구성되었습니다.

박규태 교수는 황선명 선생의 소설『달과 전쟁』과『평양에서 만나요』를 중심으로 이념 대립과 분단 시대의 휴머니즘을 다루었습니다. 선생의 소설이 종교적 모티브와 자서전적 성격을 지니며, 가족주의에 기반한 이데올로기 편향성과 탈이데올로기적 경향을 동시에 보여준다는 분석이 제시되었습니다. 특히 '이야기 구원론'과 '자기 성찰적 휴머니즘'에 대한 논의가 활발히 이루어졌으며, 작가가 인간 본성의 악마적 속성을 이해하고 휴머니즘에 대한 절망 속에서 절대적 해방을 추구했음이 강조되었습니다. 장석만 교수는 휴머니즘 개념의 시대적 한계와 황선명 선생의 개인적 트라우마가 소설 집필의 동기가 될 수 있음을 지적하며 '휴머니즘의 종언과 이야기의 휴머니즘'에 대한 부연 설명을 요청하기도 했습니다.

조현범 교수는 황선명 선생의『조선조 종교사회사 연구』를 통해 선생의 '총체적 사회사'적 관점과 종교 운동을 사회구조, 계급, 가치체계와 종합하여 설명하려는 독특한 시각을 조명했습니다. 특히 조선 유교 문화에 대한 독특한 이해와 천주교 신앙공동체의 성격, 그리고 조선 후기 민중종교와 동학의 출현에 대한 선생의 분석이 논의되었습니다. 선생이 조선조 유교의 역동성을 국가의례의 신비성과 지방 사림의 합리성 사이의 내적 긴장 관계로 설명한 점은 중요한 탁견으로 평가되었습니다. 논의 과정에서는 이 책이 전통 종교 좌절의 역사를 보여주며, 외래 종교가 득세하는 상황에 대한 황선명 선생의 근원적 의문을 담고 있다는 해석도 제기되었습니다.

한승훈 교수는 1980년대 한국 학계의 핵심 주제였던 '민중' 개념을 황선명 선생이 어떻게 규정하고 민중운동을 설명했는지 살펴보았습니다. 황선명 선생은 민중을 신앙하는 집단(종교적 민중)이자 역사에 참여하는 운동의 주체(정치사회적 민중)로 보았으며, 종교가 새로운 가치를 창조하는 역동적인 기능을 한다고 파악했습니다. 그는 민중의 급진적인 종교 운동이 때로는 광조적 성격을 띠며 카리스마적 지도자가 중요한 역할을 함을 강조했습니다.

이경원 교수는 '민중종교'가 한국 학술사에서 번역 불가능한 고유어이며, 황선명 선생의 인격적 측면을 담고 있다고 평가했습니다. 또한 황선명 선생이 사회 개혁 의지를 내놓지 않는 종교를 연구 주제로 삼지 않았음이 언급되며, 그의 민중종교 개념이 학문적 영향력을 여전히 유지하고 있음이 강조되었습니다.

신광철 교수는 황선명 선생의 『종교학개론』이 민중종교, 민족종교, 종교사회사, 종교운동사 등 그의 핵심 키워드를 포괄하며 종교학의 학문적 토대를 체계화하고 학제간 연구의 중요성을 강조했음을 밝혔습니다. 특히 장병길, 황선명, 정진홍으로 이어지는 한국 종교학 개론서의 흐름 속에서 황선명 선생의 위치를 조명하며, 그의 개론서가 종교학 - 종교(사회)사 - 신종교로 이어지는 선생의 3단계 종교학 지형의 서장을 이룬다고 평가했습니다. 황선명 선생의 진솔한 학자적 태도가 학문 세계에도 잘 나타나 있음을 상기하는 회상도 공유되었습니다.

종합 토론에서는 1970년대 한국 종교학계가 교조적 신학으로부터 벗어나 개방적이고 경험적인 연구를 지향했으며, 특정 종교 전통에 갇히지 않고 보편성을 추구하는 현상학적 관점(정진홍)이 등장했음이 논의되었습니다. 이러한 흐름 속에서 황선명 선생은 현상학에 함몰되지 않고 역사적 방법을 모색하여 '종교사회사'와 '종교정치사'라는 새로운 영역을 개척한 학자로 평가되었습니다. 그는 특정 역사적 배경과 사회적 친족, 가문, 신분 제도, 권력 관계 등에 초점을 맞추어 종교현상을 설명하며 후학들에게 지대한 영향을 미쳤습니다. 황선명 선생의 학술적 저작은 1980년대 민주화

운동이 진행되던 '민중의 시대'에 이루어졌고, 이후 2000년대에 집필된 소설은 '시민의 시대'를 반영한다는 점이 지적되며, 그의 학문적 작업과 소설 쓰기가 각기 다른 시대를 배경으로 한다는 점을 염두에 둘 필요가 있다는 의견이 제시되었습니다.

이번 집담회는 황선명 선생의 폭넓고 깊이 있는 학문 세계를 재조명하고, 그가 한국 종교학 발전에 기여한 독창적인 업적과 위상을 다시 한번 확인하는 귀한 자리였습니다. 특히 고뇌하는 영혼으로서 선생의 인간적인 모습은 많은 참석자들에게 큰 울림을 주었습니다. 이러한 논의들은 추모학술논집이 선생의 학문적 유산을 체계적으로 정리하고 미래 연구의 방향을 제시하는 데 중요한 기반이 될 것입니다.

3. 편찬위원회 회의 정리

'추모학술논집' 발간 사업은 계획된 일정을 지키지는 못했지만, 다수의 학자 및 관계자들의 깊은 관심과 끊임없는 참여로 인해 겨우 마무리할 수 있었습니다. 본 편집후기는 5차례에 걸쳐 진행된 편찬위원회 회의의 주요 논의 내용과 그 과정에서 도출된 결정 사항들을 요약하고 정리함으로써 본 학술 논집이 어떠한 과정을 거쳐 발간되는지를 기록해 두고자 합니다.

■ 제1차 편찬위원회 회의

2024년 7월 5일, 한국종교문회연구소 사무실에서 윤승용, 이욱, 박규태, 신광철, 한승훈, 조현범을 비롯한 여러 관계자들이 참석한 가운데 동 논집 편찬위원회 구성 겸 제1차 편찬위원회가 개최되었습니다. 본 회의에서는 위원장으로 선출된 윤승용이 추모논집 발간 사업의 취지를 설명하고, 추모집 발간 계획안의 기본 방침, 편집 방향, 책 규모 및 예산, 발간 추진 일정 등을 논의하였습니다. 특히, 2024년 4월 이후 최정화 선생의 도움으로 정리된 황선명 선생의 연구 관련 서적과 논문 목록, 그리고 관련 참고자료들을 편찬위원들에게 배포했습니다. 그리고 진행되고 있는 동 사업의 후원 모금의 진행 상황을 보고했습니다.

■ 제2차 편찬위원회 회의

2024년 9월 6일, 인덕원 사우창에서 열린 제2차 편찬위원회에는 윤승용, 이욱, 박규태, 신광철, 조현범, 한승훈 등 편찬위원 전원이 참석했습니다. 이 회의에서는 황선명 선생의 학문 세계를 논의할 공개적인 집담회 계획을 합의하였고, 동 추모논집에 실릴 편집후기 및 편찬위원회 내용 정리 등에 대한 논의가 진행되었습니다. 또한, 황선명 선생의 주요 저작인 『한국조선조종교사회사』, 『민중종교운동사』, 『종교학 개론』, 그리고 소설 『달과 전쟁』, 『평양에서 만나요』를 중심으로 각 집필자의 연구 방향과 집필 내용을 심도 있게 논의하였습니다.

조현범 교수는 선생의 종교사회사 연구와 기존 학계의 연구와의 차이점을 조명하며, 당시 유행하던 한국 자본주의 맹아론이나 이태진의 사회사 방법론의 영향, 나아가 선생의 개인적인 트라우마까지도 학문에 작용했을 가능성에 주목했습니다.

한승훈 교수는 선생의 『민중종교운동사』가 민중종교 운동사를 서술하기 위한 한국 종교학계의 첫 시도이자 당시 시대적 요구를 수용한 점에서 높이 평가되어야 함을 강조했습니다.

신광철 교수는 선생의 『종교학 개론』이 비록 내용상 불균형이 있더라도, 장병길 선생의 개론서를 고려하며 새로운 학문적 성과를 부각시키고 학문으로서의 종교학을 소개하려 한 최초의 시도임을 강조했습니다.

박규태 교수는 선생의 두 소설이 학자이자 소설가로서의 면모와 함께 선생의 삶의 역정을 잘 반영하고 있으며, 한국 사회의 현대적 모순과 화해, 그리고 한국전쟁의 아픔에 대한 인간애의 표출이 두드러진다는 점을 언급했습니다.

이 회의에서는 황선명 선생이 다재다능하고 다양한 영역에 관심을 보인 종교학자였다며, 특히 종교 연구 영역에서는 종교인류학이나 종교사회학에서 출발하여 종교와 역사, 종교와 사회 등에 깊은 관심을 가진 학자로 평가되었습니다.

■ 제3차 편찬위원회 회의

2024년 12월 5일, 연구소 사무실에서 윤승용, 박규태, 조현범, 한승훈 교수가 참석한 가운데 제3차 편찬위원회가 개최되었습니다. 논문 집필 진행 상황 점검, 공개 집담회 개최 준비, 그리고 출판 방법 등을 논의하고 진행 상황을 확인하였습니다. 집필자들에게는 추가 참고자료와 AI가 추출한 선생님의 연구 경향 및 방법론에 관한 참고자료가 제공되었으며, 추모 1주기를 맞아 시행할 예정(2025년 2월 20일)인 집담회 세미나 진행 상황을 점검했습니다. 각 발표자들은 2025년 2월 15일까지 원고를 제출하기로 하고, 그 내용을 보고 주 토론자를 결정하기로 했습니다. 그리고 출판 방식에 대해서는 편찬위원들이 작성하는 논문은 한종연의 『종교문화비평』 특집호에 우선 싣는 방안이 논의되었습니다. 이후 각 발표문의 구체적인 목차가 논의되었으며, 특히 박규태 교수의 소설론은 이념 대립과 분단, 통일을 주제로 하는 만큼 종교적인 차원도 중요하지만 사회사적 차원에서의 평론이 필요하다는 의견을 모았습니다.

■ 제4차 편찬위원회 회의 및 향후 편찬 계획

제4차 편찬위원회는 2025년 2월 20일 집담회 완료 후 편찬위원들 중심으로 진행되었으며, 위원장은 이번 추모학술논집 편찬 사업은 황선명 선생의 학적 세계를 정리하는 것만 아니라 '한국종교문화연구소'의 학문적 과거사를 되돌아보는 의미 깊은 계기가 될 것임을 강조했습니다. 이 회의에서는 다음과 같은 중요한 계획 변경 사항들이 논의되고 결정되었습니다.

(1) 원고 집필 방향 조정 : 당초 황선명 선생의 대표 저서에 대한 주제 서평을 요청했으나, 집필 내용이 황선생의 책 소개에 너무 집중한 경향이 있다는 피드백이 있었습니다. 이에 따라 종교사회사, 민중종교운동, 종교학개론과 같은 큰 주제하에 황선명 선생의 학술적 위상과 평가에 더 치중해 줄 것을 요청하였습니다.

(2) 원고 분량 조정 : 현재 원고들의 매수가 너무 많아 전부 수록하기가 어렵다고 판단해, 황선명 선생의 학문과 거리가 있거나 논지 전개에 불필요한 내용은 줄여서 200매 이하로 2025년 3월 말까지 정리해 줄 것을 요청했습니다. 이는 논문 심사 절차를 거쳐 『종교문화비평』 특집호에 게재될 예정이기 때문이었습니다.

(3) 추모학술논집 제목 변경: 가칭 『민중종교와 종교사회사』 책명을 민중종교를 한국 종교사 맥락에서 다시 살펴본다는 의미에서 『민중종교와 한국종교사』로 조정하기로 하였습니다.

(4) 책 규모 축소: 당초 706면으로 기획되었던 책의 분량을 600쪽으로 축소 하기로 했으며, 황선명 선생의 수록할 논문을 분량에 맞게 재조정하고 각 파트의 개설 내용도 다시 정리하기로 했습니다.

(5) 향후 추진 일정 조정: 2025년 3월 31일까지 4편의 필자 논문 수정 원고를 마감하고, 4월 15일까지 2부 각 부문 개설 원고와 황선명 선생 회고

원고를 최종 마감할 예정입니다. 이후 4월 말에 제5차 편찬회의를 개최하여 출판 준비 상황을 점검하고, 5월 1일 이후 출판사 섭외 및 추가 출판비 조달 방안을 검토하기로 하였습니다.

(6) 추모학술논집의 최종 목차 획정: ①황선명 선생의 연보와 사진, 책 서문으로 시작하여, ②제1부에 '황선명 종교학의 지형과 종교학개론의 지점', '황선명의 민중종교사 연구', '황선명의 조선시대 종교사회사에 관한 일 고찰', '황선명의 소설을 말하다 : 이념대립과 분단 시대 휴머니즘' 등 네 편의 핵심 주제 서평의 논문을 수록하기로 했습니다. ③제2부에는 한국종교와 신종교, 그리고 종교문화 기행에 관한 선생의 대표 논문들과 각 부문별 개설이 포함되며, ④제3부에는 이민용, 이경원, 이경우, 장석만, 이원섭 등 다섯 분의 황선명 선생에 대한 회고와 기억을 싣기로 했습니다.

■ 제5차 편찬위원회 회의

제5차 편찬위원회는 2025년 10월 13일 한국종교문화연구소 회의실에서 개최되었습니다. 출판사에 넘길 최종 원고를 점검하고 출판 방법을 논의했습니다. 원고 내용을 최종 확정하고, 추후 인쇄 교정할 때 다시 보기로 했습니다. 그리고 출판 방법은 '추모학술논집'의 성격을 고려하되 그에 얽매이지 않고 일반 학술서적으로서 독자들에게 다가갈 수 있도록 노력하기로 했습니다. 표지나 형식은 장병길 선생의 논집과 같이 양장본으로 하기로 했습니다. 그러나 출판 형식과 내용은 출판사의 의견을 고려하는 것이 좋겠다는 의견이었습니다. 출판 시기는 선생님의 추모 2주기에 맞춰 2026년 1월 내 출판하는 것을 목표로 변경하기로 했습니다. 그 외 후원금 모금에 관한 정산은 추모 2주년 출판기념회 때(2026년 2월경) 하기로 하였습니다.

편찬위원회 일동

황선명 선생 추모학술논집 발간추진위원회 및 편찬위원회

'동 추모학술논집'은 한국종교문화연구소와 신종교학회의 공동명의로 추진하되 한국종교문화연구소가 주관한다. 동 연구소는 '동 추모학술논집' 발간을 위해 연구소내 '발간추진위원회'와 실제 편찬을 담당하는 '편찬위원회'를 구성해서 운영한다.

■ 발간추진위원회(9명)

이민용(위원장), 윤승용, 장석만, 박규태, 이진구, 이욱(이상 한국종교문화연구소), 이경원, 신광철, 이재헌(이상 한국신종교학회)

■ 편찬위원회(6명)

윤승용(위원장), 이욱, 박규태, 신광철, 조현범, 한승훈

황선명(黃善明) 연보

1941.	서울 출생(창원 황씨 조랑공파 14대 종손)
1960. 03.	경복고등학교 졸업(35회)
1965. 02.	서울대학교 종교학과 졸업(문학사)
1968-1973.	중앙일보 기자
1974.	이교선과 결혼(슬하에 1남2녀)
1975. 02.	서울대학교 종교학과 졸업(문학석사)
1976 - 1993.	명지전문대 교양학 전임강사
1979 - 1984.	서울대 인문대 강사
1979 - 1982.	이화여대 강사
1981 - 1982.	한국정신문화연구원 부편수원
1982.	한국종교학회 이사
1982.03.	명지전문대학 조교수 임용
1984.04.01.	명지전문대학 부교수 승진
1985- 1988.12.	감리교 신학대학 강사
1987. 10.	명지전문대학 교수 승진
1987. 02.	서울대학교 인문대 종교학 박사
1989. 01.	한국직업교육학회 이사
1992. 03.	한국종교연구회(한국종교문화연구소 전신) 회장 선임
1999.12.-2005.12.	한국신종교학회 초대, 2대, 3대 회장 역임
1999-2008.	세계일보 논설위원
2006. 08.	명지전문대학 정년퇴직, 명예교수 추대
2024. 02. 15.	별세

찾아보기

―――――――――― ㅈ ――――――――――

프로테스탄트 476
프시케 233
피 270, 272, 278
피터 버거 114

─────────── ㅎ ───────────

하버마스 219, 220
학습 228, 229
한국신종교학회 39, 487, 498
한국 종교 28, 29, 172, 245
한국 종교사 94, 124
한국 종교학 33
한국 중심 사상 320
한반도 297
합리성 68, 123
항아신화 142
해민패속 409
해방 215, 219, 221
해원 사상 415, 416
해주향약 404
향(鄕) 403
향권 403, 406
향약 404
향촌 256, 257, 407
향촌 사회 84, 254
향풍 403
허준 236
헤겔 214
헤겔 좌파 221, 222, 226
혁세사상 132
혁세종교 132
현대 한국 종교 48
현세 구원 320
현세 지향주의 270
현실감각 129, 130
혈가 417
호남 지방 384
호남 지역 문화권 398

호서 제일관 434
혹신 혹불신 440
혼백 277
홍경래 난 265, 388, 391
홍직필 393
화담 304, 305, 368, 369, 371, 375, 376, 377
『황극경세서』 303
황량한 대지 452
황선명 28, 33, 45, 46, 49, 53, 58, 62, 64,
        67, 84, 87, 92, 97, 113, 125, 136, 171,
        172, 175, 245, 318, 320, 482, 489,
        494, 496, 498, 502, 504
황제교황주의 209
회귀 450
『회남자』 281
회향 450
회화 394, 395
횡적 연대 79
효행 설화 414
후천 373
후천개벽 368, 381, 382, 422
후천개벽사상 28, 41, 245, 248, 319, 321,
        361, 382
후천개벽설 361
후천방위도 306
후천역 280, 304, 310, 314
휴머니즘 140, 141, 160, 161, 164
희방사 462